A MISSÃO DE MAITREYA
VOLUME UM

BENJAMIN CREME

Tradução: Thiago Staibano Alves

Fundação Share International
Amsterdã • Londres • Los Angeles

Maitreya's Mission, Volume 1
Direitos autorais © 2017 Benjamin Creme, Londres
Publicado pela Fundação Share International
Todos os direitos reservados
Primeira impressão em inglês em 1986

Feito nos Estados Unidos em papel reciclado.

ISBN 13: 978-94-91732-05-8

Primeira Edição em Português, 2017

A pintura reproduzida na capa é uma pintura de Benjamin Creme de 1973/74. Ela representa o centro do coração espiritual no homem que é visto contra a cruz de braços iguais de Aquário.

Dedicado ao meu reverenciado Mestre
com profunda gratidão
por Sua partilhada Sabedoria e ilimitada paciência
com meu questionamento interminável.

TABELA DE CONTEÚDOS

PREFÁCIO

Desde a publicação de *The Reappearance of the Christ and the Masters of Wisdom* em 1980, foi me perguntado continuamente quando eu estaria escrevendo uma seqüência. Minha resposta foi sempre a de que eu não tinha intenções de escrever outro livro do tipo. O que mais eu podia dizer que eu não tinha dito? Conforme minha contribuição para a *Revista Share International* (a parte daquela de Editor) evoluiu para incluir não apenas artigos, mas uma seção regular de 'Perguntas e Respostas', um grande corpo de material gradualmente se formou que, nós acreditamos, oferece a muito aguardada seqüência do livro do *Reaparecimento*. Já que muitas outras pessoas simultaneamente tiveram a mesma idéia, pareceria que ela iria responder a uma necessidade genuína. Este livro, então, é uma compilação de meus artigos, e perguntas e respostas publicadas na *Share International* até agora (Setembro de 1986)

Certamente, ao me inspirar a responder as muitas perguntas enviadas à Share International, meu Mestre iluminou grandes áreas do conhecimento esotérico, algumas pela primeira vez, outras mais profundamente do que já havia sido o caso. Isto é verdade particularmente a respeito dos Sete Raios. Um grande corpo de informação é apresentado, muito dele é inteiramente novo, que deve levar à novas percepções e um estudo mais profundo destas energias que tanto condicionam nossas vidas.

A Meditação de Transmissão também é abordada em extensão, junto com a reencarnação, karma, os estados após a morte, iniciação, serviço e outros assuntos. No interesse da legibilidade, reorganizar o material na forma de livro precisou de um considerável grau de edição para manter as repetições no mínimo. Este é especialmente o caso no primeiro capítulo sobre a Emergência de Maitreya. Durante o período de 'espera' de Maio de 1982 até agora, eu respondi tantas perguntas, muitas bem similares, sobre o

1

'estado da situação' e o papel da mídia, ação e não-ação, que uma decisão teve que ser feita entre a cronologia estritamente histórica – com a inevitável extensa repetição – e a legibilidade. Eu optei pela última e ofereci um sumário, apenas, dos eventos desde Maio de 1982. As perguntas e respostas originais, apesar de tudo, ainda estão disponíveis pelo seu interesse histórico em edições anteriores da *Share International*. Eu espero que os leitores concordem com este julgamento.

Como de costume, este foi muito um esforço grupal, e minha profunda gratidão vai para as muitas pessoas, em diferentes continentes, cujo trabalho cooperativo tornou este livro possível. Em particular, eu estou em dívida com Michiko Ishikawa por sua ajuda em editar, organizar e arrumar o material na forma presente.

Benjamin Creme
Londres, 1986

Nota ao Leitor: Os artigos e perguntas e respostas foram publicados na revista mensal *Share International* no período de Janeiro de 1982 até Setembro de 1986. No presente trabalho, para facilitar a leitura, eles foram organizados de acordo com o assunto com o resultado de que eles não aparecem na forma original. A data original de publicação é dada no final de cada pergunta.

Para a segunda edição, 'A Lista de Iniciados' foi atualizada para incluir todos os iniciados cuja estrutura de raios foram publicadas na *Share International* através de Dezembro de 1990. Estruturas de Raios publicadas na *Share International* desde Dezembro de 1990 podem ser encontradas em *Maitreya's Mission, Volume Three*

A terceira edição inclui um Índice (não incluso nesta tradução), Introdução e algumas revisões menores

INTRODUÇÃO

A NOVA ERA E O APARECIMENTO DO INSTRUTOR DO MUNDO

Nós estamos nos movendo para um período de clímax, levando à eventos que irão fundamentalmente alterarem a vida como nós a conhecemos. Mudanças tremendas estão ocorrendo em todas as áreas da vida, preparatórias para o estabelecimento de modos totalmente novos de vida social e de relacionamentos, baseados na cooperação e partilha. Muitos estão conscientes de que uma nova era espiritual está nascendo, daí o crescimento de grupos da "Nova Era" através do mundo. Enquanto muitos destes grupos olham para trás e ressuscitam antigas formas de veneração e de crença, eles têm em comum uma consciência de que nós estamos agora no começo de uma nova era, um novo ciclo cósmico. Esta não é uma fantasia da "Nova Era", nem simplesmente um prognóstico astrológico, mas um fato astronômico, científico: o resultado da precessão dos equinócios, ou em termos de leigo, do movimento de nosso sistema solar ao redor dos céus em relação as dozes constelações do zodíaco. Nosso sol está fazendo uma jornada em relação a estas doze constelações que leva quase 26.000 anos para se completar. Aproximadamente, cada 2.150 anos, o sol vem em alinhamento com cada uma destas constelações a cada vez. Enquanto nós estamos neste alinhamento, nós dizemos que nós estamos na era da constelação em particular e somos os recebedores de potentes energias cósmicas saindo dela. As energias de cada era são diferentes, e nos inspiram a criar civilizações bem diferentes.

Pelos últimos 2.150 anos nós estivemos na Era de Peixes. As energias de Peixes são caracterizadas pelas qualidades da individualidade e do idealismo – devoção à um ideal – e levaram a criação de formas e instituições que expressam estas qualidades. Isto representa um grande

3

passo adiante para a humanidade, mas freqüentemente, o ideal ao qual nós estivemos devotados foi o nosso próprio às expensas de todos os outros. As energias de Peixes, como nós as manuseamos, separaram o mundo. O resultado é um mundo dividido provavelmente como nunca antes: Oriente e Ocidente, Norte e Sul, nações ricas e pobres, o mundo comunista e o mundo capitalista – cada grupo seguindo seu próprio ideal, fanaticamente convencido que o dele é o único caminho possível para a humanidade. Este fanatismo é o resultado direto do crescimento da devoção e da individualidade, criados pelas energias de Peixes. Estas divisões nos trouxeram à beira do abismo da total aniquilação. Desde a Segunda Guerra Mundial, a ameaça da guerra nuclear tem se espalhado pelo mundo. Estranhamente, pelos últimos dois ou três anos, esta ameaça foi removida. Ela não preocupa mais a humanidade. Como isso é possível? Tudo o que nós fazemos em cada aspecto de nossas vidas é a resposta para o estímulo energético de um tipo ou de outro. A ameaça da guerra nuclear tem diminuído em resposta à novas energias.

Conforme o sol se move da esfera de influência de Peixes, as energias de Peixes estão sendo retiradas. Mais e mais, conforme nós entramos no campo de influência da nova constelação, Aquário, nós nos tornamos influenciados pelas suas energias. Estas são as energias da síntese. Assim como as energias de Peixes dividiram o mundo, as energias de Aquário irão nos levar à uma unidade fundida, misturada, uma síntese com todos os membros da humanidade, a natureza e os reinos inferiores. Nós estamos testemunhando o começo deste processo.

Em cada Nova Era, a humanidade é a recebedora de novos ensinamentos que nos permitem responder apropriadamente às energias do tempo. A lei cíclica chama adiante um Instrutor Que vem ao mundo no começo ou fim de cada era. Historicamente, nós conhecemos eles, entre outros, como Hércules, Hermes, Rama, Mitra, Vyasa, Confúcio, Zoroastro, Krishna, Shankaracharya, Buda, Cristo

4

e Maomé. (Esta nova Era de Aquário, agora nascendo, não será exceção para esta lei cíclica. Esta era terá o seu instrutor. Ele já está no mundo, pronto para revelar a Si Mesmo abertamente.) Estes instrutores vêm do mesmo centro espiritual do planeta – a Hierarquia Esotérica ou Espiritual do mundo. Os membros mais elevados da Hierarquia Espiritual são homens como nós Que fizeram a jornada evolucionária a frente de nós, Que aperfeiçoaram a Si Mesmos e Cujas energias e idéias foram os estímulos por trás de nossa evolução. Eles são conhecidos por seus discípulos como os Mestres da Sabedoria e os Senhores da Compaixão. Eles estiveram, em sua maioria, vivendo nas áreas montanhosas e desertas do mundo por incontáveis milhares de anos. De Suas montanhas e retiros desérticos, Eles estiveram beneficamente supervisionando a evolução da humanidade por milênios.

Nossa evolução, do antigo animal homem até o ponto no qual nós nos encontramos hoje, prosseguiu através de uma expansão de consciência. Este aumento de consciência tem sido conseguido através da tutela e estímulo dos Mestres da Sabedoria. Muito do trabalho dos Mestres é levado adiante por Seus discípulos, homens e mulheres no mundo, por exemplo, pessoas como Albert Einstein, Madame Curie, Abraham Lincoln, Mozart e Michelangelo.

O Senhor Maitreya, Que encarna o Princípio Crístico, é o Mestre de todos os Mestres, o Cabeça e Líder deste grupo de homens iluminados.

Todas as religiões aguardam a vinda de um Instrutor: Cristãos, o retorno do Cristo; Mulçumanos, o Imam Mahdi ou Messias, dependendo de sua seita. Hindus aguardam o retorno de Krishna, e Judeus o Messias. Budistas semelhantemente aguardam o Buda Maitreya. Todos estes são nomes diferentes para um e o mesmo indivíduo, o Instrutor do Mundo. Por 2.500 anos, o Senhor Maitreya tem mantido o posto de Instrutor do Mundo na Hierarquia Espiritual.

5

Dois mil e seiscentos anos atrás, o Buda Gautama fez uma profecia que neste tempo, no fim da Kali Yuga, viria outro grande instrutor, um Buda como Ele Mesmo, chamado Buda Maitreya. Maitreya, Ele disse, iria então levar a humanidade em direção à criação de uma nova civilização de ouro baseada na retidão e verdade.

Dois mil anos atrás, Maitreya Se manifestou através de Seu discípulo Jesus na Palestina pelo processo de "ofuscamento", e a era Cristã começou. Ele retorna agora como o Instrutor do Mundo para todos os grupos – tanto religiosos como não-religiosos. Maitreya é, como tanto o Buda Gautama e São Paulo declararam, "o instrutor tanto dos anjos como dos homens". Ele tem vivido no Himalaia por milhares de anos, esperando a data cósmica, o tempo para o Seu retorno no mundo.

Os Mestres têm sabido por mais de 500 anos que mais cedo ou mais tarde Eles teriam que retornar abertamente para o mundo cotidiano. A única questão era quando a humanidade estaria pronta para a entrada destes homens avançados, e, de nosso ponto de vista, homens perfeitos. O sinal do seu retorno foi dado em Junho de 1945, no final da guerra, pelo Próprio Maitreya. Ele anunciou para os Mestres reunidos que Ele tinha decidido retornar para o mundo cotidiano no momento mais próximo possível, assim que a humanidade começasse a colocar sua casa em ordem, e traria um grande grupo de Seus discípulos, os Mestres, ao mundo com Ele.

Ele disse que Ele viria quando uma certa quantidade de paz tivesse sido restaurada ao mundo; quando princípio da partilha estivesse pelo menos começando a governar os assuntos econômicos; e quando o princípio da boa vontade estivesse ativo, levando à corretas relações humanas. Ele esperava vir em 1950. Era esperado que a dor e sofrimento da guerra tivessem castigado a humanidade e levado a uma mudança de direção. Mas nem todas as nações tinham sofrido, e logo os poderes retornaram às competitivas, nacionalistas antigas maneiras do passado.

6

A vinda de Maitreya foi atrasada portanto até Julho de 1977, quando Ele disse que Ele não iria mais esperar. Em 8 de Julho de 1977, Ele desceu de Seu retiro a 6.000 pés de altura no Himalaia. Ele passou vários dia nas planícies do Paquistão, aclimatizando-Se. Em 19 de Julho de 1977, Ele entrou em Londres, Inglaterra, onde Ele ainda vive como um membro aparentemente comum da comunidade Asiática. Lá, Ele aguarda um convite da humanidade para vir à frente como o Instrutor do Mundo.

Mudanças no Mundo e Suas Causas

Enquanto isso, por trás das cenas, Ele esteve transformando nosso mundo, distribuindo potentes energias cósmicas de tal maneira a criar as mudanças momentosas dos anos recentes. Se a ameaça da guerra mundial retrocedeu, é devido ao efeito das energias que Ele tem liberado. Os extraordinários eventos e mudanças na Europa Oriental, Rússia, China e África do Sul, a demanda por justiça, liberdade e participação, todas ocorreram sobre Seu estímulo. As condições climáticas incomuns de hoje – terremotos, furacões, enchentes – estão acompanhando Seu retorno.

Estes desastres são o resultado dos pensamentos e ações erradas da humanidade. Eles não precisam ocorrer; eles não são 'atos de Deus'. Eles ocorrem sobre a Lei de Causa e Efeito, ou Karma. Conforme nós criamos em nossa vida planetária, condições de caos e desequilíbrio, então nós afetamos o mundo natural. Todos os átomos na criação são interconectados. Não há separação em lugar algum. Se, como hoje, nós criamos condições nos quais dois terços da população do mundo devem viver com um quarto dos alimentos do mundo, e portanto passarem fome e morrerem em seus milhões, então catástrofe é inevitável.

Milhões de pessoas no Terceiro Mundo morrem de fome, não porque há comida inadequada, mas porque nós no mundo desenvolvido usurpamos e gananciosamente gastamos a maioria do suprimento disponível, e 83 por

7

cento da energia e outros recursos. Há na verdade um excedente de comida no mundo de 10 por cento per capita, mesmo assim milhões passam fome porque nós no mundo desenvolvido somos gananciosos, egoístas e complacentes.

Isto, mais do que qualquer coisa, imediatamente preocupa Maitreya. Como Ele disse em uma de Suas mensagens dadas através de mim: "Eu não posso mais ficar de lado e assistir este assassinato, ver Meus pequeninos morrerem." E em outra: "O crime da separação deve ser retirado desta Terra. Eu afirmo este como Meu propósito."

Ele veio para ensinar a humanidade a necessidade por partilha. "Partilha," Ele diz, "é divina. Quando você partilha, você reconhece Deus em seu irmão." Sem partilha, nunca poderá existir justiça no mundo. Se não houver justiça, nunca poderá existir paz. Se não há paz, então não há mundo, porque agora nós podemos destruir o planeta e cada corrente de vida nele.

Diariamente, nós estamos nos tornando conscientes de um mundo sobre rápida transformação. Os motores da guerra foram desligados pelos últimos dois ou três anos, mas a humanidade encara uma nova ameaça. A energia que galvanizou os aviões e tanques, que levou os soldados aos campos de batalha, não simplesmente desaparece; ela deve ir à algum lugar. Esta energia destrutiva esteve circulando ao redor do mundo causando destruição, e finalmente se acomodou. Ela achou o que Maitreya chama "um novo ventre". Este "novo ventre" é a comercialização.

Comercialização, uma economia baseada inteiramente nas forças de mercado e competição, se tornou o novo credo mundial. Maitreya diz que ela é tão destrutiva que ela pode de fato comprometer a vida humana. Ela é hoje a maior ameaça para este planeta e irá levar esta civilização, Ele diz, bem à beira da destruição.

As nações devem entender que nós somos uma humanidade, e que portanto a comida, matérias primas, energia, tecnologia científica e instalações educacionais do mundo pertencem a todos e devem ser partilhadas. Elas não são o monopólio do mundo desenvolvido e se nós

8

continuarmos a assumir que elas são, nós destruiremos esta civilização, baseada como ela é na cegueira que se segue as forças de mercado. Forças de mercado são baseadas na ganância; Maitreya chama elas de forças do mal. O novo credo é seguido agora por todas as nações, incluindo o bloco Soviético. Ganância é criada pela mente humana. Apenas consciência da mente humana irá levá-la a parar, quando nós vermos seus efeitos destrutivos em todas as nações.

Processo de Emergência desde 1986

As pessoas sempre perguntam: "Quando nós poderemos vê-Lo?" A resposta é, simplesmente, quando nós O convidarmos a vir à frente para o mundo. O processo de emergência é gradual devido ao respeito total de Maitreya ao nosso livre arbítrio. Conforme nós mudamos em direção à um sentimento maior de unidade, de preocupação por todos, o clima para a emergência completa de Maitreya melhora diariamente.

Maitreya esteve emergindo firmemente desde Sua aparição no mundo em 1977. De 1982 até 1986, Ele esperava que a mídia iria reconhecê-Lo e tornar Sua presença no mundo conhecida a todos, portanto permitindo a Ele declarar a Si Mesmo e começar Sua missão abertamente.

Em Janeiro de 1986, Maitreya contatou representantes da mídia no nível mais alto na Grã-Bretanha que concordaram em fazer um anúncio de que um homem reivindicando ser o Cristo estava de fato vivendo na comunidade Asiática de Londres. Sobre pressão de altos representantes religiosos e do governo, no entanto, esta declaração foi retida.

Pelos últimos dois ou três anos, Maitreya tem aparecido para, ou chamado para Ele em Londres, vários grupos de pessoas. Ele aparece para pessoas de três formas. A mais comum é em sonhos, em uma forma que elas irão reconhecer. A segunda é a de Se apresentar à elas em uma

9

visão, novamente de uma forma que elas irão reconhecer – Budistas vêem Ele como o Buda Maitreya; Judeus como o Messias; Hindus como Krishna; e por aí vai. A terceira maneira é a de aparecer fisicamente diante delas, repentinamente, do nada. De uma ou outra destas formas, Ele está Se fazendo conhecido para milhares de pessoas através do mundo – para alguns líderes governamentais, líderes religiosos, diplomatas em todos os países, representantes do parlamento, para centenas de jornalistas e para pessoas comuns – em prisões, hospitais e em suas casas – todas ao redor do mundo.

Em 11 de Junho de 1988, Ele apareceu repentinamente diante de 6.000 pessoas em um encontro de oração em Nairobi, Quênia. Elas instantaneamente reconheceram Ele como o Cristo. Ele falou por alguns minutos em perfeito Swahili e então desapareceu tão repentinamente como Ele tinha aparecido. Esta história, com fotos Dele que foram tiradas no momento, foi relatada em várias mídias ao redor do mundo.*

Ele concordou, quando questionado, que "Maitreya" é um dos Seus nomes, mas prefere ser conhecido simplesmente como o Instrutor. Maitreya está trabalhando agora com pessoas em cada parte mundo, independente do credo, nacionalidade e raça, em todos os níveis de existência. Ele milagrosamente curou pessoas que sofriam de AIDS, e tem levado pessoas em "naves de luz" para verem eventos mundiais antes que eles acontecessem; Ele está criando cruzes de luz em janelas em diferentes partes do mundo que são vistas por milhares. Destas formas, Ele irá gradualmente ser conhecido, e as pessoas irão perceber o elo entre Sua presença e tendências positivas recentes nos assuntos mundiais.

Novo modo de comunicação por Maitreya

Desde Abril de 1988, através de um de Seu associado próximo, Maitreya esteve dando ensinamentos e previsões de eventos mundiais, que um por um estão acontecendo. Ele

10

expressou o desejo de que esta informação torne-se conhecida o quão amplamente possível. Desde Junho de 1988, ela tem sido publicada mensalmente na revista *Share International*, e muito dela passada para a mídia em uma série de comunicados para imprensa.

Uma riqueza de informação – política, social e espiritual – tem sido recebida de Maitreya desta maneira. Constantemente, em seu ensinamento espiritual, Maitreya enfatiza a importância do respeito-próprio, consciência e desapego. "Respeito-próprio é a semente da consciência," Ele diz. "Sem desapego não há salvação." Suas previsões de eventos mundiais são baseadas na Lei de Causa e Efeito ou Karma: "Desastres naturais estão ligados às ações do homem." "Compreender que nós vivemos em um mundo de causa e efeito cria Auto-consciência. Embora certos desastres sejam inevitáveis, a nova energia do equilíbrio irá trazer paz."

[Esta introdução é de uma palestra, transcrita e editada, dada por Benjamin Creme em Tóquio, Japão, em Abril de 1990.]

Aparições físicas

Desde o final de 1991, Maitreya esteve realizando uma série de aparições como aquela em Nairobi, Quênia. Através do mundo, Ele apareceu milagrosamente para encontros fundamentalistas de aproximadamente 500 a 900 pessoas. Ele tipicamente fala para os grupos em suas próprias línguas, delineando Seus planos e preocupações e pedindo por suas ajudas e co-operação, e Ele então desaparece. Em alguns casos, fotos de Maitreya foram tiradas. Em cada caso, a vasta maioria daqueles no encontro acreditam que eles viram o Cristo (ou para Hindus, Krishna, e para Mulçumanos, o Imam Mahdi). Até Março de 1996, Maitreya tinha aparecido no Afeganistão, África do Sul, Alemanha, Argentina, Austrália, Áustria, Bélgica, Bulgária, Canadá, Cazaquistão, China, Chipre, Coréia do Sul, Dinamarca, Escócia, Eslováquia, Eslovênia, Espanha, os

11

Estados Unidos, as Filipinas, Finlândia, França, Geórgia, Grécia, Holanda, Inglaterra, Iraque, Irlanda, Itália, Jamaica, Japão, Madagascar, México, Mongólia, Marrocos, Nova Zelândia, Noruega, País de Gales , Paquistão, Polônia, Portugal, Quênia, a República Tcheca, Romênia, Rússia, Sérvia, Sicília, Suécia, Suíça, Tanzânia, Tailândia, Trinidad, Turquia, Uganda, Uzbequistão e Venezuela. Muitas das aparições de Maitreya foram acompanhadas por misteriosos e miraculosos eventos. Em Tlacote, não longe da Cidade do México (onde Maitreya apareceu em Setembro de 1991 e Janeiro de 1992), uma fonte de água veio à tona com incríveis propriedades curativas. Manifestações similares foram descobertas próximas de Düsseldorf, Alemanha; em Bucareste, Romênia; Nova Déli, Índia; e Suíça. Número crescente de pessoas estão visitando estas localidades. Outras fontes curativas serão encontradas no tempo devido, próximo de cidades nas quais Maitreya tem aparecido.

Desta forma, mais e mais pessoas recebem prova de Sua presença e, se esperado, irão no tempo devido exigir uma resposta da mídia.

Dia da Declaração

Maitreya espera que esta abordagem leve ao Dia da Declaração, onde Ele não deixará dúvidas de que Ele é o Instrutor do Mundo. Maitreya irá mentalmente 'ofuscar' toda a humanidade simultaneamente. Cada um de nós, não apenas aqueles assistindo ou ouvindo, iremos ouvir Suas palavras internamente, telepaticamente, em nossa própria língua. Ao mesmo tempo, centenas de curas milagrosas irão ocorrer ao redor do mundo. Assim, todos irão saber que o Instrutor do Mundo está agora entre nós. A missão aberta de Maitreya ao redor do mundo terá começado.

* Este e outros quadros, publicados em *Maitreya's Mission, Volume Two* ilustram a verdade de uma declaração mais antiga do Próprio Maitreya. Em Novembro de 1977, em

12

uma de Suas mensagens, Ele apontou que Sua presença viria acompanhada por sinais: "Aqueles que procuram por sinais irão encontrá-los..."

CAPÍTULO I

MAITREYA E O PROCESSO DE EMERGÊNCIA

A Mídia e a Emergência

Maitreya, o Cristo, esteve em Londres desde Julho de 1977. Ele vive como um homem comum preocupado com problemas modernos – políticos, econômicos e sociais. Desde Março de 1978, Ele esteve emergindo como um porta-voz para as comunidades Paquistanesas/Indianas lá. Ele não é um líder religioso, mas um educador no sentido mais amplo, apontando o caminho para fora da presente crise mundial.

Ele vem como o cabeça daquele grupo de homens iluminados conhecidos como a Hierarquia Espiritual de Mestres. A existência de tal grupo foi primeiramente tornada pública nos escritos de H.P. Blavatsky e depois Alice A.Bailey, cujo livro *O Reaparecimento do Cristo* descreve os eventos que estão agora desdobrando-se.

Em cada era, grandes instrutores emergiram da Hierarquia Espiritual para guiar a humanidade através de seu próximo passo evolucionário. Nós Os conhecemos historicamente como (entre outros) Shankaracharya, Krishna, o Buda, o Cristo, e depois, Maomé.

Todas as grandes religiões colocam a idéia de uma revelação a mais a ser dada por um futuro Instrutor. Cristãos esperam pelo retorno do Cristo, os Budistas esperam pela vinda de outro Buda (o Senhor Maitreya), enquanto Mulçumanos esperam a aparição do Imam Mahdi, os Hindus, a reencarnação de Krishna, e os Judeus, o Messias. Estudantes da tradição esotérica conhecem estes como diferentes nomes para um e o mesmo indivíduo, o Instrutor do Mundo, o cabeça da Hierarquia Espiritual de Mestres, e Eles esperam pelo Seu eminente retorno agora.

De acordo com os ensinamentos esotéricos, o Cristo manifestou a Si Mesmo 2.000 anos atrás na Palestina

14

"ofuscando" Seu discípulo Jesus, agora o Mestre Jesus. Desta vez, Maitreya (o nome pessoal do Cristo) vem Ele Mesmo, como o Instrutor do Mundo para a Era Aquariana.

De um ponto de vista astronômico, nós estamos agora na fase transitória entre a Era de Peixes e aquela de Aquário. Para nos guiar seguramente através deste período difícil, Maitreya tomou o passo extraordinário de entrar no mundo moderno. Em Julho de 1977, Ele emergiu de Seu centro, um vale no Himalaia, quando menos esperado. Como Ele previu, Ele veio "como um ladrão na noite" para tomar Seu papel como o Instrutor do Mundo para nos ajudar a transformar o nosso mundo. Maitreya tomou residência no East End de Londres, uma grande, pobre comunidade de imigrantes Paquistaneses e Indianos.

A Hierarquia tinha esperado que Maitreya, emergindo como um líder comunitário, se tornaria primeiro nacionalmente, e então internacionalmente conhecido. A mídia Britânica, no entanto, tem pouco interesse nas atividades das comunidades minoritárias. O resultado foi que conhecimento público das atividades de Maitreya permaneceu confinado à comunidade de imigrantes.

Por causa desta situação, como parte de um plano de contingência, eu publicamente divulguei o paradeiro do Cristo em uma bem lotada conferência de imprensa em Los Angeles, EUA, em 14 de Maio de 1982. Esta conferência tinha a pretensão não apenas de focar a atenção em Londres, mas também de galvanizar a imprensa à ação. Era a responsabilidade deles, como representantes do público, procurar pelo Cristo e convidá-Lo a falar para o mundo. Era esperado que a mídia responderia à minha informação em um nível que permitiria a Ele vir à frente para ela.

Esta esperança, no entanto, não foi cumprida. Enquanto a mídia realmente mostrou um interesse na história do Reaparecimento, ela não foi tão longe para realmente envolver-se em procurar por Maitreya. A falta de interesse mostrado pela mídia Britânica depois da conferência de imprensa foi parcialmente explicada pela

15

crise nas Malvinas, que no momento estava comandando quase que a atenção exclusiva do público Britânico. Apenas pelo final de Junho de 1982, alguns poucos jornalistas, trabalhando independentemente, fizeram algum esforço para encontrarem Maitreya.

A procura não se provou fácil. A comunidade na qual Maitreya estava vivendo não recebia bem os inquéritos dos curiosos Americanos e Britânicos. Para fundamentalistas Mulçumanos, a idéia da vinda do Mahdi desta forma era tão heresia como a história do Reaparecimento para fundamentalistas Cristãos.

Por três anos, meus colegas e eu procuramos inspirar a mídia a levar esta informação suficientemente a sério para tornarem-se envolvidos, assim permitindo Maitreya a emergir na vida pública sem a violação de nosso livre arbítrio – uma grande lei governando Sua emergência. Um convite para Ele das redes de mídia do mundo, representando a humanidade, para vir à frente e provar Seu verdadeiro status, não era apenas necessário, mas um sinal de que a humanidade estava pronta para Sua orientação.

Enquanto isto, foi me dito que Maitreya pretendia tornar Sua presença muito mais óbvia. Ele o fez de fato, para uma jornalista Sul Americana, que co-ordenou a "procura" por Ele. Jantando com outro jornalista na comunidade Indiana uma noite, e sentada com suas costas para a janela do restaurante, ela repentinamente sentiu que alguém estava observando ela. Virando-se, ela viu olhando para ela um alta figura Asiática, vestida em branco da cabeça até os pés. Ela sabia que era Maitreya, não apenas por Sua autoridade, dignidade, amável sorriso e as ondas de energia que sobrecarregaram ela, mas porque ela também O reconheceu. Ela tinha visto Seu rosto antes – sobreposto ao meu rosto e radiando luz brilhante – durante Seu ofuscamento sobre mim mesmo enquanto eu estava dando Sua mensagem em uma de minhas palestras em Janeiro de 1982. (Este é um fenômeno freqüentemente visto nestas palestras.) Seu impulso foi o de correr atrás Dele quando Ele se distanciou da janela, mas ela estava muito tocada pelo evento para pensar claramente – e sem dúvidas Ele não desejaria ser seguido. O *The Sunday Times* de 2 de Dezembro 1984 continha um artigo sobre esta história, ilustrando-a com um desenho feito sobre sua direção por um amigo artista.

Finalmente, no verão de 1985, principalmente através de esforços persistentes de jornalistas independentes, um grupo representativo internacional de 22 jornalistas da América, Europa e Japão reuniram-se em um ponto de encontro – o mesmo restaurante – em Brick Lane, no East End de Londres, às 8 da noite em 31 de Julho de 1985. Eles se encontraram na esperança de serem contatados por um enviado de Maitreya ou mesmo pelo Próprio Maitreya. A data do encontro foi escolhida por jornalistas em considerações puramente práticas: a disponibilidade no local de encontro de um há muito tempo aguardado proprietário de uma rede Americana designado pela NBC e de vários jornalistas Britânicos retornando do, ou prestes a entrar, em feriado.

Apesar da falta de envolvimento da mídia desde 1982, a passagem de tempo permitiu a Maitreya tomar os passos em direção à descoberta. A equação – Lei e Livre Arbítrio em relação à energia gasta – foi gradualmente cumprida pelo intervalo de tempo e a presença dos representantes da mídia. Por vários meses em 1984, a acima mencionada jornalista independente organizou tais eventos de representantes da mídia. Desta forma, o gasto necessário de energia na "procura" foi gradualmente feito. Este grande encontro de membros influentes e representativos da mídia levou à altas esperanças de que um contato seria feito. O contato foi planejado, mas o evento teve que ser adiado. A seguinte explicação foi dada pelo meu Mestre:

O advento de um Ser da estatura do Cristo é um evento de importância planetária e até cósmica e é governado por certas leis. Inevitavelmente, ele também inspira a oposição daquelas forças materialistas, vistas e não vistas, planetárias e cósmicas, que estão para perderem o poder que tem mantido a humanidade em escravidão por

17

eras incontáveis. Em 31 de Julho, começando à cerca do meio-dia, uma iniciativa foi lançada por estas forças que tomou a total atenção de Maitreya e Sua Fraternidade de Luz para conter. Esta contenção não foi alcançada até cerca das 3 da manhã. O conselho unânime dos Mestres foi o de adiar o contato. Esta decisão foi finalmente feita à cerca das 9 da noite. Foi decidido que a recepção através dos canais de notícia da mídia não seria a das melhores, evocando mais descrença, oposição e medo do que era desejado.

Em relação ao advento de Maitreya, todas as influências e energias precisam estar as mais benéficas, e de acordo com meu Mestre o momento não era o certo. Mesmo o fato de que 31 de Julho era uma lua cheia (que nós tínhamos achado suspeito) foi, no evento, contra-produtivo.

É lógico, todos nós tínhamos trabalhado tão duro para trazer este encontro de jornalistas à frente que nós estávamos desapontados. Do ponto de vista do Cristo, no entanto, a noite foi um grande sucesso. Pela primeira vez, um grupo verdadeiramente representativo da mídia mundial, do Oriente e do Ocidente, tornaram-se disponíveis para serem contatados. Isto representou um convite simbólico da humanidade para vir à frente, e incomensuravelmente liberou a mão de Maitreya para Ele Mesmo agir diretamente. A longo prazo, a mídia ainda tem que tornar Maitreya conhecido para o mundo, mas o trabalho de envolvê-la tinha agora sido feito.

Esta ação simbólica permitiu a Ele fazer Sua própria abordagem para mídia sem infringir nosso livre arbítrio. Ele tinha que esperar até que todos os sinais e influências estivessem os mais favoráveis para a comunicação de Sua presença e Sua mensagem. Este período favorável começou em cerca de 8 de Dezembro de 1985. Maitreya tomou vantagem disto e fez Sua abordagem para grandes mídias na Inglaterra e através delas, no mundo. Como entendido por mim, os contatos da mídia tiveram pouca dificuldade em ver Ele como um incrível, provavelmente um instrutor muito sagrado do Oriente, mas encontraram uma dificuldade inicial em vê-Lo como o

Cristo, e tiveram uma relutância compreensível em "promovê-Lo" como tal. Isto foi resolvido, pelo menos até certo grau, e um *modus operandi* envolvido pelo qual se poderá apresentá-Lo ao mundo sem realmente reivindicá-Lo como o Cristo. Eles (a mídia) concordaram em entregar uma declaração dizendo que um homem reivindicando ser o Cristo vive em Londres; que ele é um membro da comunidade Paquistanesa, mas apresenta a si mesmo como um Instrutor Mundial para todos os grupos, religiosos ou não; que ele deseja uma oportunidade para encontrar membros da imprensa, da mídia e pessoas de todos os lugares de maneira a estabelecer suas credenciais; que se convidado a fazê-lo, ele iria ver de bom grado uma oportunidade para se dirigir à toda a humanidade através dos canais de TV conectados de uma maneira que irá convencer o mundo de seu verdadeiro status. Este anúncio irá levar, através de tal conferência de imprensa internacional, ao Dia da Declaração.

Eu não entendo como os controladores de TV viriam a decidir transmitir Maitreya no Dia da Declaração. Eles não teriam que receber uma profunda experiência primeiro? (Março de 1986) Sim. Eles teriam que ter muita certeza que Maitreya é de fato o Instrutor do Mundo, Cristo ou Messias, antes que eles O convidassem a se dirigir para o mundo. Isso necessitaria de alguma experiência profunda de Seu status primeiro. Nós podemos assumir que Maitreya é capaz de oferecer tal experiência.

Se estas pessoas da mídia anunciarem que Maitreya meramente reivindica ser o Cristo, as outras mídias não pensariam que Ele é outro dos falsos Cristos? (Abril de 1986) Alguns podem ser muito céticos, mas o fato de que o anúncio virá de altas fontes da mídia dará peso para a provável autenticidade da reivindicação.

Se Maitreya ou qualquer outro Mestre não foram capazes de fazerem contato em Brick Lane em Julho, eles não poderiam ter enviado alguém para explicar ou organizar outro dia? (Outubro de 1985)
O plano era o de que o Próprio Maitreya faria o contato, daí o peso da iniciativa contra seu acontecimento. Não era simplesmente um contato físico sendo impedido, mas uma interferência na recepção que tal contato teria no mundo. Mais oposição, medo e distorção, foi calculado, teria ocorrido do que era aceitável para Maitreya e Seus planos para emergência. Qualquer tipo de contato teria passado pela mesma distorção. O resultado realmente importante é o de que Maitreya é agora capaz de agir diretamente de uma maneira não possível antes.

Você disse que Maitreya não poderia andar na BBC, dizer, e anunciar a Si Mesmo, porque eles diriam à Ele "ir vem um médico". Agora você diz que Ele pode fazê-lo porque depois do encontro dos jornalistas (em 31 de Julho) Ele não estaria infringindo nosso livre arbítrio. Mas por que você acha que a reação seria diferente agora? (Outubro de 1985)
Eu não disse que a reação seria diferente agora, mas que Ele está livre para fazer uma abordagem mais direta. Também, eu não disse que Ele irá abordar a BBC, mas que esta é uma de suas opções. Nem iria Ele simplesmente ir ao balcão de recepção e anunciar a Si Mesmo. Se Ele estivesse a abordar a BBC, por exemplo, teria que ser no nível mais alto, onde decisões podem ser tomadas em relação ao Seu anúncio geral. Isto agora é possível para Ele pela primeira vez por causa da ação da mídia em 31 de Julho.

Houve muitos relatos da Irlanda que a figura do Cristo apareceu na televisão durante um relato sobre a estátua em movimento de Ballinspittle. Você tem alguma informação quanto a isso? (Outubro de 1985)

É interessante notar que esta imagem do Cristo apareceu na televisão Irlandesa durante um relato da estátua em movimento de Maria de Ballinspittle às 9 da noite em 31 de Julho. Foi às 9 horas da noite, naquela noite, que o contato planejado com a mídia foi abandonado, por razões previamente dadas. A imagem vista foi, na verdade, do Mestre Jesus (muito mais próxima da forma de pensamento do Cristo mantida por todos os Cristãos do que a figura de Maitreya seria).

Faz cinco meses desde que Maitreya fez Sua abordagem para a mídia Britânica, mas eles ainda não anunciaram Sua presença. Por quê? (Junho de 1986) Tem sido difícil para mídia fazer a conexão completa entre Ele e o conceito dela sobre o Cristo. Isto se provou uma constante fonte de preocupação para ela e atrasou sua tomada de ação. (Eles não teriam interesse em dar publicidade para outro 'guru' Oriental. Ele tem que ser o Cristo). Maitreya teve outros encontros com eles numa tentativa de encorajá-los a irem à frente com seus anúncios como o planejado. Eles estão, aparentemente, divididos entre aqueles que estão preparados para fazerem uma declaração agora e aqueles que aconselham cautela (talvez na esperança de que, de alguma forma, conforme o tempo passe, eles saberão melhor aquilo o que fazer.)

Existe outro fator que recentemente se ergueu. A mídia em Londres informou as autoridades e certos representantes de corpos religiosos e governamentais, com uma intenção de verificarem suas reações para um anúncio da presença de Maitreya. Em cada caso a resposta tem sido bem negativa, e em alguns casos hostil. Desta forma, uma atmosfera não condutora de ação arrojada foi gerada e uma política de 'esperem e vejam' foi desenvolvida. Por quanto mais tempo isso pode ser mantido é difícil de dizer. Depende muito de qual facção dentro da mídia envolvida ganhará. Maitreya não estabeleceu um limite de tempo mas fortemente impressionou nos indivíduos contatados a necessidade por ação imediata para lidarem com os vários e formidáveis problemas que chamam por Sua atenção e ajuda.

A mídia por sua parte assegurouà Ele sua prontidão para co-operar. Os Mestres não têm dúvidas sobre o eventual resultado bem sucedido desta delicada situação, e aconselham uma atitude positiva e esperançosa conforme nós esperamos os eventos.

A maior mídia contatada por Maitreya não parece estar com pressa para fazer Sua presença conhecida. Se eles continuarem em silêncio, Maitreya tem outros planos?
(Julho/Agosto de 1985)
Sim. Como os leitores saberão da edição de Junho da *Share International*, a mídia contatada está dividida entre fazer ou não um anúncio agora sobre Maitreya (apesar de sua garantia de co-operação). É certamente uma decisão difícil para eles, pois mesmo o mais cauteloso anúncio de tal fonte de nível altamente influente é equivalente a uma declaração de que o Cristo está de fato em Londres.

A não ser que eles tenham absolutamente certeza que Maitreya "é o Cristo" em seus significados do termo (e sem um plano de fundo esotérico isso é difícil), suas relutâncias a falarem são compreensivas. No entanto, se eles demorarem muito para agirem, Maitreya irá procurar novamente "importuná-los" (cutucá-los). Se isso continuar a falhar, Ele colocará em ação planos para uma emergência discreta por Sua conta, assim cativando a atenção normal da mídia. Ele tem sido relutante em fazê-lo, já que significa um grau de violação do livre arbítrio da humanidade.

De que maneira as atividades de Maitreya estariam limitadas se Ele estivesse para vir à frente sem ser convidado pela mídia mundial?
Maitreya aparece agora, na verdade à frente do planejado, como o Agente da Divina Intervenção, para mitigar os efeitos de terremotos que estiveram aumentando em freqüência e intensidade através do mundo por mais de 150 anos. Se Ele estivesse para vir adiante do mundo, sem ser

22

convidado, Ele iria infringir, até certo grau, o livre arbítrio humano. Isso Ele é relutante em fazer (e faria apenas como um último recurso) porque iria limitar, até certa extensão, Suas habilidades em agir como o Agente da Divina Intervenção. O resultado seria maior sofrimento humano de atividades de terremotos. A energia que Ele poderia usar em nosso favor está relacionada ao apelo invocativo que nós fazemos para Ele: quanto mais energia usada pela humanidade para invocá-Lo, mais energia Ele pode utilizar ao nosso favor.

Você disse no passado que a humanidade está numa "onda ascendente de resposta para o fluxo de energias"-- isso ainda procede? (Novembro de 1982)
Sim, isso ainda procede. Nós estamos nesta onda ascendente de resposta que o Cristo utilizou em Sua emergência em 1977. Ele tomou vantagem do fato que a resposta da humanidade para o fluxo da Hierarquia é, como é tudo, cíclico na natureza, e com sorte nós ainda estamos dentro deste fluxo ascendente. Eu acredito que isto irá durar mais alguns anos. ([Atualização de 1986] Embora o tempo esteja obviamente se encurtando, nós ainda temos mais alguns anos.)

Atraso da Emergência de Maitreya

Já que Maitreya esteve trabalhando em Londres por cinco anos agora, muitas pessoas já não O reconheceram?(Julho de 1982)
Ele Mesmo disse que enquanto há aqueles nos grupos no qual Ele vive que conhecem o Seu verdadeiro status, Ele está retendo Sua identidade por enquanto de forma que Ele possa apelar a nós simplesmente como um homem comum. Ele de fato diz muito claramente na Mensagem N° 61: "Nada do que Eu faço parecerá extraordinário, nada do que Eu digo será bizarro ou estranho, simples de fato será a Minha abordagem."

Então Ele não fará os milagres, a não ser no Dia da Declaração, quando obviamente, a habilidade para falar telepaticamente com todo o mundo ao mesmo tempo e a de realizar centenas de milhares de curas instantâneas ao redor do mundo, é um grande milagre. Mas é claro que Ele não fará nada que O colocará à parte, e é isso que torna localizá-Lo tão difícil.

O atraso no Dia da Declaração significa que a humanidade não está realmente pronta para as transformações que Maitreya está defendendo? (Julho de 1982)
A humanidade invocou Maitreya ao mundo em um sentido mais amplo; Sua decisão de reaparecer foi feita entre 1936 e 1945. Mas Ele ainda precisa ser invocado para a arena geral do mundo. O fato de que a mídia, que representa as pessoas, não está realmente respondendo à hipótese de Sua presença, significa que a humanidade também não está. Isto está governando Sua emergência. Ele deve ver a não-resposta da mídia como um sinal da falta de capacidade de resposta da humanidade para Sua presença.

Se isso quer dizer que a humanidade está pronta ou não para as transformações quando Ele de fato vir adiante dela é outra questão. Eu pensaria que a humanidade está pronta. Obviamente em meu trabalho eu tendi a criar o mais esperançoso quadro que poderia galvanizar a resposta, esperança e expectativa humana. Pode muito bem ser que Seus problemas sejam maiores do que eu contemplo, mas eu não acho que qualquer atraso em Sua declaração para o mundo irá afetar a velocidade de nossa resposta. O Próprio Maitreya disse: "Quando tudo mais estiver falhando, Eu surgirei em um mundo pronto, mas despreparado, um mundo que ainda não sabe que Eu estou entre vocês. Muito melhor seria para Mim vir diante de vocês como o esperado."

Então Maitreya sabe que a humanidade está pronta.

O seu Mestre não poderia, em seus belos e inspiradores artigos, dar-nos alguma informação em específico sobre a Emergência? (Maio de 1983)

A solicitação foi passada – mas é minha crença a de que o Mestre, e o Próprio Maitreya, não sabem exatamente quando Ele será descoberto e portanto quando a Declaração poderá ocorrer. Até onde Eles sabem, o Dia da Declaração irá ocorrer quando a humanidade, através de seus representantes da mídia, convidá-Lo para falar.

(Esta pergunta faz referência aos artigos escritos pelo meu Mestre para a *Share International* e publicados em forma de livro em *A Master Speaks)*

Em 1982, próximo do momento original para o Dia da Declaração, a Guerra das Malvinas eclodiu. Agora que a emergência de Maitreya está novamente eminente, os negócios com a Líbia, a América e o terrorismo se intensificam. Há alguma conexão?

Sim. Aqueles que tem mais a perder com a emergência de Maitreya, isto é, as forças da materialidade, as forças do mal, fazem tudo em seus poderes para preveni-la. Guerra, terrorismo, tensão, medo, caos, são suas principais armas. Muitos líderes mundiais acabam bem em suas mãos, não porque eles são maus, mas porque eles são freqüentemente ignorantes, dogmáticos e chauvinistas, tendo falta de uma visão mundial.

Eventos que dizem respeito ao Dia da Declaração

O que exatamente irá acontecer no Dia da Declaração? (Maio de 1986)

O Cristo virá aos canais da televisão mundial ligados juntos via satélite. Todos aqueles com acesso à televisão irão vê-Lo, mas Ele não irá falar. Ele irá estabelecer um contato telepático com toda a humanidade simultaneamente. Este contato irá ocorrer em três níveis: (1) mentalmente, como um ofuscamento das mentes de todas as pessoas, de forma que elas irão ouvir Suas palavras internamente em suas próprias línguas; (2) como um fluxo do Principio Crístico (a energia que Ele encarna) através dos corações de toda a humanidade, invocando suas respostas intuitivas e de coração; e (3) como uma cura em massa – muitas centenas de milhares de "milagres" de cura espontâneos irão ocorrer simultaneamente.

Estas são as formas, no Dia da Declaração, nas quais Maitreya irá convencer o mundo do Seu verdadeiro status como o Cristo, o Buda Maitreya, o Imam Mahdi, Krishna, o Messias, Miroko Bosatsu, Mensageiro e Representante de Deus, Instrutor do Mundo e Avatar para a Era Aquariana. Esta será uma grande repetição, apenas agora em uma escala mundial, dos verdadeiros acontecimentos do Pentecostes, 2.000 anos atrás. Também irá pressagiar nossa futura habilidade de comunicarmo-nos telepaticamente, à vontade, sobre qualquer distância. Em celebração deste evento, o Pentecostes se tornará um dos maiores festivais da Nova Religião Mundial que, eventualmente, Maitreya irá inaugurar.

Que critério será utilizado para determinar quem será curado no Dia da Declaração?
Karma e fé. Aqueles cujo karma permite e cuja fé os abram para a energia do Princípio Crístico conforme ele flui de Maitreya serão curados.

Você disse que os satélites de comunicação estão lá de forma que o Cristo possa falar para o mundo. Você poderia elaborar sobre isso, por favor? Algumas das pessoas no topo do processo de colocá-los em órbita estão conscientes disto? (Julho/Agosto de 1984)
Até agora, cada Instrutor Que veio para o mundo tem dado Seu ensinamento para um pequeno grupo. Tem levado séculos para o Ensinamento ser disseminado – e no processo, distorções e descolorações do ensinamento original ocorreram. Pela primeira vez em nossa história, o Instrutor pode falar diretamente para todos através das redes

de mídia ligadas – e pode ser visto por todos simultaneamente no Dia da Declaração. A tecnologia de comunicação é inspirada pela Hierarquia para este propósito. (Não é realmente para que nós todos possamos ver a Copa do Mundo de futebol). As pessoas envolvidas neste processo, no "topo" ou não, não estão conscientes disso.

Como é possível para o Cristo se conectar com nós telepaticamente (no Dia da Declaração) quando a maioria de nós estamos inquietos e temos microfones mentais "quebrados"? Esta condição crônica não é apenas curada por meditação profunda e regular? (Outubro de 1984)
Sim, eu concordo que a maioria de nós não temos o foco mental interno ou a aura magnética que torna a telepatia consciente possível, mas o Dia da Declaração deve ser visto como um evento e situação únicos para o Cristo. Para Ele, não há separação. Ele é onisciente e onipresente. Ele irá ofuscar as mentes da humanidade de tal maneira a nos tornar – temporariamente – abertos à Sua mensagem.

No Dia da Declaração, o um terço do mundo que estará dormindo ouvirá o Cristo e irá experienciar o ofuscamento? (Outubro de 1982)
Não, a não ser que eles acordem! Todos saberão de antemão a data e horário agendados para a 'transmissão' do Cristo, então se eles têm alguma noção, seja lá o horário do dia ou da noite em qualquer país em particular, eles seriam bem aconselhados a perderem um pouco de sono para este evento único!

No Dia da Declaração você diz que nós iremos ouvi-Lo (o Cristo) telepaticamente enquanto nós iremos ver Seu rosto na TV. Ele irá falar em um microfone para aqueles apenas com rádio? (Março de 1986)
Não. Será o mesmo contato telepático que ele irá estabelecer com toda a humanidade. Os rádios irão alertar as pessoas para o momento do evento.

27

O que você acha que aconteceria se as pessoas do mundo falharem em reconhecer o Cristo ou se elas O rejeitarem? (Julho/Agosto de 1984)
Se isto acontecesse, então eu acredito que nós nos destruiríamos – e toda a vida neste planeta. No entanto, o Próprio Cristo disse: "...não tenham medo de que a humanidade irá Me rejeitar. Meus planos estão seguros em suas mãos." (Mensagem N° 65)

Um ofuscamento telepático mundial implica que uma grande parte da humanidade forçosamente precisa aceitar a ocorrência de "milagres"? Esta mudança de conceito mundial não seria rápida demais? Nós podemos concluir disto que o Dia da Declaração não irá acontecer? (Março de 1984)
Por quase nove anos eu tenho afirmado o mais fortemente que eu sei como o Dia da Declaração irá ocorrer, e através de um contato telepático estabelecido entre Maitreya e a humanidade. Eu não aprendi nada que me faça mudar esta informação dada à mim pelo meu Mestre, um Mestre da Sabedoria e um discípulo próximo de Maitreya. A pergunta implica uma compreensão da necessidade por preparação da humanidade antes do "Dia-D". Esta preparação – a criação de um clima de expectativa e uma consciência do modo de aparição – é precisamente aquilo no qual eu e todos aqueles trabalhando comigo estivemos engajados todos esses anos. Eu realmente não vejo que o ofuscamento da humanidade no "Dia-D" force "uma grande parte da humanidade a aceitar milagres". As pessoas podem aceitá-lo ou recusá-lo, assim como hoje muitos rejeitam a evidência que seus olhos e mentes experienciam, por exemplo, em questões de sobrevivência após a morte, ou PES, etc. A coisa realmente importante é se as pessoas aceitarão e agirão sobre o apelo de Maitreya feito desta forma extraordinária. Eu acredito que a maioria irá.

Você não poderia ter se enganado e o verdadeiro Dia da Declaração ter ocorrido com o Concerto Live Aid mostrando a unidade da humanidade? (Setembro de 1985)
O Concerto Live Aid foi uma boa demonstração da aspiração pela solidariedade humana e unidade partilhada por milhões ao redor do planeta. Mas não vamos exagerar sua importância ou efeito. Não pode ser dito que ele galvanizou o mundo em aceitar o princípio da partilha. O objetivo de Maitreya no Dia da Declaração será fazer justamente isso.

Como esforços como o Band-Aid, Live-Aid, USA for África, está afetando o reaparecimento do Cristo? (Maio de 1986)
De forma alguma. Seu reaparecimento ocorre de acordo com suas próprias leis. Estas manifestações de ajuda, no entanto, são um resultado direto de Sua energia que flui diariamente para o mundo, e são um sinal que Seu ensinamento (sobre a necessidade de partilha) está encontrando resposta.

Por que não houve comunicação telepática com toda a humanidade na última vinda do Cristo? (Outubro de 1984)
O mundo era muito fragmentado até agora para o contato telepático ocorrer de tal maneira a evitar infringir o livre arbítrio humano – por preparação de antemão. Cada Instrutor Que veio até agora, incluindo o Cristo na Palestina, tem dado Seu ensinamento para um pequeno grupo em um país, e tem levado séculos para o Ensinamento ser disseminado, levando a sua distorção. Por causa das comunicações mundiais, hoje é a primeira vez que o Instrutor pode falar simultaneamente e diretamente para todo o mundo.

A Vida de Maitreya na Comunidade Asiática

Por que Maitreya escolheu emergir em Londres? (Julho de 1982)

Muitas pessoa me perguntaram "por que Londres?", com um certo grau de inveja; Eu quero dizer, o que há de errado com Nova York, por exemplo? Sim, isso mesmo; como eu disse em Los Angeles, se eu fosse Maitreya, eu teria escolhido Laguna Beach ou Côte d' Azur. É uma questão do trabalho dos discípulos preparando o caminho para Ele. Ele viria naquela arena nos quais os discípulos, ao longo da linha de Seu trabalho, principalmente no campo econômico/político, tiveram mais sucesso. Os discípulos trabalhando no Reino Unido tiveram mais sucesso em seus trabalhos do que em outras partes do mundo. Esta é Sua principal razão para vir para Londres. É lógico que a razão mais óbvia é a de que, vindo do Himalaia, como Ele vem, e descendo como Ele o fez no Paquistão, Ele pode vir como um visitante neste país por alguns anos e sumir na comunidade Paquistanesa/Indiana – o que Ele foi capaz de fazer muito bem, na verdade com muito sucesso para o nosso gosto.

Foi de importância astrológica que o Cristo escolheu vir para Londres? (Outubro de 1985)
Não. Isto não teve significado.

Não teria sido mais adequado se Ele tivesse aparecido no mundo Oriental, onde Ele teria sido mais facilmente reconhecido? (Outubro de 1985)
Eu não acho que nós podemos ter certeza que Ele seria mais facilmente reconhecido no Oriente. Nem muitos países Orientais possuem as instalações de mídia e influência que Ele precisa para ser aceito. Existe alguma rede de mídia no mundo que tem a reputação de julgamento sóbrio e verdadeiro da BBC, por exemplo? Além disso, existem outras razões (com as quais eu lidei em questões anteriores) para Sua escolha de Londres.

Depois do Dia da Declaração, ou mesmo antes, Maitreya irá imediatamente renunciar toda sua afiliação com a comunidade Asiática Britânica? (Janeiro de 1982)

Depois do Dia da Declaração, Ele irá imediatamente pertencer à toda a humanidade. Nenhuma nação ou pessoa no mundo será capaz de reivindicá-Lo como apenas dele.

Que Ele continuará a identificar a Si Mesmo com minorias perseguidas e empobrecidas, eu não tenho dúvidas, mas eu acredito que nenhuma afiliação formal com a comunidade Asiática de Londres será mantida.

É possível que Maitreya não esteja mais em Londres? (Agosto de 1982)
Maitreya ainda está em Londres. Ele não a deixou. No entanto, pode ser útil apontar que Seus encontros públicos não estão limitados a área de Brick Lane. Ele fala publicamente em várias partes de Londres, mas sempre em áreas onde é mais natural para Ele estar – em comunidades Asiáticas.

Maitreya apareceu de alguma forma fora do Reino Unido? Se sim, quando e onde? (Junho de 1986)
Não. Até agora, Ele tem confinado Suas atividades públicas para a comunidade Asiática na Grã-Bretanha.

Enquanto estava na Índia neste Fevereiro, nós ouvimos um rumor que Maitreya tinha retornado para o Paquistão. Você pode comentar sobre isso? (Setembro de 1983)
Eu me pergunto quem começa estes rumores. Alguns fundamentalistas esperançosos ou políticos reacionários talvez? Ou até mesmo alguma pessoa antiga nos assuntos da Nova Era que não O quer por perto? Ou simplesmente um pessimista? Não é necessário dizer, não há verdade alguma neste rumor. Maitreya tomou uma passagem de ida apenas para o mundo moderno.

Se eu fosse para Londres, eu teria a chance de encontrar o homem que chama a si mesmo de Cristo? (Outubro de 1984)

31

Não. Ele não chama a Si Mesmo de Cristo ou Maitreya, mas está vivendo por enquanto como um membro comum da comunidade Asiática usando um nome comum Mulçumano.

Quais são suas atividades diárias? Maitreya participa, por exemplo, de orações matinais na mesquita local? (Julho/Agosto de 1983) Ele tem ocasionalmente o feito de maneira a se tornar conhecido e visto como um da comunidade – um homem comum.

Ele se encontra e discute assuntos da comunidade e problemas com líderes comunitários locais? (Julho/Agosto 1983) Ele se encontrou com pessoas da comunidade e de fato discute assuntos com elas. Mas nada disso ocorre em uma base formal ou "oficialmente". Ele toma parte em discussões e encontros, e coloca à frente Suas opiniões e sugestões assim como qualquer um faria, simplesmente como uma questão de Seu julgamento pessoal.

Ele alguma vez, por exemplo, aconselha a comunidade sobre questões raciais? (Julho/Agosto de 1983) Como um membro desta comunidade, como Ele poderia evitar discutir questões raciais? No entanto, seria improvável que Ele tornasse este um foco separado ou sectário de Seu trabalho. Ele ajuda todos que pedem a Sua ajuda. Ele é um sábio orientador, amigo e conselheiro para todos em necessidade. Ele se faz disponível para as pessoas. Ele as serve. Ele ajuda nas maneiras que elas lhe pedem e conhecem, e Ele trabalha de maneiras nas quais elas estão bem inconscientes.

É nos dito que o Cristo está visitando Sua comunidade. Isso é apenas na comunidade Asiática em Londres ou também inclui comunidades da Nova Era ao redor do mundo? Ele pessoalmente visitou comunidades nos EUA? (Outubro de 1984)

Seus contatos estiveram restritos à comunidade Asiática em Londres. Depois do Dia da Declaração, Ele fará um itinerário ao redor do mundo, visitando a maioria dos países.

O Cristo está necessariamente confinando a Si Mesmo à contatos pessoais dentro da comunidade Asiática apenas, já que Londres tem tantas outras oportunidades para contato, talvez influência, tanto individualmente e socialmente? (Julho/Agosto de 1983)
Até agora, sim. Ele está sofrendo para emergir como um porta-voz da comunidade Asiática, identificado com ela e seus problemas, que são sintomáticos da humanidade desprivilegiada em todos os lugares. Ele está, portanto, relutante em aumentar a área de Sua atividade além do grupo do qual Ele é agora parte. Desta forma, Ele pode emergir como "um homem entre homens", uma das pessoas, emergindo do meio delas.

Se o Cristo está aqui, onde um devoto pode ir vê-Lo e estar com Ele? (Janeiro de 1986)
A última coisa que o Cristo quer é um grupo de devotos ao redor Dele. Aqueles que vêem Ele nesta forma de relação com um guru, estão, eu acredito, enganados. Ele é um instrutor, um educador, um executivo, e vem para ajudar a humanidade a arrumar os erros da sociedade e não ter pessoas sentadas devotadas à Sua posição de lótus.

Maitreya permite que pessoas O visitem? (Abril de 1984)
Aparentemente, sim, mas apenas aqueles que teriam uma boa razão para fazê-lo – isso quer dizer, Seus colaboradores e pessoas mais próximas. Eu tenho conhecido o Seu endereço e o nome que ele usa por um longo tempo, mas não tive a permissão para visitá-Lo. Parece que é melhor para mim, do ponto de vista kármico, que eu continue meu trabalho de preparação sem a confirmação e prova finais, absolutas, que um encontro físico traria. Desta forma, apesar das várias experiências subjetivas que me tornam

33

convencido de Sua presença, eu ainda trabalho com um pequeno grau de fé.

Presumivelmente, Ele não precisa dormir--certamente, aqueles com os quais Ele vive devem perceber que enquanto de uma forma Ele verdadeiramente é um homem do povo, Ele não é de forma alguma normal? Eles sabem que Ele é o Cristo, ou o Mahdi? Eles juraram segredo, pelo tempo presente? (Julho/Agosto de 1983)
Aqueles com os quais Ele vive sabem Quem Ele é e juraram segredo. Eles são discípulos próximos.

Maitreya se alimenta? Ele é vegetariano? Se sim, qual é a Sua dieta? Ele consome álcool? (Janeiro de 1986)
Maitreya não precisa comer, mas pode fazê-lo se for necessário para propósitos sociais. Neste caso, ele comeria apenas comida vegetariana em pequenas quantidades. Ele nunca bebe álcool.

Ele cura? Ele tem ganhando uma reputação como curador? (Julho/Agosto de 1983)
Ele realiza curas o tempo todo, mas Ele não é conhecido como um curador. Nenhuma das curas que Ele realiza chamam alguma atenção para Ele. É tão não-sensacional quanto possível. As pessoas curadas não percebem, necessariamente, que elas estão recebendo cura Dele. Ele visita os doentes no hospital. Enquanto está lá, Ele cura outros no hospital sem ninguém de forma alguma ter consciência disso.

Maitreya está "empregado" de alguma forma pela comunidade local? (Julho/Agosto de 1983)
Não, Ele não está empregado. Mas isto não quer dizer que Ele está sempre ocioso. Ele nunca para com o Seu trabalho.

Maitreya sempre veste o pequeno boné de crochê Mulçumano que a jornalista descreveu? Que roupas Ele veste? (Julho/Agosto de 1985)

34

Não. Ele varia Sua roupa para se adequar à ocasião, algumas vezes Mulçumano, algumas vezes Ocidental. Eu compreendo que Ele freqüentemente usa roupas Mulçumanas "locais".

Maitreya possui outro nome "padrão" pelo qual Ele é conhecido pelos seus associados próximos, ou Ele utiliza o nome "Senhor Maitreya" exclusivamente? (Dezembro de 1985)
Ele é conhecido pelos Mestres e iniciados mais altos da Hierarquia como Maitreya. Na comunidade Asiática de Londres, no entanto, como eu disse antes, Ele usa um nome Mulçumano comum.

Maitreya escolheu o Seu próprio nome? (Abril de 1984)
Não. Ele foi dado à Ele pelo Seu Mestre há muito, muito tempo atrás, na metade dos tempos Atlantes, quando Ele tomou a segunda iniciação. Ele significa Aquele Que É Feliz, Aquele Que Traz Felicidade ou Alegria.

Você disse que Ele tem tocado vários instrumentos musicais em concertos e encontros Asiáticos. Que instrumentos Ele toca? (Julho/Agosto de 1985)
Ele ocasionalmente toca em encontros, mas não é um músico profissional. Ele toca a flauta, a tabla, a vina e vários outros instrumentos.

Como o Cristo vai para os vários locais nos quais Ele presentemente fala? Transporte público ou carro? Ele poderia se materializar e desmaterializar sem ser encontrado? (Fevereiro de 1986)
Ele poderia, sem dúvidas, se materializar e desmaterializar à vontade sem ser encontrado, mas eu entendo que Ele não utiliza estes métodos mágicos. Ele está vivendo bem como um homem comum, um de nós. Minha informação é a de que Ele viaja para os encontros ocasionalmente de carro, mas normalmente por transporte público.

Quando Maitreya entrou em Londres, Ele passou pela alfândega? (Novembro de 1983)
Sim, da maneira comum. (Eu não sei o que Ele respondeu quando Lhe foi perguntado: "Você tem algo a declarar?")

Que ocupação foi listada em Seu passaporte? (Novembro de 1983)
Professor.

Ele entrou como um indivíduo ou como parte de um grupo ou de uma família? (Novembro de 1983)
Como um indivíduo.

Existem discípulos próximos com os quais Ele vive conhecidos para aqueles que estudaram os ensinamentos? (Fevereiro de 1983)
Não.

Por que o Cristo está em um corpo Indiano? (Novembro de 1985)
Ele não está em um corpo Indiano. Ele viveu no Himalaia por milhares de anos e não tem realmente nenhuma nacionalidade. O corpo no qual Ele agora aparece é auto-criado – como uma forma de pensamento Dele Mesmo – e não é especificadamente Indiano, embora Ele de fato viva na comunidade Asiática em Londres, e tenha vindo do Paquistão para Londres.

O Cristo alguma vez grava Suas instruções pela Sua própria escrita ou Sua própria voz? (Outubro de 1984)
Não. Suas "instruções" vão apenas para os iniciados mais elevados e o modo normal de comunicação entre Eles é a telepatia.

O grupo ao redor de Maitreya publicou alguma coisa em inglês? (Fevereiro de 1984)
Não. Até agora, os únicos artigos apresentados por aqueles ao redor de Maitreya foram nas línguas Indianas. Este grupo

consiste daqueles próximos à Maitreya e também aqueles que estão simplesmente respondendo às Suas idéias. ([atualização de 1986] Existem agora vários panfletos emitidos em Inglês por Paquistaneses respondendo ao Seu ensinamento.)

Seria geralmente possível reconhecer a voz do Cristo na rádio ou na TV, por exemplo, puramente pela similaridade entre esta voz e a sua (Creme) voz gravada durante o ofuscamento mental nas Mensagens de Maitreya? (Fevereiro de 1983)

Não. A voz nas fitas de Mensagens, embora mudada em timbre e tom pela energia do ofuscamento, é minha. Não há razão para supor que a voz de Maitreya seja remotamente assim.

Maitreya precisa estar em isolamento ou em meditação sem ser perturbado quando está enviando Suas bençôes através de você? Se sim, Seus colaboradores próximos ou discípulos co-operam para assegurar isso? (Setembro de 1984)

Não, absolutamente não. Ele pode dividir Sua consciência em milhares de áreas separadas de atenção e provavelmente apenas uma parte minúscula de Sua consciência é usada para me ofuscar.

Você já foi à alguma das palestras de Maitreya? Você tem permissão para ir à elas? (Agosto de 1982)

Eu nunca fui à nenhuma de Suas palestras. Já que a maioria dos encontros é em Bengali ou Urdu, eu não teria entendido muito também. Eu posso acrescentar que me foi pedido para não ir mesmo que eu soubesse o local antecipadamente.

O Cristo menciona várias vezes (nas Mensagens) que Sua face está se tornando mais amplamente conhecida entre Seus irmãos – é este o grupo interno em Seu Centro que sabe Quem Ele realmente é? (Maio de 1984)

Não necessariamente. Eu acredito que Ele quer dizer que Ele está se tornando mais amplamente conhecido em várias partes da comunidade Asiática conforme Ele visita seus diferentes encontros comunitários toda semana.

O desenho do Senhor Maitreya por David Anrias em seu livro **Through the Eyes of the Masters** *corresponde à forma física que o Instrutor do Mundo adotou em Seu retorno? Se sim, isto seria uma ajuda em se tentar localizá-Lo?* (Julho/Agosto de 1983)
Aos meus olhos, o desenho não tem semelhança com o Senhor Maitreya e seria portanto de nenhuma ajuda para descobri-Lo. Não deve ter passado despercebido pelas pessoas que todos os desenhos são muito parecidos, quando os Mestres são, como indivíduos, tão distintos como nós somos.

Maitreya ainda está dando palestras na comunidade Asiática em uma base regular? (Dezembro de 1985)
Sim, de fato. A coisa normal é para Ele aparecer – como um membro normal da comunidade – em um ou outro dos encontros da comunidade que ocorrem, por toda Londres, cada fim de semana. Durante o curso do encontro – Ele pode ficar por toda a noite ou apenas por um curto tempo – Ele falará sobre suas preocupações, a necessidade por justiça, partilha, co-operação. Estas palestras podem durar por cinco, 10, 20,30, algumas vezes 45 minutos, mas de uma forma bem informal, não como um "palestrante". Os encontros também, podem ser pequenos ou de algumas centenas de pessoas, em salões ou casas particulares.

Muito recentemente, um cavalheiro Asiático que foi à minhas palestras em Londres várias vezes foi levado pelos seus amigos para um encontro deste tipo em uma grande casa no leste de Londres. O encontro foi realizado em um grande quarto que não estava completamente lotado. Lá eles ouviram a um homem que falou por cerca de cinco minutos mais ou menos. "Ele falou muito calmamente e simplesmente, em Inglês perfeito, nunca repetindo uma frase ou sentença," disse o meu informante. "E suas palavras pareciam penetrar em sua mente, seu corpo todo, de forma que você acreditava nelas, você sabia que ele estava dizendo a verdade – você não precisava fazer nenhuma pergunta. Ele falou justamente sobre aquilo que você fala em suas palestras: a necessidade para mudar nossa direção, nossos modos de se viver, a necessidade por co-operação, justiça. E os Mestres – Ele falou sobre os Mestres e em como eles trazem iluminação para a humanidade. Ele disse que logo os líderes mundiais estariam dizendo o que ele estava dizendo.

"Havia um grupo ao redor dele que tentavam manter as pessoas longe dele. Quando nós perguntamos à eles quem era este homem, de onde ele tinha vindo, onde ele vivia, eles não nos diziam nada. Nós perguntamos quando poderíamos vê-lo novamente e eles disseram: 'Vejam em seus jornais locais, será anunciado.' Eu consegui chegar perto dele e perguntei à ele se ele sabia alguma coisa sobre Maitreya. Ele respondeu: 'Pergunte à si mesmo.' (BC: Em outras palavras, use sua intuição.) Então o grupo ao redor dele o colocou dentro de um carro. Ele era extraordinário, como nós e mesmo assim não como qualquer um que eu já tenha visto. Ele tinha uma calma extraordinária. Todos nós concordamos que ele era bem notável; ele teve o mesmo efeito em meus amigos."

Uma semana mais tarde meu informante foi novamente para a casa no leste de Londres e lá encontrou um do grupo ao redor deste homem. 'Quem é este homem que falou na semana passada?', eu perguntei. 'Nós acreditamos que ele é aquele que eles estão procurando.' 'Existe todo um movimento que cresce a todo momento,' ele respondeu. 'Eu sou novo nisso, apenas este ano, então eu não sei muitas coisas, mas alguns estiveram nele agora por alguns anos. Nós tentamos levar adiante seu ensinamento, para mudar a sociedade. Alguns que estiveram nisto por muito tempo tiveram experiências extraordinárias. Eles viram muitas coisas estranhas, mas quando eles tentam falar sobre elas, eles as esquecem, suas mentes ficam em branco. Nós escrevemos cartas e panfletos e enviamos elas para instituições, mostrando quais mudanças são necessárias. Ele não fala apenas em Londres, mas também em outras cidades como Leicester e Birmingham.'"

O cavalheiro Asiático que me deu esta informação descreveu 'o homem' em termos muito similares aos da jornalista que viu Maitreya em um restaurante de Brick Lane no último ano: alto, magro, vestido em roupas Paquistanesas brancas, de ombros largos, face alongada, nariz comprido, e maçãs do rosto altas. Havia uma diferença notável – os olhos. Enquanto a jornalista viu seus olhos como "grandes, negros, muito luminosos", os olhos deste homem eram curiosamente apagados, vazios. Quando ele sorria, eles não piscavam. Minha experiência de Maitreya é a de que Seus olhos são extraordinariamente brilhantes. Isto prova que 'o homem' não pode ser Maitreya? De forma alguma. A simples explicação seria a de que, assumindo que ele era Maitreya (meu informante está convencido que ele era- e eu também), Ele estava "fora do corpo" enquanto falava no encontro; apenas realmente uma sombra de Si Mesmo estava presente enquanto Ele estava engajado em milhares de outras tarefas e níveis. (Aparentemente este fenômeno de olhos apagados é freqüentemente visto em Sai Baba Cujos olhos são normalmente muito luminosos). A informaçãode que Ele fala em outras cidades além de Londres é nova para mim. Checando isso com meu Mestre, parece que um corpo "duplicado" visita estes lugares, enquanto Ele permanece em Seu centro, Londres.

Tornando Conhecida a História do Reaparecimento

Por que você está esperando por outro instrutor espiritual aparecer? Nós já não sabemos dos grandes instrutores espirituais que já demonstraram que nós somos seres espirituais e temos todos o Pai (Deus) dentro de nós? Mas quando nós não estamos conscientes disso, nós vivemos como um ramo cortado da videira. (Janeiro de 1986)

40

Eu não estou esperando por outro instrutor espiritual. Eu estou simplesmente tornando conhecido o fato de que, de acordo com a lei cíclica, outro Grande Instrutor veio. Os grandes instrutores do passado podem muito bem terem demonstrado em si mesmos que nós somos seres espirituais e temos uma divindade inata, mas onde está a expressão desta divindade na humanidade – quando milhões morrem de fome em um mundo de plenitude; quando o mundo está no fio de uma faca entre a guerra e a paz; quando os pobres ficam mais pobres e os ricos mais ricos? Obviamente, se necessita de um grande instrutor espiritual para inspirar a humanidade a revelar a divindade que nós tão fluentemente reivindicamos ter interiormente.

De acordo com o Mestre D.K, Maitreya não pode retornar antes de 2025. Você ou Maitreya podem dar uma explicação? (Maio de 1982)
Antes de tudo, com respeito, o Mestre DK (Djwhal Khul) não escreveu que o Cristo não pode retornar antes de 2025. Em seu primeiro livro, *Iniciação Humana e Solar*, dado através de Alice A. Bailey e publicado em 1922, Ele disse (na página 61 – versão em inglês) que nós poderíamos esperar pelo retorno do Cristo em algum momento pela metade ou fim deste século presente. Em *O Reaparecimento do Cristo*, publicado em 1948, Ele disse que o momento é conhecido apenas para uns poucos, mas que Eles "estão prontos para se moverem a qualquer momento". Ele também revelou em *A Exteriorização da Hierarquia* que era esperado que o Cristo pudesse retornar em cerca de 1950. Isto não aconteceu. A experiência da guerra, embora cruciante, não tinha sido suficiente para mudar as atitudes da humanidade. O mundo rapidamente retornou aos velhos caminhos. Barreiras foram erguidas novamente e a Guerra Fria começou. A data do retorno do Cristo foi atrasada até mais tarde. Se foi pensando que 1950 era uma data possível, o quão mais possível é o Seu retorno agora?
        Em lugar algum em todos os trabalhos do Mestre DK, Ele diz que o Cristo não pode retornar até 2025, mas

foi pensado nos primeiros dias que a preparação da humanidade e dos Próprios Mestres provavelmente levariam este tempo. Muitos grupos acreditam que é impossível para o Cristo retornar antes de 2025 porque as mudanças necessárias como delineadas pelo Mestre DK não parecem ter ocorrido. Mas até onde diz respeito a Hierarquia, a humanidade está internamente – mentalmente e emocionalmente – pronta. A humanidade aceitou os princípios necessários para trazer o Cristo para o mundo cotidiano. O que é necessário agora é a manifestação externa desta realidade interna.

O Cristo está no mundo agora, na verdade, à frente da data planejada (que não é 2025) por três razões principais. Uma, é a aceleração do processo de mudança para salvar da morte certa e da morte por fome incontáveis milhões. Ele também mitiga, pela Sua presença física no mundo cotidiano, os efeitos de desastres na forma de terremotos. Outra razão importante para o Seu retorno agora é a de que a humanidade está, no presente, em uma onda ascendente de resposta às energias fluindo para o planeta e dirigidas pela Hierarquia. O Cristo está agora aqui para tomar vantagem deste fato enquanto ele dura.

Nos artigos de notícia que saíram vários anos atrás foi dito que "logo o Cristo irá reconhecer Sua identidade e dentro dos próximos dois meses falará para a humanidade através de uma transmissão de televisão e rádio ao redor do mundo. Sua mensagem será ouvida internamente, telepaticamente, por todas as pessoas em suas próprias línguas." Bem, dois meses (e mais) passaram, e eu ainda não vi nada que sugeriria que esta profecia foi cumprida. Devo eu considerar isto uma falsa profecia ou "uma atrasada"? Existiam cerca de 333 profecias no Antigo Testamento que previam a chegada do "Cristo" 2000 anos atrás, e foram cumpridas perfeitamente. Se Maitreya é o Cristo, o mesmo não deveria ser verdade hoje? (Dezembro de 1985)

O anúncio de página inteira de Abril de 1982 referido na pergunta foi colocado por mim mesmo e meus colegas como uma última grande tentativa para alertar o mundo quanto a presença do Cristo antes de 30 de Maio de 1982 (a data escolhida por Maitreya como o momento o mais cedo possível pelo qual a humanidade estaria pronta para responder ao Seu apelo. A data precisa de 30 de Maio – o festival do Pentecostes – foi escolhida por razões simbólicas). A declaração nos anúncios de página inteira não foi, portanto, uma "profecia" mística ou psíquica, mas a liberação de informação sobre um plano para preparar a humanidade para o evento. A falta de resposta da mídia para o meu anúncio – em uma conferência de imprensa em Los Angeles em 14 de Maio de 1982 – de que Maitreya estava em Londres, e que a mídia foi convidada à abordá-Lo na comunidade Asiática lá, levou ao adiamento do Dia da Declaração.

Muitas pessoas têm uma visão bem ingênua de eventos como a aparição de um Avatar ou Instrutor do Mundo, acreditando – através de profecias freqüentemente de séculos de idade – que eles estão agendados em algum dia exato em um ano em particular e de alguma maneira em particular. (Algumas pessoas acreditam que a data para a reaparição do Cristo está para ser encontrada na matemática da Grande Pirâmide, por exemplo). Isso não é assim. É lógico, existe um período de tempo em geral, cosmicamente determinado, mas o momento certo de tais eventos depende da prontidão da humanidade e da habilidade para responder. Eu não sei quantas profecias existiam no Antigo Testamento dizendo respeito à vinda do Cristo na Palestina, mas mesmo que tivessem existido 3.333, os fatos são os de que o momento de Sua aparição através de Jesus não estava envolvido nelas – nem as pessoas do tempo responderam à Ele; apenas poucos O reconheceram. Os outros, interpretando as profecias através de suas esperanças religiosas e nacionalistas, medos e preconceitos, rejeitaram Ele. Tem sido o meu trabalho nestes últimos 11 anos, portanto, preparar o caminho para Ele, criando o clima de esperança e expectativa – e apresentando o Seu retorno e preocupações de tal maneira a assegurar o Seu reconhecimento.

Humanos estão relacionados a ações! Defender a existência do Cristo parece ser uma ação contra-produtiva. Não seria melhor servir à humanidade mostrando que o Cristo está aqui e pronto para ser aceito? (Maio de 1986)
(1) Eu não estou "defendendo" a existência do Cristo, mas tornando-a conhecida, liberando a informação. (2) Eu não acredito que esta atividade seja contra-produtiva. Ao contrário, o número de pessoas alertadas para este evento cresce diariamente-- assim o meu trabalho é feito. (3) Se eu O tivesse em meu bolso, eu iria certamente mostrá-Lo.

Como nós podemos saber com certeza que o Senhor Maitreya não é o falso Cristo? (Outubro de 1982)
Não há apenas um "falso Cristo". Existem vários bem conhecidos instrutores que acreditam que eles mesmo, ou seus devotos acreditam que eles sejam o Cristo, e apenas da minha experiência pessoal, eu conheço várias pessoas iludidas que estão convencidas que elas são o Cristo. Discriminação e Reconhecimento Espiritual são a chave. Eu sugiro que no Dia da Declaração, pelo ofuscamento e contato telepático que Ele irá estabelecer com toda a humanidade simultaneamente, você não terá dúvidas sobre o Seu verdadeiro status. Uma árvore é conhecida pelo seu fruto, e é pelo Seu amor, sabedoria, potência espiritual e trabalho pela humanidade que você irá reconhecer Maitreya e conhecerá Ele pelo que Ele é.

Por que não há nenhum outro mensageiro no público para contar a história do retorno do Cristo? Um mensageiro não é muito pouco para tal plano de grande escala? (Julho/Agosto de 1984)
No meu livro *The Reappearance of the Christ and the Masters of Wisdom*, e freqüentemente em palestras, eu tenho dito que à cinco discípulos, um em cada um dos

44

maiores Centros Espirituais – Nova York, Londres, Genebra, Darjeeling e Tóquio – foram dadas a tarefa de fazer a abordagem inicial para o público sobre o Reaparecimento, assim criando o clima de esperança e expectativa. Eu sou o único destes cinco trabalhando publicamente, abertamente. Se os outros quatro também tivessem feito isso, eu não tenho dúvidas de que a resposta da mídia para esta informação teria sido totalmente mais aberta e dinâmica. Parece que este quatros não têm o contato próximo de momento-a-momento com seus Mestres que eu desfruto, então talvez falte a convicção (e portanto a confiança) para tomar postura pública para afirmar a presença do Cristo.

Você sabe se algum dos quatro discípulos começaram agora a falar abertamente? (Abril de 1986)
Parece que alguns deles estão pelo menos um pouco mais ativos, embora ainda com suas próprias interpretações do que significa 'o retorno do Cristo'. Por exemplo, aquele em Nova York (que aparentemente foi à minhas palestras, mas não acredita na minha informação) está de certa forma mais aberto do que antes, mas ainda vê o 'retorno' em termos do Princípio Crístico na humanidade. Aquele em Genebra está um pouco mais ativo, mas ainda sobre linhas do 'Princípio Crístico'. Aquele em Darjeeling ainda está adormecido, enquanto aquele em Tóquio, embora ativo, dificilmente pode ser reconhecido como falando de qualquer forma sobre o Cristo ou Instrutor do Mundo.

O método de passar comunicações ou mensagens através de um discípulo antes do advento do Avatar, como no seu caso, já foi utilizado por avatares anteriores? Se sim, você pode nomear os indivíduos? (Julho/Agosto de 1983)
Eu entendo que este é um método que já foi freqüentemente utilizado no passado. O único que nós conhecemos historicamente é João Batista, embora muitos dos profetas tenham realizado uma função similar.

45

Eu não consigo entender a hostilidade que você encontrou.
As coisas que você tem dito são sensíveis e amáveis. Mas eu
consigo entender porque o Cristo ainda não revelou a Si
Mesmo. Dada a hostilidade do ambiente, Ele não viveria
dois minutos. Você não concorda? (Maio de 1986)
Qualquer hostilidade que eu tenha encontrado tem vindo de
duas fontes: os grupos fundamentalistas Cristãos e certos
grupos esotéricos – e pela mesma razão: ambos estão
defendendo território. Eles são, ambos, os prisioneiros de
seus próprios dogmas.

Não é um ambiente hostil, no entanto, que tem
atrasado a emergência de Maitreya, mas a não resposta da
humanidade – através de sua representante, a mídia, para a
informação de que Ele tem esperado sua descoberta em
Londres desde Maio de 1982. Quanto à sua segurança, isto
está garantido. Ele é invulnerável.

Você está desencorajado pela resistência fundamentalista
para sua mensagem? (Maio de 1986)
Não, de forma alguma. Nem estou eu surpreso por ela, já
que minha informação abala seus dogmas até o cerne.

O que acontecerá com os líderes fundamentalistas de todas
as religiões uma vez que Maitreya tenha estabelecido a Si
Mesmo abertamente?
Eu tenho certeza que existem alguns que nunca irão mudar,
mas muitos, eu acredito, estarão oferecendo os seus serviços
– talvez por uma pequena oferta de amor!

Qual foi a razão para Ele dar a última mensagem em Maio
de 1982 – foi porque era esperado que o Dia da
Declaração seria em Junho daquele ano? E por que,
quando isso não foi possível, você acha que não houve mais
mensagens do Cristo? (Maio de 1984)
O Dia da Declaração foi planejado para ocorrer em 30 de
Maio de 1982. Eu suponho que a última mensagem foi dada
em Maio de 1982 porque a Hierarquia esperava que Ele
seria logo descoberto e revelado ao mundo. Elas poderiam

ser dadas novamente a qualquer momento – o ofuscamento de mim mesmo por Maitreya continua em cada encontro – mas presumivelmente acha-se que as 140 já dadas são o suficiente para evocar uma resposta de qualquer pessoa de mente aberta. Elas contém a essência de Suas preocupações.

Por que Maitreya se refere a apenas irmãos em Suas Mensagens? (Outubro de 1982)
O fato é, se você ler as Mensagens como um todo, Ele não se refere apenas à "irmãos", mas freqüentemente à "irmãos e irmãs". Cada mensagem tem um ritmo bem definido e efeito mântrico e são, portanto, podadas todas as palavras desnecessárias. Uma das coisas impressionantes quanto as Mensagens, para mim, são precisamente sua economia de significados, a pureza e austeridade da linguagem e mesmo assim, densidade de significado transmitido de maneira tão simples.

Você acha que o atraso na 'descoberta' do Cristo tem feito pessoas perderem o interesse? (Agosto de 1982)
Todos estão, naturalmente, desapontados pelo fato da mídia não ter ainda revelado o Cristo para o mundo, e sem dúvidas, o atraso tem desmotivado algumas pessoas. Ao mesmo tempo, continua existindo uma persistente esperança e convicção da parte de muitos indivíduos de que eles brevemente verão o Cristo. O que eu acredito que o atraso tenha feito é permitir mais tempo para a idéia e a possibilidade da presença do Cristo "filtrar-se" para mais pessoas. É extraordinário, mas nós ainda estamos recebendo solicitações por informações das declarações de página-inteira colocadas em aproximadamente 20 jornais ao redor do mundo em Abril. Então, as pessoas ainda estão respondendo à informação e o interesse está na verdade crescendo. [Este continua sendo o caso em 1986]

Até onde nós podemos ir contando as pessoas sobre o Cristo? Nós não sabemos o quão evoluídas as pessoas são, então nós não sabemos quanta informação elas podem tomar. Por quanto tempo nós podemos insistir? (Abril de 1983)

O ponto na evolução não é importante. As pessoas estão famintas por informação em todos os níveis. É importante não ser dogmático. Isto afasta as pessoas. Simplesmente conte às pessoas sobre o retorno do Cristo até onde elas quiserem ouvir. Se o solo é fértil, as sementes que você plantou irão crescer.

Se nós tivermos perdido a fé, perdido o entusiasmo anterior sobre o Reaparecimento, o que nós podemos fazer? (Setembro de 1984)

É perfeitamente natural que neste período de espera – pela emergência de Maitreya – muitos tenham perdido o entusiasmo anterior – principalmente se suas crenças tinham uma base emocional ao invés de uma mental ou intuitiva. A melhor coisa é continuar a agir como se fosse verdade, e espalhar ao mundo mesmo assim. Isto ajuda a encorajar o espírito e esperança da desesperada humanidade e acelera o processo de transformação.

Perspectiva Histórica

1875 Formação da Sociedade Teosófica por H.P. Blavatsky e colegas sobre o estímulo dos Mestres Morya e Koot Hoomi.

1875-1890 Publicação de *Isis sem Véu* e *A Doutrina Secreta* por H.P. Blavatsky.

1919-1949 Publicação dos *Ensinamentos de Alice Bailey* dados através dela pelo Mestre DK.

1924-1939 Publicação dos *Ensinamentos da Agni Yoga*, por Helena Roerich, dados à ela em sua maioria pelo Mestre Morya.

48

1945 Anúncio da decisão de Maitreya em retornar ao mundo com a Hierarquia de Mestres.

A Emergência de Maitreya

1977
8 de Julho: Maitreya deixa Seu centro no Himalaia.
19 de Julho: Chegada de avião em Seu 'centro', algum lugar em um país moderno.
22 de Julho: O verdadeiro começo da missão de Maitreya.
6 de Setembro: Primeira Mensagem de Maitreya durante uma palestra pública de Benjamin Creme em Londres através do processo de ofuscamento mental.

1978
3 de Abril: Começo da gradual emergência de Maitreya abertamente. Durante o curso de 1978, um filme de televisão é feito de Maitreya e a Comunidade Asiática da área de Brick Lane de Londres, mas nunca mostrado.

1979
16 de Janeiro: Na Mensagem N°57, Maitreya anuncia uma nova fase em Seu trabalho.
Em 1979 Maitreya deu quatro palestras públicas, em Março, em Julho, em 21 de Setembro e 8 de Dezembro, todas dentro da comunidade Asiática.

1980
14 de Fevereiro: Maitreya anuncia na Mensagem N° 95 que a primeira fase de Sua emergência está quase terminada.
16 de Fevereiro: Quinta palestra pública de Maitreya para uma audiência de 1.000 pessoas.
19 de Abril: sexta palestra pública para uma audiência de aproximadamente 800. Pela primeira vez um representante da imprensa local está presente. Nos encontros públicos subseqüentes (31 de Maio, 5 de Julho,

10 de Agosto e 13 de Setembro) há evidência de interesse crescente da imprensa local.

26 de Novembro: Na Mensagem N° 113, Maitreya anuncia que Sua "fase de aproximação" está quase completa e que a "fase de um avistamento mais amplo" irá começar em 1981.

1981

7 de Fevereiro: Segunda palestra pública em 1981 (1° de Janeiro foi a primeira). Maitreya é entrevistado (como um membro comum da comunidade Asiática) pelo rádio pela primeira vez.

19 de Julho: Creme anuncia que um programa de televisão com Maitreya (é lógico, incógnito) foi transmitido. A freqüência dos encontros públicos de Maitreya aumentou para um em cada duas semanas.

21 de Outubro: Transmissão de uma entrevista de rádio com Maitreya (incógnito).

7 de Novembro: Palestras públicas de Maitreya são agora uma vez por semana, isto quer dizer, 7, 14, 21, 28 de Novembro, etc.

Novembro de 1981 – Abril de 1982

O plano era de que através da cobertura da mídia, da participação de Maitreya (por eles) nos encontros semanais, Ele se tornaria conhecido primeiro nacionalmente e mais tarde internacionalmente.

Abril de 1982

Creme e colegas montam uma campanha de publicidade ao redor do mundo com anúncios de página inteira em 19 dos maiores jornais do mundo, anunciando a presença do Cristo.

14 de Maio de 1982

Creme realiza uma conferência de imprensa em Los Angeles e tem a permissão de revelar pela primeira vez que o Cristo esteve vivendo e trabalhando dentro da comunidade Asiática de Londres desde 1977. A mídia é chamada para encontrar o Cristo e convidá-Lo para se dirigir ao mundo.

1982-1985
Vários jornalistas e pessoas conectadas com a mídia juntam-se por um breve período em esforços para 'encontrarem' o Cristo.

1984
Uma jornalista independente começa a contatar outros jornalistas em um esforço para unir um grupo tal a fim de evocar um contato com o Cristo.

1985
31 de Julho: Vinte dois influentes jornalistas representando a mídia no Oriente e Ocidente encontram-se no East End de Londres esperando por contato com Maitreya ou um enviado. Este interesse atrasado da mídia tornou possível para Maitreya tomar os passos que irão finalmente culminar em Sua Declaração.

1986
Maitreya contata representantes da mídia no nível mais alto na Grã-Bretanha que concordam em fazerem uma declaração de que um homem reivindicando ser o Cristo está de fato vivendo na comunidade Asiática de Londres. Sobre pressão de altos funcionários religiosos e do governo, no entanto, esta declaração foi segurada.

1988
Maitreya começa a aparecer, tanto em pessoa e em sonho para líderes bem conhecidos em vários países, e para muitos cidadãos comuns.
Abril: Maitreya, através de um de Seus associados próximos começa a delinear seus ensinamentos e oferecer previsões e comentários sobre eventos mundiais. Esta

informação é publicada na revista *Share International* e distribuída ao redor do mundo.

1990
Abril: Maitreya inicia um grande encontro de dignitários mundiais em Londres. Ele fala sobre Sua missão, ensinamentos e planos. Participantes são convidados a retornarem à seus respectivos países e falarem abertamente sobre a experiência.

CAPITULO II

OS ENSINAMENTOS E TRABALHO DO CRISTO NA NOVA ERA

Os Ensinamentos do Cristo

O Mestre DK delineou para nós os ensinamentos do Cristo que, nós descobriremos, são os ensinamentos que todos nós inerentemente sabemos e aceitamos como verdadeiros: corretas relações humanas estão na base de nossas vidas, e para criar tais corretas relações nós encarnamos continuamente. Ele irá reiterar a necessidade, e mostrar novamente a maneira para implementá-las.

O primeiro passo na criação de corretas relações humanas é a transformação de nossas estruturas políticas, econômicas e sociais. A crise espiritual através da qual a humanidade está passando está focada hoje através destes campos, e no cerne do problema econômico está o problema da distribuição e redistribuição. Corretas relações humanas é a próxima, divinamente ordenada, realização da humanidade. Não é possível estar em corretas relações humanas com nossos irmãos e irmãs no Terceiro Mundo quando nós vivemos em luxúria e gastamos, enquanto eles passam fome e morrem em seus milhões.

A solução é óbvia: partilhar os recursos deste mundo abundante é o primeiro passo essencial em direção à corretas relações humanas. O Cristo irá tornar isto claro e inspirar a humanidade a agir em direção a este fim. Seu chamado por partilha e justiça como o único caminho para verdadeira paz (e portanto a continuação da raça e o salvamento do mundo) é essencialmente um chamado pelo estabelecimento de corretas relações humanas e a renúncia das relações manifestamente erradas no mundo hoje: a competição e ganância, individualmente, nacionalmente e internacionalmente; o ódio e violência, ao redor do mundo e potentes como nunca antes; a separatividade e

53

exclusividade, a adesão fanática ao seu ideal; toda a amargura e desconfiança que nos trouxeram à beira da auto-destruição.

A potência de Sua energia do Amor – a 'Espada da Clivagem' – produziu a polarização que agora existe, e irá mostrar claramente o caminho à frente para a humanidade. Ao redor Dele irão se juntar todos aqueles que erguem-se pela inclusividade e amor, justiça e liberdade do espírito humano. Aqueles que erguem-se pela separatividade e exploração, competição e ganância irão igualmente revelarem-se, e a escolha diante da humanidade será clara como cristal: entre amor e ódio, entre partilha e ganância, paz e guerra, vida e morte. O Cristo disse (na Mensagem N°11, Janeiro de 1978): "Meu coração Me diz a resposta de vocês, e é alegre." Respondendo à Sua energia do Amor, as pessoas em cada país (já está acontecendo) irão se organizar em grupos pedindo justiça e paz e corretas relações. Logo, esses grupos irão se tornar a maior e mais potente força no mundo, conduzindo à nova era de paz e boa vontade.

No reconhecimento e compreensão da Lei do Renascimento, está a chave para corretas relações humanas e a solução para os problemas da humanidade. Ela tem sido quase totalmente ignorada no Ocidente (embora isso agora esteja mudando), enquanto que no Oriente sua aceitação passiva e incorreta interpretação tem resultado na estagnação do esforço. O Cristo irá mostrar sua total relevância para nossa longa jornada evolucionária para perfeição, e esta doutrina irá se tornar uma das principais da nova religião mundial.

Onde esta lei é aceita no Ocidente hoje, a ênfase é quase exclusivamente na recuperação de memórias de vidas passadas, com todo os glamoures e desilusões aos quais esta atividade está aberta. O Cristo irá mostrar o verdadeiro funcionamento desta lei como o processo de aperfeiçoamento da alma em encarnação. É a alma (em todas as formas) que encarna, gradualmente trazendo seus sucessivos veículos para o ponto onde ela pode expressar sua natureza nos três mundos do viver humano – físico, emocional e mental. Ele irá mostrar a relação da Lei do Renascimento com a Lei de Causa e Efeito (a 'Lei do Karma' no Oriente). Através da correta compreensão desta relação, a humanidade enxergará a necessidade por inofensividade em todas as suas atividades. Almas encarnam em grupos, ciclicamente, para alcançarem corretas relações umas com as outras e com sua fonte. As responsabilidades e obrigações inerentes neste fato serão compreendidas, e a necessidade por, e prática de, corretas relações serão tornadas abundantemente claras.

O reaparecimento do Cristo hoje é o reaparecimento também, em manifestação exterior, da Hierarquia Espiritual da qual Ele é o Cabeça. Pela primeira vez desde os dias Atlantes, a Hierarquia de Mestres e iniciados irá trabalhar abertamente no mundo, conhecidos por nós pelo que Eles são.

Eles são os guardiões dos antigos Mistérios que contém a chave para o processo evolucionário, escondidos em números, rituais e símbolos, e a chave para a Ciência Divina, que irá abrir para a humanidade os segredos da própria vida e colocar em nossas mãos as energias do universo. Estes antigos Mistérios serão revelados, o fato da alma será provado, e a imortalidade essencial do homem será conhecida.

O processo esotérico de iniciação é a experiência consciente de milhares de iniciados hoje. Nesta era vindoura, ela se tornará a experiência exotérica de mais milhões. Essencialmente, iniciação é o resultado de, e leva à, uma expansão de consciência, um refinamento do instrumento de percepção e recepção de valores mais elevados e compreensão espiritual. Através desta expansão de consciência, o iniciado se torna consciente de níveis da existência divina e estados de consciência dos quais ele estava anteriormente cortado. Esta experiência aumenta sua capacidade vibratória e o equipa para um serviço maior para o mundo. Ele se torna um 'conhecedor'.

Estes Mistérios da Iniciação o Cristo irá ensinar. Como o Hierofante nas duas primeiras iniciações, Ele irá guiar a humanidade em direção ao Reino de Deus-- a Hierarquia da qual Ele é o Cabeça. Através desta experiência, os homens irão se perceber como os deuses que eles são.

A maioria da humanidade hoje ainda é largamente Atlante em consciência, isto quer dizer, polarizada no plano emocional que permanece o local normal, cotidiano de sua consciência. Ela está perdida no labirinto de desilusões deste plano – daí o presente tumulto e problemas mundiais. Citando o Mestre DK: "O maior serviço que um homem pode fazer aos seus semelhantes é o de libertar-se do controle deste plano (o emocional) dirigindo ele mesmo suas energias através do poder do Cristo interno", e: "O momento no qual os corações dos homens estiverem ativos, este momento vê o término da atividade emocional do plexo-solar." É através do coração que o homem responde ao chamado do Cristo. Por esta estimulação do aspecto amor, o Cristo pode trabalhar através de todos para mudar o mundo e ao mesmo tempo nos erguer para fora de nossas desilusões, nossa ignorância e medos. Através da vivência maior que Sua energia concede, Ele irá nos levar para luz e uma manifestação mais verdadeira de nossa divindade. (Julho de 1982)

O Trabalho do Cristo

A decisão de voltar totalmente para o trabalho e vida no plano físico não foi, nós podemos ter certeza, levemente ou facilmente tomada pelo Cristo. O Mestre DK no *O Reaparecimento do Cristo*, através de Alice A.Bailey, conta-nos que levou nove anos – de Junho de 1936 até Junho de 1945 – para a decisão ser tomada. A Hierarquia ainda está trabalhando no estado de tensão engendrado por esta momentosa decisão que culminou em Sua entrada no mundo moderno em 19 de Julho de 1977.

Sua decisão de reaparecer teve profundas repercussões ocultas: como um resultado disto, a Ele foi permitido usar – pela primeira vez – o grande mantra ou oração conhecido como a Grande Invocação, e passá-la para a humanidade. Nem um dia tem passado desde Junho de 1945 sem que Ele a diga para o benefício do mundo. É esperado que algum dia esta oração ou invocação se torne a oração mundial, dita semelhantemente por todas as pessoas, e uma potente nota chave da nova religião mundial que será uma das maiores tarefas do Cristo inaugurar – quando nós tivermos arrumado o mundo.

Sua decisão levou, também, Ele a se tornar o beneficiário e canal de certas grandes energias divinas que, em Seu trabalho para a humanidade nesta nova era, irão aumentar e potencializar tudo o que Ele faz. O Espírito da Paz ou Equilíbrio ofusca Ele de uma maneira muito semelhante aquela na qual Ele ofuscou o discípulo Jesus na Palestina. Trabalhando de perto com a Lei de Ação e Reação, o efeito do trabalho desta Entidade Cósmica através de Maitreya será a de produzir uma reação nas presentes caóticas e violentas condições e levar à uma era de paz e calma emocional proporcional ao ódio e violência hoje.

Ele se tornou a Personificação, de uma forma totalmente nova e potente, da energia que nós chamamos de Princípio Crístico ou Consciência Crística-- a energia da evolução, por si. Fluindo Dele para o mund – o, esta energia reorientou a humanidade para a vida espiritual (não necessariamente religiosa) e nos preparou para reconhecer e seguir Ele agora e a aceitar o princípio da partilha. Milhões estão respondendo à esta potente energia hoje, e conforme ela nos desperta para a base espiritual da vida, um dos modos de aparição do Cristo é cumprido-- nos corações dos homens.

Um grande Ser cósmico, o Avatar da Síntese, entrou através do Cristo, em nossa vida planetária. Ele encarna as energia da Vontade, Amor e Inteligência, mais outra energia para a qual nós ainda não temos nome. Esta Entidade pode descer apenas até o plano mental, e deste nível Ela derrama Sua energia quádrupla através do Cristo e assim para o mundo. Junto com o Buda, Que traz a energia da Sabedoria de níveis cósmicos, estes grandes Seres formam um triângulo cujas energias o Cristo canaliza para nós. Neste tempo vindouro, o Cristo será conhecido como o Ponto dentro do Triângulo. A Vontade do Avatar da Síntese, o Amor do Espírito da Paz ou Equilíbrio, e a Sabedoria do Buda, todos focados através do Cristo, irão transformar-- estão agora transformando – este mundo. Assim, um dos maiores trabalhos do Cristo, como o transmissor de energias, irá ocorrer. "Eu venho para que os homens possam ter vida e esta vida mais abundantemente." Como o Dispensador das Águas da Vida de Aquário, Maitreya irá realizar uma de suas maiores tarefas no novo tempo adiante. Como Ele tão eloqüentemente coloca na Mensagem N° 42:

"Muitas vezes vocês Me ouviram dizer que minha vinda significa mudança.
Especificamente, a maior mudança será nos corações e mentes dos homens, pois Meu retorno entre vocês é um sinal que os homens estão prontos para receberem a Nova Vida.
Esta Nova Vida para os homens eu trago em abundância.
Em todos os planos esta Vida irá fluir, alcançando os corações e almas e corpos dos homens, trazendo eles mais perto para a Fonte da Própria vida.
Minha tarefa será a de canalizar estas Águas da Vida através de vocês.
Eu sou o Portador da Água.
Eu sou o Veículo da Verdade.
Esta Verdade eu irei revelar para vocês e erguê-los para suas verdadeiras naturezas.
Eu sou o Rio.
Através de Mim flui a nova fonte da vida Dada por Deus, e isto eu rei outorgá-la a vocês.

Assim nós juntos iremos caminhar através de Meu Jardim, sentir o perfume de Minhas Flores, e conhecer a alegria da proximidade com Deus. Meus amigos, estas coisas não são sonhos. Tudo isto será de vocês. Minha missão irá outorgar isto a vocês."

Sua é a tarefa de transmitir estas Águas da Vida: como vida física, nutrindo as próprias células de nosso corpo ; como uma nova vivência – amor e luz dentro de nossos corações; como uma vida mais abundante – amor, luz e poder dentro e acima da cabeça dos discípulos do Cristo, permitindo a eles co-operarem mais completamente com o Plano emitido de Shamballa.

Como o Hierofante nas duas primeiras iniciações, o trabalho de Maitreya será o de levar as massas da humanidade ao Reino de Deus – a Hierarquia – através dos portais da iniciação. Muitos estão agora no limiar. Um dos Seus mais importantes papéis será como o "Nutridor dos pequeninos". Quem são estes "pequeninos"? Eles são aqueles que tomaram as duas primeiras iniciações e que estão prontos para aquela experiência da Transfiguração, a terceira iniciação, que é a primeira demonstração de verdadeira divindade. Pela nutrição, a estimulação de suas vidas espirituais, Ele irá trazê-los, como Ele tão freqüentemente diz nas Mensagens, aos "pés de Deus", "diante do Trono", isto quer dizer, diante de Sanat Kumara, o Senhor do Mundo em Shamballa, o Hierofante na terceira e subseqüentes iniciações.

Ao contrário da crença da média dos Cristãos de que o Cristo vem apenas para eles, Ele vem como o Instrutor do Mundo, para toda a humanidade. Com a ajuda de Seu Irmão, o Buda, Ele irá unir o Oriente e Ocidente, e em particular as diferentes abordagens para Deus do Oriente e do Ocidente. Apesar do ensinamento do Cristo na Palestina de que Deus está dentro de nós, a abordagem geral para com Deus no Ocidente tem sido a de ver Ele como transcendente, acima e além de Sua criação, essencialmente incognoscível para esta criação, apenas para ser venerado de longe. A abordagem do Oriente, por outro lado, é a de ver Deus como imanente, no homem e em todas a criação, "mais próximo do que a mão ou o pé, mais próximo do que até a respiração". Ele irá sintetizar estas duas abordagens na nova religião mundial. O Cristo é o grande expoente e expressão do Amor, enquanto que o Buda é a Encarnação da Sabedoria. Neste tempo vindouro, o Cristo irá fundir e combinar estas duas energias divinas e responder ao chamado do Oriente assim como do Ocidente por socorro e tutela. Ele será em verdade o Instrutor do Mundo, vindo para inaugurar a Nova Era de síntese e fraternidade, baseada no estabelecimento de corretas relações humanas.

Nenhum Avatar esteve tão bem equipado para Sua tarefa como o Cristo agora está. Fundindo e misturando Nele Mesmo as energias da Vontade, Amor e Sabedoria, ofuscado pelo Espírito da Paz e Equilíbrio, ajudado e apoiado pelo Avatar da Síntese e o Buda, e focando através Dele Mesmo a soma total das energias dos últimos 2.000 anos de Peixes e das vindouras potências de Aquário, Ele é um poderoso Avatar, igual a sua assustadora tarefa. Esta tarefa é a de criar harmonia do caos, a de despertar a humanidade para sua verdadeira natureza e destino, e a de guiar e inspirar a construção de uma nova civilização. Ele estará conosco pelos próximos 2.500 anos – toda a Era de Aquário. Conforme nós virmos em encarnação novamente durante este período, nós encontraremos o Cristo, Maitreya, no centro de nossa vida planetária.

Então Seu trabalho para a humanidade estará terminado e, tendo treinado e preparado Seu sucessor, Ele então irá para um trabalho mais elevado no Caminho da Evolução Superior. Seu caminho, o Caminho da Filiação Absoluta, irá levá-Lo para fora da Terra para retornar, como previsto por H.P. Blavatsky, como o Cristo Cósmico, o Maitreya Cósmico, no final do último, o sétimo ciclo mundial. (Setembro de 1982)

[Estes dois artigos são um sumário dos ensinamentos sobre o assunto pelo Mestre DK no *O Reaparecimento do Cristo*, por Alice A. Bailey. Aos leitores, este trabalho é aconselhado para um mais profundo e detalhado relato do futuro trabalho e ensinamentos do Cristo.]

Qual é a essência do ensinamento do Cristo para a Nova Era? (Outubro de 1984)
Seu ensinamento será liberado em fases, cada fase sendo relevante às necessidades da humanidade em cada estágio pelos próximo 2.350 anos ou mais. Em primeiro lugar, nós veremos que Ele colocará ênfase na unicidade da humanidade, no fato da alma humana, e na necessidade por partilha e corretas relações humanas. Ele irá ensinar, novamente, a Lei de Causa e Efeito e sua relação com a Lei do Renascimento, mostrando a necessidade por inofensividade em todas as relações.

Quando estas idéias tiverem permeado a sociedade e trazido as mudanças em nossas estruturas políticas, econômicas e sociais, Ele irá levar adiante a inauguração da nova religião mundial, juntando as abordagens para com Deus do Oriente e do Ocidente, Deus imanente e Deus transcendente. Ele irá ensinar os Mistérios do Caminho da Iniciação, o caminho científico para Deus. Iniciação será central para a nova religião mundial. Acima de tudo, Ele irá revelar um novo aspecto de Deus. Esta é a nova Revelação que Ele irá trazer.

Qual será a tarefa inicial de Maitreya? (Setembro de 1982)
Em primeiro lugar, Ele estará preocupado em inspirar a humanidade a criar as condições nas quais a paz mundial poderá ser garantida. Ele irá mostrar que isso necessita, acima de tudo, da aceitação do princípio da partilha. Isto irá assegurar uma harmonização do desequilíbrio causado hoje pelas tremendas discrepâncias nos padrões de vida das nações desenvolvidas e em desenvolvimento.

Sua proposta imediata será a de lançar um programa de choque de ajuda para salvar os milhões passando fome no Terceiro Mundo. Então, pelos próximos poucos anos, a reestruturação da sociedade em linhas mais justas irá gradualmente formar a base para uma nova civilização. Ele irá inspirar a humanidade a criar o novo mundo. Sua tarefa inicial é realmente a da reconstrução.

Já que Ele é o Instrutor do Mundo, isso quer dizer que Ele estará mais envolvido em certos campos do esforço humano do que em outros? (Setembro de 1982)
Muitas pessoas, particularmente Cristãs, vêem Ele como o cabeça da Igreja Cristã, mas na verdade este não é o caso; o Mestre Jesus é o cabeça das Igrejas Cristãs. O Instrutor do Mundo é o estímulo por trás de toda uma série de atividades, não apenas a religião. Ele é tanto o estímulo por trás das descobertas científicas e conceitos educacionais que hoje estão cativando as mentes dos homens, como Ele é em relação a assuntos religiosos.

Ele irá inaugurar a nova religião mundial que utilizará uma grande parte de Sua energia, mas ele é o beneficiário e transmissor de um grande arco-íris de energias de várias fontes que estimulam muitas diferentes facetas de nossa vida. Uma de suas principais tarefas será a sintetização da humanidade através das energias do Avatar da Síntese e das energias de Aquário, e, através da galvanização da Assembléia das Nações Unidas, trazer o mundo junto e preenchê-lo com um sentimento de completude. Esta é uma grande e longa tarefa que se espalhará por vários anos. Quando nós tivermos realmente arrumado o mundo, Ele irá começar a inaugurar a nova religião mundial.

Qual das maiores religiões do mundo, se alguma, você espera que irá desaparecer primeiro, uma vez que Maitreya começar Seu trabalho aberto?
Nenhuma delas. Não é a tarefa de Maitreya estimular a destruição de qualquer das grandes religiões – bem ao

contrário. Seu principal trabalho, inicialmente, será o de estimular mudanças econômicas, políticas e sociais. Quando Ele eventualmente inaugurar a nova religião mundial baseada na iniciação, seus aderentes serão tirados, como já é o caso, de todas as religiões.

Você poderia explicar mais sobre o trabalho do Novo Grupo de Servidores do Mundo, que você mencionou antes como sendo sensível à energia do Avatar da Síntese?
(Outubro de 1982)
Quando Ele veio antes na Palestina, o Cristo descobriu que não haviam servidores o suficiente, discípulos, no mundo através dos quais Ele poderia trabalhar, que poderiam ter preparado o caminho para Ele, e através dos quais Ele poderia construir a nova civilização do momento. Também, Ele não tinha ainda aquela maior relação e identificação com o aspecto Vontade de Deus – que nos últimos 2.000 anos Ele alcançou – necessária para Ele completar sua tarefa. Ele é agora a Encarnação da Vontade assim como do aspecto Amor de Deus.

Em 1922, portanto, Ele inaugurou o Novo Grupo de Servidores do Mundo, que é o grupo mais importante existindo no mundo, embora ele não tenha nenhuma forma exterior ou organização. Cada membro dele está relacionado subjetivamente (isto quer dizer, no nível interior, da alma) à Hierarquia; eles sabem e compreendem o Plano e seus papéis nele. No plano exterior existem dois grandes grupos: um grande grupo, inconsciente de seu elo subjetivo com a Hierarquia e trabalhando apenas sobre a impressão dos Mestres; o outro, um núcleo pequeno interior que trabalha conscientemente no plano exterior sobre a supervisão direta dos Mestres.

Composto de homens e mulheres de todos os níveis da sociedade, o Novo Grupo de Servidores do Mundo tem membros em cada país no mundo, sem exceção. Desde 1922, com exceção dos anos da guerra, eles estiveram ativos em colocar diante da humanidade os próprios princípios que irão governar nossas vidas no futuro –

princípios de corretas relações, partilha e justiça. Eles são encontrados nos campos político, econômico e científico. Eles são os precursores do Cristo, a vanguarda enviada à frente para preparar o caminho. De suas compreensões do Plano, de seu altruísta amor pela humanidade, de seus desejos em servirem, eles são a garantia da correta realização do Plano da Hierarquia do qual eles também são parte. Então, desta maneira, o trabalho da Hierarquia não infringe o livre-arbítrio humano. O Novo Grupo de Servidores do Mundo forma um grupo de ligação entre a humanidade e Hierarquia. Ele tem alguns milhões de pessoas hoje.

Presumivelmente, o papel do Cristo e tarefas irão mudar com o passar dos anos? (Outubro de 1982) Suas tarefas irão mudar e portanto Seu papel irá mudar. Ele é, acima de tudo, o galvanizador e inspirador da humanidade. Ele precisa mostrar à humanidade a natureza da Realidade que nós chamamos Deus, levar a humanidade à uma relação mais próxima com esta Realidade, e invocar uma resposta mais profunda e cheia de sentido para com a vida. Essa é uma tarefa enorme, uma que apenas alguém de Sua estatura poderia efetuar.

Eu li que o Buda trouxe Luz, o Cristo trouxe Amor, e que o próximo Avatar irá trazer Poder. É este o aspecto que o Cristo Maitreya está tentando trazer à frente neste momento, ou ainda há outro Avatar a vir? (Dezembro de 1984) O Cristo de fato traz o Poder ou aspecto Vontade de Deus para o mundo. Nos últimos 2.000 anos desde Seu Advento na Palestina, através de Jesus, Ele se tornou a Encarnação da Vontade, assim também como do Amor e Luz, de Deus. Através de Seu apoio, as pequenas auto-vontades separadas da humanidade virão em correto alinhamento com a Vontade de Deus pela primeira vez. Até onde diz respeito ao discípulo individual, este aspecto Vontade apenas é sentido por volta do tempo da terceira iniciação. É a energia da Mônada ou Centelha Divina, enquanto que as energias do Amor e Luz vêm da Alma. Para o purista, é lógico, todos os três aspectos vêm da Mônada, mas a identificação com a alma apenas traz a Luz e Amor.

Apesar disso, é lógico, existirão muitos mais Avatares na longa evolução da humanidade para perfeição.

O Cristo terá um longo ministério comparado aos três anos que Jesus teve? (Maio de 1986)
Sim. Toda a Era de Aquário.

Quais serão alguns dos atributos ou características da Era de Aquário? (Outubro de 1984)
A característica marcante da energia de Aquário é a síntese, daí o resultado de sua ação será uma mistura e fusão do presente mundo divido e da separativa humanidade em um todo. Um novo sentimento de unicidade (com toda a criação) irá substituir o presente sentimento de separação. Na esfera social e política, isto irá se demonstrar como fraternidade, justiça e partilha. O presente medo e confusão irão dar caminho para uma nova liberdade e sentimento de sentido e propósito na vida. Será uma era na qual a humanidade – pela primeira vez como um todo – perceberá e manifestará sua inerente divindade. Co-operação irá substituir a competição; tolerância e boa vontade irão suplantar a divisão e ódio.

Por que Maitreya foi eleito para preencher o cargo do Cristo por dois ciclos – o Pisciano e o Aquariano? (Fevereiro de 1984)
Por um número de razões: para completar Seu trabalho de serviço *cara a cara* com a humanidade (Sua missão na Palestina foi grandemente profética; a humanidade, então, estava preparada para pouco mais). Ele retorna agora para continuar e cumprir aquilo que Ele colocou em ação então. No final da Era Aquariana, Seu trabalho com a humanidade terá terminado e Ele irá para um trabalho mais elevado. Isto irá levá-Lo e os Mestres para o Caminho da Evolução

65

Superior (sete caminhos de serviço os quais nós podemos saber muito pouco ou nada), tal sendo a razão primária para Seu retorno para o mundo cotidiano agora. Ele é também o mais equipado, pela realização evolucionária, para estar no cargo de Instrutor do Mundo e para encarnar o Princípio Crístico.

Quem estava no cargo de Maitreya nos tempos Egípcios?
(Junho de 1986)
Em um ciclo, Seu Irmão, o Buda, como Mêmnom.

A invocação do Cristo hoje está diretamente estimulando o nascimento do Princípio Crístico em indivíduos? (Junho de 1984)
Muito. Maitreya encarna este princípio para nós, e sua manifestação em milhões da humanidade hoje é, simultaneamente, uma de Suas maneiras triplas de retornar (as outras sendo o ofuscamento mental de discípulos abertos a este estímulo, e Sua direta presença física). Este Princípio Crístico invoca a Hierarquia esotérica ao mundo, e é a garantia do sucesso de Sua missão aberta através de nós.

Por que o Avatar precisa estar personificado por um indivíduo humano? (Novembro de 1985)
Esta questão, eu acho, ergue-se da idéia errada de que um Avatar (neste caso o Cristo) é algum tipo de princípio abstrato que pode, ele mesmo, encarnar em vários indivíduos simultaneamente. Muitas pessoas vêem o Cristo neste sentido, separando o homem – Maitreya – do Princípio Crístico que Ele encarna, e procurando por uma manifestação múltipla do Cristo. O Princípio Crístico de fato se manifesta através de milhões hoje, mas esta é apenas uma das três maneiras na qual Maitreya prometeu aparecer--nos níveis mental, astral e denso-físico. Minha apresentação é a de que todas as três formas de Sua manifestação já ocorreram.

66

Você não acha que nós avançamos o suficiente para o Princípio (Crístico) sem precisar da forma (o homem)? (Julho/Agosto de 1986) Dê uma olhada no mundo e decida por você mesmo. Como você acha que nós estamos com o Princípio Crístico, dada a confrontação nuclear entre Oriente e Ocidente, os milhões que passam fome, os milhares de milhões pobres? Nós temos de fato sorte, que por amor à humanidade, o homem, o Filho do Homem, nos abençoou com Sua presença.

Além do mais, a razão primária para o Seu retorno físico é liderar Seu grupo, a Hierarquia Espiritual de Mestres, de volta para o mundo.

Não é possível que Sai Baba seja Maitreya, e que o homem em Londres aguardando para ser reconhecido seja o Mestre Jesus Que, você diz, não irá revelar a Si Mesmo para o público até que Maitreya – o Cristo Cósmico – tenha o feito? Eu sou um firme crente em Sai Baba como o Cristo Cósmico. (Junho de 1986) Se eu pensasse que Sai Baba fosse Maitreya, então, é lógico, eu teria dito isso. Eu acredito que Sai Baba seja um Avatar cósmico Que trabalha em relação próxima com Maitreya e Sua missão. Eu nunca disse que Maitreya é o Cristo Cósmico, mas que Ele é a expressão planetária do Princípio Crístico. É do meu entendimento que o Mestre Jesus está no presente vivendo nos subúrbios de Roma esperando a Declaração de Maitreya em Londres.

Parece existir uma grande diferença entre os novos ensinamentos e os velhos ensinamentos do Cristo na Palestina. O último foi centrado tanto no arrependimento – uma palavra que eu não percebi uma vez nas novas Mensagens de Maitreya, o Cristo; e "fé" também parece estar omitida. Os fundamentalistas como Billy Graham e Luis Pilau ainda baseiam suas campanhas sobre estes valores e conseguem muitos 'convertidos'. Poderia se supor que tais ensinamentos ainda são válidos e úteis para egos mais jovens que ainda necessitam de disciplina externa

como crianças mais jovens necessitam, e que são eles que são atraídos para estas doutrinas? (Maio de 1985)
Por "os novos ensinamentos" eu assumo que aquele que fez a pergunta quer dizer as Mensagens de Maitreya dadas através de mim. Eu acho que é necessário tornar claro que nenhuma reivindicação é feita de que as Mensagens representem os novos ensinamentos do Cristo, mas simplesmente que elas contém fragmentos de Seus ensinamentos e mostram as várias áreas de Sua preocupação. Eu duvido que elas deveriam fazer mais do que isso. Os novos ensinamentos virão diretamente do Próprio Maitreya.

O que eu acho que é muito evidente nelas é uma mudança de ênfase da salvação pessoal para a responsabilidade grupal e ação. Isto está inteiramente em linha com a mudança na expressão evolucionária do individualismo Pisciano – e o separatismo que o acompanha – para a consciência grupal e unidade de Aquário. Eu duvido muito que o Cristo tenha ou irá colocar ênfase no 'pecado' como o faz a Igreja, nem no 'arrependimento' exceto como uma ação necessária para desfazer as ações erradas conscientemente reconhecidas e aceitas. Para os Mestres, "pecado" é simplesmente imperfeição.

Eu de fato concordo que o sucesso de fundamentalistas como Billy Graham, baseando seu apelo em pecado e arrependimento, é com os mais jovens, não-sofisticados egos para os quais tais conceitos carregados emocionalmente têm grande significado. Fé é outra coisa novamente-- um reconhecimento interno ou intuitivo e contínua comunhão, e não simplesmente crença nesta ou naquela doutrina ou dogma.

É verdade que Maitreya esteve alistando pessoas para servir e ajudar Ele pelos últimos (20 ou mais) anos? (Novembro de 1983)
Depende do que você quer dizer por "alistando". Se quer dizer que Ele esteve inspirando pessoas para ajudar Ele em serviço altruísta para humanidade (por exemplo, pelos Seus

reiterados apelos por ajuda nas *Messages from Maitreya the Christ)*, a resposta é sim. Se, por outro lado, significa alistamento direto no plano físico, como é no exército, a resposta é definitivamente não, Ele não o tem feito.

Se Maitreya pode dividir Sua consciência em milhares de áreas separadas de atenção, Ele está de fato presente no momento da consagração nas massas Católica Romanas e Anglicanas, e Sua benção permanece na Hóstia consagrada que é reverenciada nas Igrejas Católicas Romanas? Ou, já que o Mestre Jesus está em cargo da religião Cristã, é a Sua presença que está neste ritual? (Maio de 1985)
É sempre a energia e benção de Maitreya que consagra a Hóstia neste ritual. Esta é a mais válida e autentica parte do serviço da Igreja Cristã. É lógico, a hóstia e o vinho não são transformados no 'corpo e sangue' do Cristo. Este é um ato simbólico em memória à Ele. A transmissão de energia, no entanto, de fato é real.

Quando alguém sente energias muito fortes como se pode dizer se é da alma, um Mestre ou, eu me atrevo, de Maitreya? Por exemplo, isto sempre acontece quando eu leio as Mensagens de Maitreya. (Julho/Agosto de 1985)
É impossível ler as Mensagens de Maitreya, especialmente em voz alta, sem invocar Sua energia. Esta é uma das razões pela qual elas foram dadas. A primeira parte da pergunta é mais difícil de responder – é realmente uma questão de experiência e discriminação. É normalmente mais correto assumir que a energia é da alma da própria pessoa.

Maitreya usa alguma das muitas estátuas Dele para transmitir Suas energias através delas? (Setembro de 1985)
Sim, certamente. Um exemplo é a famosa estátua de madeira no Templo Koryuji em Kyoto, Japão, datando dos séculos 6-7. Por séculos ela tem sido conhecida como a "estátua da luz dourada" por causa do brilho que é algumas vezes visto emanar dela.

É possível para pessoas comuns, querendo ver Ele, fazer contato com Maitreya internamente? (Maio de 1986)
Depende do que você quer dizer por 'fazer contato'. Se significa se pessoas 'comuns' podem receber comunicações, mensagens, iluminação, tutela de Maitreya, então a resposta é não. Ele não faz este tipo de contato. Eu sei que muitas pessoas reivindicam tal contato – e freqüentemente me enviam os resultados – mas minha informação é a de que estas reivindicações estão erradas, e a natureza do material recebido dá testemunho disso.

Se significa se as pessoas podem invocar Sua energia, Seu amor, então a resposta é, indubitavelmente, sim. Ele Mesmo disse: "Minha ajuda é de vocês para comandar. Vocês têm apenas que pedir." (Mensagem N°49)

Muitas pessoas lhe contaram que elas têm "visto" Maitreya, isto quer dizer, não em Londres, mas como uma visão aparecendo diante delas? (Maio de 1986)
Não muitas, mas algumas poucas relataram tais experiências.

O Cristo pode vir até nós em um estado de sono para nos ajudar? (Maio de 1986)
Sim, Ele freqüentemente usa esta forma de contato.

Eu acredito que vindo com Maitreya estão certos grandes devas ou anjos. Você pode nos dizer alguma coisa sobre eles e o significado disto para a humanidade agora? (Dezembro 1982)
O Cristo foi chamado, tanto pelo Buda Gautama como por São Paulo, "o Instrutor tanto dos anjos como dos homens", e isto é precisamente o que Ele é. Ele é tanto um instrutor para os devas como Ele é para a evolução humana. Como o Mestre DK mostrou (nos livros de Alice A. Bailey), Ele irá trazer – na verdade, trouxe – para o mundo, certos grandes devas que irão trabalhar de perto com a humanidade e nos ensinar muitos aspectos da arte de viver.

(1) Maitreya é sem pecado? (2) Ele nasceu de uma virgem?
(Novembro de 1984)
(1) Maitreya é totalmente perfeito no sentido planetário. Até mesmo no sentido sistêmico, Ele é sem aquele sentimento de separação que nós chamamos pecado. (2) Não. Ele é um Mestre Ressurreto e Ascenso. Em Sua presente manifestação no mundo moderno (Londres), Ele está em um corpo auto-criado – um mayavirupa.

O Cristo foi responsável pela aparição do "olho-no-triângulo" na nota de $1 dos EUA, anunciando a "nova ordem das eras"? (Abril de 1984)
Não.

Maitreya está inspirando agora o uso do símbolo do triângulo ou do "delta" como um símbolo de negócios e associações? (Abril de 1984)
Não.

Maitreya tem um grupo esotérico conhecido como as Forças do Triângulo (ao redor do mundo) que vestem roupas vermelhas e azuis como o sinal de sua afiliação? (Abril de 1984)
Não.

O nome "Tara" tem raízes no Budismo, e se sim, como ele se relaciona com o presente trabalho do Centro Tara? (Janeiro 1984)
"Tara" é o nome Budista (tirado do Hinduísmo) para a Deusa Mãe, a Mãe do Mundo, a Origem Feminina. Uma de Suas manifestações era a Hindu Kali, seu aspecto como a Destruidora. Ela foi também Ísis e Ishtar. Maria, mãe de Jesus, é o símbolo Dela. A vindoura Era de Aquário, a era de Maitreya, é também a era no qual o aspecto feminino nutridor retoma expressão. A era de Maitreya, portanto, é a era de Tara.

A Santíssima Trindade é masculina? (Julho/Agosto de 1984)
A Santíssima Trindade combina o aspecto masculino (espírito) e o aspecto feminino (matéria) e a relação entre espírito e matéria – o aspecto Crístico. É neste sentido que o Cristo é o Filho de Deus – Deus Pai-Mãe.

Maitreya lhe disse sobre Sua imortalidade física? Eu quero dizer, Ele parece ter vivido no Himalaia por muito tempo. (Março de 1986)
Maitreya tem vivido em Seu retiro no alto do Himalaia (cerca de 17.500 pés) pelos últimos 2.000 anos em um 'corpo de luz', isso quer dizer, o corpo ressurreto e ascenso de um Mestre perfeito de alto grau. Este corpo está agora 'em descanso', como Ele chamou – um estado de animação suspensa. O corpo no qual Ele agora vive e trabalha em Londres é auto-criado especialmente para esta missão e irá permanecer como é hoje pelos próximos 2.500 anos.

O Cristo é sem forma, mas Ele também está centrado em Seu corpo 'mayavirupa' em Londres, e Seu corpo de luz está dormente no Himalaia. Onde está o Seu centro, Seu ponto focal de existência? Ele medita de Seu corpo de luz? (Março de 1983)
O Cristo não é sem forma mas, é lógico, a energia que Ele encarna, a energia do Amor, a energia que nós chamamos de o Princípio Crístico, é sem forma. Sua consciência está centrada no maya-virupa (corpo auto criado). Ele medita, vive e trabalha como um homem normal, no mayavirupa, que é um corpo completamente real.

Agora que Ele vive em Londres, o Cristo (Maitreya) ainda tem a função de Cabeça de nossa Hierarquia, por exemplo, durante o Festival de Wesak de Maio e, se sim, Ele fará uso de seu 'corpo de luz' agora descansando em Seu centro no Himalaia? (Junho de 1984)
Ele tem a função e ainda continuará tendo a de Cabeça da Hierarquia enquanto fisicamente presente conosco, e

também durante o Festival de Wesak que ocorre em Maio em um vale remoto no Himalaia. Durante este antigo festival, no qual o Buda faz o Seu contato próximo com a humanidade, Maitreya trabalha no mayavirupa no qual Ele agora vive em Londres. Ele não deixa Londres para fazer isso, mas está presente em ambos os lugares simultaneamente.

Você poderia explicar como Maitreya construiu Seu corpo? Como os seus átomos diferem dos nossos? (Outubro de 1985)
Eu temo que há pouco que eu possa falar sobre a criação de Seu corpo de manifestação, com exceção de que o processo de sua construção (por um ato de vontade) é sem paralelo na história do mundo, por um método bem diferente daquele usado pelos Mestres ao criarem Seus mayavirupas. Este corpo permite Maitreya levar adiante Suas obrigações como o Instrutor do Mundo, enquanto, ao mesmo tempo, viver entre nós como um homem comum, algo nunca antes possível. O que eu posso dizer é que a estrutura atômica é tal que Ele pode se mover do nível espiritual mais elevado para o mais denso físico sem esforço. Os átomos do Seu corpo têm a resiliência necessária para acomodar ambos os pólos.
　　Durante os cinco ou seis anos antes de 7 de Julho de 1977, Maitreya lentamente juntou a necessária matéria (mental, astral e física) na qual Sua consciência poderia "encarnar". Ele testou cada nível no mundo até que Ele estava satisfeito de que eles tinham as necessárias qualidades, resiliência e sensitividade. Quando Ele esteve certo de que tudo estava "em ordem", usando Sua própria frase, Ele finalmente "o terminou", como Ele o coloca, em 7 de Julho de 1977.

Considerando o que a humanidade fez em nome do Cristo no passado, o que o Cristo planeja fazer no futuro para evitar isso? (Abril de 1984)

73

Principalmente, estar presente. Alguém poderia dar uma palestra sobre os planos do Cristo, ensinamentos e trabalho no tempo vindouro para inspirar a humanidade a fazer uma mudança de direção, mas a grande diferença desta vez é o fato de que Ele prometeu ficar conosco até o fim da Era Aquariana, isto quer dizer, aproximadamente, 2.500 anos. Nenhum teólogo ou padre será necessário, portanto, para interpretar (ou adulterar) Seus ensinamentos.

Atividade de Maitreya depois do Dia da Declaração

O quão em evidência Maitreya estará? Nós seremos capazes de ver e ouvir Ele regularmente no rádio, TV, ler sobre Ele na imprensa? Ele terá um porta-voz oficial – um jornal ou uma revista? (Outubro de 1982)
Não haverá um "porta voz" oficial, uma revista oficial, ou o que seja, para Maitreya. Como Ele é um Conselheiro, um Instrutor, Ele irá aparecer freqüentemente (eu não sei com que regularidade) no rádio e televisão; Ele será citado em jornais e por aí vai. Seu Ensinamento será feito principalmente por meio da televisão e rádio. Esta é a fase Reveladora – profetizada pelo Mestre DK através de Alice A. Bailey, para começar depois de 1975.

Certamente as pessoas tomarão o trabalho de coletar Suas palestras, Suas palavras, Suas propostas, etc, e compilar livros, artigos, fitas, filmes, vídeos? (Outubro de 1982)
Sim, eu não tenho dúvidas de que tudo isso será coletado e tornado disponível em alguma forma para estudo, para assimilação gradual e para educação geral. Mas, é lógico, este é nosso trabalho, não o Dele.

O Cristo viajará a todos os países do mundo? Os Mestres também viajarão ao redor do mundo? (Outubro de 1982)
Alguns irão e alguns não. Para certos Mestres foram designados postos específicos em centros específicos – os cinco maiores centros espirituais e dois menores. No

entanto, o Cristo fará uma jornada – eu não sei o quão depois do Dia da Declaração – para todos os países do mundo, de forma que todos nós teremos a oportunidade de vê-Lo mais pessoalmente.

Suas jornadas serão similares em estilo àquelas do presente Papa? Ele será mais ou menos acessível? (Outubro de 1982)
A logística pura, os problemas técnicos, tornam esta uma pergunta difícil de se responder. Eu pensaria que Seus tours seriam similares àqueles do Papa, mas, naturalmente, em uma escala bem maior. O Papa atrai principalmente Católicos Romanos e outras pessoas interessadas, mas o Cristo irá atrair a atenção de milhões, até mesmo bilhões, de pessoas de todas as fés e de nenhum plano de fundo religioso. Eu tenho certeza que Ele irá tentar Ele Mesmo ser ainda mais acessível do que o Papa é hoje. Uma diferença será a de que com Maitreya não há o perigo de assassinato. Ele é, e será invulnerável. Este é um perigo e preocupação que não estará nas mentes dos governos cujo trabalho será principalmente o de organizar Seus tours. Para Ele pessoalmente será uma gigantesca tarefa.

Ele terá "missões" específicas e diferentes em vários países? (Outubro de 1982)
Sem dúvidas Suas funções irão diferir de país para país, e Ele irá com este propósito em mente. Eu acho que Ele tentará utilizar seus bons ofícios na melhor capacidade que eles possam ser utilizados. Ele está aqui para servir ao mundo, e eu acho que é nesta luz que Ele irá apresentar a Si Mesmo ao mundo. Ele não irá apresentar a Si Mesmo como sabendo tudo e vindo para fazer tudo para nós, mas se pessoas e governos pedirem Seu conselho ou perguntarem o seu julgamento – O Seu alguma vezes "julgamento de Salomão" – em decisões, por exemplo, no Oriente Médio ou na Irlanda do Norte, Ele certamente dará Sua tutela e ajuda. Apesar do fato de que estas situações pareçam insolúveis,

pode ser que as pessoas aceitem o conselho e sugestões de Maitreya que elas nunca aceitariam de seres menores.

Maitreya irá ensinar cada nação sobre seu propósito de alma e sua parte no Plano? (Julho/Agosto de 1986)
Sim. Não apenas Maitreya mas os Mestres, também, irão elucidar o destino interno das várias nações. Cada nação tem alguma contribuição única para fazer à civilização, enquanto algumas nações, por causa de seus raios (cada nação tem um raio de alma e raio de personalidade), seu tamanho, se são masculinas ou femininas, tem freqüentemente um papel decisivo a realizar. Cada nação tem um propósito oculto e "lema" ou papel no desenrolar da evolução da raça.

Você acha que os governos do mundo irão aceitar o Cristo inicialmente? (Janeiro de 1986)
Alguns sem dúvidas irão, enquanto alguns poderão ser mais lentos a aceitarem Seu conselho. Eu estou pensando em países como a União Soviética e China, que não têm meios religiosos pelos quais aproximar-se Dele. As pessoas destes países, no entanto – como as pessoas em todos os lugares do mundo – irão forçar seus líderes a implementarem o princípio da partilha. De uma maneira bem real, apesar da falta de liberdade pessoal, estes países já estão mais próximos da implementação da partilha e justiça do que estão as democracias Ocidentais.

Londres permanecerá Seu "quartel general"? (Outubro de 1982)
Não. Em um sentido, Ele não terá nenhum "quartel general". Sua residência em Londres agora é, eu acredito, uma medida temporária. Sua jornada ao redor do mundo deverá levar vários anos – dois ou três anos, pelo menos. Então Ele irá, de tempos em tempos, para qualquer outro país ou países em particular onde a necessidade por Ele é a maior, onde Ele pode ser de maior utilidade, pode melhor servir no momento.

Maitreya continuará as espontâneas e miraculosas curas do Dia da Declaração? (Outubro de 1982)

Como eu compreendo, Ele não irá. As curas espontâneas do Dia da Declaração serão um fenômeno restrito daquele dia, como uma prova adicional, se mais prova for necessária, de que Ele é de fato o Cristo. Sem dúvidas, como Ele sempre fez, Ele continuará a curar, mas isto será em uma base particular, não feito de uma grande forma pública, espetacular.

Então indivíduos particulares terão acesso à Ele para pedir por cura? (Outubro de 1982)

Não, eu não quis dizer neste sentido. Simplesmente que apenas pacientes saberão disso, não será uma cura "tornada propaganda". Ele não será o Curador Mundial. Mas é lógico, os Mestres (alguns Deles) estão no mundo e mais irão emergir depois. Isto irá resultar em um tremendo estímulo para a cura espiritual ou esotérica. Isto será acompanhado por um crescimento na compreensão do processo de doença e de cura. Então, nós mesmos, iremos realizar curas, como muitos fazem hoje, que em um tempo teriam sido consideradas milagres. Mas eu não acho que Maitreya estará publicamente engajado em atividades de cura.

Não seria impossível para Maitreya operar porque as pessoas estariam pedindo por cura todo o tempo? (Novembro de 1985)

Você descobrirá que isso não será assim. A presença dos Mestres e o estímulo que Eles irão dar para muitos processos de cura irão satisfazer as necessidades das pessoas. Elas irão rapidamente entender que Maitreya tem outro trabalho a fazer além da cura individual.

O Agente da Divina Intervenção

Vamos supor que o Dia da Declaração seja atrasado por um tempo e que o mundo se encontre em crise, no limiar de uma guerra nuclear – Sanat Kumara, o Senhor do Mundo, e a Hierarquia permitiriam o planeta ser destruído? (Novembro de 1982)

Eu acredito que a Hierarquia, ou melhor, Sanat Kumara por trás da Hierarquia, não permitiria que o planeta fosse destruído, e não permitiria que a própria humanidade fosse aniquilada. Eu também acredito que a presença do Cristo é a garantia de que a decisão interna necessária para paz – isto é, partilha – já foi tomada pela humanidade, com ela sabendo ou não. O Cristo disse isto tantas vezes que nós simplesmente temos que acreditar.

É verdade que Sanat Kumara está diretamente envolvido na questão nuclear? (Novembro de 1982)

Sim. Já que o segredo para a criação da bomba atômica foi liberado pela Hierarquia para os cientista aliados durante a guerra de 1939 até 1945, Sanat Kumara está agora envolvido diretamente em qualquer uso de armas nucleares e, eu acredito, não permitiria tal catástrofe.

Guerra por acidente é outra possibilidade, e, é lógico, na superfície pareceria que isso poderia ocorrer a qualquer momento. As garantias para o controle de tal eventualidade ainda estão nas mãos de seres humanas falíveis. Se ocoresse tal liberação acidental de armas nucleares, elas também poderiam ser neutralizadas, mesmo em vôo, pela Hierarquia. Não nos seria permitido devastar o planeta.

Maitreya irá limpar a lousa, o débito kármico da humanidade? (Abril de 1984)

Não. O conceito da Igreja Cristã de uma expiação vicária é uma má compreensão da função do Cristo. Ele veio na Palestina, e veio agora novamente, para mostrar o caminho, para liderar, guiar e inspirar, mas não para ir contra a Lei do Karma. Nós precisamos salvar a nós mesmos através da resposta a Seus ensinamentos.

Você diz que já que o Cristo retornou em Julho de 1977 um número menor de pessoas morreram em terremotos. Por favor, explique. (Novembro de 1984)
Uma das principais razões para a presença do Cristo no mundo agora, na verdade à frente da data planejada, é para agir como o Agente da Divina Intervenção para mitigar os efeitos de atividade de terremotos que esteve crescendo por 150 anos. Nos vários anos antes de 1977, dificilmente havia um mês sem um grande terremoto e grande perda de vida. Em 1976, mais de 600.000 pessoas morreram em terremotos. Em 1977, 2.800 morreram, e em cada ano, desde então, houve uma queda dramática no índice a longo-prazo de mortes em terremotos, apesar do fato de que a atividade de terremotos continuou sem diminuição. Isto mostra o sucesso de Sua intervenção.

Você diz que Maitreya age como "o Agente da Divina Intervenção para mitigar os desastres na forma de terremotos que estão ocorrendo". Como então você explica o recente terremoto Mexicano? (Novembro de 1985)
Maitreya age como o Agente da Divina Intervenção precisamente para mitigar os efeitos da, mas não para prevenir, atividade de terremotos, que é o resultado da atração magnética sobre o nosso planeta de um grande corpo cósmico no espaço. Mas sem sua intervenção, ainda mais tremendo sofrimento teria ocorrido em muitos grandes e pequenos terremotos desde 1977.

No México, Maitreya e Seus trabalhadores mudaram o epicentro do terremoto de algumas poucas milhas do oeste da Cidade do México para 250 milhas no sudoeste, bem longe, foi calculado, da capital.

A Cidade do México tem cerca de 18 milhões de habitantes. Cerca de 5.000 (o número oficial) morreram, todos eles na área central no centro da cidade, nos apartamentos em arranha-céus, hotéis, etc. Eminentes arquitetos Mexicanos estiveram desde então vindo à frente, acusando a câmara municipal de corrupção ao construir edifícios tão altos sem o adequado reforço necessário numa zona de terremoto. Estas mortes poderiam ter sido prevenidas por métodos corretos de construção. É interessante – e instrutivo – notar que foram apenas estes edifícios, construídos em má qualidade, que caíram; as estradas e ruas não abriram ou afundaram como elas poderiam ter feito sobre o movimento da terra, enquanto que o resto da cidade ficou intocada.

Por que Maitreya apenas começou a mitigar os efeitos de terremotos quando estava no corpo mayavirupa, e não durante os últimos 2.000 anos em seu "corpo de luz" no Himalaia? (Maio de 1984)
Uma das principais razões para a entrada de Maitreya no mundo cotidiano em 1977 foi precisamente para agir como o Agente da Divina Intervenção. Isso é apenas possível agora porque Ele está fisicamente presente entre nós – como um Avatar.

Você disse que Maitreya tem reduzido o número de mortes de terremotos. Mesmo assim, nós ouvimos que milhares estão morrendo de secas e enchentes. Por que ele não diminui os efeitos destes também? (Julho/Agosto de 1984)
Terremotos e seus efeitos são algo sobre os quais nós não temos controle, nem somos nós responsáveis por suas causas, que são cósmicas. Por esta razão o Cristo pode intervir. Os efeitos de secas e mesmo as causas de enchentes, por outro lado, nós podemos lidar, se nós tivéssemos a vontade internacional para fazê-lo. A Humanidade precisa aprender a interdependência e a co-operação. Se o Cristo viesse a intervir (mesmo se a Lei permitisse), nós faríamos ainda menos pelas vítimas de secas e enchentes.

Já que a Terra está repleta de criaturas tanto evoluindo como involuindo, é aparente que nunca há um tempo no qual todas as formas alcançam a realização simultaneamente. Mesmo assim nós sabemos que em intervalos a Terra muda a inclinação de seu eixo, resultando em um término total de formas de vida. O Tibetano, nos livros de Bailey, e as "pessoas do espaço", dão amplamente dicas sobre um tempo de crise iminente. Nós, em nossa geração, vimos tantas das profecias do Novo Testamento cumpridas que nós precisamos assumir que a previsão de Mateus Capítulo 24 deve certamente também ocorrer. Minha questão é: Maitreya e Seus discípulos não presumiriam realizar um "rápido ajuste", tornando todos os seres humanos elegíveis para um próximo estágio, então como você vê toda a vida lidando com uma tão chamada limpeza da Terra pelo fogo? As almas entram em seus lugares de direito nos planos astral ou etérico aguardando um re-equilíbrio da Terra-- ou você não visiona este tipo de evento em qualquer futuro previsível? (Julho/Agosto de 1985)

Esta pergunta vem sobre a manchete do "complexo de catástrofe". Antes de tudo, com respeito, nós não sabemos que "em intervalos a Terra muda a inclinação de seu eixo, resultando no total extermínio de formas de vida". Eu não sei que livros aquele que fez a pergunta lê, mas para o meu entendimento, isso é absurdo. A Terra está de fato atualmente colocada ligeiramente fora de seu verdadeiro eixo. Este é o resultado da atração magnética de um grande corpo no espaço, e é a causa por trás da crescente incidência de terremotos pelos últimos 150 anos. Certas mudanças muito difundidas na Terra estão destinadas a acontecerem, mas não nos próximos 700-900 anos a partir de agora. Isso não necessitará da destruição em larga-escala de formas de vida que aquele que fez a pergunta sugere.

Maitreya confirma previsões (do livro de Ruth Montgomery **Alienígenas Entre Nós***) sobre a inclinação do eixo da*

Terra nos anos 1990 e a necessidade de se preparar para isso? (Novembro de 1985)

Eu não posso falar por Maitreya, mas os Mestres são um nisso – como em cada questão – e por meu próprio Mestre eu posso dizer bem definitivamente que não há verdade nesta previsão. É uma que é bem disseminada, é uma poderosa forma de pensamento nos planos astrais (sua fonte), e é o resultado do medo engendrado nas mentes das pessoas no final de uma era. Aqueles que espalham essas falsas previsões de catástrofes assustadoras estão, sabendo ou não, nas mãos das forças da escuridão, cuja intenção sempre é a de fomentar o medo e o caos.

CAPÍTULO III

A EXTERIORIZAÇÃO DOS MESTRES DA SABEDORIA

[Para mais informações sobre a Hierarquia, leitores são dirigidos para *The Reappearance of the Christ and the Masters of Wisdom*, por Benjamin Creme]

A Hierarquia

Você pode dizer alguma coisa sobre a noção de "Hierarquia"? Ela parece ser derivada em sua maior parte de diversos ensinamentos esotéricos, enquanto que os ensinamentos Orientais mais tradicionais expressam a habilidade individual para se alcançar o mais elevado estado possível dirigindo-se para o interior. A Hierarquia é uma estrutura interna? (Julho/Agosto de 1983)

A Hierarquia Espiritual deste planeta tem existido há cerca de 17 milhões de anos. No entanto, desde o final da civilização Atlante e da quebra da massa de terra Atlante (da qual a América é uma remanescente), o pessoal – Mestres e altos iniciados – da Hierarquia têm trabalhado esotericamente por detrás das cenas de nossa vida cotidiana. De Seus retiros nas áreas montanhosas e desérticas do mundo, Eles estiveram sendo a inspiração guiadora de nossas sucessivas culturas e civilizações.

Através da atividade dos três grandes departamentos na Hierarquia – sobre o Manu, o Cristo e o Senhor da Civilização – o estímulo evolucionário e tutela de todas as várias áreas da vida planetária ocorre.

A Loja Trans-Himalaica é responsável pelo treinamento de discípulos na Europa e América, mas os "ensinamentos Orientais tradicionais" são semelhantemente parte do esforço Hierárquico. A tradição Indiana tem sido grandemente orientada para o devoto, mas este é apenas um estágio através do qual todos os aspirantes passam. Com o crescente foco mental da humanidade, a Hierarquia pode procurar por uma mais consciente co-operação quanto a sua própria evolução por parte do discípulo.

Por que os Mestres vivem em montanhas e desertos? (Janeiro de 1986)
Durante os tempos Atlantes os Mestres daqueles dias trabalhavam abertamente. Eles eram os reis-sacerdotes, os Seres semelhantes à Deuses Que criaram as várias civilizações cientificamente avançadas cujo conhecimento foi perdido. Na destruição da Atlântida, os Mestres recuaram para as montanhas e desertos, deixando a humanidade para se regenerar enquanto Eles agiram como o estímulo por detrás das cenas. Pela primeira vez desde aqueles dias, a Hierarquia de Mestres e iniciados está retornando agora para o trabalho no mundo.

O que é a Loja Branca ou Fraternidade Branca? (Junho de 1983)
A Hierarquia Espiritual, composta dos Mestres e iniciados da Sabedoria, o quinto ou Reino Espiritual. Ela é um reflexo da Grande Fraternidade Branca de Sírius.

Os Mestres são um grupo de pessoas? (Maio de 1983)
Os Mestres formam um grupo, Eles possuem apenas consciência grupal. Eles não possuem nenhuma consciência de personalidade; Eles pensam, vivem e trabalham em termos de consciência grupal. Isso não quer dizer que eles não sejam todos bem diferentes em qualidade e características, dependendo do tipo particular de raio no qual Eles são formados e o qual Eles expressam.

Eles terão suas diferenças de opinião; sobre como proceder em lidar com um ponto em particular do Plano, idéias diferentes se a humanidade está pronta ou não para este estímulo ou aquele, se é cedo demais, ou o que seja. Eles possuem idéias diferentes, mas Eles trabalham habitualmente do que é chamado de nível Búdico de consciência, como um grupo. Eles estão em contato telepático contínuo uns com os outros.

Quando nós dizemos "Que o Cristo retorne à Terra" na Grande Invocação, nós queremos dizer a Consciência Crística agora que o Cristo, e doze Mestres, estão aqui? (Maio de 1985)
Não. A Consciência Crística é uma energia encarnada pelo Cristo por este período de crise humana. Desde Sua decisão de reaparecer, anunciada em Junho de 1945, ela tem fluído para o mundo em enorme potência renovada. "Que o Cristo retorne à Terra" deve agora ser dito em relação a Hierarquia Espiritual como um todo. Apenas doze Mestres (além de Maitreya) estão no mundo agora, mas existem sessenta e três Mestres conectados com a evolução humana. Destes, cerca de dois terços irão eventualmente tomarem seus lugares entre nós, lentamente, em cerca de 20 anos. A Invocação forma um canal telepático que Os chama, sobre a lei, para o mundo.

Você disse que do Centro Espiritual no Himalaia emergem grandes Avatares, um fato que irá se tornar óbvio em pouco tempo. Como isso irá se tornar óbvio? (Fevereiro de 1984)
Do Centro Espiritual que nós chamamos Hierarquia emergem grandes Avatares, mas isso não está confinado ao Himalaia. Estas montanhas são por ventura a base do retiro de Maitreya. Quando Maitreya revelar a Si Mesmo para o mundo Ele irá, é lógico, explicar de onde Ele "vem".

No livro Psicologia Esotérica Vol. 1 (por Alice Bailey), eu li que os raios 2, 3, 5 e 7 terão seus focos no mundo moderno através de (ou em) quatro seres humanos. Isso se refere à Exteriorização da Hierarquia? Ou um destes quatro seres é Sai Baba? (Outubro de 1983)
Sai Baba está na boca de todos, mas não é Ele ao qual este caso se refere! Estas energias de raio serão focadas no mundo cotidiano pelos Chohans destes raios – Mestres do sexto-grau, cabeças dos maiores ashrams destes raios. É

portanto parte do processo de exteriorização do trabalho da Hierarquia esotérica. Três Deles já estão em posição no mundo moderno. (Outubro de 1986: todos os quatro Mestres estão agora no mundo)

Por que o Mestre KH (Koot Hoomi) será o próximo Cristo e não o Mestre Jesus? (Novembro de 1985)
A organização da Hierarquia é dividida em três departamentos , cada um sobre um dos três Raios de Aspecto (raios 1, 2 e 3). O Cristo é o cabeça (o Grande Senhor) do departamento do 2º raio. O posto sempre é ocupado por um Mestre do 2º raio, que o Mestre Koot Hoomi é. O Mestre Jesus está no 6º raio, e é o cabeça (Chohan) do principal ashram do 6º raio.

O Esoterismo é bem baseado no estudo dos sete raios. De qual raio o próprio esoterismo é uma expressão? (Julho/Agosto de 1983)
Não é possível dizer que o esoterismo é a expressão deste ou daquele raio em particular. Todos os departamentos da Hierarquia estão envolvidos no trabalho esotérico já que a Hierarquia tem trabalhado esotericamente por tantas eras. Os ensinamentos são dados através do Departamento do Ensino sobre o Cristo que está sobre o 2º raio, mas o Mestre Morya, cabeça do principal ashram do 1º raio, é responsável pelo estímulo de todos os grupos e sociedades esotéricas e ocultas.

Para onde os Mestres da Hierarquia teriam ido se Eles não tivessem escolhido ficar neste planeta? (Setembro de 1985)
Depende de Seus destinos. Alguns escolhem o Caminho do Serviço Terrestre; outros vão para planetas mais elevados no sistema enquanto que ainda outros deixam este sistema e vão para Sírius. Existem sete caminhos da Evolução Superior que determinam o futuro de um Mestre: (1) o Caminho do Serviço Terrestre; (2) o Caminho do Trabalho Magnético; (3) o Caminho do Treinamento para Logos Planetário; (4) o Caminho para Sírius; (5) o Caminho de

Raio; (6) o Caminho sobre o qual o Próprio Logos está; (7) o Caminho da Filiação Absoluta.

Quem é o Guru de Maitreya? (Novembro de 1985)
Ele não tem um guru no sentido que eu assumo que aquele que fez a pergunta quer dizer. Ele procura por conselho e iluminação de Sanat Kumara, o Senhor do Mundo.

O discípulo Jesus e Maitreya

[Para mais informação, leitores são encaminhados para um ensaio, 'A história do Evangelho e o Caminho da Iniciação', no Capítulo V.]

*Nós lemos no **The Reappearance of the Christ and the Masters of Wisdom** que o corpo de Jesus foi usado pelo Cristo pelos últimos três anos da vida de Jesus. Depois da Crucificação, a consciência do Cristo re-entrou no corpo de Jesus e ressuscitou o corpo, portanto tornando-se um Mestre. Eu entendi isto corretamente?* (Junho de 1985)
Eu temo que você esteja em equívoco neste ponto. O Cristo já era um Mestre Ressurreto quando Ele ofuscou e trabalhou através de Jesus por esses três anos. Depois da Crucificação, Ele (isto quer dizer, Sua consciência) de fato re-entrou no corpo de Jesus na tumba, o ressuscitou (no sentido oculto da palavra), e Se manifestou por cerca de 40 dias depois quando Ele foi visto muitas vezes pelos Discípulos e outras pessoas. Esta foi a Iniciação da Crucificação para Jesus, e ao mesmo tempo, a Iniciação da Ascensão (não a Ressurreição) para o Cristo.

Você continua, em seu livro, a explicar que Jesus não se tornou um Mestre neste momento: Jesus se tornou um Mestre durante a próxima encarnação como Apolônio de Tiana, e pelos últimos 600 anos tem tido um corpo Sírio. Eu gostaria de saber o que aconteceu com o corpo de Jesus de Nazaré? Aparentemente Jesus (ou Apolônio?) não tem este corpo porque Ele habita um corpo Sírio. Eu sei que o Cristo presentemente está em um mayavirupa, um corpo que o Cristo criou para Sua consciência. Quando a consciência do Cristo entrou no mayavirupa, o que aconteceu com o Seu corpo anterior (o corpo utilizado até a construção do mayavirupa)? Este poderia ter sido o corpo ressurreto de Jesus de Nazaré? Mesmo assim, o Cristo não teria que abandonar o corpo ressurreto de Jesus, o corpo que seria idêntico a imagem que apareceu no Sudário de Turim?

(Junho de 1985)
Como um iniciado de quarto grau (não ainda um Mestre), Jesus ainda não tinha o direito a um corpo ressurreto. O Cristo já tinha (vivendo no Himalaia) tal corpo ressurreto e não precisava daquele de Jesus. Ele destruiu o corpo ressurreto de Jesus depois de 40 dias e retornou as partículas de luz (do qual ele agora consiste) para o sol. Em relação ao mayavirupa no qual o Cristo agora vive em Londres, ele foi criado em um período de cinco a seis anos, anteriormente a Julho de 1977. Seu "corpo de luz", como Ele o chama (isto quer dizer, Seu corpo ressurreto e ascenso no qual Ele viveu pelos últimos 2.000 anos), está agora 'em descanso' em Seu vale no Himalaia. Este corpo não foi destruído, mas está simplesmente em um estado de preservada "inatividade temporária", ou animação suspensa. A consciência de Maitreya trabalha totalmente através do mayavirupa que Ele usa hoje.

Maitreya reencarnou em Jesus como um bebê ou se manifestou através Dele apenas durante a missão de três anos de Jesus? (Maio de 1984)
O processo de ofuscamento gradual de Jesus pela parte de Maitreya começou quando Jesus tinha doze anos e estava mais ou menos completo quando Jesus tinha 24 anos. Maitreya depois trabalhou através do corpo de Jesus pelos três anos desde o Batismo, quando Jesus tinha 30 anos, até a Crucificação.

A verdadeira relação do Cristo com Jesus era conhecida para alguns de Seus primeiros discípulos? (Dezembro de 1986)
Sim, vários dos discípulos próximos compreendiam o processo de ofuscamento que era utilizado.

Você diz que Jesus nunca reivindicou ser Deus. E quanto a João 10:30: "Eu e o Pai somos um" (Novembro de 1984)
Esta declaração pelo Cristo (através de Jesus) não é uma reivindicação de ser "Deus", mas uma declaração de que Sua consciência era uma com a consciência Divina. Este é o estado de consciência do Auto-realizado e libertado Mestre.

Quando o Cristo Jesus disse "Eu vou para o Pai", Ele na verdade estava se referindo a Sai Baba? (Março de 1986)
Não. Ele se referia a Sanat Kumara, o Senhor do Mundo, em Shamballa (o Ancião dos Dias no Antigo Testamento). Shamballa é o Centro onde a Vontade de Deus é conhecida. Com "indo para o Pai" Ele se referiu quanto a necessidade para Ele encarnar o aspecto Vontade (e não apenas os aspectos Luz e Amor) de maneira a fazer Seu trabalho em Aquário. Nos últimos 2.000 anos, Ele fez isso e agora encarna todos os três aspectos.

Quando o Cristo disse através de Jesus: "Eu tenho outros rebanhos", Ele estava se referindo aos discípulos na Hierarquia que não estavam em encarnação na Palestina? (Julho/Agosto de 1983)
Eu acredito que Ele estava se referindo ao fato de que Ele era o instrutor (o pastor) para muitos que conheciam Ele por outros nomes – não apenas como o Messias, mas como o vindouro Buda Maitreya, como Krishna, e como o Cabeça da Hierarquia esotérica.

É nos dito pelas igrejas Cristãs que Jesus morreu por amor à humanidade e tomou os pecados do mundo daquele tempo. No entanto, também nos é dito nos ensinamentos esotéricos que Ele era um iniciado de terceiro grau, que, na

89

crucificação, tomou e demonstrou a quarta iniciação. É nos dito que as pessoas que tomam esta iniciação estão na verdade limpando o acúmulo de seu próprio karma. Jesus era diferente neste sentido, ou poderia ser que em alguma vida passada Ele tratou os outros como Ele estava sendo agora tratado? Eu entendo que na quarta iniciação a pessoa reage com total amor e então ajuda a elevar as vibrações da Terra. Poderia ser isso o que a Igreja quis dizer? (Maio de 1986)

Para ser honesto, eu não acho que a Igreja corretamente sabe o que isso quer dizer. Teólogos concentraram-se quase exclusivamente na crucificação, quando a verdadeira importância do Cristianismo está na ressurreição. Jesus não "tomou os pecados do mundo" (ninguém pode fazê-lo). Este conceito sai direto da antiga, cristalizada tradição Judaica – um sacrifício de sangue – pelo qual o Cristo chegou ao seu fim. Cada um de nós é responsável, através da Lei de Causa e Efeito, por cada um de nossos pensamentos e ações.

Pelo fato de que Ele amava a humanidade, e o Plano provavelmente ainda mais, Jesus passou pela crucificação física não por razões kármicas pessoais, mas porque foi pedido à Ele fazê-lo, para simbolizar externamente a experiência da iniciação naquele nível. A história do evangelho como um todo é na verdade um relato simbólico do processo esotérico de iniciação.

Quais dos ensinamentos de Jesus não são relevantes à humanidade de hoje? (Outubro de 1984)

Ao meu ver, os ensinamentos de Jesus (que são, é lógico, os ensinamentos do Cristo) são tão relevantes hoje como eles nunca foram. O problema é o de que nós não vivemos os ensinamentos. Em particular, Jesus disse: "Amem uns aos outros", e: "Alimentem o meu rebanho". Isto é precisamente o que o Cristo está dizendo hoje.

E quanto as palavras de Jesus: "O pobre que você tem sempre dentro de você". Não é este o livre arbítrio deles no caminho da evolução? (Outubro de 1984)

É lógico que todos – mesmo os ricos – têm o direito de serem pobres, mas quantas pessoas escolhem serem pobres de seu próprio livre arbítrio? Jesus não disse que os pobres devem estar sempre conosco. Ao contrário, muito dos magros fundos de Seu grupo foram gastos para ajudar os pobres. Suas palavras se referiam ao fato de que Ele não estaria com os Discípulos por muito mais tempo, e que não era desperdício gastar o precioso dinheiro – que poderia ter alimentado os pobres – com caros ungüentos para ungi-Lo.

Será necessário para o Cristo incluir em Seus ensinamentos depois do Dia da Declaração, uma elucidação para o público quanto a história do evangelho, ou a introdução por parte Dele do Mestre Jesus já será suficiente? (Fevereiro de 1983)
É provável que em uma conferência de imprensa depois do Dia da Declaração, em resposta às muitas perguntas que devem surgir sobre Sua encarnação na Palestina, Ele irá revelar os verdadeiros fatos e acontecimentos daquele tempo. E, é lógico, Ele pode se referir ao passado, de tempo em tempo, aos Seus ensinamentos passados até então. Eu acredito, no entanto, que a introdução por Ele do Mestre Jesus (e os outros Mestres) irá depois da explicação inicial da continuidade da revelação, ser suficiente.

Eu me pergunto se, nesta nova era, nossa Bíblia Cristã será utilizada ou haverá algo para substituí-la? (Novembro de 1983)
Dentro das Igrejas Cristãs, a Bíblia irá continuar a ser utilizada por algum tempo. É óbvio, no entanto, que a presença no mundo do Cristo e dos Mestres – incluindo o Mestre Jesus – irá exigir uma profunda reinterpretação dos significados deste trabalho simbólico. Muito será descartado, mas muito se verá que é relevante quando corretamente interpretado. Será a tarefa do Mestre Jesus guiar as Igrejas Cristãs na luz da nova dispensação. Eventualmente, Maitreya irá inaugurar a nova religião mundial baseada na ciência esotérica da iniciação.

A Bíblia menciona que Jesus era um da "Ordem de Melquizedeque": aquele que é sem começo ou fim. Você poderia explicar quem é Melquizedeque e quanto a que se trata sua ordem? (Fevereiro de 1984)
Ao meu entendimento, Melquizedeque é outro nome para o Cristo, e a Ordem de Melquizedeque, eu acredito, vem dos tempos Babilônicos. Ela era uma ordem esotérica de discípulos treinando para as primeiras duas iniciações.

Jesus era um Essênio como alguns pensam? (Novembro de 1985)
Sim, tanto Jesus como João Batista receberam seus treinamentos recentes na Comunidade dos Essênios.

Por favor, explique a Imaculada Conceição, o nascimento de Jesus de uma virgem. (Março de 1986)
Meu entendimento é o de que o discípulo Jesus foi concebido da maneira humana normal – isto quer dizer, não houve "imaculada conceição", nem seria necessária para um iniciado de terceiro grau, que Jesus era quando nasceu. A idéia da Imaculada Conceição é uma invenção dos Pais da Igreja para enfatizarem a divindade de Jesus como o "Filho" de Deus. A mesma idéia de imaculada conceição é encontrada em outras religiões para apoiar a "divindade" reivindicada ao fundador ou inspirador.

Existem muitas pinturas de Jesus – algumas dessas são de semelhança a Jesus ou Maitreya? (Dezembro de 1982)
Quando você ver o Mestre Jesus, você verá que Ele não é tão diferente de algumas pinturas Dele, particularmente aquelas que descrevem Ele como tendo o rosto fino, olhos escuros e pálido. El Greco vem à minha mente. Estas pinturas lembram muito Jesus. E muitas pessoas tiveram visões internas de Jesus como Ele é. Ele está agora em um corpo Sírio de cerca de 683 anos, não no corpo no qual Ele apareceu na Palestina. Mas, é lógico, este não é Maitreya, nem o corpo de Maitreya foi construído na semelhança do

de Jesus. O Cristo está em um mayavirupa, uma manifestação auto-criada. Ele foi construído para se assemelhar exatamente com Seu "corpo de luz", um corpo ressurreto e ascenso que está agora "em descanso" no Himalaia.

Qual religião é a mais próxima das praticas das crenças colocadas à frente pelo Cristo há 2.000 anos atrás? (Outubro de 1985)
Existem indivíduos em cada religião que praticam os preceitos do Cristo – mesmo que não seja verdade para a religião como um todo. Hoje, eu acredito, o Bahá'í está mais próximo, com o Budismo, quando ele não está muito cristalizado, em segundo.

Quais das maiores escrituras do mundo são as menos distorcidas?
Os Ensinamentos do Budismo Esotérico.

Recentemente, eu me deparei com um livro de Levi Dowling **O Evangelho Aquariano de Jesus, o Cristo***. Este é um livro "verdadeiro"? Ele foi de fato tirado dos registros Akáshicos, como ele clama?* (Abril de 1985)
Este é o tipo de pergunta com a qual eu não gosto de lidar publicamente. É melhor que as pessoas decidam de suas próprias cabeças sobre tais coisas, e eu não tenho o desejo de me estabelecer como uma autoridade. Mas tendo respondido a resposta quanto ao material de Seth na edição anterior da *Share International* – vamos lá!
Minha informação é a de que o Evangelho Aquariano é de fato tirado dos Registros Akáshicos (que existem na área sobreposta do mais alto (7º) plano astral e os mais baixos planos mentais). Ele é cerca de 80 por cento preciso – e, portanto, 20 por cento impreciso.

(1) Alguns dos novos evangelhos descobertos, como **O Evangelho de Tomé, O Evangelho Secreto de Marcos,** *ou* **O Evangelho de Maria***, são relatos genuínos dos atos e*

93

palavras de Jesus? (2) Existem outros ainda não descobertos? (1) O *Evangelho de Tomé* é, mais ou menos, um relato genuíno dos atos (não tanto das palavras) de Jesus. (2) Sim.

Em Sangue Sagrado, Santo Graal, por Michael Baigent, Richard Leigh, e Henry Lincoln, é suposto que os descendentes de Jesus formaram uma irmandade oculta que está agora trabalhando para colocar um rei-sacerdote em poder como cabeça da Europa unida. Esta sugestão tem alguma semelhança ou conexão com os planos da Hierarquia (por exemplo, em relação ao papel de Jesus como o futuro Papa)? (Abril de 1984) Não há semelhança ou conexão que seja entre os planos da Hierarquia pela sua exteriorização e as fantasias deste livro, um dos muitos "falsos ensinamentos" deste tempo previstos pelo Cristo.

Jesus não teve nenhum descendente, nem tem a Hierarquia, planos para colocar qualquer um, rei-sacerdote ou o que seja, "em poder" na Europa ou em lugar algum.

Também é incorreto ver o papel do Mestre Jesus como o futuro Papa. Ao invés disso, com Ele tomando o controle direto das igrejas, a verdadeira sucessão apostólica irá começar.

Os Mestres no Mundo

Que papel e que tarefas os Mestres irão assumir? (Setembro de 1982) Como o Cristo, os Mestres, também, irão agir como conselheiros em questões de todos os tipos, relacionadas a todos os aspectos de nossas vidas. Como eu tenho dito, haverá um Mestre naquilo que poderia se chamar de posto presidencial em certos países e nestes países você verá, portanto, alguns aspectos do governo Hierárquico, talvez formando um sistema de dois níveis com a forma democrática de governo. Um não exclui o outro. Muitos jovens têm muita desconfiança quanto ao termo "Mestre". Eles o vêem como conferindo alguma autoridade sobre nós. Este não é o caso; um Mestre é simplesmente um mestre sobre Si Mesmo e as forças da natureza. Como prova de Suas experiências e Suas realizações espirituais, um grau de supervisão Hierárquica será visto como totalmente aceitável dentro do modelo democrático.

Quantos Mestres estão agora no mundo? Mais virão? (Agosto de 1982)
Existem agora 11 Mestres no mundo cotidiano, e mais um irá tomar o Seu lugar logo. Eventualmente, haverá 40 Mestres, mas isso é sobre um longo período de tempo. Primeiramente, o grupo inicial de 12 serão introduzidos ao mundo pelo Cristo, como Seus discípulos. Alguns deles são discípulos que estavam com Jesus na Palestina: aquele que foi João, o mais Amado, agora o Mestre Koot Hoomi, estará entre eles; São Paulo, agora o Mestre Hilarion; e São Pedro, agora o Mestre Morya e também o próprio Mestre Jesus. [2003: existem agora 14 Mestres no mundo, além de Maitreya.]

Quantos Mestres estão na América agora? (Março de 1984)
Conectados com a evolução humana existem seis Mestres agora na América, Norte e Sul. Três Deles estão em corpo físico denso. Daqueles em cargo das evoluções sub-humana e dévica, existem 45 Mestres nas Américas. Apenas dois deste grupo estão em corpos físicos densos.

Você diz que existem agora 12 Mestres no mundo (moderno). Algum deles está em Paris agora? (Abril de 1986)
Não, não neste momento, mas em pouco tempo, um Mestre tomará Sua posição próximo de Paris. [2003: Sim, há agora um Mestre na França. Existem agora 14 Mestres no mundo, além de Maitreya.]

Os 12 Mestres que já estão no mundo possuem 12 diferentes funções? (Outubro de 2003)
Certamente os Mestres possuem diferentes funções, dependendo de Seus raios e linha particular de trabalho. Alguns irão ensinar, enquanto outros irão estar mais preocupados com os problemas mundiais de natureza política e econômica. Ainda outros irão inspirar a nova arquitetura, pintura e música, enquanto que a atenção de alguns estará dirigida para ciência e a inspiração da nova ciência "holística", integrando ciência e religião. Os Mestres estão todos Eles engajados em muitas áreas diferentes e tendem a se especializarem sobre Suas linhas de raio, enquanto trabalham juntos, é lógico, para o cumprimento do Plano.

Todos os Mestres irão exteriorizar seus ashrams? (Outubro de 1982)
Não. Depende do Mestre em particular e da resposta nos vários países ao trabalho do Mestre – alguns responderão mais do que outros. Alguns Mestres estão até mesmo fazendo experimentos sobre essas linhas com vários grupos em diferente partes do mundo. Este é um projeto de longo prazo.

Os Mestres continuarão no mundo enquanto Maitreya estiver? Se sim, Eles também têm corpos Mayavirupas? (Março de 1983)
A maioria dos Mestres irão para um trabalho mais elevado, mas alguns Mestres, principalmente os iniciados mais elevados, os "Chohans" de sexto grau, irão permanecer, e um, o Mestre Koot Hoomi, irá se tornar o Cristo na Era de Capricórnio. O Mestre Morya se tornará o Manu da sexta raça.

Muitos dos Mestres agora usam o veículo de mayavirupa, mas em Seus casos o princípio de construção é diferente. Aquele utilizado por Maitreya não tem paralelos na história do mundo e é absolutamente permanente. Os mayavirupas utilizados pelos Mestres não são permanentes e precisam de constante remodelamento.

É dito que indivíduos que tomaram a iniciação do Cristo ou do Buda têm livre-arbítrio para decidirem retornar em corpo físico para ajudarem as pessoas. No livro **Jewish Traditions in the Kabbala** *por Van Leeuwen, é dito que, de acordo com a Kabbala, isso não é possível; eles podem ajudar de seus próprios planos, mas não no físico. Qual destas visões é correta?* (Abril de 1986)

Eu acho essa uma pergunta bem estranha para se encaminhar à mim, quando eu estive dizendo por anos que o Cristo está no mundo em um corpo físico. Não existe lei que determine que um Cristo ou um Buda não podem retornar em um corpo físico. Isto é determinado por circunstâncias e o Plano Hierárquico. O modo clássico de retorno é o de tomar o corpo de um discípulo especialmente preparado para esta tarefa. O modo utilizado pelo Cristo hoje é a criação do mayavirupa, no qual Ele tem vivido em Londres, de maneira totalmente física, desde Julho de 1977.

Por que Maitreya precisou ter um corpo manufaturado enquanto que os Mestres são capazes de manterem os Deles por milhares de anos? (Julho/Agosto de 1985)

Alguns Mestres de fato mantém um corpo por vários milhares de anos (Maitreya é um deles), mas a prática mais comum é a de criar (e recriar) o mayavirupa (corpo de ilusão). Isso foi feito por Maitreya nos cinco a seis anos antes de Julho de 1977. Os Mestres normalmente não vivem no "mundo cotidiano", cercados por milhões de pessoas, fumaças tóxicas, etc. Maitreya criou um corpo que é resistente o suficiente para permitir à Ele fazer isso – por toda a Era Aquariana – e que ainda assim é sensível o suficiente às vibrações espirituais mais elevadas afim de permiti-Lo fazer o Seu trabalho como o Instrutor do Mundo e de nos convencer de Sua estatura. A maioria dos Mestres Que estão retornando com Ele usam agora ,e irão utilizar no futuro, mayavirupas auto-criados. No entanto, estes são criados por um método diferente do que aquele utilizado por Maitreya, que é único.

Os Mestres mudam seus corpos de manifestação? Eles mudam de raios? (Fevereiro de 1984)
Mestre de fato (com pouca freqüência) mudam Seus corpos de manifestação de uma ou duas formas, dependendo de Seus graus: pelo renascimento ou pela criação de um Mayavirupa, um corpo auto-criado. Normalmente Eles não mudam Suas estruturas de raio, mas podem fazê-lo por propósitos específicos, se necessário.

O Mestre Jesus

Nós veremos o Mestre Jesus depois do Dia da Declaração de Maitreya ou antes? (Março de 1984)
Depois. Nenhum dos Mestres irão declarar a Si Mesmos até que o Cristo tenha declarado a Si Mesmo.

Que propósito é satisfeito pela aparição de Maitreya que não seria satisfeito pelo retorno de Jesus Cristo? (Setembro de 1984)
A questão implica uma má compreensão da relação entre Jesus e o Cristo. O Cristo, Maitreya, trabalhou através de Jesus (por três anos). Desta vez, o Próprio Cristo veio como o Instrutor do Mundo para toda a humanidade. O Mestre Jesus tem uma relação especial com as igrejas Cristãs onde quer que elas se encontrem.

A Igreja Católica tem um papel específico para o pós Dia da Declaração? (Maio de 1986)
Sim, como uma unificadora da abordagem Cristã – prevista que, na luz da nova realidade que a presença do Cristo apresenta (e aquela do Mestre Jesus, Que está em cargo da igrejas Cristãs), ela seja flexível e resiliente o suficiente para renunciar a seus dogmas e doutrinas criadas pelo homem, poder político e econômico, e controle social.

Jesus está em cargo tanto das igrejas Cristãs e Judaicas, ou Maitreya, e não Jesus, é agora o Messias para os Judeus? (Abril de 1985)
Jesus está em cargo (tem sobre o Seu cuidado a estimulação e tutela) das Igrejas Cristãs, no Oriente e no Ocidente. O povo Judeu ainda tem que reconhecer Jesus como seu Messias e também Maitreya como o Instrutor do Mundo, não apenas no campo religioso, mas em todos os departamentos.

Por que o Mestre Jesus mantém o nome de uma encarnação anterior quando Ele ainda não era um Mestre naquele momento? Há alguma razão energética para isso, ou Ele tem outros nomes ou títulos, adotando o "Mestre Jesus" meramente para a conveniência dos esoteristas? (Fevereiro de 1983)
Ele de fato tem outros nomes e títulos dentro da Hierarquia, conhecidos para alguns de Seus mais próximos discípulos, mas Jesus é o Seu nome na Sua encarnação mais bem conhecida, conhecido hoje através do mundo. Existem obviamente razões simbólicas e psicológicas, portanto, porque Ele deve continuar utilizando ele.

Você sabe de alguma conexão entre o recente convite da Igreja Luterana em Roma para o Papa ir falar lá (um evento único) e a presença nesta cidade do Mestre Jesus? (Fevereiro de 1984)
Não existe relação direta entre este convite e a presença do Mestre Jesus em Roma. No entanto, este evento, único como você diz, é mais um exemplo do crescente ímpeto do movimento ecumênico que de fato tem a energia do Mestre Jesus por detrás dele.

*Quem foi o Mestre que foi a fonte para o **Um Curso em Milagres**?* (Maio de 1986)
O Mestre Jesus, através de um discípulo (desencarnado), através de um discípulo.

Na lista de Raios de Iniciados nós descobrimos que Jesus de Nazaré era um iniciado de quarto grau, enquanto que Apolônio de Tiana era um de quinto grau. Essencialmente, isso se harmonizaria com aquilo que já foi dito em seu livro **Reapparance** *quanto a esta questão. No entanto, quando nós falamos sobre o Mestre Jesus nós estamos nos referindo quanto a Jesus de Nazaré ou Apolônio de Tiana? Eles parecem estar listados como dois indivíduos diferentes (como eles existem hoje), mas eles são? Ou nós podemos nos referir ao Mestre Jesus tanto como Jesus ou Apolônio? Por favor, clarifique isso.* (Junho de 1985)

O Mestre Jesus rapidamente veio em encarnação novamente como Apolônio de Tiana (como declarado em meu livro), se tornou um Mestre naquela vida, e viveu e trabalhou no Norte da Índia, onde Ele foi enterrado. Deste fato veio a lenda (e vários livros baseados nesta lenda) de que Jesus não morreu na cruz, mas foi para o Norte da Índia e foi enterrado lá.

O Mestre Jesus, como Ele agora chama a Si Mesmo, teve mais dois corpos físicos desde aquele de Apolônio, e está agora em um corpo Sírio de cerca de 640 anos de idade. Ele chama a Si Mesmo de Mestre Jesus ao invés de Apolônio ou qualquer outro título porque ele tem um significado especial para as igrejas Cristãs. Historicamente, é lógico, o Mestre Jesus e Apolônio de Tiana foram duas manifestações separadas da mesmas individualidade, mas Ele continua a ser conhecido dentro da Hierarquia como o Mestre Jesus e é por este nome que Ele será conhecido no tempo vindouro.

Outros Mestres

Os Mestres Morya e KH (Koot Hoomi) estão presentemente em corpos físicos? (Novembro de 1984)

De acordo com minha informação, sim. Eles estarão entre o primeiro grupo de Mestres a serem introduzidos ao mundo depois do Dia da Declaração.

Por que alguns Avatares envelhecem? (Julho/Agosto de 1985)
Alguns envelhecem e outros não. Certos Avatares "ocultos", como Babaji e o Próprio Sanat Kumara, não envelhecem, e o corpo no qual Maitreya agora apresenta a Si Mesmo não irá "envelhecer" através da Era Aquariana. Avatares como Ramakrishna, Ramana, Maharishi, Sai Baba e outros Que tomam um corpo humano inevitavelmente passam pela dissolução humana. Mas isso acontece apenas quando Seus propósitos de encarnação estão cumpridos.

Você poderia discutir sobre os Mestres menos conhecidos, como Mozart, Blavatsky, Abraham Lincoln, Beethoven, Serapis, o Mestre Inglês, etc, quanto aos Seus raios, se Eles estão em encarnação agora, e quem e como Eles influenciam ou inspiram no plano físico? (Abril de 1983)
H.P. Blavatsky e os Mestres Que foram Mozart e Beethoven não estão em encarnação no tempo presente. Blavatsky está sobre o 1° raio e é uma iniciada de quarto para quinto grau; Mozart e Beethoven estão no 4° raio da Harmonia e tomaram a quinta iniciação.

H.P.Blavatsky trabalha para ajudar o Mestre Morya em seus vários esforços sobre a linha do 1° raio. Isto inclui o estímulo das várias sociedades esotéricas e ocultas, numa tentativas de trazer seus pensamentos em linhas mais corretas.

Abraham Lincoln está sobre o 1° raio e é um discípulo de quarto grau de Shamballa ao invés da Hierarquia. O Mestre Serapis é um Chohan (Mestre de sexto grau) do 4° raio, enquanto que o Mestre Inglês está sobre o 3° raio e tomou cinco iniciações.

Estes três indivíduos estão em encarnação, Abraham Lincoln vivendo não muito longe de Seu monumento em Washington, que Ele freqüentemente usa como um ponto focal para Sua energia. O Mestre Serapis trabalha principalmente com a evolução Deva ou angélica e é ajudado em Seu trabalho pelo Mestre que foi Mozart. O Mestre Inglês trabalha principalmente com os grupos políticos e econômicos ao redor do mundo, procurando guiá-los em uma síntese.

Quais Mestres trabalharam através de H.P.Blavatsky para os escritos de seus livros? (Julho/Agosto de 1986)
Os Mestre Morya, Koot Hoomi e D.K.

Por que Mestre Ascensos precisam viver no planeta? Eles não poderiam fazer as mesmas coisas sem reencarnarem? (Novembro de 1984)
Em primeiro lugar, apenas um número muito pequeno de Mestres são ascensos, isso quer dizer, tomaram a sexta iniciação. Em segundo lugar, se Eles são ascensos, ou mesmo ressurretos, e mesmo assim tomam encarnação, é porque Eles são capazes de fazer (ou precisam fazer) em encarnação o que Eles não podem fazer fora de encarnação. Quem somos nós para julgarmos ou limitarmos a atividade de Mestres Ascensos ou Ressurretos? Eles estão retornando à atividade do plano físico como preparação para entrarem no Caminho da Evolução Superior – o próximo passo na evolução Deles como um grupo.

É possível que um Avatar encarne como um grupo-- por exemplo, para mostrar a nós como agir como um grupo ou para enfatizar a consciência grupal? (Novembro de 1984)
Esta é uma idéia popular entre alguns grupos e indivíduos, principalmente em conexão com o reaparecimento do Cristo. Ela sai da crença no Princípio Crístico ou Consciência manifestando-se através da humanidade, a idéia sendo a de que conforme este Princípio demonstre-se em uma escala ampla o suficiente, o reaparecimento do Cristo ocorre. Este fluxo do Princípio Crístico (que Ele encarna) é apenas um dos três modos de manifestação de Maitreya, os outros sendo o ofuscamento das mentes de

certos discípulos e Sua presença física no mundo. Minha informação é a de que nenhum Avatar hoje, ou no futuro, irá encarnar como um grupo.

Entrando em contato com Mestres

O Mestre DK disse que encontrar um Mestre no plano físico seria, para a pessoa comum, muito desorganizador para seus veículos. Isso ainda é verdade em sua visão da exteriorização da Hierarquia? (Julho/ Agosto de 1983)
É perfeitamente verdade que para a pessoa comum, o encontro próximo (se podemos falar assim) com a vibração tremendamente elevada, ou vivência, de um Mestre seria bem perturbador para seus vários corpos, despreparados como eles estariam para este estímulo superior. Portanto, é provável que mesmo depois da exteriorização da Hierarquia ser um fato reconhecido, o contato da pessoa comum com Mestres será de alguma forma remoto – por rádio ou televisão. É por essa razão (entre outras, é lógico) que a exteriorização irá acontecer apenas lentamente, por vários anos.

Mesmo assim, alguns Mestres estiveram passando por um treinamento especial que irá permitir à Eles viverem mais de perto com a humanidade, e o Próprio Maitreya, por causa das características especiais de Seu corpo de manifestação (mayavirupa), pode viver em proximidade com a humanidade comum.

O Mestre deve entrar em contato com o estudante quando o tempo estiver certo, ou pode o estudante entrar em contato com o Mestre? (Junho de 1985)
A lei é a de que o Mestre pode entrar em contato com o estudante quando o estudante estiver pronto, mas isto irá apenas acontecer quando ele ou ela puderem ser de serviço para o plano do Mestre.

Eu estive tentando entrar em contato com um Mestre ou Instrutor nos planos internos por anos e não tive sucesso. Há uma razão para isso? (Outubro de 1984)
Mero desejo de entrar em contato com um Mestre não é suficiente para trazer adiante este contato. O aspirante ou discípulo deve mostrar por sua capacidade, objetividade e desejo de servir que ele pode ser útil para o trabalho do Mestre. Existe um provérbio antigo: "Quando o pupilo está pronto, o Mestre aparece". Contato com "guias" ou "instrutores" nos planos astrais, é lógico, não precisa de nenhuma capacidade especial a não ser uma certa faculdade mediúnica que eu pessoalmente acredito que deva ser evitada.

Por que o Mestre é tão severo e inacessível às vezes? Que lição pode ser aprendida da severidade sem uma resposta? Ou uma reprovação sem causa aparente? (Julho/ Agosto de 1986)
Eu me pergunto de qual Mestre a escritora se refere. Ao meu conhecimento, ela não está em contato com um Mestre e a pergunta portanto é um resultado de glamour.

Eu sei que eu nunca achei meu Mestre sendo severo ou repreensivo, e inacessível apenas em raras ocasiões quando trabalhos mais elevados ocupam Sua total atenção.

Dado o número de iniciados em encarnação acima, digamos, da segunda iniciação que possuem contato constante com um Mestre exteriorizado, porque alguns, pelo menos, não estão tornando conhecido de alguma forma o fato do Reaparecimento?
A pergunta mostra uma má compreensão básica sobre a relação entre Mestres e discípulos de segundo grau, e também sobre o papel de discípulos em geral quanto ao processo de exteriorização.

Existem cerca de 240.000 discípulos de segundo grau em encarnação no presente. Eles são encontrados em todos os campos. Destes, apenas uma pequena minoria têm "contato constante com um Mestre", exteriorizado ou não.

A vasta maioria faz seu trabalho na política, indústria, ciência, ou o que quer que seja, sem necessariamente saberem algo sobre a Hierarquia ou os Mestres, muito menos o fato do Reaparecimento. E se eles ouvissem quanto a estes fatos (como alguns deles devem ter), eles não necessariamente acreditariam neles. Quase todos os discípulos de segundo grau e muitos do terceiro trabalham sobre o estímulo e inspiração subjetivo (da alma).

Também, onde discípulos de fato trabalham conscientemente em contato com um Mestre, eles saberiam seus papéis em particular e estariam inclinados a manterem-se neles. Cada um com sua tarefa.

Por que o nome do seu Mestre não foi revelado? (Setembro de 1984)
Ele solicitou à mim não revelá-lo presentemente. Eu sei de duas razões, a maior sendo esta: se eu fosse revelar o Seu nome, geralmente, eu teria que revelá-lo para o grupo ou grupos com os quais eu trabalho. Eles focariam suas atenções Nele continuamente de tal maneira – por telepatia – distraindo Sua atenção. "Bloquear" isto ou responder envolveria um gasto de Sua energia e tempo – e os Mestres utilizam ambos com cuidado.

Nós podemos nos comunicar através de oração com o seu Mestre, ou isso pode ser feito apenas através de você? (Julho/Agosto de 1985)
Já que ninguém a não ser eu mesmo sabe o nome de meu Mestre, eu realmente não vejo como você pode (intencionalmente) comunicar-se com Ele, por oração ou de outra forma.

O Tibetano (Mestre D.K) fala de esoteristas respondendo ao reflexo astral da Hierarquia ao invés da realidade. Como você sabe com quem você está se comunicando? Que conselho você daria para aspirantes no que diz respeito ao discernimento entre os dois? (Julho/ Agosto de 1985)
É verdade que nos planos astrais existem poderosos

pensamento-formas dos Mestres conhecidos, a construção astral de devotados aspirantes e discípulos através dos anos.

Muitas pessoas sensitivas astralmente contatam esses "Mestres" ilusórios e recebem de volta os "ensinamentos", astralmente encorpados, que pelo menos até certa extensão vieram originalmente dos Mestres reais através de discípulos mentalmente polarizados e focados na alma. Existem muitos desses casos hoje, alguns deles bem conhecidos e respeitados. (Existem alguns grupos e provavelmente muitos indivíduos que consideram que eu venho desta categoria de discípulos iludidos. Eu deixo ao tempo provar conclusivamente que este não é o caso.) Quanto a questão de como saber com qual eu estou me comunicando, o Mestre real ou o ilusório? É obviamente possível contatar um reflexo astral e pensar que é um Mestre, mas é impossível, eu diria, ser contatado por um Mestre (porque o discípulo é contatado pelo Mestre e não o contrário) sem saber com certeza que se é contatado. Obviamente, se um Mestre desejar, para o seu propósito, contatar um discípulo, Ele achará uma maneira de fazê-lo – e deixará o discípulo sem dúvidas. Isso pode ser tanto um contato físico, como telepático. No meu caso, já que eu estou engajado neste trabalho público de preparação para Maitreya, meu Mestre sofreu para estabelecer sua realidade – e eu insisti que ele o fizesse. Nenhum pensamento-forma astral pode curar. Meu Mestre e seus Companheiros realizam atos de cura que surpreendem aqueles que os conhecem. Nenhum pensamento forma pode fazer objetos sólidos desaparecerem e reaparecerem (veja o prefácio para o meu livro, *The Reappearance of the Christ and the Masters of Wisdom*). Nenhum pensamento-forma astral pode ou coloca o discípulo através da intensa desglamourização e desilusão na qual meu Mestre me colocou em preparação para o meu serviço público. Nenhum pensamento forma astral envia uma foto de si mesmo para o discípulo em contato. Eu poderia continuar falando e falando. De milhares de maneiras meu Mestre provou sua realidade para mim (e incontáveis outros). A

106

nota chave é objetividade e falta de glamour. É verdade dizer que meu Mestre nunca fez uma declaração que poderia alimentar o glamour ou ambição de qualquer individuo, eu mesmo ou outros. Ao contrário, muitos discípulos foram enormemente enriquecidos pelo seu conselho sábio, dado de maneira objetiva, porém amável. Meu conselho para aspirantes é este: discriminação é a chave. Procure por objetividade. Cuidado com aqueles que oferecem iniciações dos Mestres – com ou sem certificado! Cuidado com aqueles que dizem que os Mestres precisam de sua ajuda em especial (normalmente financeira!) em Seus planos. Cuidado com aqueles de baixo grau que clamam um contato impossível com os Chohans (Iniciados de 6º grau) e cuidado com qualquer comunicação, através de outros ou pessoalmente, que alimente o seu ego ou glamoures, e que lhe dê o senso de importância pelo qual todos esperam e poucos de fato merecem.

Você acha que há algum significado no fato de que a primeira contribuição do seu Mestre para a **Share International** *ter sido sobre assunto do tempo?* (Agosto de 1982)
Sim, eu devo dizer que eu pensei nisto também, ultimamente. Eu achei naquele tempo que foi uma escolha curiosa de assunto para começar uma séria de artigos para a *Share International.* No entanto, eu estou absolutamente certo que tudo o que Ele faz, é feito com algum propósito por trás. Isto pode ter sido feito deliberadamente para colocar em nossas mentes a idéia de que o nosso sentido de tempo, por exemplo em relação à emergência de Maitreya, não era necessariamente o mesmo daquele dos Mestres. Talvez Ele estivesse sugerindo que Eles têm um sentido totalmente diferente, mais amplo, mais flexível de tempo. Pode ter alguma relevância e pode ter sido o porque dele ter escolhido este tema para começar Seus artigos. De outro lado, pode ter outro significado, por exemplo, para mostrar a nós o quão diferente é a Realidade da nossa concepção dominada pelo tempo e o quão importante é considerar o

problema do tempo. Mais do que provavelmente estas duas razões estavam por trás dessa escolha.

Experiências de sonho sobre qualquer um dos Mestres têm qualquer significado para o beneficiário individual? (Junho de 1984)
Depende do sonho e do sonhador. A maioria destes sonhos não têm significado, mas ocasionalmente os Mestres Se manifestam à discípulos desta forma. O truque é o de distinguir a verdade do simples desejo.

Cada alma-espírito têm apenas um Mestre? (Junho de 1985)
Cada alma normalmente e eventualmente é atraída para o ashram de um Mestre do mesmo raio de alma, embora, em certos casos, especialmente para discípulos e iniciados mais avançados, mais de um Mestre podem estar envolvidos no desenvolvimento, etc, do discípulo. Com esta exceção, discípulos são freqüentemente "emprestados" para outros Mestres para trabalhos específicos.

Cada pessoa tem um guia? (Março de 1986)
Não. Cada pessoa tem um anjo da guarda, mas "guias", habitualmente trabalhando nos planos astrais, normalmente trabalham em relação à grupos. Os Mestres da Sabedoria, os Guias da raça, Que trabalham apenas nos planos mentais mais altos, normalmente trabalham com e através de grupos de discípulos.

O Cristo é o Mestre da maioria das almas de 2° raio? (Outubro de 1985)
Não, de forma alguma. O Cristo, Maitreya, é o Mestre apenas dos Mestres e alguns poucos iniciados de quarto grau.

*White Eagle escreve em sua brochura **The Path of The Soul** que em tempos difíceis se deve concentrar em seu próprio Mestre. Em Suas qualidades você pode encontrar*

coragem. Todo Mestre é o líder espiritual de um grupo de almas? (Setembro de 1984)
Não, nem todos os Mestres, mesmo aqueles ligados com a evolução humana, tomam pupilos ou formam um Ashram ou Grupo. Alguns Deles estão engajados em trabalho de uma natureza tão elevada e ampla em conexão com a raça como um todo que tal trabalho com grupos seria impossível.

A Hierarquia e as Forças da Materialidade

No capítulo sobre o processo de emergência de Maitreya nós lemos que as forças opositoras à Luz perturbaram o esperado e há muito aguardado encontro entre a imprensa e Maitreya em Julho de 1985. Conforme a presença espiritual da Hierarquia aumentar na Terra, estas forças opositoras da Loja Negra aumentam sua influência no mundo também, e isto diria respeito à humanidade, presa entre estas duas forças, aparentemente perdida, confusa e frustrada pelo fato de estar perdida? (Novembro de 1985)
É verdade dizer que conforme a influência espiritual da Hierarquia aumenta no mundo, os esforços da Loja Negra irão aumentar também. No entanto, isso não quer dizer que a influência deles também irá crescer – eles estão lutando uma batalha perdida. Como o Próprio Maitreya disse: "O fim é conhecido do começo", e Ele prevê uma vitória total para as forças da Luz.

Enquanto trabalhando apenas do nível da alma, a Hierarquia dos Mestres esteve em desvantagem em relação à Loja Negra, que trabalha nos planos físico e astral. Com o retorno de Maitreya e Seu grupo de Mestres, no entanto, esta situação está mudada. Os Senhores da Materialidade serão "selados" no seu próprio domínio – a elevação dos aspectos materiais do planeta.

Como um Regente Espiritual, o papel de Sai Baba inclui confrontar e selar as "forças do mal" neste planeta? (Novembro de 1983)

Sim. Ele trabalha muito próximo com o Senhor do Mundo e a Hierarquia em Suas contínuas supervisões do trabalho dos Senhores da Materialidade, negando até onde é possível, a influência destrutiva deles. Sua presença torna possível a "divina intervenção" que não seria o caso de outra forma. Esta é uma das funções de um Avatar.

O mês de Agosto do último ano (1985) teve tantos "acidentes" e na data dos "acidentes" o número 2 foi percebido. O sentido disso pode ser dado? (Março de 1986) Não há sentido para se dar. No entanto, Agosto de 1985 viu um número sem precedentes de ataques terroristas e assassinatos sem motivos ou sentido. As pessoas pareceram que entraram em fúria. Meu Mestre previu isto como um resultado do ataque por "forças negras" planetárias e cósmicas em 31 de Julho de 1985 para impedir o contato entre Maitreya e a mídia. O ataque foi contido, mas a liberação de negatividade nos planos astrais resultou no comportamento insano que se seguiu.

O recente aumento da queda de aviões têm alguma relação com as energias opondo-se a aparição pública de Maitreya no planeta? Houve aquele gigantesco em 31 de Julho e tantos desde então. Também, o grande terremoto no México tem alguma relação com isso? (Dezembro de 1985) Não, nenhuma. É simplesmente que aviões, como uma geração, estão envelhecendo, e a competição é tão feroz entre linhas áreas internacionais que eu acredito que fundos estão sendo cortados em supervisão, manutenção, etc. O terremoto Mexicano, também, foi um caso totalmente diferente.

As tão chamadas "forças da escuridão" se personificam ou se disfarçam como as forças do bem afim de enganarem os bem intencionados, para subverter suas intenções? (Dezembro de 1984) Sim, essa é uma estratégia comum das forças da materialidade. Elas freqüentemente imitam os métodos usados pela Hierarquia da Luz para armar uma cilada nos desatentos. A melhor defesa contra a enganação é a de examinar cuidadosamente os seus motivos e mantê-los puros e altruísticos. As forças da escuridão não podem trabalhar ou influenciar onde a luz e amor da alma dominam nossas ações. Objetividade e falta de egoísmo são as notas chaves de ações e idéias inspiradas pela alma. Quando este é o caso, se está automaticamente protegido.

O meu próprio medo é um resultado das atividades das "forças negras"?
Não, é um medo comum. A melhor coisa, para mim, é a de se esquecer totalmente das "forças negras" – e continuar como se elas não existissem – e assim não dar energia à elas.

Por que a Hierarquia permite que religiões dividam a humanidade e que se odeiem umas as outras? (Maio de 1984)
Não é a tarefa da Hierarquia a de permitir ou não permitir qualquer ação em particular por parte da humanidade. Nós temos livre arbítrio que Eles não infringem. Eles são nossos Irmãos mais velhos, mas Eles não podem viver nossas vidas para nós mais do que os pais podem viver a vida de seus filhos para eles. Gradualmente, pelo sofrimento que é resultado de nosso ódio e divisões, nós aprendemos a inofensividade e portanto corretas relações.

Por que a Hierarquia acredita que a humanidade vale a pena ser salva? (Abril de 1984)
Porque Ela sabe que o homem é potencialmente divino e está em encarnação de acordo com o propósito divino.

O que é um Yeti? (Junho de 1984)
O Yeti – ou "abominável homem das neves" – não tem nenhuma relação com o homem de forma alguma. É um urso do Himalaia adaptado para viver a grandes alturas. Muito tímido e não muito numeroso, sua misteriosa

presença é normalmente conhecida de suas pegadas na neve. O fato de que ele freqüentemente ande com as patas traseiras – deixando assim apenas duas pegadas – levou à especulação de que estas pegadas são de algum animal-homem do passado antigo.

O Yeti não deve ser confundido com os raros "sem-roupas" que também habitam o Himalaia. Estes são homens, Yogis, capazes de viverem nestas alturas completamente desnudos (daí o termo sem-roupas). Eles não são Mestres da Sabedoria no sentido técnico, mas desenvolveram certas práticas de yoga até um grau notável. Eles não precisam comer ou dormir, por exemplo, e não sentem frio.

Sinais

Você poderia dizer alguma coisa sobre visões-- por exemplo, visões da virgem Maria? (Novembro de 1982)
Visões da Virgem Maria são principalmente de dois tipos: aquelas que são colocadas na mente do devoto por algum Mestre, ou por discípulos destes Mestres trabalhando nos planos internos; e aquelas que são imagens ou emanações astrais. Em outras palavras, algumas são simplesmente desejos emocionais, astrais, cumpridos astralmente – pessoas desejando ver a Virgem Maria, elas desejam ajuda, e ela é normalmente satisfeita através dessas visões astrais. No outro caso, não é desconhecido que certos Mestres vêem como Seus trabalhos preservarem os talismãs, os cumprirem. A visão de Maria é como um talismã, e também é, por exemplo, o Santo Sudário, que foi deixado para o apoio dos crentes. Ele ajuda a manter suas fés em Deus e em uma verdadeira conexão entre Deus e o homem; ele satisfaz seus desejos por um sinal de Deus. E as pessoas não vêem apenas visões de Maria, mas muitas outras coisas – estátuas que choram, pinturas que choram. Eu vi uma fotografia que quando tirada era simplesmente a visão de uma paisagem, mesmo assim, quando foi revelada, tinha a figura do Mestre Jesus no meio da fotografia. E mais

recentemente, houve várias fotos de nuvens, tiradas por pessoas diferentes em aviões em momentos diferentes, nas quais a figura do Cristo de pé está claramente sobreposta ("vindo das nuvens"). Existem várias destas manifestações. Elas são reais. No entanto, algumas das "visões" não são reais, elas são simplesmente emanações ou projeções astrais.

Qual é o significado dos muitos relatos de estátuas chorando da Mãe Maria ou mesmo de estátuas que se movimentam? (Setembro de 1985)
Eles são sinais, dados para os crentes (no sentido religioso) para assegurar a eles o contínuo amor e preocupação com eles da parte de Deus e seus representantes. Muitos dos Mestres (a Mãe Maria é agora um Mestre, mas não em encarnação) ativam estátuas ou pinturas Deles Mesmos desta forma. A proliferação destes sinais hoje é uma indicação do final da era e a garantia do socorro divino em momentos de crise. Eles também podem ser vistos como os sinais de Suas presenças aos quais Maitreya se refere na Mensagem N°10.

Por que a imagem de Maria é aparentemente utilizada com tanta freqüência quando os Mestres projetam "visões" para as pessoas?
Haveria pouco sentido em projetar uma visão de um Mestre desconhecido. Os bem conhecidos e muito amados símbolos de Jesus e Maria (na Índia, Krishna ou a Mãe) são utilizados, precisamente porque eles são reconhecidos. Maria, especificamente, é adorada como a sempre amável e protetora Mãe.

ÓVNIs

Como nós reconheceríamos um ÓVNI hostil de um amigável? (Maio de 1984)

Não existem ÓVNIs hostis. Os vários contos de alegados ÓVNIs hostis não são reais, a manifestação ÓVNI é o resultado da co-operação interplanetária, e é totalmente pacífica e beneficente em intenção. Esta co-operação, é lógico, ocorre entre nossa Hierarquia Esotérica e os outros planetas. Histórias de ação hostil da parte de ocupantes de ÓVNIs, eu acredito, são a imaginação mórbida de humanos amedrontados. Escritos de ficção científica e o cinema foram grandemente instrumentais em criar este tipo de reação de medo. Eles fizerem um desserviço para a compreensão do fenômeno ÓVNI projetando esta forma de pensamento negativa.

Os ÓVNIS escolhem certas pessoas por raio ou de outra forma para tornarem-se visíveis? (Junho de 1985)
Como eu compreendo, não. Algumas vezes é feito por algum propósito maior, mas freqüentemente é relativamente casual, com eles normalmente pensando que a pessoa estará aberta e não muito assustada. Nunca é a intenção deles assustar as pessoas. Se você leu o meu livro *The Reappearance of The Christ and the Masters of Wisdom* você descobrirá que eu acredito que os ÓVNIs (e seus ocupantes) estão em matéria etérica física e não densa física e suas aparições sólidas para nós são um fenômeno temporário.

Um ÓVNI se torna invisível fundindo os raios de luz? (Maio de 1984)
Não. O ÓVNI é normalmente invisível, sendo feito de matéria dos quatro planos etéricos – a maioria (80 por cento) de matérias dos dois mais elevados, e 20 por cento dos planos três e quatro. Eles se tornam visíveis para nossa visão diminuindo a taxa vibracional destes átomos e se tornam invisíveis novamente retornando a sua freqüência normal.

114

Os Irmãos Espaciais intercederiam para nós se ocorresse uma guerra atômica utilizando suas tecnologias para pararem os mísseis? (Maio de 1986)

Eu acredito que eles o fariam. Tendo dado a permissão para que os segredos atômicos fossem liberados para os cientistas Aliados durante 1942, Sanat Kumara (o Senhor do Mundo) estaria envolvido em qualquer conflito nuclear.

CAPÍTULO IV

ESPIRITUALIDADE E VIDA NA NOVA ERA

Espiritualidade

"A palavra 'espiritual' não se refere às tão chamadas questões religiosas. Toda atividade que leva o ser humano à frente em direção à alguma forma de desenvolvimento – físico, emocional, mental, intuicional, social – se é em avanço em relação ao seu presente estado é essencialmente espiritual em natureza."

Nesta declaração de *Educação na Nova Era* por Alice A. Bailey, o Mestre D.K, eu acredito, focou-se na mudança de ênfase que deve ser feita em nossas relações com o mundo, e reflete uma abordagem totalmente nova para outras atividades do que as estritamente religiosas. Ele também diz que a monopolização pelos grupos religiosos do termo "espiritual" tem sido o maior triunfo das forças do mal neste planeta. A visão geral é a de que o que quer que seja "religioso" é "espiritual", enquanto que todas as outras atividades são profanas ou mundanas. Enquanto nós formos para a igreja no domingo, nós podemos gastar o resto da semana criando as mais corruptas, desonestas e irracionais estruturas políticas, econômicas e sociais. Nós separamos o espiritual de cada aspecto de nosso ser com exceção da vida religiosa e nós o relegamos à um papel limitado como "a vida interna". Isto nos permitiu em nossas vidas exteriores vivermos de maneira corrupta e desonesta e resultou nas dificuldades que agora confrontam o mundo, onde nós encaramos agora a possibilidade de total destruição ao toque de um botão.

Nós prostituímos a ciência, assim como nós prostituímos cada aspecto do conhecimento divino, para o Mamon no pólo oposto de nossa divina natureza, uma divindade que nós reconhecemos apenas em termos religiosos e no campo religioso.

116

Nós não vemos o homem como um ser espiritual, exceto quando ele entra em uma igreja ou adere à alguma religião em particular. Portanto, todas as estruturas políticas, econômicas ou sociais que negam uma conotação religiosa à vida (por exemplo, os sistemas presentes no mundo comunista) são considerados profundamente maus. De fato, aspectos de sua organização social podem ser maus – o totalitarismo, a negação da liberdade individual, são definitivamente maus – mas em uma larga escala eles são baseados em princípios profundamente espirituais: Liberdade, Justiça, Igualdade e Fraternidade, que são as raízes não apenas da Revolução Francesa, mas de cada revolução desde aquele tempo. O problema é, é lógico, que os ideais espirituais permanecem amplamente ideais apenas.

Neste tempo vindouro, nós teremos que fazer uma mudança em nossa consciência para incluir cada aspecto de nosso ser em nossa definição de "espiritual". Todas as nossas estruturas devem ser baseadas na Unicidade interna da humanidade e refletir esta realidade. Como almas, nós somos Um; não há algo que se possa chamar de alma individual separada. Nós precisamos criar os sistemas políticos, econômicos e sociais que permitam que esta divindade interna se expresse.

Nós construímos sistemas que são baseados nos princípios errados: competição, divisão, separatismo e desigualdade, todos em oposição direta à realidade interna. A realidade interna é a Unicidade do homem, uma natureza divina partilhada que é potencial em cada ser humano, e que precisa das formas exteriores corretas para permitir que o esplendor interno seja expresso. Muito da violência de hoje é o resultado da tensão entre o conhecimento do homem sobre si mesmo, internamente percebido como divino, e sua inabilidade para manifestar este reconhecimento no plano externo. Ele sente que não tem controle sobre as estruturas políticas e econômicas que os colocaram em categorias nitidamente separadas – um sistema virtual de castas. Ele reage contra as circunstâncias externas, que não têm semelhança ao seu sentimento de si mesmo como um ser

117

divino. Ele está em guerra consigo mesmo e, como uma extensão de si mesmo, com a sociedade da qual ele faz parte. Isto está na raiz de grande parte da presente tensão social e violência no mundo. Apenas por uma re-educação da humanidade sobre a verdadeira natureza do homem como uma realidade tripla – espírito, alma e personalidade – e da Lei de Causa e Efeito em sua relação com a Lei de Renascimento, uma verdadeira expressão do homem como uma alma pode acontecer.

Isto irá condicionar nossos novos sistemas. Até que nós compreendamos que todas as pessoas são divinas, nós não seremos capazes de criar instituições suficientemente sensíveis à realidade interna sem corromper esta divindade. As igrejas hoje, em grande extensão, corromperam a divindade sobre a qual elas falam porque elas se tornaram tão dogmáticas, tão doutrinárias, e tão separativas neste dogma e doutrina que elas perderam a tolerância, o sentimento de boa vontade, de fraternidade, que deveria ser a base da noção religiosa de Deus: uma Fraternidade comum e portanto a fraternidade de todos os homens. Quando isso for aplicado ao campo político, nossos sistemas irão refletir esta realidade.

Semelhantemente, na esfera econômica, nós precisamos instituir o princípio pelo qual todas as pessoas em todos os lugares possam partilhar juntas os bens da Terra. A maior divisão no mundo hoje é a disparidade econômica entre o Norte e o Sul, as nações industrializadas e o Terceiro Mundo. Um terço do mundo usurpa e gasta três quartos da comida do mundo e pelo menos oitenta por cento dos recursos e energia do mundo, enquanto que o Terceiro Mundo precisa viver com o resto. As tensões inerentes neste desequilíbrio estão nos levando de maneira inexorável ao caos. Estes são os achados centrais da Comissão Brandt, entre outros. O relatório dela, *Norte-Sul: Um Programa para Sobrevivência*, reconhece os perigos inerentes neste desequilíbrio. Até que todas as pessoas em todos os lugares possam comer e viver livremente como membros totalmente aceitos da família humana, não haverá justiça no mundo.

Enquanto não existir justiça não haverá verdadeira paz; se não houver verdadeira paz no mundo hoje, não há futuro para o mundo.

Nós estamos agora encarando uma crise que é essencialmente espiritual, mas que está se desenrolando nos campos político e econômico. Daí a decisão do Cristo de trabalhar dentro da esfera da política e da economia, e daí Sua ênfase no princípio da partilha, que Ele disse, é a chave para todo progresso futuro para o homem: "Quando você partilha, você reconhece Deus em seu irmão." "O homem deve partilhar ou morrer." Partilha é um princípio divino, e até que nós reconheçamos que todas as estruturas devem refletir esta divindade interna, nós não daremos um passo adiante em nossa jornada evolucionária. Quanto mais cedo nós percebermos isso, nós abriremos a porta para uma situação inteiramente nova.

Há uma maravilhosa declaração pelo grande poeta Espanhol, Federico Garcia Lorca sobre o fim da fome:

"O dia em que a fome for erradicada da Terra, haverá a maior explosão espiritual que o mundo já conheceu. A humanidade não consegue imaginar a felicidade que irá estourar no mundo no dia desta grande revolução."

Esta pode parecer uma declaração muito ambiciosa, mas é um reconhecimento, eu acredito, de que a erradicação da fome em um mundo de fartura é o primeiro passo da humanidade em direção à sua divindade, porque é o primeiro passo para corretas relações de homem com o homem. O quão cedo nós reconhecermos que nós somos Um e começarmos a partilhar os recursos do mundo entre todas as pessoas, nós tomaremos o primeiro passo para nos tornarmos deuses. Aí reside a espiritualidade essencial das novas estruturas econômicas, que devem ser baseadas na partilha, porque elas devem ser baseadas na divindade do homem. Partilha é uma atividade divina e vai além da distribuição dos recursos do mundo: todos nós partilhamos nossa divindade. Nós somos realmente Um em cada nível –

119

físico, emocional, mental, intuicional e social. Em todos estes três níveis, a partilha pode acontecer.

Existe uma enorme divisão, mesmo nos grupos 'Nova Era' hoje, entre aqueles que vêem ação política e econômica não apenas como essenciais, mas como um grande movimento espiritual para o renascimento, e aqueles que sentem que a política é uma palavra suja, que a economia é algo com a qual apenas os pobres devem lidar. Eu freqüentemente me horrorizo quanto à indiferença das tão chamadas pessoas "espirituais" quando elas vêem os milhões que passam fome no mundo. Muito freqüentemente, a condição dos pobres é explicada como o "karma" através do qual eles estão aprendendo uma lição. Simples, direta, comum compaixão humana, poderia se pensar, levaria à uma preocupação pelo bem estar delas.

Política, economia, ciência, cultura e educação irão logo serem esforços espirituais fundamentais da humanidade, encarnando cada aspecto da vida espiritual. Os grupos religiosos, os tão chamados grupos "espirituais" e "Nova Era" não têm o monopólio da espiritualidade. Na verdade, o Mestre D.K disse que os tão chamados grupos esotéricos e ocultos são os mais glamourizados de todos os grupos. Eu também os descobri como sendo os menos eficientes. As verdadeiras mudanças no mundo, a verdadeira mudança na consciência, estão sendo feitas nos frontes político e econômico. É através da mudança política e econômica que as estruturas serão reconstruídas, que permitirão que a espiritualidade inerente em todas as pessoas se reflita. O Cristo irá mostrar que o caminho da vida espiritual é amplo e variado o suficiente para acomodar todas as pessoas. Em cada esforço, em cada departamento da vida humana, a consciência e conhecimento de Deus podem ser sentidos e expressos. Tudo pode contribuir para a consciências desta experiência de momento-a-momento, aos padrões de muitas cores que irão florescer como um resultado desta experiência partilhada. (Janeiro de 1982)

Objetivos e possibilidades

O objetivo para humanidade nesta era vindoura é a criação da consciência grupal, o sentimento de sermos partes integrais de um Todo. As novas energias entrando neste planeta da constelação de Aquário trabalham nesta direção; sua qualidade intrínseca é a síntese e a universalidade.

Nós estamos prestes a testemunhar profundas mudanças em todas as nossas instituições e estruturas-- política e econômica, religiosa e social, científica, educacional e cultural. Estas mudanças irão ocorrer conforme a humanidade se apropriar, estágio a estágio, da sua Unicidade essencial, e adotar medidas necessárias para implementar esta Unicidade.

A primeira prioridade humana é o salvamento dos milhões agora morrendo de fome no Mundo em Desenvolvimento. Um programa de choque de ajuda em uma escala mundial será necessário para aliviar a situação. Nenhum esforço deve ser poupado para aliviar a aflição agora sendo sofrida em algumas das mais pobres áreas. Não há nada mais urgente ou importante a se fazer no mundo hoje. Tudo mais deve seguir-se a esta necessidade humana primária.

Uma das principais coisas que irão acontecer depois do Dia da Declaração é a virada de atenção da humanidade bem fortemente para a limpeza do meio ambiente e em tornar esta Terra viável novamente. Cada ser humano, de qualquer idade, estará envolvido neste processo. Assim que as necessidades dos milhões de famintos forem satisfeitas, assim que o processo de partilha estiver em curso, então a atenção de todos deve-se voltar para o apoio de nossos ecossistemas, de outra forma, este planeta não será mais habitável.

O Cristo, Maitreya, fará um chamado pela aceitação do princípio da partilha através da redistribuição dos recursos do mundo – a comida, matérias primas, energia e perícia tecnológica, largamente usurpados (e desperdiçados) hoje pelas nações desenvolvidas.

Quando nós tivermos aceitado o princípio da partilha (que a princípio será forçado sobre os governos pela opinião pública mundial), a cada país será pedido para doar, em confiança para o mundo, aquilo que ele tem em excesso em relação às suas necessidades. Cada país será convidado a fazer um inventário de seus ativos e necessidades. Alimentada em computadores, estas estatísticas irão oferecer à uma Agência das Nações Unidas, estabelecida com este propósito, as informações com as quais uma redistribuição racional dos recursos do mundo poderá acontecer. Desta forma, um melhor equilíbrio entre o mundo desenvolvido e em desenvolvimento poderá ser alcançado. Foi estimado que o programa de redistribuição levará de dois a três anos para ser implementado. Os planos e diagramas para o esquema, elaborados por altos iniciados – economistas, financistas, e industrialistas de grandes realizações – há muito tempo já existem, aguardando apenas a demanda da humanidade para sua implementação. Uma forma sofisticada de permuta irá substituir os presentes sistemas econômicos.

Não há dúvidas que haverá oposição daqueles membros mais privilegiados da sociedade que verão nas mudanças que precisam ocorrer uma perda em seus status tradicionais e poderes, mas a necessidade por mudança se tornará tão esmagadoramente óbvia que eles se encontrarão crescentemente sem poder para pararem o momento.

Por muitos anos, em cincos grandes centros (Nova York, Londres, Genebra, Darjeeling e Tóquio), grupos foram treinados por um Mestre na precisa legislação que mudará nossas presentes caóticas estruturas políticas, econômicas e sociais em direção a linhas mais racionais (e espirituais). Com o mínimo de clivagem, o mínimo de ruptura do existente tecido social, vastas mudanças podem ser esperadas pelos anos vindouros. O sistema democrático ainda continuará, e será visto como correto e efetivo quando ele for, pela primeira vez, verdadeiramente dirigido para o bem comum. A participação de todas as seções da sociedade na construção da nova ordem social irá garantir a adoção rápida das medidas necessárias para a sua implementação.

A chave para um clima político mais harmonioso é a aceitação do princípio da partilha. Tanto os sistemas democrático e comunista estão em processo de transição, e conforme eles evoluírem, eles se tornarão menos mutuamente exclusivos do que eles agora parecem ser. Uma maior harmonia mundial será o resultado.

A Assembléia das Nações Unidas virá à frente como o corpo legislativo internacional. O trabalho da Assembléia hoje é inibido pela falta de apoio dado a ela pelas maiores potências, em particular os EUA e a Rússia, e pela existência do Conselho de Segurança com o seu poder de veto. O Conselho de Segurança não tem mais sua utilidade e agora deve dar espaço para a voz mais ampla da Assembléia ser ouvida. As Nações Unidas são o modelo para um futuro Governo Mundial de estados federados independentes. Não faz parte do Plano Divino que as nações devam viver sobre um único sistema político. Democracia e Comunismo são cada um a expressão, mais ou menos distorcida, de uma idéia divina. Em suas eventuais perfeitas expressões, cada um dará ao mundo um modelo de organização social adequado para diferentes pessoas em diferentes circunstâncias. "Unidade na diversidade" pode ser dito, é a chave principal de futuros agrupamentos políticos.

Mudanças profundas já estão ocorrendo no mundo industrializado com o advento da micro-tecnologia. Máquinas, ainda mais sofisticadas, irão crescentemente tomar os meios de produção. Os problemas do desemprego de hoje irão se tornar os problemas do lazer. Educação para o correto e máximo uso do lazer será de uma suprema importância. Eventualmente, todos os artefatos de nossa civilização serão feitos por máquinas, assim liberando o homem para a exploração de sua própria natureza e propósito. Em tempo, estas máquinas serão feitas por um ato da vontade criativa do homem; nós, ainda, mal tocamos a superfície do potencial da mente humana.

A imediata necessidade é a de transformar os processos de trabalho para liberar da labuta mecânica os incontáveis milhões que agora conhecem nenhum outro propósito em seus trabalhos diários: "Deixe-me levá-los à um mundo onde nenhum homem tem falta; onde um dia não é igual ao outro; onde a felicidade da Fraternidade manifesta-se através de todos os homens." (Da Mensagem de Maitreya N° 3)

O Advento do Cristo e a emergência dos Mestres da Sabedoria irão levar a um enorme sentimento de alívio e a redução da tensão no mundo. O ganho no bem-estar físico e emocional será considerável. Muitas das doenças físicas no mundo hoje têm uma causa psíquica: os esforços, as tensões e medos inerentes em nossa sociedade e mundo divididos. Dando verdadeira esperança para o futuro, a saúde geral da humanidade irá melhorar.

Independentemente disso, novas abordagens para se descobrir as causas das doenças serão feitas. A existência dos planos etéricos de matéria, matéria mais sutil do que o gás e normalmente invisível, há muito foi postulada, e aceita pelos esoteristas como evidente. Esta é a próxima área da matéria a ser investigada pelos nossos cientistas exotéricos. Fotografia Krilian e o trabalho de Wilhelm Reich já apontaram o caminho. Será percebido que a saúde do corpo físico depende inteiramente do "duplo" etérico, ou da "contraparte do corpo". Os centros de força (ou chakras como eles são chamados no Oriente), que focam o fluxo etérico, possuem suas contrapartes no plano físico denso nas maiores e menores glândulas do sistema endócrino. Nós estamos apenas começando a compreender o quão importante para o nosso bem-estar é o correto, inter-relacionado funcionamento do sistema endócrino. Isto, por sua vez, depende do correto funcionamento do corpo etérico vital que o sustenta.

As tão chamadas medicinas "alternativas" ou complementares de hoje (elas são realmente muito antigas) irão tomar o seu lugar ao lado dos métodos mais ortodoxos. Times de médicos e curadores de várias disciplinas irão trabalhar juntos, cada um trazendo seus insights particulares para o maior benefício do paciente. Os Mestres são, sem exceção, adeptos nas artes de cura esotéricas, exemplificadas tão dramaticamente pelo Cristo na Palestina. Suas inspirações e orientações irão acelerar o ritmo de experimentos e descobertas e levar a resultados não sonhados hoje.

Existe, paralela à evolução humana, outra grande evolução, a Angélica (ou Deva, como ela é conhecida no Oriente), que tem muito para dar e ensinar a humanidade em conexão com a doença e a sua cura. Em um futuro não tão distante, contatos bem reais serão feitos entre as duas evoluções que irão resultar em uma grande expansão da consciência do homem sobre sua verdadeira natureza e sobre seu lugar no esquema das coisas. Todo este assunto é tão profundamente esotérico e abstruso que apenas breves menções sobre ele podem ser feitas aqui.

Certas doenças como a sífilis, tuberculose, e câncer são endêmicas na humanidade e inacreditavelmente antigas. Levará muito tempo para livrar o mundo inteiramente destes flagelos, mas eventualmente isto será feito. E enquanto isso, enormes avanços serão feitos em seus controles e na melhora de seus efeitos, como já é o caso da tuberculose. A adoção universal da cremação como o único método higiênico de restauração à terra do corpo depois da morte irá acelerar este processo. Por incontáveis eras, através do enterro, doenças do corpo físico foram absorvidas na terra e reabsorvidas nos tecidos vegetais e animais. Isto tem ocorrido por tanto tempo que a própria Terra está contaminada.

A era vindoura verá certas mudanças profundas na percepção humana que irão dar a humanidade uma experiência totalmente mais profunda e rica da Realidade na qual nós vivemos: telepatia e visão etérica irão se tornar parte do equipamento humano normal ao invés de serem, como agora, relativamente raros. Todos nós somos telepáticos (nós partilhamos esta faculdade com o reino animal), mas com a maioria de nós, ela ocorre

125

inconscientemente, espasmodicamente, sem qualquer controle ou intenção. Gradualmente, nesta Nova Era agora nascendo, a telepatia irá se tornar o modo normal de comunicação entre pessoas no mesmo estágio de evolução. O ofuscamento do Cristo de toda a humanidade no Dia da Declaração prenuncia a futura habilidade da humanidade de se comunicar mentalmente, telepaticamente, à vontade, sobre qualquer distância. Mentir irá se tornar automaticamente impossível e a fala irá gradualmente extinguir-se.

Nós conhecemos hoje, três estados da matéria física: sólida, líquida e gasosa. O esoterismo postula a existência de mais quatro estados de matéria acima do gás, os planos etéricos. Nós vivemos em um oceano etérico, com nossos corpos etéricos sendo concentrações mais complexas deste oceano. O Mestre Djwhal Khul profetizou que uma mudança no olho físico irá ocorrer, para conferir o "duplo foco", a visão etérica, que permite a percepção destes planos sutis. Todo um novo mundo irá se abrir para a humanidade; as belezas dos planos sutis serão reveladas. Muitas das maiores cidades do mundo são construídas em pontos de energia etérica; a qualidade e tom destas concentrações energéticas irão se tornar uma grande fonte de descoberta e estudo.

Uma das mudanças mais profundas que irão ocorrer será na nossa abordagem para com a morte. A humanidade irá aceitar e compreender a Lei do Renascimento; que a morte do corpo é apenas uma transição para um estado novo e mais livre; que a alma em sua longa jornada em encarnação toma veículo após veículo através do qual ela reflete a si mesma no plano físico. A morte perderá o seu terror. Quando o corpo estiver velho e esgotado em força, a morte será alegremente procurada como a porta para renovação e mais experiências.

O Cristo irá afirmar a lenta, a gradual evolução do homem através do processo de reencarnação (a Lei do Renascimento), e através da nossa compreensão desta Lei e sua relação com a Lei de Causa e Efeito (a Lei do Karma), virá a base exata para o estabelecimento de corretas relações humanas. Nós iremos compreender que nossos pensamentos e ações de momento a momento colocam em movimento causas cujos efeitos tornam nossa vida o que ela é, para o bem ou para o mal. Então nós perceberemos a necessidade por inofensividade em relação aos outros, uma inofensividade baseada na "vontade para o bem", expressando-se como boa vontade.

O Cristo irá proclamar a verdade que o Reino de Deus existe na Terra, e sempre existiu, no fato da Hierarquia Espiritual dos Mestres e Iniciados, e que um dia, através de Sua Agência, todas as Suas pessoas serão membros deste Reino. Os Antigos Mistérios serão restaurados, e o homem irá se ver como o Ser divino que ele é.

Todas as pessoas, eventualmente, mesmo aquelas não engajadas no campo religioso, irão partilhar o sentimento de uma base espiritual para a vida. Todas irão se engajar, independente do campo de atividade humana que elas possam estar, seja no político, científico, educacional ou artístico, afim de darem expressão sentida verdade interior e irão construir uma cultura e uma civilização diretamente refletindo suas experiência de que Deus, a Natureza e o Homem são Um. Então, revelação se seguirá a revelação, até que nos encontraremos em posse daquele conhecimento que irá abrir para nós os segredos da própria vida e irá nos permitir tornarmo-nos criadores conscientes e colaboradores com Deus. Isto será possível quando a vontade da humanidade e a vontade de Deus forem uma e a mesma. Uma troca criativa entre Deus e o homem poderá então acontecer, e a verdadeira natureza e propósito por detrás da evolução humana irá se tornar aparente.

Isso irá nos levar a criação da Ciência Divina conhecida apenas pelos Mestres da Sabedoria. Um dia, através do próprio homem, esta ciência irá se tornar o instrumento pelo qual as forças do universo poderão ser aproveitadas e utilizadas no serviço do Plano Divino para acelerar a evolução de todos os reinos da natureza. Sobre a orientação da Hierarquia dos Mestres, o homem será capaz de controlar forças e energias das quais ele é hoje totalmente inconsciente, e das quais hoje ele está totalmente à mercê. Ele será capaz de transcender o tempo e a distância pelo poder de seu pensamento e de criar modos de viagem tão silenciosos e aparentemente imóveis que a fadiga desaparecerá. Através do poder do som, ele construirá seus artefatos e controlará seu ambiente.

Naturalmente, tudo isso depende de nossa habilidade em abrirmos mão de nossas pequenas vontades separatistas, e levá-las em linha com a Vontade e Propósito Divinos. É para este fim que o Cristo e os Mestres trabalharão. Deles é a tarefa de então liderar e guiar de forma que nós, de bom grado, abriremos mão, na luz da visão de nossas próprias almas, e da amplitude e majestade do Plano.

Uma nova era de paz e boa vontade está nascendo no mundo. Nada pode agora impedir a inauguração desta era de tranqüilidade e equilíbrio. As forças cósmicas liberadas no mundo pelo Cristo estão definitivamente tornando-se manifestas no plano físico e irão continuar a fazê-lo em potência sempre crescente. Estas forças irão levar a resultados os quais no momento parecem impossíveis de se alcançar. Mais e mais, estas energias irão condicionar os modos de nosso pensamento e sentimento, e irão levar eventualmente àquele desejado estado de fusão e síntese que será a nota principal da Era Aquariana. Então nós iremos reconhecer o fato por tanto tempo escondido e não manifestado: que a Humanidade é Uma, parte da Vida Una. (Junho de 1982)

[Este artigo é em sua maior parte extraído da "Introdução" para o *The Reappearance of the Christ and the Masters of Wisdom* por Benjamin Creme.]

Mudança Política e Econômica

Programas religiosos para elevar a consciência humana e melhorar o caráter humano, ao todo, funcionaram em algumas poucas almas devotadas, mas deixaram as massas ainda não informadas e não iluminadas. O que faz você acreditar que este programa atual (de Maitreya) terá algum efeito diferente? (Novembro de 1985)

É verdade que as mudanças na consciência humana foram lentas, mas você apenas tem que comparar a consciência geral das massas da humanidade hoje com aquela da Idade Média ou da Palestina nos dias de Jesus para perceber o quão longe nós avançamos. Educação e comunicações ao redor do mundo transformaram a humanidade pelos últimos dois séculos e a preparou para as mudanças que devem agora acontecer. Também, não é simplesmente um programa "religioso" para melhorar o caráter humano que Maitreya traz É uma inspiração espiritual que se encaminha para todos os aspectos de nossas vidas – política, econômica, religiosa e social. Acima de tudo, nesta era vindoura, os Grandes Exemplos, o Cristo e os Mestres, estarão vivendo abertamente entre nós, inspirando, guiando e estimulando todos para nos fazer alcançar nossas maiores aspirações e potenciais.

Através das eras, sempre existiram homens e mulheres de bem e maus. O mal que persiste não torna um êxtase ao redor do mundo impossível? (Maio de 1986)

Eu não estou falando na verdade sobre um "êxtase" ao redor do mundo. É óbvio que até que todos sejam perfeitos – que é um processo evolucionário – haverá imperfeição (o que as Igrejas chamam de pecado). Eu acho que você precisa ver o "êxtase" em termos relativos. Os Mestres conhecem contínuo êxtase e passará muito tempo até que todos experienciem isso. Mas para aqueles que estão agora morrendo de fome, apenas terem refeições regulares garantidas seria um "êxtase".

129

Por que, em sua opinião, há um aumento no fundamentalismo religioso no mundo hoje? (Janeiro de 1986)
Inevitavelmente, no final de uma era e civilização, há uma quebra das existentes estruturas religiosas, políticas, econômicas e sociais. Devido a suas idades, estas estruturas estão cristalizadas e enfraquecidas pela retirada das energias que as trouxeram à existência. Seções da sociedade começam a responder as novas energias que uma nova era traz, e conforme elas procuram e exigem novas formas, uma polarização é feita.

Sobre a ameaça do novo, aqueles que amam as velhas formas tomam posições crescentemente fundamentalistas, procurando contra a maré da história e da evolução, preservarem o passado, o status quo. Isso pode ser visto através do mundo hoje em cada esfera, não apenas no campo religioso.

Em que luz o Cristo será visto pelo mundo? Em que capacidade Ele irá agir? Ele e os Mestres irão formar algumas novas instituições? (Setembro de 1982)
Depois do Dia da Declaração, Ele será visto como o pastor de todos os movimentos por mudança progressistas, que olham para frente. Eventualmente, isto significará uma total mudança de todas as nossas instituições. Algum tempo depois do Dia da Declaração, Ele irá introduzir 12 Mestres ao mundo e alguns Deles irão tomar certos postos muito elevados. Um ou dois irão tomar seus lugares, eu não sei o quão cedo, na chefia de certos governos em nações chaves no mundo. Outro Mestre estará em cargo de uma nova agência a ser criada dentro das Nações Unidas para supervisionar o programa de redistribuição. Eles irão agir da maneira mais internacional possível, não formando, como eu vejo, nenhum novo time nomeado ou agência separada, mas Eles serão líderes do pensamento e opinião mundiais e, é lógico, o estímulo por detrás de todas as idéias na reconstrução do mundo.

130

O Cristo e os Mestres irão formar um governo mundial?
(Setembro de 1982)
Como eu o entendo, Eles não formarão um governo mundial. Um governo Mundial virá inevitavelmente como o resultado lógico da aceitação de que a humanidade é Uma, e esta percepção irá crescer da aceitação do principio da partilha. A partilha é a base de todas as mudanças e progressos nesta era vindoura.

As Nações Unidas formam hoje o núcleo de um futuro governo mundial. No presente, ela não possui o poder que um governo mundial talvez precise, mas apenas porque não é dada a ela pelas grandes nações, Estados Unidos, Rússia, e China, por exemplo. O Conselho de Segurança fica no caminho de uma Assembléia da ONU verdadeiramente funcional, a base real do governo mundial. Deve ser dito que governo mundial não significa um regime ditatorial, supra-nacional, impondo leis sobre nações que, querendo ou não, devem obedecer. Será o resultado de uma federação de estados independentes, algo como a Comunidade Britânica ou os Estados Unidos da América. Antes da União, nenhum dos estados da América podia conceber abrir mão da autonomia e soberania, uma condição que parece bem natural agora. Pelo mesmo ponto, muitas das nações hoje não vêem possibilidade de abrirem mão de um grau de soberania, a qual, um dia, elas aceitarão como perfeitamente natural de se fazer no interesse dos grupos do mundo e do governo mundial.

Cada país manterá a sua própria língua, cultura, sistema político, e por aí em diante. Não é a intenção da Hierarquia tentar criar um sistema de governo único ao redor do mundo.

Então os sistemas políticos e legais serão mantidos em todos os países? (Setembro de 1982)
Formas políticas serão mantidas de acordo com os costumes, tradições, história e estrutura de raios de cada nação, apenas em formas mais perfeitas do que agora. As

131

questões legais do mundo que dizem respeitos a preocupações globais, por exemplo, a exploração do leito do mar ou o espaço, ou os depósitos minerais no mundo, e por aí vai, serão governados por lei internacional.

O Cristo terá um papel neste governo mundial? (Setembro de 1982)
Não, mas certos Mestres terão. O Cristo não será o cabeça do governo mundial. Naturalmente, Ele (e os Mestres) estarão disponíveis para darem conselhos se necessário. Ele é o Instrutor do Mundo, não o seu cabeça político.

Muito provavelmente, o governo mundial será algum tipo de cargo como aquele de Secretário Geral das Nações Unidas, que poderia ser ocupado alternadamente, por acordo, por representantes de vários países, altos iniciados, ou talvez até Mestres.

O Cristo tem alguma tendência política em particular? (Outubro de 1982)
Não. Você descobrirá que o Cristo não se alinha com qualquer ideologia política ou posição. Ele não é um membro de qualquer partido político. Você verá que Ele fala para todas as pessoas, principalmente as pobres, para o Oriente e Ocidente. Os problemas do mundo não são apenas problemas políticos-partidários; partilhar os recursos do mundo é uma questão global, uma para a ONU como um todo lidar. Ele irá recorrer à boa vontade e compaixão em todas as pessoas em todos os lugares, de qualquer partido, convicção política, ou nenhuma.

Maitreya consagra tanto o capitalismo como o comunismo, que serão unidos por Ele (o "olho" do Triângulo)? (Novembro de 1983)
Não. Tanto o capitalismo e o comunismo foram criados pelo homem, mas em resposta a idéias enviadas ao cinturão mental pela Hierarquia. Não existem planos para "unir" estes dois sistemas.

Você considera o comunismo como uma ameaça mundial?
(Outubro de 1984)
Não. A ameaça para o mundo está na rivalidade, no medo paranóico e ódio entre cada um, entre a tão chamada Rússia comunista (e, em uma extensão menor, seus aliados) e a tão chamado América democrática (e, em uma extensão menor, seus aliados). Não há algo que se possa chamar de verdadeiro comunismo ou verdadeira democracia. Ambas são idéias divinas (mas ainda lamentavelmente, expressões inadequadas do ideal), e cada uma está em um estado de transição em direção a este ideal. Em tempo, ambos os sistemas serão vistos como menos mutuamente exclusivos do que eles agora parecem ser. A chave para esta harmonia é a aceitação por ambos do princípio da partilha.

Como nós (Ocidente) podemos nos desarmar sem tornar nós mesmos perigosamente vulneráveis? (Outubro de 1984)
Eu acho que é tolo esperar que o Ocidente ou o Bloco Oriental de países se desarmem unilateralmente. Desarmamento só ocorrerá quando uma condição de confiança for estabelecida. Apenas o princípio da partilha (defendido pelo Cristo) irá criar esta confiança – e daí o desarmamento e a paz. Isto não quer dizer que nós não deveríamos utilizar cada esforço para reduzirmos armamentos de todos os tipos, no Oriente e Ocidente.

Tendências políticas neste momento são dirigidos de uma forma contrária à partilha e ao desarmamento. Este é um caso de polarização das forças conservadoras e progressivas? E, se sim, esta polarização pode ser superada por meios pacíficos ou uma "revolução" será necessária?
(Julho/Agosto de 1984)
O que nós testemunhando é certamente uma polarização das forças progressivas e reacionárias no mundo. Através desta polarização, a humanidade pode ver claramente os perigos de se continuar nos métodos do passado. A energia do Amor do Cristo é a "Espada da Clivagem" que leva a esta polarização. Os planos da Hierarquia são pela

transformação gradual de nossas instituições políticas, econômicas e sociais com o mínimo de clivagem e trauma; certamente não revolução no sentido disruptivo comum.

Se nós, a humanidade, tivermos aceito o princípio da partilha, porque há tanto apoio para os Reagans e Thatchers do mundo? (Novembro de 1985)
Por causa da polarização que existe agora. Os Reagans e Thatchers representam a velha ordem e são expressões do medo da humanidade por mudança (apesar da consciência interna de sua inevitabilidade) – daí suas formas reacionárias de conservadorismo. Cada um deles se vêem como os baluartes contra o comunismo. Eu não sei quanto ao Sr. Reagan, mas a Sra. Thatcher (por causa de nosso sistema eleitoral) está no poder com uma minoria de votos do povo Britânico e é bem impopular em muitas seções da sociedade.

Qual é a relação entre as fortes preferências conservadoras , por exemplo, na Holanda, Alemanha, Inglaterra e América, e os plano da Hierarquia? São estes os espasmos de morte da ordem capitalista egocêntrica? (Outubro de 1983)
A tendência natural de qualquer instituição sobre ameaça é a de retornar aos seus primeiros princípios, de se "entrincheirar". Isso é óbvio no campo religioso onde, sentindo-se profundamente ameaçados pela ciência e uma visão mais iluminada da evolução e religião que não seja o Cristianismo, os ativos grupos Cristãos, especialmente nos EUA, se tornaram mais e mais fundamentalistas. Todo o mundo está pego em um fermento de mudança e desejo por mudança radical tal como ele nunca antes experienciou. Inevitavelmente, as nações ricas – aquelas mencionadas na pergunta – resistem as mudanças que elas sabem, irão enfraquecer seus privilégios e poder. Estas mudanças devem vir à frente se o mundo quiser sobreviver, e o que nós estamos testemunhando é a resistência de última hora da velha ordem para atrasar, o quanto for possível, o inevitável.

O conservadorismo, é lógico, tem sua função útil, também, diminuindo a velocidade da mudança. A Hierarquia precisa realizar um ato de balanceamento delicado em estimular as mudanças necessárias, mas em tal passo, de forma que não crie muito caos, clivagem e trauma.

Uma nação como os Estados Unidos ou a Grã-Bretanha tem a obrigação moral de intervir nas questões internas de outra nação quando estas questões levaram ao assassinato, mau e total desrespeito aos direitos humanos? (Junho de 1984)
Não, eu não acredito que qualquer nação tenha o direito (ainda mais a obrigação). Muito da presente tensão mundial seria diminuída se as maiores potências (eu estou pensando em particular nos Estados Unidos e na Rússia) parassem de intervir nos assuntos internos de outras nações. Ambas são fanaticamente devotadas aos seus próprios ideais, suas próprias (muito parciais) visões da realidade, e tendem a ver a manifestação do mal em cada ação ou processo no "campo" oposto. Nenhuma nação tem o monopólio da sabedoria do que é certo. O fórum adequado para a examinação e, se necessário, condenação das ações de uma nação são as Nações Unidas. Deixe que os EUA e a Rússia dêem o poder necessário (e dinheiro e apoio) para as Nações Unidas, parando de utilizá-la para propósitos de propaganda, e renunciando ao uso do veto no Conselho de Segurança. Se eles fizessem isso, o mundo seria transformando de maneira bem rápida.

Você poderia, por favor, comentar sobre o problema Palestino? (Novembro de 1983)
Eu acredito que isso quer dizer: isto tem grande significado para o mundo; influencia a emergência do Cristo? Eu acho que eu tornei claro em outro lugar que isso não influencia a planejada emergência do Cristo.
A situação Palestina é trágica, dizendo o mínimo. Não há dúvidas que os Israelenses foram longe de mais desta vez (23 de Novembro viu a invasão Israelense ao

135

Líbano), mesmo do próprio ponto de vista deles. Houve um resultado kármico imediato para eles. Está vindo uma união dos países Árabes com os EUA que não ocorreu antes. Isto irá forçar os Israelenses a aceitaram um tipo de compromisso nesta área pelo qual eles lutaram contra por 30 anos – uma terra para os Palestinos. O problema do Oriente Médio nunca será resolvido até que isto seja feito.

Muitas pessoas acreditam que a situação Palestina – a invasão do Líbano, o massacre de Palestinos no Líbano – aumentou a tensão mundial. Eu acredito que isto seja apenas na superfície. Apesar das situações abruptas tensas como a crise das Malvinas, a batalha no Oriente Médio, e por aí vai, há um movimento subjacente em direção à maior paz e harmonia entre as grandes potências do que já houve em muito tempo. A Rússia e a China, pela primeira vez em muitos anos, estão começando a dialogar, uma série de conversas que almejam especificadamente reduzir a tensão. Isto é novo. A ação de grupos marchando na Europa e na América exigindo uma redução ou a abolição de armas nucleares mudou o pensamento de governos sobre a détente na Europa. Apesar dos incêndios exteriores, portanto, eu pessoalmente experiencio uma redução da tensão em uma escala mundial. Estes levantes externos são esperados e, é lógico, a eles é dada grande publicidade, enquanto que há uma firme união de nações que não recebe nenhuma publicidade.

Estudiosos da Bíblia consideram o número "40" na Bíblia representando teste e provação. O 40° aniversário da fundação do estado de Israel irá acontecer em 1988. Você acha que algo extraordinário irá acontecer no Oriente Médio nos próximos vários anos? (Janeiro de 1986)
Sim. Desde o inicio do estado Israelense em 1948, o Oriente Médio tem sido o "barril de pólvora" do mundo, ameaçando a paz mundial através das tensões assim criadas. Não existirá verdadeira paz no mundo até que a "questão do Oriente Médio" esteja resolvida. Esta realização não acontecerá até que o povo Palestino tenha a sua terra de

direito lá. Os Israelenses, é lógico, reivindicam um ainda mais antigo direito à Palestina, baseado em antiga herança. Se todos os povos do mundo, no entanto, retornassem às terras de seus antepassados de 2.000-5.000 anos atrás, nenhuma pessoa estaria vivendo onde elas vivem agora. Tão grande tem sido as migrações da humanidade durante este tempo, que tal reivindicação de direitos antigos é uma zombaria da justiça.

Tão profundos são os sentimentos despertados em ambos os lados, tão arraigadas são as posições que cada um adota, que eu acredito que apenas Maitreya possui a autoridade espiritual para apontar a solução e alcançar sua implementação. Se um estado Israelense continuará a existir ou não, se alguma forma de partilha de poder estará envolvida, uma solução para o problema do Oriente Médio deve ser encontrada – para o bem da paz mundial. A situação, é lógico, é perturbada pelas ações das Potências, em particular os EUA e a União Soviética. Elas são responsáveis pelo apoio e armamento de seus respectivos "campeões" para manterem suas "esferas de influência" na área, vital hoje como uma das maiores áreas produtoras de petróleo no mundo. A resposta, como sempre, está na aceitação do princípio da partilha, que levará eventualmente a abolição das fronteiras e do nacionalismo fanático. Além, a descoberta do processo de fusão para utilização segura da energia nuclear diminuirá dramaticamente a importância do Oriente Médio.

As pessoas estão prontas para tudo o que isso significa? Elas realmente querem a partilha? (Outubro de 1982)
A Hierarquia, através do Mestre DK, disse que os corações dos homens são sensatos, principalmente das pessoas comuns. Elas estão prontas para paz, justiça e partilha. Elas desejam a paz. As pessoas do mundo já estão marchando e se manifestando pela paz. Logo, elas irão marchar chamando por justiça e partilha. O Próprio Maitreya disse, na Mensagem N° 135: "Formando-se em grupos, homens de boa vontade irão brandir nos mastros suas esperanças e

137

sonhos por justiça e paz. Este clamor iluminará a verdade entre as nações e no seu centro Eu me encontrarei." Isto é exatamente o que está acontecendo agora, nos EUA e na Europa, com as Marchas de Paz. Isto, para mim, mostra que as pessoas estão prontas para a partilha e para o Cristo. Isto mostra que elas estão prontas para Suas palavras. Desta forma, conforme Ele fala, ele focará e evocará aquela exigência e aspiração. Não há governo na Terra que possa resistir a focada, determinada vontade da opinião pública mundial educada.

O homem realmente tem livre arbítrio quando ele tem que escolher entre a partilha e a aniquilação do mundo? (Julho/ Agosto de 1984)
É precisamente fazendo esta escolha que o homem exercita seu livre arbítrio. Há implicado nesta pergunta a sugestão de que há a ameaça da aniquilação feita sobre a humanidade se nós não partilharmos. Esta ameaça está lá, é lógico, mas ela vem do próprio homem – nossas próprias ações – e não de nenhuma ação de fora.

Os ricos partilhando suas riquezas com os pobres – isto não é comunismo? (Outubro 1984)
Não, é verdadeiro Cristianismo! (Também seria verdadeiro comunismo se tal coisa existisse.)

Considerando o que aconteceu 2.000 anos atrás na Palestina, os poderes não resistiriam novamente ao princípio da partilha, portanto aos ensinamentos de Maitreya? (Outubro de 1985)
Sem dúvidas "os poderes" – isso quer dizer, aqueles em posição de privilégio e poder – irão de fato fazer o melhor que puderem para pararem ou diminuírem a velocidade das mudanças que Maitreya pedirá. A comunidade bancária e financeira internacional irá provavelmente estar entre os últimos a aceitarem a necessidade por partilha, mas ela se encontrará cada vez menos capaz de parar o ímpeto de

138

mudança; o grito por ajuda e justiça do Terceiro Mundo será crescentemente mais alto e difícil de ignorar. O mundo hoje é muito diferente daquele de 2.000 anos atrás. Lá, o Cristo falou com camponeses ignorantes e supersticiosos, totalmente sobre a dominação dos sacerdotes. Hoje, a educação e comunicações ao redor do mundo preparam as pessoas para tomarem suas próprias decisões e insistirem em suas implementações.

Você declarou: "Aqueles que se manterem rígidos irão eventualmente se encontrar em minoria e terão que viver com isso ou retirarem-se desta vida." O que a frase "retirarem-se desta vida" significa? Como isto será conseguido se "nenhuma força será aplicada"? (Abril de 1984)

Obviamente, existem muitos para os quais as propostas de Maitreya não serão atraentes – aqueles que não acreditam nos princípios da partilha e justiça se significam um fim para seus privilégios e poder. Eles descobrirão que será impossível, no entanto, pararem o ímpeto de mudança, e eventualmente terão que se adaptarem para as novas condições ou retirarem-se da corrente principal de vida para alguma área remota. Mudanças ocorrerão, não porque Maitreya ou qualquer outra pessoa irão forçá-las, mas porque elas devem; a alternativa é a aniquilação.

Você diz que os fundamentalistas e aqueles no setor bancário serão os últimos a aceitarem Maitreya. Por que isso; Ele irá alterar a moeda ou meio de troca? Como isso será feito? Isso será feito ao redor do mundo? (Fevereiro de 1984)

Eu disse que provavelmente os líderes da Igreja (Cristã) e os fundamentalistas estarão entre os últimos a aceitarem Maitreya como o Cristo; isso, é lógico, porque eles tenderão a vê-Lo como o Anticristo, que, eles acreditam, irá anteceder o Cristo no mundo no final do mundo – Armageddon. Suas idéias já estão fixas sobre o método de Seu retorno.

Eu disse que "os grupos financeiros e bancários internacionais estarão entre os últimos a aceitarem a necessidade por uma nova ordem econômica e financeira." Isto é claramente evidente hoje na resistência destes grupos às idéias de redistribuição colocadas à frente pela Comissão Brandt e outros. Então eles resistirão às idéias mais radicais de Maitreya. É importante se lembrar, no entanto, que Ele não irá alterar nada. Todas as decisões por mudança, e a velocidade de suas implementações, estão em nossas mãos. Maitreya irá apenas aconselhar e recomendar, mas eventualmente Ele irá recomendar a retirada de todo o dinheiro até que o homem perca sua luxúria por ele. Um processo sofisticado de permuta irá substituir os presentes caóticos sistemas econômicos.

Como o indivíduo comum pode ajudar na reparação do desequilíbrio dos recursos do mundo? Para quem nós deveríamos estar dando nosso apoio? O Partido Ecológico parece estar dizendo a coisa certa, mas quem teria o poder para levar adiante as drásticas mudanças econômicas que são necessárias? (Junho de 1984)
Nenhum partido político, hoje baseados como eles estão em estruturas de poder do passado, tem as respostas para as necessidades do mundo. Este é um problema global e pode apenas ser lidado em um nível internacional. Isto ocorrerá devido a pressão nos governos do mundo pela parte das próprias pessoas – os incontáveis milhões de pessoas pobres (e também daqueles que têm posse que aspiram) sobre a inspiração do Cristo.

Existem, portanto, muitas agências não-governamentais que fazem um trabalho inestimável. Elas valorizariam seu apoio. Seus nomes são tão bem conhecidos que eu não preciso repeti-los aqui. Dê o seu apoio a cada indivíduo, agência ou organização que defendam a redistribuição dos recursos como a chave para acabar com os problemas do mundo.

Você concorda que nós precisamos discriminar quanto ao princípio da partilha? Afinal de contas, é dito nas escrituras Budistas que "partilhar na vida do tolo irá levar à estados de aflição. " (Setembro de 1985)

Não, eu não concordo. O uso da palavra "partilhar" na escritura Budista citada significa adotar a vida do tolo, que é lógico, é carregado de perigo. Isso tem relação com o princípio da partilha no sentido de redistribuição dos recursos do mundo.

Em resposta a sua mensagem, muitos grupos foram criados em vários países para lidarem com o problema da fome; existem, entre outros, 'Share' na América e 'Peace through Sharing' no Reino Unido. Qual é a principal função deles? (Dezembro de 1982)

Como é provavelmente conhecido, eu tenho ficado sobre uma plataforma bem ampla em relação ao reaparecimento do Cristo. Isso permitiu às pessoas responderem às idéias de acordo com suas próprias linhas de interesse e potencial. Muitas pessoas acham minha informação interessante, mas não necessariamente crível. No entanto, elas podem responder à idéia da partilha e muitas focaram suas atenções para acabarem com a fome no mundo. Para mim, esta é uma resposta perfeitamente satisfatória à minha mensagem.

Em Londres, "Peace through Sharing' foi lançado pelo grupo com o qual eu trabalho. Nós iniciamos o movimento, mas não temos nenhum papel em sua organização ou direção. Ele foi iniciado precisamente para oferecer uma oportunidade para aqueles que acreditam que a paz é apenas possível através da partilha.

A função de grupos como este é educacional. O trabalho deles é o de educar as pessoas para verem que a paz depende da correta distribuição dos recursos do mundo, que é o que o Cristo diz, o que a Comissão Brandt diz, e mais e mais pessoas estão começando a perceber que é verdade.

Numa edição anterior da Share International você deu a verdadeira receita, para a solução caseira da Terapia Oral de Reidratação (TOR), que pode salvar as vidas de milhares de crianças do Terceiro Mundo sofrendo de diarréia. Por favor, você poderia reproduíi-la? (Junho de 1984)
A fórmula apareceu na edição de Fevereiro de 1983 da Share International. Ela é a seguinte: oito colheres de chá de açúcar adicionadas a uma de sal por litro (aproximadamente duas medidas) de água fervida e resfriada. Ela é baseada na descoberta de que a glicose acelera a absorção de sal e água do corpo.

É possível que a humanidade possa pegar pensamentos de paz se uma grande parte das pessoas transmitirem pensamentos de paz em um momento (como os organizadores da "Bomba da Paz" sugerem)? Isso pode funcionar como a síndrome do "100° macaco" onde se 100 macacos aprendem um truque por imitação, todos os outros macacos em todos os lugares podem fazer o mesmo truque sem aprendê-lo? (Maio de 1984)
Eu não tenho dúvidas que os pensamentos focados de um grande número de pessoas podem e de fato influenciam os pensamentos e ações de outros, seja pela paz ou para outra coisa. Telepatia é um fato na natureza e está por trás da eficácia da oração e da invocação. Daí a necessidade por controle e correta utilização do pensamento, porque os Senhores da Materialidade, as forças negras, usam o mesmo procedimento para fomentarem o ódio e medo da guerra, da catástrofe, de diferentes raças e ideologias. A síndrome do "100° macaco" não funciona no caso do homem por causa de sua habilidade para pensar. O macaco constrói um instinto que se torna generalizado, enquanto que o homem faz escolhas individuais através do pensamento.

O que você acha do encontro do Papa com o Dalai Lama e de sua visita a países Mulçumanos? Qual é a sua mensagem? (Abril de 1986)

142

Eu diria que o seu propósito é o de alcançar uma unidade de resposta para os problemas do mundo de todos os grupos religiosos. Ele está muito preocupado quanto aos problemas e perigos que existem hoje e procura utilizar sua posição e prestígio como Papa para inspirar os governos do mundo a acharem um remédio.

Você acredita que deveriam existir mulheres padres? As mulheres dariam tão bons padres como os homens? (Julho/Agosto de 1986)
Não existem razão porque as mulheres não deveriam ser padres, e eu não tenho dúvidas, assumindo um calibre individual igual, que elas dariam padres tão bons quanto os homens.

Meio Ambiente e Educação

A implementação dos Ensinamentos do Senhor Maitreya também dão uma solução para os problemas da poluição ambiental? (Abril de 1985)
Sim, certamente. Você descobrirá que a base do ensinamento de Maitreya é corretas relações: entre homem e homem (e mulher); homem e Deus; e entre homem e seu ambiente, o planeta. Nós compreenderemos que o homem, a natureza e Deus são Um, e que cuidado adequado do planeta (e de todos os reinos nele) é essencial para o bem estar do todo.

Em termos práticos, nós podemos esperar por um estilo de vida muito mais simples (para o Ocidente desenvolvido) sem a grosseira super produção (através da competição) e desperdício de recursos que nós temos hoje. A obsolescência interna que faz tanta parte da política industrial moderna terá que ser substituída por uma preocupação pela conservação de materiais e do meio ambiente. Poluição sonora, uma das mais danosas para a saúde através de seus efeitos no corpo etérico e no sistema

143

nervoso, embora quase nunca enfatizada, é relativamente fácil de se lidar.

Há uma conversa aqui sobre irradiação em nossas frutas e vegetais antes que eles cheguem ao mercado. Parece muito perigoso para mim, e eu escrevi ao meu deputado quanto a isso. Mas eu pensei, antes que eu escrevesse mais cartas, eu deveria descobrir se ela é realmente danosa. Você poderia perguntar ao seu Mestre? (Dezembro de 1985)

Você está bem certo em opor-se a irradiação de frutas e vegetais antes que eles cheguem ao mercado. Existe radiação o suficiente em nosso meio ambiente, natural e não natural, sem precisarmos comer mais. Até mesmo mais perigoso é a habilidade de homens de negócios inescrupulosos, aprovarem a produção como "fresca" quando na verdade ela está decaindo e é inadequada para o consumo. Isso já está acontecendo na Europa com mariscos.

Qual é a significância do incidente de Chernobyl em termos da viabilidade da energia nuclear como um meio seguro de energia? (Junho de 1986)

É óbvio que este infeliz acidente demonstra, novamente, quão volátil e potencialmente perigoso é o nosso presente método (fissão) de se utilizar energia nuclear. Significantemente, os cientistas Russos envolvidos disseram que a explosão e subseqüente superaquecimento do mecanismo de fissão ocorreu de uma maneira que não poderia ter sido prevista através do conhecimento científico atual. Se isso é verdade, portanto, a mesma situação perigosa pode muito bem existir em cada usina nuclear no mundo. Sendo assim, existe apenas uma resposta para o problema: o fechamento de todas as usinas nucleares e o abandono do atual método de fissão para se extrair energia do átomo. Isto liberaria os recursos para uma pesquisa em total escala quanto ao processo de fusão – já teoricamente possível. Usando um simples isótopo de água, disponível em todo lugar, o processo de fusão do futuro nos dará energia ilimitada para todas as nossas necessidades, de maneira segura.

A propósito, meu Mestre, comentando sobre o acidente de Chernobyl, disse que ele era sério, mas que a ameaça de radiação não era tão difundida ou tão perigosa como a mídia Ocidental estava falando, nem foram os números de pessoas mortas de qualquer forma próximos da especulação Ocidental. Isto já foi admitido pelo chefe Americano da Agência de Energia Atômica Internacional. Meu Mestre também disse que dentro de cerca de uma semana depois do acidente, os Irmãos Espaciais (nossos irmãos de outros planetas) começariam a neutralizar a pior concentração de radiação nuclear, até os limites da lei kármica. Eles procuraram e receberam permissão dos Senhores do Karma para agirem desta vez para nosso bem.

Um dos aspectos mais tristes deste desastre, para mim, foi a reação do Ocidente, principalmente da mídia dos EUA e do governo. Ao invés de uma expressão de simpatia e desejo de apoio em tal emergência (os EUA de fato ofereceram enviar especialistas para ajudar), houve imediatamente uma tentativa esquálida para fazer a maior propaganda política e capital da frustração Russa. Agora, é claro que os Russos durante todo o tempo disseram a verdade sobre o incidente. Que não se acreditou neles é, é lógico, um resultado direto de suas políticas de segredo no passado. Talvez eles aprendam que abertura e honestidade em relações internacionais têm retribuição.

O quão perigoso tem sido o resultado do acidente de Chernobyl? Ele ainda é perigoso, e ele é especificadamente para as mulheres grávidas? (Junho de 1986)
Como declarado acima, parece que o acidente foi sério mas não tão perigoso como foi pensado, especialmente no Ocidente. Pareceria que nenhumas precauções podem ou precisam ser tomadas agora. Não é particularmente arriscado para mulheres grávidas, a não ser aquelas na proximidade imediata da usina.

145

Isso não quer dizer que sendo assim, nós podemos seguramente continuarmos com esta forma de energia. Ao contrário, Chernobyl foi quase que uma tragédia ainda maior e deveria servir como um aviso a tempo para procurarmos por energia em outro lugar.

Você acha que a educação tomará uma nova direção no futuro? (Novembro de 1983)

É óbvio que com o crescimento do desemprego através do avanço tecnológico na produção que está acontecendo agora, haverá cada vez mais a necessidade da educação para o lazer. As pessoas terão infinitamente mais lazer e poderão aproveitar das possibilidades de explorar a riqueza da cultura e conhecimento que nós temos disponíveis agora. As pessoas precisam se tornar mais criativas, no sentido que todos são basicamente criativos, mesmo assim apenas um número relativamente pequeno de pessoas têm a possibilidade de expressarem e desenvolverem suas criatividades. Lazer é essencial para isso. A maioria das pessoas estão tão desvitalizadas pelo processo repetitivo de trabalho, por condições pobres, pela pura monotonia e uniformidade de suas atividades dia após dia, que a criatividade é quase a última coisa que você poderia esperar. Educação para o lazer oferecerá às pessoas a possibilidade para o desenvolvimento de suas habilidades internas, talentos e potencial de uma forma que poderia dificilmente ser prevista no presente.

Bem à parte disso, o foco da educação no futuro será em direção ao cumprimento da intenção e propósito da alma. O conhecimento da estrutura de raios individual, e o potencial e limitações que esta estrutura dá, irá se tornar de maior preocupação. A criança será vista como uma alma em encarnação com certos propósitos. Educação será o meio para permitir que estes propósitos sejam levados adiante.

Quais, você acha, que são as coisas mais significantes que nós podemos ensinar para as crianças afim de prepará-las

146

para a Era Aquariana e a partilha mundial? (Março de 1986)

Obviamente, muita ênfase deveria ser dada à Unicidade da humanidade, e a necessidade por justiça e partilha. Eu diria, uma visão global, internacional do mundo e a idéia de serviço para o mundo deveria ser inculcada além da necessidade de se demonstrar amor e um espírito inclusivo para engendrar corretas relações. O fator mais importante, é lógico, é o exemplo dos pais.

Todos nós concordamos que a pena de morte é errada, mas qual é a alternativa mais sensata? (Junho de 1985)

Com respeito, nós todos não concordamos que a pena de morte é errada – de outra forma, enforcamentos e execuções não ocorreriam mais. Por exemplo, aqui na Grã-Bretanha "iluminada" existe um lobby poderoso para se trazer de volta o enforcamento para certos crimes, e eu acredito que é verdade dizer que se nós tivéssemos um referendo quanto a questão, a maioria votaria pelo seu retorno.

Eu não acredito que muitos anos de encarceramento em prisões seja uma alternativa humana também. Pessoas que comentem crimes sérios o suficiente para invocarem a pena de morte são manifestadamente "doentes" e precisam de tratamento de um tipo ou outro. Eu acho que uma combinação de tratamento psicológico, re-educação social, e um longo período de trabalho comunitário socialmente útil poderia produzir melhores resultados do que longas sentenças de prisão. Acima de tudo, uma mudança na própria sociedade para reduzir tensões, frustrações, inveja, sentimento de inadequação, e por aí vai, que estão por trás de uma grande parte dos presentes crimes, é essencial.

As Artes

Nós veremos um florescimento das artes no futuro? (Janeiro de 1983)

147

Sim, mas eu acho que é verdade dizer que as artes de hoje devem refletir os processos desintegrativos da sociedade no geral e devem partilhar parte da condição de nossa presente civilização em colapso.

As condições para um tremendo florescimento das artes não estão conosco ainda , embora grandes compositores e artistas nasçam e trabalhem hoje, como na maioria dos outros tempos. O Mestre DK profetizou que o 4° raio da Harmonia (como ele é chamado) estará vindo em encarnação no começo do próximo século e levará à um massivo desenvolvimento da vida criativa, em combinação com o 7° raio da Organização. Esta combinação produz o tipo mais elevado de artista e levará à uma regeneração não simplesmente naquilo que é chamado de "artes criativas", mas em nossas vidas. Todos irão se tornar criativos em suas vidas, de uma forma totalmente diferente. O Mestre DK ligou a arte de hoje, em relação àquela do futuro, aos bloquinhos de construção de uma criança em comparação com as grandes catedrais de Durham ou Milão. Não há dúvidas de que haverá um grande florescimento da criatividade no futuro.

É correto que o Mestre Koot Hoomi será responsável pela inauguração do novo tipo de música na nova era? (Fevereiro de 1983)
Esta não é a minha informação. Como eu a entendo, este estímulo vem principalmente das atividades do Ashram do Mestre Rakoczi e os vários departamentos dentro de Sua esfera agindo como o Mahachohan para a era vindoura. Isto irá inquestionavelmente envolver os ashrams do 4° raio dos quais o Mestre Serapis é o Chohan.

Qual é a função esotérica da música? (Fevereiro de 1983)
Música é som ordenado, e antes do fim deste século, de acordo com o Mestre DK, nós iremos construir com o uso científico do som. Se isso será por meio da "música" (Josué lutou a Batalha de Jericó e as muralhas vieram abaixo) ou pelo uso preciso de mantras soados ainda resta ser visto.

Certamente, música em seu grau mais elevado é uma expressão da experiência da alma e deve portanto refletir algum aspecto da realidade. Então o papel esotérico da música deve refletir a experiência do músico da realidade interna. Isso é uma coisa totalmente diferente da música que simplesmente excita, agrada, aquieta ou de outra forma afeta as emoções, que é mais comum.

Muitas pessoas acham que nós não temos mais grandes artistas e compositores. Qual é a sua opinião? (Setembro de 1983)

A sociedade é muito fragmentada hoje. Nós necessariamente reconheceríamos os grandes artistas? Nós reconhecemos muitos dos grandes artistas do passado como Rembrandt, Vermeer ou Delft, e outros, ou artistas do passado mais recente como Cezanne, Van Gogh, Gauguin, e mais recentemente Matisse, Picasso e por aí vai? Eu acho que as pessoas sempre lamentam que não existem grandes artistas "hoje" porque seus olhos e ouvidos estão abertos apenas para o passado, e portanto facilmente comparam a arte. Muitas pessoas não concordariam que não existem grandes artistas criativos agora. Por exemplo, Stockhausen é visto por muitos como sendo um grande compositor. No entanto, o homem comum não ouviu dele. O ponto é que as artes não se relacionam diretamente à sociedade como elas faziam no passado. A sociedade era muito mais homogênea do que é agora, então você atualmente tem uma pequena minoria de pessoas conscientes das artes, respondendo ao novo, enquanto que as vastas massas de pessoas não tem conexão com estes grandes compositores e artistas de vanguarda. Elas estão totalmente distanciados deles.

Isso não quer dizer que não existam compositores e artistas que são tão criativos e inventivos como em qualquer outro tempo. É certamente mais difícil hoje. Cada compositor, cada artista, tem o sentimento de que ele tem que fazer tudo do começo, de que ele não pode mais depender de qualquer tipo de tradição ou estilo aceito que seria válido por qualquer período de tempo, que ele precisa

149

recriar a arte em sua própria imagem cada vez mais. Isso coloca uma enorme tensão no processo criativo. Artistas queimam rápido, ou suas artes são rapidamente substituídas pela moda. A ênfase, portanto, é sobre a originalidade a qualquer custo.

O que a música pop faz para a estrutura do ser humano tanto fisicamente, emocionalmente e mentalmente? Ela é de algum valor? (Fevereiro de 1983)
A música pop, simplesmente porque ela é normalmente super-amplificada, parece ter um efeito ruim na audição das pessoas. Mas é lógico, isso seria verdade para qualquer música que é super-amplificada; não tem nenhuma relação com o tipo de música. O impacto principal do pop é no corpo físico através de ritmos insistentes, batida e através da excitação do corpo emocional. É por esta razão que pessoas jovens acham elas excitantes, fisicamente e sexualmente. O efeito de concertos pop é, obviamente, criar uma "elevação" em massa de energia nos planos físico e astral. É especificadamente para, e vem das massas.

Quase todos os compositores bem conhecidos foram homens. Isto é devido ao fato de que a Terra é feminina e há uma reação negativa/positiva? (Março de 1986)
Não. A maioria dos compositores bem conhecidos têm sido homens porque, até agora, as mulheres não foram levadas a sério como tão criativas quanto os homens, e foram negadas grandemente o treinamento e estímulo que é necessário para grandes realizações.

Saúde e Cura

Nossos corpos físicos passarão por um ritmo de destruição mais lento na Nova Era? (Setembro de 1985)
Sim, certamente. Com a gradual erradicação da doença no planeta, o corpo físico do homem levará muito mais tempo para se "desgastar". A eliminação da tensão social, também,

fará muito para prolongar a utilidade de nossos veículos físicos.

Alice Bailey nos dá informação em **Cura Esotérica** *sobre os chakras ou centros se tornando ativos durante a evolução da humanidade. Por exemplo, em tempos Lemurianos o homem respondeu às energias no plano físico, nos tempos Atlantes para energia astral também. Agora nós estamos trabalhando mais no plano mental. Como estas energias se relacionam aos chakras ou centros e níveis de cura?* (Abril de 1983)

Em tempos Lemurianos, a humanidade respondeu às energias do plano físico, fluindo através do centro na base da espinha e o centro sexual no sacro. O homem Atlante utilizou ambos estes centros, mas respondeu, também, à energia astral fluindo através do plexo solar. Assim como o objetivo do homem Lemuriano era o aperfeiçoamento do corpo físico, aquele do homem Atlante era o aperfeiçoamento do veículo astral-emocional. Nossa raça (a Ariana) tem o objetivo de aperfeiçoar o veículo mental. Isto ocorre como o resultado da mudança gradual para cima das energias abaixo do diafragma para os centros acima do diafragma até que todos estejam sintetizados no centro entres as sobrancelhas, o chakra ajna. Este é o centro diretor do qual todo tipo de trabalho mental deve ser feito.

Quando o chakra da coroa no topo da cabeça está suficientemente ativo e recebendo as energias espirituais da alma, uma radiação magnética constitui-se entre os centros ajna e da coroa e suas correspondências no plano físico, o corpo pituitário e a glândula pineal respectivamente. Desta interação magnética, o "terceiro olho" é criado (não é o centro entre as sobrancelhas).

Toda verdadeira cura esotérica ocorre do nível da alma, usando os centros mais elevados como agentes manipuladores da energia. Há, é lógico, um tipo inferior de cura, muito em evidência hoje, que usa o plexo solar do curador.

O processo de cura conhecido como "imposição das mãos" está relacionado com o alinhamento dos chakras? (Março de 1986)

Sim. Toda energia entrando no corpo vem para o veículo etérico através dos chakras. Na imposição de mãos, a energia se movimenta através dos chakras nas palmas do curador para o paciente. A fonte de energia depende da evolução do curador. Mais comumente, ela vem do centro do plexo solar do curador, sua própria fonte de vida. Ela freqüentemente envolve energia que o curador invocou de sua própria alma e algumas vezes da alma do paciente, que aumentará a energia do corpo físico. Existem também muitos curadores que trabalham sobre tutela, consciente ou inconscientemente, de alguma fonte mais elevada. Alguns discípulos nos planos interiores, e mesmo Mestres, trabalham através de certos indivíduos sem os indivíduos necessariamente serem conscientes disso. Freqüentemente, o objetivo é a remoção da estase e o correto equilíbrio dos chakras.

No que diz respeitos aos chakras nas mãos: (1) Deve existir uma verdadeira imposição de mãos para a eficiência da cura? (2) A mão direita poderia ser considerada a "mão de poder"? (Julho/Agosto de 1985)

(1) Não, não é sempre essencial para as mãos realmente tocarem o paciente – curadores diferentes têm diferentes métodos – mas tocar parece adicionar uma dimensão de realidade para o processo de cura. O paciente normalmente sentirá o calor e o fluxo de energia das mãos, que é um "a mais" psicológico. (2) Sim.

Cientistas dizem que nenhum calor ou mudança na temperatura é medida em seus instrumentos quando a mão de um curador é mantida sobre (ou toca) um paciente. Mesmo assim, freqüentemente o paciente experiencia uma sensação de calor. O calor é imaginário ou a energia é imensurável pelos instrumentos da atualidade?

Eu me pergunto a quais "cientistas" aquele que fez a pergunta se refere. Ocorreram grandes números de experimentos nos quais calor (experienciado como tal pelo paciente) tem sido registrado em instrumentos sensíveis a calor durante a cura. O calor ocorre no plano etérico e é devido a fricção entre o "invólucro" etérico do paciente e as energias de cura transmitidas pelo curador.

A remoção do baço tem algum efeito no desenvolvimento espiritual de uma pessoa? (Junho de 1986)
Se um baço é removido, então a contraparte etérica do baço continua a fazer o trabalho do órgão físico (a atividade real é no etérico em qualquer caso), enquanto que o plexo solar assume parte do papel do baço como distribuidor de energia, se necessário. Isso não teria efeito no desenvolvimento espiritual.

Como alguém obtém poderes curadores? (Maio de 1985)
Eu acredito que todas as pessoas têm o potencial de transmitir energias de cura de alguma fonte ou outra, normalmente de seu plexo solar ou sua própria alma. Meditação e serviço são os métodos chave para se fortalecer e cumprir este potencial.

Na cura, pode se fazer mal se não há total conhecimento da situação kármica do paciente? Existem maneiras de se evitar fazer mal?
Crucial para isso é o motivo. É o amor da alma que cria em seu reflexo – o homem ou mulher – o desejo por curar. Nem todos são atraídos para cura, mas todos podem curar. Todos podem ser um canal para a energia curadora do amor. Esta energia do amor pode se demonstrar de maneiras diferentes, através de indivíduos diferentes, e sobre caminhos de raio diferentes, mas é o motivo primário que leva o indivíduo a curar.

Todos são curadores de "nascença", mas nem todos são atraídos a curar. Pessoas são atraídas a fazerem outras coisas, a escrever, a falar, a inspirar, a guiar, a educar, o que

153

quer que seja. Por exemplo, Beethoven não teria tido tanto sucesso impondo suas mãos em algumas poucas pessoas como escrevendo música, que é profundamente, espiritualmente nutrida, e neste sentido, curativa. De forma semelhante com Mozart. É lógico, se algum dos dois tivessem tido o desejo também, eles poderiam ter sido curadores. Eles eram curadores, e eles são curadores. Música, neste nível de inspiração da alma, é curadora, no sentido mais elevado da palavra. Eu não quero dizer que ela necessariamente cura doenças do corpo físico, mas ela acalma e afina o espírito através do sistema nervoso, afina você à sua própria natureza espiritual. Desta forma ela é curadora.

Você deveria, então, impor as mãos em todos que pedem para você fazê-lo? Você deve usar a sua intuição, este á o único guia que você tem. Muitos anos atrás, eu costumava a dar curas e estava conseguindo resultados maravilhosos. Então eu li *Cura Esotérica* por Alice A. Bailey, e percebi que eu sabia absolutamente nada sobre cura. Eu sabia ainda menos sobre a Lei do Karma, e como ela poderia governar a doença ou cura de alguém. Então, eu parei de dar curas por muitos anos. Mais tarde, meu Mestre me disse: "Você poderia ter continuado, eu estava por trás de você. Eu estava fazendo a cura." Mas eu não sabia disso antes. Quando um Mestre cura, Ele sabe exatamente quanto energia, em que chakra em particular, é necessária, possível, correto utilizar. Isso é algo que nós não sabemos. Nós trabalhamos cegamente.

Mas se o motivo é amoroso, e se a cura é deixada para os poderes curadores do Amor de Deus ou dos Mestres, ou o que quer que você chame isso, o que é certo será feito. Mantenha você mesmo, o curador em pessoa, fora disso. Cada um de nós é um canal de cura se nós quisermos ser e, quando solicitados, nós temos o dever humano de tentar ajudar.

O chakra do coração é afetado quando alguém sofre de um "coração partid'"? (Fevereiro de 1984)

Sim, mas indiretamente. Um "coração partido" não tem nenhuma relação com o chakra do coração, mas com o corpo emocional. O chakra afetado, portanto, seria o do plexo solar. Mas qualquer grande perturbação em sua função iria afetar a transmutação de energia do chakra solar para o do coração e portanto afetar o chakra do coração.

Eu estava me perguntando se é possível empregar as mensagens gravadas de Maitreya para propósitos de cura através do rádio ou de outra forma (sem o contato com um Mestre) – talvez em hospitais ou instituições de saúde mental onde existissem serviços de transmissão de rádio de hospital? (Julho/Agosto de 1983)
Sim, certamente, isto seria possível. Eu não tenho dúvidas que as energias liberadas destas gravações seriam benéficas para muitos tipos de pacientes.

Eu tenho uma jovem amiga passando por terapia de hipnose para superar sua timidez e sensibilidade. Quais são as visões da Hierarquia quanto ao hipnotismo? (Julho/Agosto de 1983)
Eu não posso falar pela Hierarquia, mas minha visão é esta: a hipnose como um processo terapêutico é incomensuravelmente antiga, pelo menos no Oriente. Esta ciência de sugestão tem sido degradada no Ocidente pelo hipnotizador de palco, mas na verdade, é uma ferramenta muito útil para se reprogramar nosso computador subconsciente. Todos nós estivemos sendo condicionados desde a infância por restritivas, negativas sugestões que, em muitos casos, causam grande limitação de nossa expressão e muito sofrimento mais tarde na vida. Hipnose, feita com habilidade, pode ajudar a reverter este processo com sugestões positivas. O problema é que os resultados benéficos podem ser apenas temporários. A melhor hipnose, dando sugestões que duram, é a auto-hipnose. Qualquer bom hipnotizador irá progredir com a intenção de levar o paciente à auto-hipnose. Regressões à vidas passadas pela hipnose é outra questão.

Djwhal Khul estará tornando disponível os verdadeiros ensinamentos sobre a cura que estudantes sinceros como eu aguardam? (Maio de 1986)
Como eu compreendo, sim. Não apenas DK, mas um grupo de Mestres estarão liberando mais informação que abrirão as portas para os novos métodos de cura.

Algum Mestre em particular está em cargo de cada principal ramo da cura esotérica, ou um Mestre está a cargo de toda as curas espirituais, ou todos Eles geralmente trabalham neste reino? (Maio de 1985)
Nem todos os Mestres estão engajados no trabalho de cura, mas a maioria Deles estão, de uma forma ou outra. Cada raio tem sua própria abordagem específica para curar e então, Eles trabalham sobre Suas próprias linhas de raio. Eles também trabalham em grupos e muito freqüentemente através de grupos nos planos internos ou físico. Meu Mestre, por exemplo, trabalha com um grupo de três outros Mestres, tanto diretamente ou através de discípulos (indivíduos ou grupos), tanto nos planos internos e externo e, é lógico, com diferentes ramos da evolução Deva.

Os devas são utilizados pelos Mestres em curas? (Novembro de 1985)
Muito freqüentemente, principalmente, mas não exclusivamente, os devas verdes e violetas, os "devas das sombras".

Em 1937, foi dada a permissão à Edmond Szekely pelo Vaticano para traduzir alguns dos evangelhos Cristãos Nestonianos mantidos em sua livraria. O primeiro destes a ser traduzido formou um pequeno livro, muito bonito, que Szekely nomeou O Evangelho Essênio da Paz. Ele dá ensinamentos sobre a cura de doenças alimentando-se de uma dieta vegetariana crua, jejuando e pelo sol e a água, isto quer dizer,por meios naturopatas. Jesus realmente deu estes ensinamentos? (Novembro de 1985)

Sim, mais ou menos. Por isso eu quero dizer que, treinado pelos Essênios, Ele concordava comumente com estes ensinamentos, mas isso não quer dizer que Ele os passava. Seu ensinamento era sobre relacionamentos – do homem com o homem e do homem com Deus. Ele não era um vegetariano que seguia a última moda e comia alimentos crus. Na verdade, por todas as contas, Ele comia peixe, bebia vinho e, eu acredito, comia queijo de cabra. Sendo um alto iniciado (4º grau), Seu método de abordar a doença era o da resposta à necessidade individual, (a) pela compaixão, e (b) demonstrando uma verdade filosófica ou psicológica. Eu acho que não seria verdade, portanto, chamá-Lo de um naturopata preocupado com doenças físicas.

O pêndulo é uma ferramenta autêntica e confiável para receber tutela e informação? (Maio de 1985)
Em certos campos, o pêndulo é de fato uma ferramenta útil. A coisa importante é saber as limitações de seu uso. Ele é freqüentemente utilizado como um "oráculo" para determinar ações e decisões que corretamente devem ser tomadas pela própria pessoa. Ele reflete o que quer que seja desejado do nível subconsciente, e portanto, ao meu entendimento, ele é bem inútil como um "guia. O pêndulo absorve e responde à vibrações emanando das pessoas e objetos, e (na base de que semelhante atrai semelhante) pode relacionar esta vibração à mesma (ou a uma similar) vibração. Daí seu valor na prescrição homeopática, onde a vibração do paciente pode ser relacionada à vibração de um ou mais remédios para a condição. Ele é extremamente sensitivo à energia mental e portanto, dirigido por pensamentos. A necessidade por completa objetividade e desapego em seu uso é portanto óbvia.

*O esplêndido artigo 'Os Portais do Coração' (**Share International**, Março de 1983) parece sugerir que experimentos cirúrgicos modernos com o coração artificial nunca poderiam ter sucesso. O que o Mestre diz?* (Abril de 1984)

157

Eu não preciso perguntar ao Mestre. É importante perceber a qual coração o artigo, e todas as referências antigas nele, se referem. A Bíblia diz: "O coração do homem sábio está no lado direito; do homem tolo, no lado esquerdo." O homem "tolo" é aquele que pensa apenas quanto ao seu coração físico, enquanto que o homem "sábio" sabe que ele tem outro, o centro espiritual do coração no lado direito do peito. É este centro do coração espiritual a que se refere no artigo. Nenhum tipo de experimento em conexão com o coração físico tem qualquer importância para a compreensão intuitiva (ou Budi) do coração espiritual.

Eu acho que eu estou atraindo vibrações ruins de pessoas ao redor de mim através de seus desgostos, invejas, etc, e isso esta me tornando doente. Isso é possível de se acontecer? (Maio de 1985)
Em noventa e nove vezes de cem este não é o caso. As várias doenças das quais as pessoas sofrem são quase sempre o resultado de seus próprios desequilíbrios emocionais, utilização errada de energia da alma, dos planos mental ou astral. É lógico que existem alguns poucos casos onde existe uma causa exterior, mas estes são tão poucos que podem ser ignorados em sua maior parte. É mais sábio e correto, normalmente, não culpar outras pessoas pelas suas doenças físicas. O correto é se almejar ao controle mental do corpo emocional e o desapego de suas próprias emoções, e assim fortalecer sua própria aura.

Eu devo entrar em contato com você para receber cura? (Maio de 1985)
Sim. Não há maneira de você ser colocado na Lista de Cura de meu Mestre a não ser que eu seja informado que você o necessitou ou irá aceitá-la. Eu então passo o nome para meu Mestre, Que trabalhando com um grupo de Mestres, faz a cura (até onde o karma permite).

158

Eu posso ser colocado na Lista de Cura para ser ajudado com meus problemas pessoais, casamento, encontrar um emprego e por aí vai? (Junho de 1985)

Não. Estas áreas na verdade pertencem às suas batalhas de vida, decisões e esforços. Nenhum Mestre pode conduzir nossas vidas para nós. Se Eles pudessem, nós nunca cresceríamos.

Escolas de Mistérios

Maitreya irá estabelecer uma escola ou ashrams? (Outubro de 1982)

O ashram do Cristo, é, é lógico, a Hierarquia, do qual Ele é o Cabeça; na verdade, a Hierarquia como um todo é o ashram de Sanat Kumara, o Senhor do Mundo. Até onde eu entendo, o Cristo pessoalmente não irá estabelecer escolas ou ashrams. Elas serão estabelecidas pelos Mestres. Os ashrams exteriores serão uma expressão ou reflexo de Seus ashrams nos planos internos. Mas Maitreya irá inaugurar o sistema das Escolas de Mistérios, chamadas na literatura esotérica "os marcos antigos". As Escolas de Mistérios de antigamente, dos dias Atlantes, serão reabertas e prepararão os candidatos para a iniciação. O Cristo, como muitas pessoas irão descobrir, é o Hierofante Que oficia nas primeiras duas iniciações, e uma de Suas funções mais importantes durante estes vindouros 2.000 anos é o de fazê-lo nestas duas expansões de consciência, abertamente no mundo.

As Escolas de Mistérios, tanto preparatórias como avançadas, serão estabelecidas em várias partes do mundo para oferecerem a disciplina necessária e treinamento para a experiência iniciatória. O Cristo irá de país em país visitando os templos que serão construídos nestes países em particular e lá levará milhões, em formação grupal, através da experiência que nós chamamos iniciação.

O quão cedo isto irá acontecer? (Outubro de 1982)

159

Mesmo pelos próximos 50 anos – muitos estão agora no limiar, prontos para este evento extraordinário – centenas de milhares passarão através dos portais da iniciação.

Por que as Escolas de Mistérios não dão a mesma informação como você? (Agosto de 1982)
Que Escolas de Mistérios? Não existem Escolas de Mistérios ainda. Elas serão abertas no futuro, mas não até nós termos arrumado os males do mundo, implementando o princípio da partilha, e o Cristo estiver inaugurando a nova religião mundial. Existirão duas no Reino Unido, duas nos EUA, por exemplo. Estas estão em locais antigos, onde Escolas de Mistérios existiram nos dias Atlantes. Existem alguns grupos iludidos que chamam a si mesmos de Escolas de Mistérios, mas verdadeiras Escolas de Mistérios não existem ainda.

Já que a humanidade hoje tem a oportunidade de trilhar o caminho da iniciação na densidade da vida cotidiana, isso quer dizer que treinamento exotérico específico se tornará disponível para aspirantes? Nós podemos esperar uma exteriorização das Câmaras do Conhecimento e da Sabedoria? (Junho de 1983)
É precisamente na densidade da vida cotidiana que as renúncias e expansões de consciência que levam (e constituem) à iniciação ocorrem. Mesmo assim, de acordo com o Mestre DK, o plano é o de que os ashrams esotéricos dos Mestres, que constituem as Câmaras do Conhecimento, irão se tornar exteriorizados no plano físico. Mas é importante lembrar que todo trabalho iniciatório é auto-iniciado e auto-regulado. O Mestre trabalha através de dicas, estímulos e apresentando campos de serviço, ao invés de treinamento direto como nós poderíamos entender esta palavra.

Quais são os pontos bons e maus da Maçonaria? (Maio de 1984)

A Sociedade dos Maçons é a mais antiga na Terra, datando desde os dias Atlantes. Trancados em seus rituais e símbolos estão alguns dos segredos da iniciação. Quando a purificação necessária tiver acontecido, a Maçonaria será um dos caminhos de iniciação. Esta purificação é necessária por causa dos acréscimos dos últimos 8.000 anos que modificaram o ensinamento. Para muitos membros hoje, é lógico, ela é um pouco mais do que um clube social e de homens de negócios.

A Maçonaria continuará sendo uma ordem masculina? Pelo menos na Holanda existe uma Maçonaria mista, assim como uma associação feminina, mas estas não são reconhecidas pelos "maçons" comuns. (Setembro de 1984) Novamente a Holanda, que de tantas formas está na vanguarda, acertou. (Existem, é lógico, co-maçons na Grã Bretanha e em outros países.) A Maçonaria, como um dos Caminhos de Iniciação, será aberta para todos aqueles homens e mulheres que encaixem-se para entrada nos Mistérios, e para os quais, de acordo com o raio, a Maçonaria é o caminho natural.

161

CAPÍTULO V

EVOLUÇÃO E INICIAÇÃO

O Processo de Evolução

O processo de evolução ocorre semelhantemente nos níveis individual, planetário e cósmico. Conforme nós progredirmos nele, o reino humano, nós iremos reconhecer que ele é um reino muito importante no esquema deste planeta, mas é, no entanto, uma fase transitória entre os reinos animal e espiritual, e que a jornada evolucionária que cada um de nós está fazendo ocorre sobre leis que governam através do cosmos. Não há nada em todo o cosmos que sobre a lei das correspondências, não está progredindo sobre estas mesmas leis de evolução.

Nós somos, essencialmente, Mônadas, centelhas de Deus, demonstrando a divindade em nosso pequenino nível individual. Nós temos dentro de nós a potencialidade de toda a divindade, e o processo apresentado a nós para demonstrarmos esta divindade é a reencarnação. Reencarnação é o processo que permite à Deus, através de um agente (nós mesmos), levar a Si mesmo abaixo para o Seu pólo oposto – a matéria – de maneira a levar esta matéria de volta a Si mesmo, totalmente imbuída com Sua natureza. É uma coisa extraordinariamente interessante e bonita que está acontecendo na criação, porque ela não é uma coisa mecânica, fixa, mas um processo vivo, extraordinariamente lindo.

Nós somos Mônadas ou da Vontade, do Amor, ou da Inteligência. As Monadas refletem a si mesmas como almas, diferenciando-se em sete tipos distintos de energias ou tipos de raios. A alma, o verdadeiro Ser, o homem interno, demonstra-se novamente no plano físico, tomando uma personalidade de uma ou outra destas energias, que podem muito bem mudar de vida para vida; um corpo mental, um corpo astral e um corpo físico, de raios que também podem mudar, dando a gama destes vários tipos até que ela tenha desenvolvido em seus veículos todas as qualidades de todos os raios, sintetizados neste sistema solar pelo 2º raio do Amor-Sabedoria. Desta forma, a alma pode se demonstrar como amor através de suas várias expressões de personalidade cada vez mais – até que ela a esteja fazendo totalmente.

O objetivo da jornada evolucionária (em primeiro lugar) é o de levar as vibrações dos veículos físico, astral e mental em freqüências tão similares que a pessoa seja um todo integrado. Precisa existir esta sincronicidade de vibração para tornar possível as grandes crises da jornada evolucionária chamadas de iniciações.

Quando o indivíduo está pronto para treinamento pelas últimas poucas voltas da maratona evolucionária, a alma leva seu veículo, o homem ou mulher, para meditação de algum tipo. Esta primeira vez pode ser uma experiência bem fugaz, mas mais cedo ou mais tarde, a meditação se torna uma atividade importante na vida.

A alma faz isso de forma a controlar seu veículo, de tal maneira a formar um elo, um canal, através do qual ela possa mandar suas energias e sua natureza para o veículo e assim levar adiante seus propósitos. A alma, quando ela toma encarnação, a faz com certos planos e propósitos, e a encarnação é a oportunidade para o veículo levar adiante o propósito da alma. Isto ocorre cada vez mais, e é lógico, o quão mais próximo você chega da linha final, o final da maratona, mais corretamente, mais completamente você estará demonstrando os planos e os propósitos, a vontade, da alma. Tudo o que nós conhecemos de propósito e sentido na vida, vem do nível da alma.

A natureza da alma é a de amar e servir, e de sacrificar a si mesma para o Plano do Logos. A alma não tem outro propósito a não ser servir através do amor e sacrifício e é de fato a vontade de auto-sacrifício da alma que a leva à encarnação. Grupos de almas vem em encarnação juntos (embora a personalidade individual possa ser inconsciente de que ela é uma em um vasto grupo de almas), cada grupo expressando um tipo particular de energia e levado à encarnação especificamente para lidar com esta energia. As energias de raio vêm em manifestação ciclicamente. Pelo últimos 2.000 anos, a vida neste planeta tem sido dominada pelo 6º raio do Idealismo ou Devoção. Com o seu advento, enorme número de almas do 6º raio foram trazidas à encarnação, porque elas têm a habilidade de expressarem as qualidades deste raio particular. Nós estamos agora em um período onde o 7º raio da Organização ou Ordem está vindo em manifestação. Sempre há alguns raios (nunca mais do que quatro) em manifestação em qualquer momento, mas o 7º raio irá trazer grande número de almas do 7º raio e pessoas com personalidades do 7º raio, que serão capazes de lidar com as novas energias vindouras. No artigo escrito pelo meu Mestre para a *Share International* (Vol 5, Nº 7/8), Ele fala especificadamente sobre a vinda à encarnação de grupos sobre a qualidade particular de um raio, dando a possibilidade do correto manuseio de problemas. Ele começa com o truísmo esotérico de que cada período traz à encarnação aquelas almas equipadas com a habilidade para lidarem e manusearem os problemas de um tempo em particular.

Cada ciclo obedece a esta lei. Seja lá que problemas nós encaramos no mundo, nós podemos ter certeza que em encarnação, ou vindo em encarnação no futuro imediato, estarão grupos de almas equipadas para lidarem com eles. Como o Mestre diz, esta é a garantia de progresso para a humanidade; isto nos dá esperança e oferece uma compreensão sobre o funcionamento do Plano. Nós encaramos hoje problemas extraordinários, porque nós estamos em uma fase de transição entre uma era e outra. Mas conforme esta era progredir, em outros, digamos 300 anos ou aproximadamente, virão grupos de almas que encontrarão uma situação completamente diferente. Estes grupos estarão equipados com o conhecimento, as compreensões, qualidades e habilidades para demonstrarem mais de nosso potencial divino, acima de tudo o sentimento de Unicidade, de fusão, que é o objetivo evolucionário básico para este ciclo vindouro.

Nós estamos entrando na "crise do amor". Esta é a experiência que a raça humana encara, conforme ela entra neste período em sua jornada evolucionária, quando ela irá, como um todo, demonstrar a qualidade do Amor e tomar o seu lugar no Reino das Almas, a Hierarquia Esotérica. Durante a Era Aquariana, o objetivo do Cristo, Maitreya, o Hierofante nas duas primeiras iniciações, será o de iniciar milhões de pessoas, em formação grupal, na Hierarquia. Eventualmente, pelo final da era, a vasta maioria da humanidade terá tomado seu lugar no Reino Espiritual, a Hierarquia Esotérica, em algum estágio ou outro. Vasto número terá tomado a primeira e alguns irão tomar a segunda iniciação. Este é um evento extraordinário acontecendo em uma grande escala. Ele mostra o sucesso do Plano evolucionário como ele é previsto pelo Senhor do Mundo, Sanat Kumara, em Shamballa, e levado adiante pelos Seus agentes, a Hierarquia planetária.

Como tudo no Cosmos, a evolução progride em leis definidas. O resultado da experiência evolucionária e progresso é a tomada de maior consciência destas leis e do mecanismo pelo qual elas governam as energias na base de toda a criação. Deus, poderia se dizer, é a soma total de todas as energias no todo do universo manifestado e não manifestado, e ao mesmo tempo, as leis governando estas energias, e suas inter-relações. Deus, como é dito na Bíblia, é um fogo consumidor. Deus é energia, fogo; não um, mas muitos fogos. Suas inter-relações e interação criam o universo visível e invisível. Conforme nós entendemos seus trabalhos, nós nos tornamos manipuladores destas leis. Os Logos dos vários planetas e grandes Seres como o Cristo e o Buda evoluíram e tomaram consciência destas leis, compreenderam seus funcionamentos, e sabem como manipulá-las corretamente, cientificamente, de acordo com o Plano do Logos Solar.

Evolução da Alma

Como a raça humana veio à existência? (Dezembro de 1985)
De acordo com os ensinamentos esotéricos, a raça humana começou há dezoito milhões e meio de anos atrás. Naquele tempo, o primitivo animal-homem tinha chegado em um relativamente alto estado de desenvolvimento: ele tinha um corpo físico poderoso e coordenado; uma percepção sensível ou corpo astral, e o germe da mente que mais tarde formaria o núcleo do corpo mental. A energia da mente – o quinto principio – foi trazida para este planeta de Vênus, pelos "Senhores da Chama", e isso resultou em um enorme estimulo para evolução. Os egos humanos (almas) no plano da alma então tomaram encarnação no animal-homem, e a humanidade começou. A história Bíblica de Adão e Eva é uma representação simbólica deste evento histórico.

Por que alguns escritores dizem que somos anjos caídos? O que ocorreu? (Setembro de 1984)
Isto relaciona-se a "queda" bíblica do homem do "paraíso". Essencialmente, cada um de nós é uma alma em encarnação, um anjo solar. No plano da alma, cada alma é uma parte individualizada de uma única Grande Alma; a separação que nós experienciamos no nível da personalidade é uma ilusão – a grande heresia. A "queda" refere-se a decisão – tomada a 18.5 milhões de anos atrás – das almas humanas de virem em encarnação pela primeira vez; de sair do "paraíso" – o estado natural de perfeição da alma – para a experiencia "do fruto da árvore do conhecimento". Este é um grande sacrifício para a alma humana, pois envolve severa limitação de sua esfera de expressão. O sacrifício é tomado de bom grado, no entanto, para levar adiante o Plano de Evolução do Logos do planeta. A "queda" é realmente simbólica.

Se é assim, existe uma relação entre "a queda" e o sofrimento? Sem tal queda, nós poderíamos ter crescido em direção à Deus sem sofrimento? (Setembro de 1984)
Sem tal "queda", não haveria evolução. A alma não conhece sofrimento. Sofrimento é o resultado da inabilidade da personalidade em corretamente ou totalmente expressar a natureza da alma, que é inteiramente altruísta, não conhecendo nenhum sentimento de separação. Evolução (no que diz respeito ao homem) é o processo pelo qual a personalidade, funcionando sobre o princípio do desejo, é gradualmente levada através do sofrimento a renunciar os bloqueios ou impedimentos para a expressão da alma no plano físico. A maneira para se terminar com todo sofrimento, o Buda ensinou, é a de se acabar com o desejo. Este é o caminho da renuncia, que leva alguém à libertação do desejo – a atração da matéria – e à total identificação com a fonte divina.

Embora a humanidade seja Una, nós também somos individuais por causa das diferentes experiências em nossas várias encarnação. Mas, colocando o karma de lado, há algo inatamente individual quanto a cada um de nós? (Abril de 1983)
A humanidade é animada por um grande Deva ou Anjo, e cada alma humana é parte desta Grande Alma. Mesmo assim, cada um de nós é unicamente individual e contribui com esta individualidade para o Todo.

Se a Bíblia ensina que nós somos criados à imagem de Deus, porque você acredita na evolução? (Outubro de 1984)
Estes não são, à minha mente, conceitos mutuamente exclusivos. Certamente é possível ver o homem como criado "à imagem de Deus", isso quer dizer, tendo o potencial de toda a Divindade inerente dentro dele, mas precisando do processo evolucionário para manifestar este potencial em sua completude. O Cristo e os Mestres da Sabedoria completaram este processo (até onde diz respeito

a este planeta). Eles são perfeitos – Deuses – mas evoluíram até esta perfeição, e então podem demonstrar o potencial Divino em todos nós.

A evolução é uma força que não pode ser parada? Se nós realmente nos explodirmos, para onde nossas almas iriam? Elas evoluiriam depois em outro planeta? O que elas fariam neste tempo de espera? (Abril de 1984)
Evolução é de fato um processo que nada pode parar-- apenas atrasar. Se nós formos tão mal orientados ao ponto de nos explodirmos, nós continuaríamos em nossa jornada em algum planeta menos evoluído, perdendo o benefício de milhões de anos de evolução. Isto seria uma queda à uma existência primitiva, "uma queda no próprio inferno, com a subida para cima que seria sem fim e cheia de dor indescritível e sofrimento."

O que se quer dizer com o "Ímã Cósmico" citado nos ensinamentos da Agni Yoga?
O Ímã Cósmico é a soma total das forças e energias em espiral através do espaço sobre as Leis de nosso Universo. É a manifestação cíclica delas que é responsável pela evolução de sistemas, planetas, e reinos.

Se você considerar o movimento cíclico de nosso sistema solar e a influência das constelações, você quase pensaria que a evolução espiritual é algo automático. Nós podemos resistir às energias Aquarianas ou o nosso livre arbítrio é falso? Que influência nós temos nas instituições e modos de pensamento no mundo? (Novembro de 1985)
Nosso livre arbítrio não é "falso", mas é limitado. Nós podemos resistir às forças ou movimento da evolução por um tempo – e sofrer portanto – mas eventualmente, o poder do ímã cósmico nos leva para cima em sua atração irresistível para frente. É útil perceber o quão importante nossa influência é, e pode ser, na inauguração das novas instituições e modos de pensamento.

Por que é necessário por um novo Avatar vir depois da Era Aquariana, que será uma era tão boa? (Novembro de 1984) A evolução prossegue em espirais. Comparado ao passado, a Era Aquariana verá a humanidade fazer enormes avanços em seu caminho espiritual; será uma Era de Ouro. Mas, comparado com as realizações do futuro, a humanidade como um todo terá tomado apenas os primeiros passos. Até que tudo seja perfeito, a necessidade por Avatares continuará, cada um maior do que o anterior a ele, cada um mostrando a nós o caminho à frente para realizações ainda maiores.

Qual é o objetivo final, em termos esotéricos, para a jornada de cada indivíduo sobre o caminho evolucionário? (Outubro de 1985) Muitas respostas poderiam ser dadas para esta pergunta. Uma poderia ser completa união e identificação com o Propósito do Logos.

Assim que a sobrevivência da espécie tenha sido garantida e fusão tenha ocorrido, qual então será o propósito do homem? E qual é o seu propósito – ele é conhecido, ou ainda está para ser criado conforme o homem evolui? (Novembro de 1984) O propósito final do homem é conhecido apenas pelo Logos criador e aqueles poucos, como o Cristo e o Buda, Que tem consciência Logóica. Existem vários "modelos" desta perfeição, todos os quais são possíveis. O próprio Homem, conforme ele evolui e cria de maneira co-operativa com o Logos, irá determinar qual destas possibilidades realmente se precipitará.

Se a alma é perfeita, por que ela precisa evoluir? (Abril de 1984) É a alma em encarnação que evolui. A alma, perfeita em seu próprio plano, encarna de maneira a evoluir ou espiritualizar a matéria. Este é o seu serviço para o Plano do Logos.

"A alma do homem é perfeita". A alma de Hitler era *perfeita?* (Outubro de 1984)
Sim, é lógico. Como qualquer outra alma, a de Hitler é divina. A personalidade má de Hitler era completamente cortada da influência de sua alma e então podia ser usada (na verdade obssediada) pelos expoentes do mal. Ele é então uma "alma perdida".

Nós continuamos ouvindo que muitas "almas antigas" estão encarnando neste tempo. Ao que o termo "alma antiga" se refere? (Julho/Agosto de 1986)
É dito que existem 60 bilhões de almas em, e fora de encarnação, e elas variam enormemente em suas experiências de vida. Uma "alma antiga" é uma que através de várias e freqüentes experiências de encarnação, viajou mais sobre o caminho até a perfeição final do que muitas "almas jovens", que começaram na jornada evolucionária muito mais tarde (no tempo). "Almas antigas", portanto, representam as unidades mais avançadas do reino humano.

As crianças de hoje são mais evoluídas do que as gerações anteriores? (Janeiro de 1983)
Muitas crianças vindo agora à encarnação são mais evoluídas do que as gerações anteriores. Elas são mais sensíveis às energias espirituais – e elas são mais intuitivas. Isto é parte do processo de evolução. Cada período traz à encarnação as pessoas que estão equipadas para lidarem com os problemas de sua era. Elas são capazes de oferecer soluções aos problemas peculiares de seus tempos. Nós alcançamos um ponto agora onde mais crianças estão nascendo que são equipadas para o novo tempo; elas irão transformar nossas vidas. Nos próximos 25 a 30 anos, o mundo será radicalmente mudado. Muitos daqueles nascendo agora, terão uma intuição desperta. (Existe, na verdade, uma nova sub-raça sendo formada, a sexta sub-raça de nossa quinta raça raiz. Ver o artigo de meu Mestre, "Razão e Intuição", na *Share International,* Vol. 1, N° 9)
Assim como nós começamos a aperfeiçoar a habilidade da

mente inferior racional, da qual nossa ciência e tecnologia são expressões, a vinda de almas que irão formar o começo da sexta sub-raça, irá evidenciar mais a intuição. Intuição é uma função da mente superior. Você pode ver ela em algumas crianças agora; ela traz com ela algumas faculdades – conhecimento direto e telepatia, por exemplo. Telepatia é potencial em todas as pessoas. Quando, através da meditação e serviço, a aura se torna magnética, a telepatia se segue como um resultado direto. Naturalmente, ela pode ser desenvolvida pelo treinamento e prática, mas é uma faculdade inata, ainda subdesenvolvida na maioria das pessoas. Gradualmente, cada vez mais pessoas relativamente avançadas virão à encarnação; elas terão esta e outras habilidades bem desenvolvidas. Na verdade, eventualmente a fala irá desaparecer; a telepatia tomará o lugar da fala, que será apenas utilizada em relação aqueles que ainda não desenvolveram a habilidade telepática.

Nos trabalhos do Mestre DK, ele refere-se ao despertar de "entidades adormecidas" como um verdadeiro cumprimento da profecia para o tempo futuro; você poderia jogar um pouco mais de luz neste mistério curioso, já que isto obviamente se refere a outra coisa e não ao reaparecimento de Maitreya? (Abril de 1984)
Estas "entidades adormecidas" existem como Avatares aguardando o ponto na evolução quando Elas podem ser invocadas de maneira útil. Isso necessita da presença no mundo de certas outras entidades e certos grupos de homens relativamente avançados.

Mal – ele sempre existiu no planeta Terra, ou ele veio para cá? (Setembro de 1985)
O que nós chamamos de mal existe naquele aspecto de Deus que nós conhecemos como matéria. Ele é inerente na própria substância, e é o resultado da atividade da divindade no sistema solar anterior. Naquele primeiro sistema, Deus era inteligência ativa, trabalhando através do aspecto forma ou matéria. No presente (segundo sistema solar), Deus é

171

amor, mas este amor é imperfeitamente expresso através da matéria, daí o mal.

Você avança se você não exerce o livre arbítrio? (Outubro de 1985)

Não. Na verdade, nós apenas temos um livre arbítrio potencial. Livre arbítrio pode apenas funcionar quando nós tomamos decisões baseadas em escolhas. Isto pressupõe a habilidade para pensar, e então, o livre arbítrio apenas se manifesta quando as pessoas pensam – como a humanidade como um todo está agora começando a fazer.

Enquanto dormimos, nós estamos em comunicação ou união com nossa alma? (Julho/Agosto de 1984)

Depende do nível do sono. Para a maioria das pessoas, existem pontos de sono bem profundo no qual o contato com a alma é estabelecido e as baterias espirituais são recarregadas. Estes são seguidos por fases de sono relativamente leves, durante os quais sonhos ocorrem-- uma atividade da mente inferior.

Foi me dito por uma psíquica que meus problemas de saúde são devido a dieta errada que esta causado um pensamento obsessivo que está impedindo o contato com a alma. Isto poderia ser verdade? Eu estou hesitante em acreditar nisto sem uma autoridade superior. (Março de 1986)

Não me aceite como uma "autoridade superior", mas, oh querida, que absurdo! Se contato com a alma dependesse do que você come, qualquer um, em qualquer ponto na evolução, teria acesso a sua alma simplesmente mudando a dieta. Se apenas fosse tão fácil! Eu não consigo entender como as pessoas podem levar estes tão chamados "psíquicos" a sério.

Gurdieff fala em um de seus livros sobre o órgão "kundabuffer" que é dito ter sido implementado no homem pela Hierarquia nos tempos mais antigos. Isto foi necessário depois de um desastre: foi dito que a Terra foi atingida por um cometa e ao mesmo momento a lua veio à existência. A lua ameaçou cair de volta na Terra. Quando tudo estava em equilíbrio novamente o órgão 'kundabuffer' foi retirado. Pelas eras o nome deste órgão foi corrompido para kundalini. Parece ser um conto de fadas, mas Gurdieff não é alguém que pode ser facilmente deixado de lado. Você pode comentar? (Dezembro de 1984)

É lógico que não é verdade – mas também não é inteiramente falso. É uma alegoria. Ela se refere ao tempo da destruição da Atlântida. Por milhões de anos uma grande tradição espiritual tem sido mantida e muitas civilizações com base espiritual floresceram sobre a tutela da Hierarquia da época. O homem conhecia sua descendência e herança espiritual e era diretamente consciente de sua realidade interna como alma.

Depois da destruição da Atlântida (nenhum cometa caiu na Terra), tudo isto mudou. A Hierarquia da Luz retrocedeu para as montanhas e desertos, trabalhando destes lugares apenas no plano da consciência (o plano da alma). Um 'kundabuffer' – um 'tipo de tampão'* – se ergueu entre o homem e sua percepção da realidade. Ele esqueceu de sua origem divina e escorregou de volta a sua primitiva ignorância e escuridão, da qual ele está gradualmente evoluindo de volta para a luz, através da agência da despercebida da Hierarquia de Mestres. Kundalini, é lógico, é o poder da serpente, a energia da própria Terra, o aspecto Mãe, enrolada na base da espinha. A referência a ela por Gurdieff não é um simples vôo da fantasia, mas contem uma verdade. É quando a kundalini é desperta e ergue-se através dos chakras (preparada para isso com antecedência) que a percepção interna espiritual e poderes tornam-se aparentes.

É possível que nós encarnemos em outros planetas durante nossa evolução? (Junho de 1986)

Para a maioria das pessoas, a Terra é a área de atividade do começo até a perfeição. Em alguns casos, no entanto, em direção ao fim do ciclo de encarnação, um período de permanência temporária nos planetas mais elevados pode se tornar possível. Isto é governado por leis intrincadas, governadas pelo karma e a oportunidade espiritual.

Nossa evolução é prejudicada por termos uma estrela variável (o sol)? Existe uma teoria que as emissões irregulares do sol criam violência e tensões na humanidade. (Maio de 1984)
Não. As emissões energéticas de nosso sol obedecem leis cósmicas. Elas criam tensão – sem a qual não haveria evolução – mas não tensões e violência. Estas são o resultado do manuseio errado da humanidade destas energias impessoais.

*Nota do tradutor: O termo "kundabuffer" é semelhante a expressão em inglês "kind of buffer" ("tipo de tampão").

Evolução das Formas de Vida

Como o homem com "origens animais", tem necessidades espirituais? (Outubro de 1984)
Por trás desta questão, é lógico, está a controvérsia centenária entre grupos Fundamentalistas Cristãos e a teoria de Darwin da evolução das espécies: se o homem é criado por Deus e na imagem de Deus, como nós podemos ter evoluído do primórdio dos animais? A controvérsia se ergue de um completo mal entendimento – pelos grupos Cristãos – sobre a natureza da evolução proposta por Darwin. Sua teoria, é lógico, descreve a evolução do corpo físico do homem, que, de fato, evoluiu, por milhões de anos, do antigo animal-homem. O aspecto divino no homem, a alma, encarna neste corpo animal para levar sua natureza divina em manifestação no plano físico. O homem é a única condição na evolução onde o espírito e a matéria se encontram. Desta forma, a matéria é gradualmente espiritualizada-- o verdadeiro propósito do homem é o de espiritualizar a matéria. Assim, até que esteja perfeito, o

homem como uma personalidade com corpos físico, astral e mental – todos dos quais são matéria – precisa da influência espiritual de sua verdadeira realidade como uma alma, e além disso, como uma Centelha de Deus.

Você declarou que em termos de aspecto forma, cada reino evolui daquele abaixo dele. Na **Doutrina Secreta**, *no entanto, H.P.Blavatsky declara bem enfaticamente que nesta quarta ronda o reino humano, incluindo suas formas, evoluiu como uma espécie separada. Você poderia por favor clarificar isso?*
Não existe contradição entre estas duas declarações. É verdade que o corpo humano evoluiu do reino animal, mas a individualização do antigo animal-homem nos tempos Lemurianos (dezoito milhões e meio de anos atrás), quando as almas humanas primeiro tomaram encarnação, e a introdução da energia da mente que tornou isso possível, criaram uma espécie inteiramente nova. Do aspecto forma, nenhum animal evolui para ser homem; eles apenas podem fazer isso do estímulo do aspecto consciência. E, é lógico, o homem não encarna como animal. As espécies estão bem separadas agora.

Quem ou o que criou todas as maravilhosas formas da vida na Terra? Elas se "materializaram" de uma vez de outra dimensão, como o plano astral? (Janeiro de 1986)
Todas as formas através da qual a Vida Una se manifesta foram originalmente formas de pensamento na mente do Logos criador, o Homem Celestial animando este planeta. Elas são trazidas à manifestação pelo trabalho dos "construtores ativos", a evolução deva ou angélica, tanto sub-humana, como super-humana. Eles trabalham com a substância primordial, precipitando as formas que nós vemos em todas as suas variedades do plano "etérico" para o "denso" físico. (O plano físico tem sete sub-planos, dos quais nossos físicos reconhecem apenas os três mais baixos: denso, líquido e gasoso.) As formas se "materializam", portanto, não do plano astral, mas dos planos físico etéricos.

175

Todos nós passamos pelo estágio de minerais, plantas e animais para aquele da humanidade? Se sim, é correto dizer que os elementos (minerais) do presente serão as pessoas do futuro? (Setembro de 1984)

A questão colocada desta maneira mostra uma confusão quanto a vida e a forma. Como vida, esta energia certamente passou por todas as formas que nós chamamos de mineral, vegetal, animal e humana. Nós somos a expressão da vida em nosso nível. Isto não é o mesmo que dizer que nós fomos minerais ou que os minerais de hoje são os homens do futuro.

Todas as formas de vida passarão pelo estágio humano de evolução? (Março de 1984)

Sim. Cada forma de vida no universo está no processo de se tornar humana ou, tendo sido humana, de se tornar super-humana. Isso é tanto verdade para cada pequenino elemental dévico (constituindo a matéria dos nossos corpos físico, astral e mental) como é para o Homem Celestial, o Logos deste planeta, em Cujo corpo de expressão nós mesmos somos pequeninos centros de força.

Reino Animal

Você declarou que o reino animal evolui através de nós, e que nós saímos do reino animal. Como os reinos inferiores evoluíram antes que o homem aparecesse na cena evolucionária? (Junho de 1984)

Deve-se distinguir entre a evolução do aspecto forma e a evolução da consciência. Do aspecto forma, cada reino cresceu do reino abaixo – o vegetal do mineral; o animal do vegetal; o humano do animal; e o espiritual (a Hierarquia esotérica) do humano. Do ângulo da consciência, cada reino evolui através da atividade do reino acima dele.

O reino animal, em sua própria forma curiosa, já sente a vinda do Cristo e os benefícios para o seu próprio reino, como talvez testemunhado no intensivo aumento de várias espécies movendo-se fisicamente mais próximas aos centros da civilização, por exemplo, raposas, texugos, esquilos, pássaros, etc? (Novembro de 1983)
No sentido de que o reino animal poderia estar respondendo para a "idéia" do retorno do Cristo, não. Ele não pode fazer tal resposta mental ou ser consciente dos benefícios aumentados para si mesmo de Sua presença. No entanto, no nível astral, o reino animal responde e irá responder à energia do Cristo. Sua vida emocional será portanto estimulada.

Eu acredito que a razão para o aumento de animais (normalmente encontrados apenas em lugares desabitados) próximos de grandes cidades, etc, será encontrada nas mudanças em seus habitats naturais ao invés de em suas respostas à presença do Cristo.

O que os Mestres que estão a cargo do reino animal estão fazendo, precisamente? (Maio de 1984)
Uma de Suas tarefas é a de selecionar aqueles animais que, de suas associações próximas com o homem, já demonstram uma medida de individualidade que os tornam aptos a entrarem no reino humano quando a porta para este reino for reaberta. Estes animais incluem não apenas gatos e cachorros, mas cavalos, elefantes, bois, camelos, que se associaram ocultamente com o homem. Eles estão mesmo agora sendo separados do grupo, mas não passarão pela individualização por alguns milhões de anos.

Pássaros dão a ponte do reino animal para a evolução deva, entrando nela ao invés do reino humano.

Reino Mineral

De onde o reino mineral veio? (Setembro de 1984)

177

O reino mineral é uma precipitação no plano físico denso dos planos físico etéricos. O "modelo" das formas minerais já existem nos planos etéricos.

Evolução Planetária

Você disse que Vênus e outros planetas são bem mais evoluídos do que a Terra. Você poderia dar os planetas na ordem de sua evolução? (Julho/ Agosto de 1986)
Os sete planetas sagrados são, é lógico, os mais evoluídos. Um planeta sagrado é um no qual o Homem Celestial, o Logos do planeta, tomou a iniciação cósmica correspondente a terceira (ou mais alta) no homem. Na ordem de evolução estes são: (1) Urano; (2) Mercúrio; (3) Vulcano; (4) Vênus; (5) Júpiter e Netuno; (6) Saturno. Os planetas não-sagrados na ordem de evolução são: (1) Marte; (2) Terra; (3) Plutão e um Planeta oculto; (4) um Planeta oculto.

O Cometa Halley tem alguma relação com o aspecto cósmico da reaparição do Cristo? (Janeiro de 1986)
Não. Halley, como todos os cometas, é uma "rede cósmica giratória", como meu Mestre o coloca. Cometas carregam matéria e energias de diferentes freqüências de uma parte da Galáxia para outra, criando assim complexas redes de energia através do espaço galáctico. Eles plantam as sementes do desenvolvimento futuro onde quer que eles apareçam, assim levando adiante o propósito "Daquele sobre o Qual nada pode ser dito", a inimaginável Entidade Que anima a Galáxia.

Você diz que cometas trocam "freqüências" entre sistemas solares. Eles também trocam grupos de almas entre planetas? Se sim, os cometas Halley e Kahoutek realizam tais funções? (Junho de 1986)
Não. A troca de almas entre planetas ocorre em um nível totalmente mais "local". A atividade de cometas é galáctica.

*Em **Um Tratado sobre o Fogo Cósmico**, o Mestre DK fala sobre o nosso "Centro Cósmico". Você poderia dar mais informação como onde e o que isto é?* (Junho de 1986)
Isto se refere ao nosso Logos galáctico, "Aquele sobre o Qual nada pode ser dito".

Evolução Dévica

Qual é a significância do maior contato com a linha dévica de evolução para a humanidade? (Dezembro de 1982)
Estas são duas grandes linhas paralelas de evolução, que irão eventualmente se unir no futuro muito distante para formar o que é denominado o "divino hermafrodita". Cada uma complementa a outra, com um reino, o humano, representando o masculino, e o dévico, o aspecto feminino da realidade una. Devas são as "filhas da sensação". Eles trabalham através da sensação e através do aperfeiçoamento desta sensação, enquanto que nós trabalhamos através da mente e o aperfeiçoamento da mente. Então nós temos, cada um de nós, uma grande qualidade divina para dar ao outro.

*Os devas são denominados como os "construtores ativos", e a Hierarquia é chamada "o centro para energia do aspecto construtor" (**Telepatia e Veículo Etérico** por Alice Bailey). Qual é a correlação aqui? Os devas não estão envolvidos em uma evolução separada, embora similar, à nossa?* (Janeiro de 1986)
A Hierarquia é o centro onde o Amor de Deus é expresso. Amor é o aspecto construtor, a forçar magnética, coesiva ligando as partículas da matéria; também é o aspecto de relacionamento, relacionando o espírito a matéria. Os devas são de fato os "construtores ativos", trabalhando inteligentemente com a substância para criar as formas de tudo o que nós vemos, sobre o controle da Hierarquia. Trabalhando com o aspecto Crístico – as forças construtoras – a Hierarquia coloca em movimento e supervisiona a

implementação do Plano através da agência dos devas. A evolução deva é uma evolução separada, paralela à humana.

É possível para humanos fundirem-se na evolução Dévica? (Julho/Agosto de 1984)
A evolução Deva é muito complexa, sendo tanto sub-humana e super-humana. Existem muitas entidades Dévicas bem evoluídas, agora super-humanas, que já foram humanos. Todas as formas de vida estão no processo de se tornarem humanas, serem humanas, ou irem além do estágio humano.

Você disse que Maitreya trouxe para o mundo certos grandes devas que irão trabalhar de perto com a humanidade. Você quer dizer que algumas pessoas irão conscientemente trabalhar com os devas? (Dezembro de 1982)
Nem todos, mas, cada vez mais, membros sensitivos da raça irão aprender a como invocar eles e percebê-los, contatá-los e receber ensinamentos e treinamento deles. Esta é uma atividade especializada. Eu conheço muitos grupos que reivindicam tal contato hoje, mas eu acredito que isso seja mais ou menos fantasia, glamour.

Você mencionou em seus artigos elementais que compõem nossos corpos. Você poderia explicar a natureza destes elementais? (Julho/ Agosto de 1984)
Nossos corpos (físico, astral e mental) são compostos das formas de vida de pequeninos devas em cada um destes três planos. Nossos corpos são literalmente compostos dos deles, e desta forma, os devas ganham a experiência de vida que eventualmente irão equipá-los para a consciência humana. Eles são infinitesimalmente pequenos, miríades de seres necessários para criar a substância de nossos veículos.

Algumas pessoas dizem que elas experienciaram a visão de fadas; é possível que estas sejam as mesma entidades que os elementais? (Julho/ Agosto de 1984)

180

Não. Corretamente, fadas, gnomos, etc, são os "construtores inferiores", usando a substância elemental dos níveis etérico e astral para criarem a vegetação da Terra.

A História do Evangelho e o Caminho da Iniciação

A jornada evolucionária na qual nós estamos engajados é marcada por cinco grandes pontos de crise, grandes expansões de consciência, os cinco passos para Libertação e Maestria. Estas são as cinco iniciações planetárias, que nos libertam de mais experiências de encarnação nesta Terra. Todos os Mestres tomaram estas cinco iniciações (alguns tomaram mais, iniciações mais elevadas), e Suas presenças neste mundo é o resultado de uma decisão consciente em servir o Plano de Evolução e não de nenhuma necessidade, através do karma pessoal, para encarnar.

O processo esotérico que nós chamamos iniciação é um processo artificial forçado, introduzido em nosso planeta na metade dos tempos Atlantes, para acelerar o processo evolucionário. Sem ele, nós inevitavelmente chegaríamos no mesmo ponto de desenvolvimento que nós evidenciamos hoje, mas iria levar milhões de anos mais para o fazermos.

Naqueles dias distantes, uma crise ocorreu em outra parte deste sistema solar que necessitou da presença de alguns dos mais avançados membros da Hierarquia de nosso próprio planeta, Que naquele tempo, eram de Vênus. O processo de iniciação foi introduzido, portanto, para permitir aos mais avançados membros da evolução da Terra, passarem por este processo forçado, e então, equipá-los para tomarem os postos mais baixos na Hierarquia, assim liberando os Mestres Mais Elevados para outro trabalho.

A iniciação mais alta possível para um homem da Terra naquele tempo era a terceira iniciação, e entre o primeiro grupo a alcançar esta realização, estavam o Cristo e o Buda, Que permaneceram à frente de nossa evolução até estes dias.

Vista do ponto de vista esotérico, a história do evangelho é realmente a história da iniciação, uma história apresentada para a humanidade continuamente, de formas diferentes, bem antes do Cristianismo. O relato da vida de Jesus é a apresentação simbólica, dramaticamente re-encenada para nós, da jornada iniciada para a Perfeição.

A primeira iniciação é chamada de Nascimento do Cristo e é simbolizada pelo nascimento do Discípulo Jesus em Belém. Quando a energia evolucionária que nós chamamos de Princípio ou Consciência Crística é despertada no coração humano (o centro do coração espiritual no lado direito do peito), o homem ou mulher se torna pronto para preparação para tomar a primeira iniciação.

É importante perceber que a pessoa já é uma iniciada, antes que ele ou ela se coloque diante do Iniciador. A alma humana, o primeiro mestre, traz o seu veículo ao ponto de iniciação através de sua experiência de vida e meditação. Então o Mestre (da Hierarquia) dá um passo à frente, e por uma combinação de estímulo, testes e oportunidade de serviço apresentada, prepara o candidato para vir adiante do Hierofante, para receber o impacto da energia do Cetro da Iniciação que Ele maneja. O Cristo, Maitreya, é o Hierofante na primeira e segunda iniciações, a terceira e iniciações mais elevadas sendo tomadas diante do Senhor do Mundo, Sanat Kumara, em Shamballa. "Eu sou o Caminho". "Nenhum homem pode conhecer o Pai a não ser através de mim." Estas citações do Cristo são esotericamente verdade, mas elas foram interpretadas pelas igrejas, bem erradamente, para dizer que o Cristianismo (ou, mais corretamente, o Igrejismo) é o único caminho religioso; que apenas se um homem aceitar os (criados pelo homem) dogmas e doutrinas da Igreja Cristã, ele pode conhecer Deus. O Cristo encarna o Princípio Crístico neste planeta. Esta é uma energia que flui Dele para nós. É através da manifestação deste Princípio que nós nos re-orientamos e entramos no Caminho Iniciatório. Neste sentido, Ele é de fato "o Caminho". Semelhantemente, apenas quando alguém esteve permanecido diante do Cristo nas primeiras duas iniciações, a pessoa pode tornar acessível o contato com a Mônada, o Espírito, o "Pai no Céu", que leva à terceira iniciação diante de Sanat Kumara, o Senhor do Mundo.

Os grupos de Cristãos "renascidos" têm uma idéia vaga da verdade, na de que a primeira iniciação é o "segundo nascimento" da Bíblia; mas, é lógico, esta é uma experiência partilhada por milhões hoje através do mundo, e não exclusivamente por Cristãos "renascidos".

A primeira iniciação demonstra o controle sobre o corpo físico, em particular sobre as pequeninas vidas dévicas (ou elementais) que compõem o corpo físico do homem. A segunda iniciação demonstra controle sobre o corpo emocional astral ou as vidas elementais que compõem este veículo. Esta é chamada a Iniciação do Batismo, e é simbolizada para nós pelo Batismo de Jesus no Jordão.

A terceira – a primeira verdadeira iniciação da alma – é chamada de Transfiguração, e é simbolizada pela Transfiguração de Jesus no Monte. Ela demonstra o controle sobre o elemental e o corpo mental, e traz adiante o contato Monádico ou com o espírito e a sua energia pela primeira vez: "A Jóia do Lótus no coração do Lótus".

Jesus entrou no mundo em Belém como um iniciado de terceiro grau e então simplesmente simbolizou estes três estágios de crescimento para nós. Ele tinha que passar pela quarta iniciação, e o fez de maneira totalmente física para dramatizar, simbolicamente, para o nosso bem, a experiência da Renúncia. No Ocidente esta iniciação é conhecida como a Crucificação; no Oriente, ela é chamada de a Grande Renúncia, quando tudo é renunciado – posição, família, até a própria vida se necessário – pela vida espiritual mais elevada.

Então se segue (e este é o cerne da história do evangelho Cristão), a quinta iniciação, a Ressureição, simbolizada pela ressureição do corpo de Jesus depois da Crucificação. Cada iniciação atrai aos corpos do iniciado matéria de partículas sub-atômicas – literalmente, luz. Pela quarta iniciação os corpos do iniciado são três-quartos sub-atômicos ou luz. Este processo é completado na quinta ou Iniciação da Ressurreição, quando o iniciado está livre da atração da matéria para sempre, um Mestre perfeito. O objetivo evolucionário foi alcançado e o Mestre terminou sua experiência de vida neste planeta. Sua escolha de permanecer ou não nesta Terra e então servir ao Plano de nosso Logos Planetário é apenas Dele.

Existem iniciações mais altas que chamam os Mestres para outros esforços. A Ascensão, simbolizada pela ascensão do Cristo depois de Sua aparição diante dos discípulos no corpo ressuscitado de Jesus, marca a sexta experiência iniciatória e confere Consciência Cósmica e total imortalidade ao corpo do Mestre Ascenso.

Vista desta forma, a história do evangelho mantém diante da humanidade a promessa da Divindade, a Divindade percebida não apenas por um extraordinário homem, o "Filho de Deus", mas uma Divindade alcançável por todos que fazem os esforços necessários para expandir suas consciências, afim de incluir os níveis espirituais; uma Divindade alcançada, também, por um processo cientifico, do qual o Cristo e os Mestre são os guardiões, o processo de Iniciação. (Abril de 1982)

Os Requerimentos para Iniciação

Eu mostrei a história do evangelho como a apresentação para a humanidade, em forma simbólica, do caminho esotérico para a iniciação. Muitas pessoas hoje já estão nele, ou no limiar, deste caminho, e mesmo assim, muito pouco é conhecido sobre os verdadeiros requerimentos para estas grandes expansões de consciência que constituem a iniciação. Seria apropriado, portanto, tocarmos nestes requerimentos, lembrando sempre que um artigo deste tipo pode fazer nada mais do que cobrir, superficialmente, os essenciais básicos. A iniciação é um complexo, profundamente esotérico e misterioso assunto, e aqueles que desejam ler mais profundamente sobre ele deveriam ler os escritos do Mestre Djwhal Khul através de Alice Bailey, em particular *Iniciação, Humana e Solar*.

É importante lembrar que iniciação é um processo, não uma cerimônia (embora ela de fato envolva uma cerimônia), e nem a passagem com sucesso por algum exame. É o resultado de uma gradual expansão de consciência. É uma crescente consciência e demonstração das realidades espirituais que estão por detrás de nossa expressão no plano físico exterior—nosso Ser superior, ou alma, e do que a própria alma – é um reflexo, a Mônada divina ou centelha de Deus. É um processo pelo qual sucessivos e graduados estágios de unificação, de momento a momento, ocorrem entre o homem ou mulher em encarnação, e estes aspectos mais elevados de nossa constituição tripla.

Existem várias menores, mas apenas cinco maiores iniciações planetárias. Cada uma representa um estágio definido de integração de momento a momento alcançado pelo iniciado. O objetivo é atingido quando, na quinta iniciação, o Mestre liberado está em um estágio de união de momento a momento com a Mônada, Seu Pai nos Céus. Ele expandiu Sua consciência afim de incluir os planos espirituais e não precisa de mais experiências de encarnação neste planeta. Para o Mestre, existem unificações mais elevadas – com o Logos planetário e o sistêmico – com as quais não devemos nos preocupar.

A iniciação indica um ponto atingido, mas não traz à tona esta realização. A própria vida é o campo de desenvolvimento do processo; são as experiências, os testes e falhas da vida cotidiana, e o gradual aperfeiçoamento de nós mesmos que levam ao controle da matéria e a consciência de todos os planos que caracterizam o Mestre iniciado.

Tecnicamente, a iniciação é um processo artificial, científico, que acelera o processo evolucionário; historicamente, é muita velha. Ela não é obrigatória – homens e mulheres podem levar o tempo que quiserem para

185

atingirem a perfeição. Mas ela provê os meios pelos quais aqueles que estão prontos e dispostos a fazerem os esforços para passarem pelas provas e testes e, acima de tudo, fazerem os sacrifícios e renuncias que a iniciação demanda, possam acelerar a jornada de evolução de forma imensurável, e assim servir mais completamente ao Plano do Logos.

Os requerimentos para cada iniciação necessariamente mudaram conforme a humanidade evoluiu; cada novo estágio alcançado pela humanidade como um todo, leva estes requerimentos acima. Hoje, do "ponto de vista" dos Mestres, a terceira é a primeira verdadeira (da alma) iniciação, com a primeira e a segunda sendo realmente preparatórias, demonstrando o controle dos veículos – físico e astral respectivamente – da personalidade. Através destes corpos purificados e integrados, o homem divino interno, a alma, faz sua presença sentida, apropriando-se dos veículos e brilhando através da personalidade. Quando esta integração inclui o controle mental, a terceira iniciação pode ser experienciada. Sincronismo de vibração é a chave para este processo. A alma pode apenas se manifestar em alguma extensão maior através de veículos de vibração análoga. É por esta razão que tanta ênfase tem sido posta, em todos os ensinamentos, na purificação – do corpo físico, dos sentimentos, da mente e do motivo.

O processo de purificação começa corretamente no Caminho Probatório; ao tempo que o Caminho da Iniciação esteja sendo trilhado, espera-se que os hábitos de pureza já estejam estabelecidos e sejam automáticos.

O corpo físico é o primeiro a passar por esta purificação e, para aqueles em preparação para a primeira iniciação, uma dieta vegetariana se torna essencial. Comer carne tem o efeito de baixar a vibração do corpo físico do homem e deve ser eliminada da dieta. É interessante perceber o quanto tantas pessoas hoje, especialmente os jovens, estão se tornando vegetarianos. Não há duvidas que isso se relaciona com o fato de que alguns milhões de pessoas estão agora no limiar da primeira iniciação; conscientemente ou inconscientemente, elas estão respondendo à percepção interna da alma.

Consciência em um plano é uma coisa muito diferente de controle sobre aquele plano, e iniciação é o resultado, não apenas de consciência, mas também de controle. Na primeira iniciação, o controle da alma (ou Ego) sobre o corpo físico deve já estar bem avançado. Os desejos do corpo por comida, bebida, sexo, sono, descanso, não devem mais dominar. Isso não quer dizer que o aspirante não deve mais comer, beber, dormir ou ter relações sexuais, mas todos estes devem ser feitos com moderação, regulados, e sobre o controle da alma. O controle é realmente sobre o elemental físico. Todos os nossos corpos, materiais e espirituais, são compostos do corpo de pequeninas vidas dévicas (angélicas) ou elementais, os tão chamados pitris lunares ou solares. Os pitris lunares formam os corpos físicos, astral e mental do homem inferior, enquanto que os pitris solares constituem o corpo da alma, ou corpo causal.

A primeira iniciação é chamada de Iniciação do Nascimento. É o resultado do nascimento da consciência do Cristo na caverna do coração, e aspirantes que passaram por esta experiência terão orientado a si mesmos em direção à vida espiritual – o que não significa necessariamente a vida religiosa. Uma retidão geral de conduta e pensamento, e uma atitude de boa vontade serão demonstradas. O caráter ainda pode ter muitas falhas (o ideal raramente é alcançado), mas uma nova e mais compreensiva e inclusiva atitude para com todos os seres será demonstrada, e o desejo por servir será forte. Como um resultado do controle sobre o elemental físico, uma criatividade maior irá se manifestar. Isto é devido a mudança do fluxo de energia dos chakras mais baixos para o centro da garganta. Não é por acidente, portanto, que a cultura de qualquer civilização seja criada pelos iniciados.

A segunda iniciação demonstra o controle emocional, controle do elemental astral, assim como a primeira demonstra controle do elemental físico. É dito que esta iniciação é a mais difícil. O iniciado imerso nas brumas do desejo, das névoas astrais, precisa clarificar suas respostas à realidade e libertar-se da escravidão emocional. Tão poderosa é a natureza astral do homem que esta é uma tarefa enormemente difícil e pode levar muitas vidas para que seja realizada. A alma, através da agencia da mente, tem o controle sobre o corpo emocional e o torna límpido e claro para seu verdadeiro propósito: um veiculo adequado para o nível búdico ou intuicional de consciência.

O quinto principio da mente, trabalhando através do corpo mental, age como um diretor e organizador da reação astral, e assim, como um dissipador do glamour. O Mestre Djwahl Khul escreveu: "A segunda iniciação é profundamente difícil de se tomar. Para aqueles sobre o primeiro e segundos raios de aspecto, é provavelmente a mais difícil de todas." No entanto, com o advento do Cristo, agindo como um dissipador do glamour em uma escala mundial, o caminho à frente para um grande numero de aspirantes agora se aproximando desta experiência será facilitado, e muitos, tendo há muito tempo atrás tomado a primeira iniciação, irão passar através dos portais por uma segunda vez durante esta vida.

Com a segunda iniciação já atrás dele, o iniciado precisa aprender o controle de seu veiculo mental. Assim como as névoas do glamour no plano astral tiveram que ser dissipadas, agora as ilusões do plano mental devem ser dissolvidas na luz fluindo cada vez mais brilhantemente da alma. A terceira iniciação, a Transfiguração, demonstra a personalidade completamente integrada, imbuída pela alma e respondendo agora à energia da Mônada. Amor, sabedoria e vontade dinâmica, os atributos da alma, agora brilham claramente através da personalidade, e uma vida criativa de serviço mundial e efetividade é garantida.

Estas três maiores iniciações planetárias devem ser sempre tomadas em encarnação, no plano físico. Desta maneira, a consciência do iniciado é demonstrada através da mente e do cérebro.

Para concluir o breve e necessariamente incompleto relato sobre os requerimentos para cada iniciação, eu cito novamente os escritos do Mestre Djwhal Khul: "Quando um homem toma a quarta iniciação, ele funciona no veiculo do quarto plano, o búdico, e passou permanentemente do circulo-não-se-passa da personalidade. Este grande ato de renuncia marca o momento quando o discípulo não possui nada nele que o relacione aos três mundos (físico, astral e mental) da evolução humana. Seus contatos com estes mundos no futuro serão puramente voluntários, e para propósitos de serviço." *(Os Raios e as Iniciações, p.696-versão em inglês.)*

"A vida de um homem que tenha tomado a quarta iniciação, ou a Crucificação, é normalmente de grande sacrifício e sofrimento. É a vida de um homem que faz a Grande Renuncia, e mesmo exotericamente, é vista como sendo vigorosa, dura e dolorosa. Ele abriu mão de tudo. Até mesmo de sua personalidade perfeita, sobre o altar do sacrifício, e permanece à parte de tudo. Tudo é renunciado, amigos, dinheiro, reputação, temperamento, seu lugar no mundo, família, e até mesmo a própria vida." (*Iniciação, Humana e Solar, pp. 88-9-versão em inglês)*

Expansão de Consciência

O que se quer dizer por "experiência selvagem"? (Dezembro de 1982)
Isto se relaciona ao período depois do Dia da Declaração. É uma experiência para toda a humanidade – a humanidade encarará uma escolha e fará a decisão para rejeitar o materialismo grosseiro. A humanidade hoje está algemada pelo materialismo. Ela rejeitou sua relação com Deus , com a realidade, com a totalidade do mundo natural do qual ela faz parte. O homem despojou este mundo e está em relação totalmente errada consigo mesmo – e com seus irmãos e irmãs. No lugar de corretas relações, ele criou uma existência material que é totalmente falsa. Eu não quero

dizer que alguém não deve ter máquinas de lavar, ou carros, ou ter uma refeição no restaurante, e por aí vai. O que eu quero dizer é que uma grande parte da humanidade – cerca de dois terços do mundo – vive sobre total degradação e miséria, enquanto que ao mesmo tempo, um terço do mundo vive em luxo. Isto é obsceno. Se você for para o Sul da Califórnia, Alemanha Ocidental, ou Japão, você verá luxo e opulência que são impensáveis em muitas partes do mundo. É uma situação profundamente não-espiritual, a falta de corretas relações, a qual eu me refiro como o materialismo grosseiro que nós precisaremos rejeitar. Por um tempo, a humanidade terá que desistir de sua luxúria por bens, por vivência material à custa da vida espiritual. Não há nada de errado com prosperidade. O que há de errado é que ela é parcial, não relacionada a realidade interna, a divindade do homem e ao mundo como um todo. Então ela é grosseiramente injusta.

A experiência selvagem , particularmente para o Ocidente, é a aceitação de um modo de vida mais simples, de forma que todas as pessoas em todos os lugares possam viver. Na verdade, uma das principais tarefas do Cristo é a libertação da humanidade do glamour do materialismo. É este glamour, esta névoa de irrealidade, que impede o homem de saber quem ele realmente é, e qual é realmente o sentido da vida.

Você disse que consciência grupal é o objetivo do propósito evolucionário na era Aquariana. Por favor, explique.
O progresso evolucionário até agora tem sido o de moldar a individualidade. Isto precisa ser alcançado antes que ela possa ser superada. O potente, auto-centrado, altamente integrado indivíduo, precisa dar passagem, eventualmente, para o servidor do mundo. A essência da consciência Aquariana é o conceito do grupo. As energias de Aquário, fluindo para nós em potência cada vez maior com cada ano que passa, irão criar, inevitavelmente, as condições para a consciência grupal. As energias Aquarianas não podem ser

sentidas, apreendidas e utilizadas a não ser em formação grupal. Não é possível fazê-lo em uma base individual. A chave para esta mudança na consciência é amor, e através do amor, serviço. Conforme você serve, você se torna mais descentralizado, até que eventualmente, você está totalmente identificado com aquilo para o qual você serve – a humanidade, e então a própria criação. Então você tem consciência grupal, a consciência que os Mestres conhecem.

A Tríade Espiritual tem três níveis: átmico, búdico e manásico. O átmico é o nível no qual a Vontade de Deus, a vontade e propósito da Mônada é refletido. O búdico é o nível no qual Amor-Sabedoria é refletido e o nível manásico reflete a Mente Superior. Estes três níveis são os planos espirituais, e cada um deles se manifesta de cada vez. O Mental Superior ou nível manásico, torna-se sentido primeiro, porque é o mais próximo ao mental inferior, nosso foque normal. O que nós chamamos de intuição, é realmente a ação deste nível manásico. Quando nós temos um sentimento de que nós sabemos algo, quando nós nem pensamos quanto a isso, mas apenas sabemos, nós estamos realmente trabalhando do nível manásico. Verdadeira intuição é outra coisa.

Para os Mestres, intuição é realmente consciência grupal, a ação de buddhi, Amor-Sabedoria. Ela se demonstra no plano físico através do veículo astral purificado como consciência grupal não-separativa. Nós ainda não temos isso, mas pelos próximos 2.500 anos, este tipo de consciência irá gradualmente se tornar a norma entre os grupos no mundo.

Um grande avatar, o Avatar da Síntese, foi invocado pela Hierarquia. Estando por trás e trabalhando através do Cristo, a energia deste Ser trabalha através da Hierarquia como um grupo, e da humanidade como um grupo. Ela trabalha através da Assembléia das Nações Unidas como um grupo (não através do Conselho de Segurança, cujos membros possuem um veto e trabalham contra a expressão grupal nas Nações Unidas). A energia do

Avatar, uma energia de mistura ,sintetizadora, de fusão, flui através da Assembléia das Nações Unidas, misturando eventualmente as nações do mundo em uma unidade servidora. Elas irão então servir ao mundo como um todo ao invés de seus próprios interesses nacionais separados, como elas fazem agora. O grupo pelo qual ela trabalha de maneira mais potente é o Novo Grupo de Servidores do Mundo. Eles são o elo entre a Hierarquia e a humanidade porque eles têm um pé em ambos os campos. Eles são, todos eles, discípulos. Eles terão tomado a primeira e talvez a segunda, alguns deles a terceira e uns poucos a quarta iniciação. Eles são Servidores do Mundo. Eles não são necessariamente os esoteristas do mundo, mas estão em cada departamento humano; em cada campo eles estão dando expressão para suas impressões das necessidades da humanidade neste tempo de transição. Eles são a esperança do mundo. Através deles, a nova civilização será construída. Eles estão agora procurando colocar em lugar as fundações nas quais as novas estruturas – política, econômica, social, científica, educacional, cultural – serão construídas; para criar a civilização da Era Aquariana, do qual o mais importante aspecto será a criação da consciência grupal, o sentimento da humanidade Una, a percepção de que Deus, a natureza e o homem são Um.

*O Mestre Morya em **Folhas do Jardim de Morya, II** (por Helena Roerich) fala sobre a "energia primária". O que Ele quer dizer por isso? Ele também fala sobre "disciplina do espírito". Ele quer dizer disciplina da personalidade?*
(Outubro de 1984)
Energia primária, é energia psíquica, a energia da própria consciência. Por "disciplina do espírito" eu acredito que Ele quer dizer a trazida ao caminho evolucionário (Ele está falando para iniciados e discípulos) da energia da Vontade Espiritual, que gradualmente substitui a "aspiração" com suas conotações emocionais.

Começando com o primeiro pequeno grupo de homens ao redor de Jesus que se tornaram discípulos e apóstolos, estar na presença do Cristo transformou o caráter e incomensuravelmente acelerou a evolução espiritual do homem. No Dia da Declaração isto irá acontecer para uma grande parte da humanidade? (Maio de 1985)
No próprio Dia da Declaração, não, nós não podemos esperar que tais mudanças tremendas ocorram. Toda mudança evolucionária prossegue lentamente, e as pessoas irão permanecer bem como elas eram por muito tempo (medido em termos de avanço evolucionário). O que irá acontecer é que o melhor nas pessoas será evocado pelo Cristo, e conforme a humanidade fizer as necessárias mudanças nas esferas política, econômica e social (nas quais nossa crise espiritual está focada hoje), este melhor irá se tornar mais e mais a norma. O Dia da Declaração irá certamente evocar um enorme sentimento de alívio da tensão e medo, no entanto, e inspirar milhões para uma nova vida de aspiração e serviço.

O fato de que o continente da Atlântida está re-emergindo a 2.5 polegadas por ano, e que este processo será completado em um tempo de 700-800 anos, tem alguma conexão com a elevação da consciência da humanidade em direção ao reino espiritual? (Maio de 1985)
A Atlântida está lentamente se erguendo (a três a quatro polegadas por ano, não duas e meia) de uma forma controlada que irá levar cerca de 800-900 anos. Durante este período, a humanidade irá inquestionavelmente fazer uma enorme expansão de consciência, mas os dois eventos não estão ligados de nenhuma forma direta.
    [Para mais informação quanto a Atlântida, veja o capítulo sobre Civilizações Antigas em *The Reappearance of the Christ and the Masters of Wisdom,* por Benjamin Creme]

*Em **Discipulado na Nova Era**, o Mestre DK declara que a América é uma remanescente da antiga Atlântida. Como isso pode ser? A Atlântida afundou abaixo do mar há muito tempo atrás e era localizada bem longe no Oceano Atlântico – ou assim eu pensava.* (Julho/Agosto de 1986)
A América é de fato uma remanescente da velha Atlântida (que deu o seu nome ao oceano), mas a ênfase é na palavra "remanescente". Uma grande parte do gigante continente Atlante, que se estendia até a Europa Ocidental, afundou abaixo das águas do oceano. A maior catástrofe ocorreu cerca de 98.000 anos atrás. Um último remanescente, a ilha de Poseidon, onde os Açores agora permanece, afundou cerca de 15.000 anos atrás.

A sabedoria pode ser ensinada? (Maio de 1985)
Não. Sabedoria é um atributo da alma e se desdobra naturalmente conforme a alma se manifesta através da personalidade. Conhecimento pode ser ensinado; sabedoria é compreensão amorosa ou conhecimento iluminado por amor. Ela vem do nível búdico de consciência.

Em uma entrevista com você na Holistic Health Magazine, você diz que ter a figura do Buda em um cinzeiro não é blasfêmia. Qual é a sua definição de blasfêmia? (Junho de 1984)
Nesta entrevista eu disse (brincando) que ter Sua figura em um cinzeiro significava que o Buda tinha "chegado" – depois de 2.600 anos! Isto é, é lógico, dificilmente uma indicação de respeito e nunca aconteceria no Oriente (assim como a figura do Cristo em um cinzeiro seria improvável no Ocidente), mas não é uma blasfêmia. Ao invés de tal ignorante desrespeito ou irreverência, eu definiria como blasfemo aquilo que vai contra a realidade espiritual da vida. Um claro exemplo de blasfêmia, portanto, é a existência de milhões de pessoas famintas em um mundo de plenitude, enquanto que a natureza espiritual interior é a Unicidade de toda a humanidade.

Já que a criação de gado para carne é uma maneira não econômica de usar grão (já que gado consome mais do que os humanos), não é portanto necessário encorajar a divulgação do vegetarianismo no mundo? E comer carne não atrasa o crescimento espiritual de alguém? (Outubro de 1985)

Dar grão para gado é certamente uma maneira não econômica de utilizá-lo (em termos absolutos; na realidade, no entanto, é muito mais complicado). Apesar deste fato, existe na verdade nenhuma falta de grãos no mundo – ele é simplesmente não corretamente distribuído. Vegetarianos como um grupo estão bem prontos para encorajar outros a desistirem de comer carne e, é lógico, usam cada argumento possível para apoiarem suas visões. No entanto, de acordo com o Mestre DK, comer carne é perfeitamente correto para as massas da humanidade; é no caminho do discipulado, e especialmente no caminho iniciatório, que carne deve ser eliminada da dieta.

Não existe resposta simples para a segunda parte da questão – depende do ponto de evolução da pessoa envolvida. Em um certo ponto, sim, comer carne retarda o progresso espiritual, já que a estrutura atômica da carne não é bem absorvida pelo sistema humano. Depois de um certo estágio, no entanto, a carne pode ser seguramente comida – ou não, como o iniciado escolher.

Estágios de Iniciação

Qual a importância de se saber o seu estágio de iniciação? (Abril de 1984)

Não é essencial saber o exato ponto onde se está no Caminho. Existem muitos iniciados ativos trabalhando no mundo sem conhecimento consciente de ser iniciado. Por outro lado, saber em qual estágio se está é útil, desde que o conhecimento não alimente o seu glamour – seja o glamour de realização ou o glamour de auto-depreciação. Ajuda a colocar as coisas em perspectiva saber que se tem tal

195

distância ainda para se percorrer no Caminho, que existem aqueles mais avançados assim como aqueles menos avançados, e que nós estamos todos indo para frente juntos. Ajuda, também, a dar um propósito para a vida saber, não apenas teoricamente, mas definitivamente, que se está em um certo ponto. Isso invoca a vontade. O perigo, é lógico, é que este conhecimento possa invocar um sentimento de complacência, de satisfação com a realização já feita.

É possível perceber qual é o seu ponto na evolução? (Fevereiro de 1984)
Sim, é possível se perceber, com um grau justo de precisão, o seu ponto de evolução – se você for razoavelmente objetivo. Estude os requerimentos para a iniciação como dados em *Iniciação Humana e Solar*, por Alice Bailey. Considere tão objetivamente e honestamente possível até onde você preenche estes requerimentos ou não. Desta forma você deverá ser capaz de acessar o seu provável ponto na evolução. É lógico, objetividade e auto conhecimento são essenciais aqui: eu conheço alguém com a primeira iniciação que, depois de estudar o trabalho acima, concluiu alegremente que ele estava entre a terceira e quarta iniciação! Uma olhada no quadro de raios de iniciados irá ajudar na auto-avaliação. Coloca-se as coisas em perspectiva perceber que figuras mundiais poderosas como Gandhi ou Hitler eram iniciados de segundo-grau. Lembre-se que o discípulo é conhecido pelo seu controle de seu ambiente, enquanto que o iniciado é reconhecido pela extensão de seu serviço mundial.

[Por favor, dirija-se ao apêndice para a Lista de Iniciados. Os raios e estágios de evolução (ou grau iniciatório) de algumas das maiores figuras do passado do mundo são dados.]

O que se pode conscientemente fazer para acelerar o processo de polarização mental além de, ou somando-se a, Meditação de Transmissão? (Setembro de 1985)

Polarização mental é o resultado da gradual mudança na consciência do plano astral/emocional para o plano mental, e cobre o período entre a primeira e segunda iniciação. O veículo astral é o mais poderosamente desenvolvido corpo que a humanidade tem; ele levou milhões de anos para ser aperfeiçoado, e a maioria das pessoas são dominadas pelas suas ações (ou melhor, pelos elementais astrais pelos quais ele é feito). O Mestre DK escreveu que o melhor serviço que você pode dar para o mundo é o de controlar o veículo astral. Isto é feito a partir do plano mental e leva muitas ou algumas vidas para ser realizado.

Os planos astrais (existem sete deles) são os planos da ilusão ou glamour. Quando as névoas do glamour são dispersadas pela luz do plano mental, uma mudança gradual em polarização ocorre. Muitas pessoas confundem o processo emocional e mental. Elas imaginam que elas estão "pensando", quando, na verdade, elas estão vestindo suas reações emocionais em formas de pensamento astral que elas pensam que são pensamentos. Qualquer coisa, portanto, que foque a mente, acelera o processo de polarização. Meditação, de qualquer tipo (exceto o estado de negativo devaneio que é tão freqüentemente tido como meditação), é o motor principal nesta direção; uma determinação diligente para se olhar o tão impessoalmente e honestamente possível para todas as suas reações em cada situação, principalmente as mais perturbadoras; uma compreensão de sua estrutura de raios – e portanto dos seus glamoures; uma dedicação da sua vida a se servir a humanidade, levando à maior descentralização. Tudo isto ajuda a mudar a consciência para um plano mais elevado, assim trazendo a luz da alma em cada situação da vida.

*Em **Cartas sobre Meditação Ocultista**, DK diz em referência ao corpo emocional: "Ele é uma unidade completa, diferente dos corpos físico e mental." Como e por que o corpo emocional/astral é considerado uma unidade mais completa do que os corpos físico e mental?* (Julho/ Agosto de 1986)

Porque ele está mais completamente desenvolvido. Mais tempo (12 milhões de anos) foi gasto para o seu desenvolvimento – duas vezes mais do que o corpo físico, enquanto que apenas uma fração deste tempo foi até agora devotado para a evolução do corpo mental. O total desenvolvimento do veículo físico teve que esperar por um processo de refinamento – apenas agora se tornando possível em escala de massa – que dará visão etérica para a raça por um desenvolvimento do olho físico. Então há a mudança sutil na estrutura atômica do corpo do iniciado que eventualmente confere imortalidade física sobre o Adepto.

A unidade mental da humanidade como um todo está longe de se estar completa.

Como se recebe a primeira iniciação? (Maio de 1986)
A alma de alguém o leva à iniciação através da meditação e serviço, com o Mestre agindo como uma espécie de parteira para o "nascimento do Cristo na caverna do coração". Quando o candidato está pronto – quando seus chakras podem suportar o impacto da energia do cetro de poder – ele ou ela é levado diante do Cristo, o Iniciador na primeira e segunda iniciações.

Se eu tive uma experiência mística, como eu posso saber se foi a primeira iniciação? (Maio de 1984)
Se você teve uma experiência mística, você pode ter bem certeza que não foi a primeira iniciação! Conforme o homem interno, com os centros em chamas com o fogo do Cetro de Iniciação, retorna para o corpo físico, a primeira reação é quase sempre de desequilíbrio. Freqüentemente, um sentimento de morte iminente – apesar de toda indicação de boa saúde – é a sensação mais forte. Estas reações puramente físicas podem ser seguidas, mais cedo ou mais tarde, por vagas memórias de eventos místicos ou cerimônias, mas este nem sempre é o caso.

Por que nós precisamos tomar iniciação em encarnação física? (Abril de 1984)

Iniciação é realmente a demonstração da espiritualização gradual da matéria pela alma. Cada iniciação grava e estabiliza uma vibração mais elevada e confere uma crescente proporção de luz para os veículos. Isso pode apenas acontecer no plano físico.

Pessoas que tomaram a primeira ou segunda iniciação em uma vida anterior descobrem que elas possuem, sem esforço, as habilidades alcançadas na vida anterior (isso quer dizer, o controle do corpo físico, o controle do corpo emocional no caso de um iniciado de segundo grau)? Ou eles têm que reafirmar estas habilidades tomando novamente estas iniciações antes de prosseguir para um trabalho superior (no qual eu presumo que o processo é mais fácil)? (Julho/Agosto de 1984)

O grau de controle (que pode ou não ser completado tendo tomado a iniciação) alcançado em qualquer vida é levado para a próxima. A taxa vibracional de cada corpo é determinada pela taxa vibracional dos átomos permanentes (físico, astral e mental) ao redor do qual a matéria dos novos corpos é formada. Cada iniciação é tomada apenas uma vez e estabiliza esta taxa vibracional.

*Em **Iniciação Humana e Solar** (por Alice A. Bailey), o Mestre DK diz que na primeira iniciação é normalmente o centro do coração que é vivificado, e o centro da garganta na segunda. Então em **Raios e Iniciações**, ele diz que com a primeira iniciação a energia do centro sacro é movida para a garganta, e com a segunda a energia do plexo solar é movida em parte para cima para o centro do coração. Que centros (chakras) são normalmente envolvidos e como, para a primeira e segunda iniciações?* (Julho/Agosto de 1986)

Os centros envolvidos nestas duas iniciações são exatamente como citados pelo Mestre DK acima. Eu acho que a confusão do leitor se ergue do fato de que os resultados destas transferências energéticas levam muito tempo para se estabelecerem. Por exemplo, na primeira iniciação o centro do coração é, de fato, normalmente aquele vivificado. Isto leva ao "Nascimento do Cristo na caverna do coração", o despertar do Princípio Crístico no centro do coração espiritual (no lado direito do peito). Daí em diante – e isso normalmente leva algumas (média de seis a sete) vidas – o objetivo do discípulo é o controle do plano astral/emocional por ele mesmo dirigindo suas energias através do poder do Cristo (Princípio) interno. Isso normalmente leva a energia do plexo solar para o centro do coração, e a segunda iniciação pode então ser tomada.

Semelhantemente na primeira iniciação, que demonstra o controle do elemental do plano físico, as energias sexuais do centro sacro começam a se erguer para o centro da garganta. Pela vivificação do centro da garganta na segunda iniciação, estas energias se tornam disponíveis de uma maneira totalmente mais potente para o trabalho criativo. A cultura de uma era é sempre o resultado da criatividade dos iniciados.

Quando uma pessoa toma a primeira, segunda ou terceira iniciação, isso é devido a uma atividade especial de Maitreya? (Dezembro de 1984)
Maitreya age como o Hierofante, o Iniciador, nas primeiras duas iniciações. Um dos papéis de Maitreya é o de agir como o "Nutridor dos pequeninos", dos "bebês em Cristo" – aqueles que tomaram a primeira e segunda iniciações e precisam de Sua "nutrição" espiritual para prepará-los para a terceira, a Transfiguração. A terceira iniciação, do ponto de vista da Hierarquia, é a primeira verdadeira iniciação da alma.

Neste período de rápida mudança e rápida evoluçã,o muitas almas podem evoluir extra rápido. Existem almas agora tomando mais de duas iniciações em um tempo de vida? (Setembro de 1984)
Não. Existem sempre alguns períodos de vida entre a primeira e segunda iniciação, mas a segunda e terceira ou terceira e quarta podem ocorrer na mesma vida. Mas minha

informação é a de que, até agora, ninguém tomou três em uma vida.

Na Lista de Iniciados (dada no Apêndice), pontos em evolução são indicados em graus decimais, como 1.7, 2.3, etc. Isto quer dizer que 10 pequenas iniciações ocorrem entre as cinco maiores?
Quando quer que uma expansão de consciência ocorre, pode se dizer que um tipo de "iniciação" ocorre. Mas no sentido de principais iniciações planetárias, existem apenas cinco. O sistema de notação desenvolvido pelo meu Mestre e eu mesmo é utilizado apenas como uma conveniência para ilustrar a diferença entre alguém que acabou de tomar a primeira iniciação, por exemplo, e alguém no limiar da segunda. Ele não possui sentido intrínseco além deste.

Um iniciado vivo conhece sobre sua iniciação e seu padrão de raio? (Março de 1984)
Não necessariamente. Existem sempre muitos iniciados, até e incluindo a terceira iniciação, que sabem nada sobre tais questões e que não tem interesse nos ensinamentos esotéricos. De fato, em seus campos particulares, eles podem muito bem servir melhor nesta vida sem tal interesse. (Eu estou pensando, por exemplo, no "homem de ação" político ou industrial, que precisa de um foco exterior, para o qual a introspecção que vem com a meditação seria um empecilho.) Existem muitos, além, que tomaram a primeira ou até mesmo a segunda iniciação em uma vida anterior, mas não têm lembrança do fato – mesmo que familiares com os ensinamentos. Também, já que a psicologia esotérica está em sua infância, assim dizendo, existem relativamente muitos poucos que sabem sua estrutura de raio. Isso, é lógico, irá mudar conforme o interesse em tais questões se ampliar.

Como nós podemos explicar a aparente disparidade entre o vasto número de pessoas em encarnação efetivamente realizando trabalho mental complexo (atuários,

201

matemáticos, etc) e o número relativamente menor estimado daqueles acima do nível de iniciado de primeiro grau, ou, mais particularmente, acima do grau de 1.5 e portanto polarizado mentalmente?
Esta é uma questão muito interessante. A resposta reside no fato de que a vasta quantidade de atividade mental inteligente demonstrada por milhões hoje ainda é uma atividade da mente inferior. O verdadeiro trabalho mental criativo de inspirados matemáticos, cientistas, e por aí vai, é sempre alcançado pelos iniciados de algum grau. Aquilo que não pode ser pensado é o resultado da intuição, da mente superior e o resultado do desenvolvimento e influência da alma. Além do mais, 1.5 é apenas o estágio inicial da polarização mental, que não é considerada completa até cerca de 2.5, quando a polarização espiritual começa.

Outro fator é este: consciência em um plano (e portanto a habilidade para usar as energias daquele plano) é uma coisa muito diferente de controle sobre aquele plano. O iniciado precisa demonstrar controle de cada plano – físico, astral, e mental – conforme ele ou ela prossegue para perfeição.

A habilidade de pensar através de problemas complexos com precisão não indica status de iniciado, ou esta habilidade também poderia existir devido a outros fatores?
Esta é basicamente a mesma questão que a acima e, eu acredito, é respondida lá. A habilidade de pensar através de problemas complexos é o resultado de treinamento. Ela demonstra um alto nível de racionalização, mas ainda é uma função da mente inferior. Se o elemental físico está controlado pela mente, o indivíduo pode tomar a primeira iniciação, e se o astral está controlado, a segunda iniciação. Infelizmente, isso não é de forma alguma o caso nos milhões que podem pensar logicamente e racionalmente. Cerca de 800.000 apenas, daqueles agora em encarnação, tomaram a primeira iniciação.

Como eu poderia reconhecer um iniciado de primeiro grau entre meus amigos? (Maio de 1984)
O iniciado de primeiro grau terá estabelecido um considerável grau de controle sobre os desejos do corpo físico. Ele ou ela terá uma atitude geral de inclusividade e boa vontade e um forte desejo por serviço altruísta. Dependendo do campo escolhido de serviço, pode ou não existir um interesse no ensinamento esotérico, mas uma criatividade sobre alguma linha ou outra será demonstrada. Idealismo será normalmente forte, junto com um sentimento crescente de consciência grupal. Eu poderia acrescentar que o iniciado se torna constantemente consciente do mundo do significado e de uma crescente necessidade e habilidade para expressar esta consciência.

Se a pessoa está no, digamos, processo da terceira iniciação, ela é consciente do processo? Se sim, como isso seria relevante para a vida diária? (Junho de 1986)
Dependeria de seu campo de atividade, se ele está consciente da iniciação ou não. O que ele deveria estar consciente de – e demonstrar – é um desejo, uma necessidade, para servir em alguma capacidade. Neste estágio seu serviço seria potente e em uma ampla escala de efetividade.

Em seu artigo, "Os Requerimentos para Iniciação", o Mestre DK é citado dizendo que a segunda iniciação é provavelmente a mais difícil de todas para aqueles no 1º e 2º raios de aspecto. Por que para estes raios? (Abril de 1984)
Por causa da natureza e da intensidade peculiar dos glamoures encontrados nas pessoas nestes raios. Aqueles no 3º raio, com o foco mais no aspecto forma, tendem a serem mais objetivos. Eles são mais inclinados para ilusão do que o glamour, e portanto acham a terceira iniciação o maior obstáculo.

203

Gandhi era um iniciado de segundo grau e tinha portanto controlado seu corpo emocional, mas ele ainda tinha dificuldade em controlar seus desejos sexuais. Por que? (Maio de 1984)

Existem dois pontos aqui: o ideal de controle total da alma sobre os veículos inferiores não é sempre (talvez raramente) alcançando neste ponto em nossa evolução, e muitos exemplos de realização incompleta ou desequilibrada podem ser citados. Uma grande medida de controle é sempre alcançada, no entanto, antes que a iniciação possa ser tomada. O outro ponto é este: não existe nada inerentemente errado com desejos sexuais; eles são o resultado de nossa manifestação através de nosso corpo animal e são perfeitamente naturais no homem. É simplesmente uma questão de regulação e controle. Gandhi, no entanto, era cheio de culpa sexual. Sua natureza fanática de 6º raio o forçou a tentar se livrar (e todos ao redor dele) destes, para ele, impulsos malignos – por inibição ao invés de transmutação. O resultado inevitável foi o de que ele apenas aumentou o desejo (através do foco de sua atenção sobre ele), que o fez lutar ainda mais por controle. Se ele não fosse tão carregado de culpa, e mais aceitador da função sexual, o seu controle da alma teria se demonstrado automaticamente.

Você poderia nos contar como pessoas realmente perversas como Hitler e Stalin são iniciados de segundo grau e portanto no mesmo estágio na escada evolucionária que pessoas santas como Annie Besant e Mary Maker Eddy, etc? Hitler e Stalin entraram no caminho da mão esquerda em suas encarnações anteriores? De outra forma, pareceria que poder ao invés de bondade é o critério para o progresso. (Outubro de 1983)

É dito que mesmo um Arhat pode cair, e um Arhat tomou a quarta iniciação, e é tudo menos perfeito. É preciso se diferenciar pessoas famintas por poder como Stalin, que fez algumas coisas bem perversas, mas não estava no caminho da mão esquerda, e Hitler, que muito definitivamente estava; na verdade, ele foi totalmente obsediado, tomado, pelas forças do mal, como nós chamamos os Senhores da Materialidade.

Iniciação confere poder. A segunda iniciação é um estágio difícil no qual o iniciado tem poder, sem o processo de infusão da alma (que garante altruísmo divino) estando ainda completo.

Simples bondade, no entanto, não é necessariamente a marca do iniciado. Existem incontáveis pessoas muito boas que não tomaram a primeira iniciação. É realmente uma questão de consciência; é a expansão de tal consciência que leva à iniciação. Isso pode ser sobre a linha do poder ou inteligência assim como aquela do amor, embora alguém comumente esperaria que o aspecto amor estivesse manifesto de alguma forma – talvez em serviço dedicado ao seu país, como Stalin sem dúvida, viu o trabalho de sua vida.

Se um iniciado tem um escorregão, como no caso de Hitler, isso quer dizer que ele então é apenas equivalente a um aspirante, ou ele ainda é um iniciado – neste caso tendo presumivelmente que reafirmar seu grau de iniciação?
Ele permaneceria iniciado de seu grau particular, mas teria que eliminar o karma envolvido em seu "escorregão" antes de avançar de novo.

O Mestre DK critica São Paulo, mas freqüentemente cita sua descrição de Deus como "Aquele sobre o Qual vivemos, nos movemos e temos nossa existência", e Paulo parecia estar inspirado em alguns momentos. Então a questão é, Paulo foi ofuscado por Maitreya?
(Outubro de 1985)
Paulo foi de fato inspirado (por sua própria alma e por seu Mestre), mas ele não foi ofuscado por Maitreya. Ele era um iniciado de terceiro grau. (Este evento foi dramaticamente relatado na Bíblia como sua "conversão" na estrada para Damasco e ele sendo cegado por três dias.) A crítica do Mestre DK à São Paulo (o qual Ele mesmo assim chama

"aquele grande iniciado") refere-se a distorção parcial de Paulo do novo ensinamento para acomodá-lo ao velho ensinamento Judeu. Ele super-enfatizou a divindade de Jesus e a tornou exclusiva. É o misticismo de São Paulo que até hoje colore a abordagem das igrejas Cristãs.

Nossa interpretação Ocidental da quarta iniciação pode ser um pouco distorcida. H.P. Blavatsky tomou a quarta iniciação naquela vida; mesmo assim não houve violência óbvia. Isto indica que outra forma de "crucificação", talvez psicológica, é possível? (Setembro de 1983)

A quarta iniciação é realmente aquela da Renúncia, o nome pela qual ela é conhecida no Oriente. Ela não significa necessariamente uma vida de sofrimento violento, mas ao invés uma renúncia deliberada e abandono de tudo que nos ata aos três mundos (físico, emocional e mental) da evolução humana. Como uma personalidade imbuída pela alma, a ligação do iniciado de quarto grau é agora com sua Mônada ("Pai no Céu"), e tudo o que ele faz é feito sobre a Vontade Divina (a Vontade-para-o-Bem) para o Plano Hierárquico.

No Ocidente, a crucificação de Jesus na Palestina simboliza esta Grande Renúncia para nós e emprestou seu nome para esta experiência.

A vida da Madame Blavatsky não foi de forma alguma uma fácil por qualquer análise. Ela carregou muitas cruzes, sem contar as calúnias e traições daqueles mais próximos dela, além de escárnio, antagonismo e assassinato de caráter de um grande número de seus contemporâneos. Pelo menos os últimos 12 anos de sua vida e trabalho foram vividos em condições de grande doença física e sofrimento. Apenas uma vontade indômita e a ajuda de seu Mestre mantiveram ela em seu corpo.

Em que ponto Jesus realmente tomou a quarta iniciação? (Julho/Agosto de 1985)

A expressão exterior da experiência da quarta iniciação para Jesus foi a crucificação – o símbolo da renúncia interna que marca o iniciado de quarto-grau. Todos iniciados, de qualquer grau, no entanto, já são "iniciados" antes que eles passem através da experiência iniciatória final.

Se nós somos almas em encarnação, anjos solares, o que é deixado em encarnação depois da quarta iniciação, quando o corpo causal, a alma, se desintegra? (Dezembro de 1984) Na quarta iniciação, é o corpo causal, não a alma, que é destruído – porque ele não é mais necessário. O corpo causal é o veículo da alma, não a própria alma, que é reabsorvida na Mônada ou Centelha Divina da qual ela é um reflexo. Deixada em encarnação é a personalidade totalmente imbuída pela alma, demonstrando todas as qualidades e atributos de sua alma e relacionando-se agora com a Mônada. A alma é a Intermediária Divina entre a Mônada e o homem ou mulher em encarnação. O corpo causal se torna supérfluo e é destruído quando a fusão da alma e seu reflexo, a personalidade, é completa.

Você poderia, por favor, listar o número de iniciados em cada estágio no caminho? (Abril de 1984) Em encarnação no presente, existem aproximadamente 800.000 que tomaram a primeira iniciação; 240.000 que tomaram a segunda; 2.000-3.000 que tomaram a terceira; e 450 iniciados do quarto grau.

Existe alguma relação, direta ou indireta, entre os progressivos estágios de consciência descritos por Maharishi Mahesh Yogi como: (1) Consciência Cósmica; (2) Consciência Divina; (3) Unidade de Consciência, e a primeira, segunda e terceira iniciações como descritas em **Iniciação Humana e Solar** *por Alice Bailey?* (Abril de 1985) A primeira, segunda e terceira iniciações estão relacionadas com a unidade de Consciência, a quarta e quinta conferem consciência Divina, e a sexta e sétima, consciência cósmica. Eu acredito que o Maharishi usa os termos Cósmico, Divino e Unidade de uma maneira bem diferente do Mestre DK, isso quer dizer, na ordem reversa de realização.

No volume III, p.213 e p. 551 (versão em inglês) da **Doutrina Secreta**, *H.P.Blavatsky declara que Sócrates não era um iniciado, mas na "Lista de Iniciados" Sócrates era um iniciado de segundo grau. Por que a discrepância, ou qual é a diferença?* (Maio de 1986)

Do ponto de vista dos Mestres, uma pessoa não é totalmente iniciada até que a terceira iniciação tenha sido tomada; as primeiras duas são vistas como graus de integração da personalidade, enquanto a terceira é a primeira verdadeira iniciação da alma. Então, neste sentido, Blavatsky está correta. No entanto, Sócrates (como Platão) era um iniciado de grau 2.4, que para aquela época era de fato bem avançado.

Na Lista de Iniciados, você declara que Leonardo da Vinci era um iniciado de quarto grau. Onde está ele agora e qual é seu grau? (Junho de 1986)

Ele está em Sírius. Seu grau é agora o equivalente , na Terra, de um iniciado de oitavo grau (como, por exemplo, o Buda). Ele não era na verdade de nossa evolução Terrestre, mas era um Avatar do planeta Mercúrio.

CAPÍTULO VI

OS SETE RAIOS

Uma Visão Geral

A ciência moderna exotérica provou o antigo e fundamental axioma esotérico: não existe nada em todo o universo manifestado que não seja energia em alguma relação, cada uma vibrando em sua freqüência particular. A ciência esotérica postula sete de tais correntes de energia ou raios, cuja interação, em cada freqüência possível, criam os sistemas solares, galáxias, e universo. O movimento destes sete raios de energias, em ciclos espiralados, levam todo os Seres para dentro e para fora da manifestação, e colorem e os saturam com suas próprias qualidades e atributos individuais. Isso é verdade para um grão de areia, um homem ou um sistema solar. Cada um é a expressão de uma Vida.

No que diz respeito ao nosso sistema solar, estas sete energias são expressões de sete grandes vidas encarnadas por sete estrelas na constelação da Ursa Maior. Em nosso sistema, um desses raios, o 2° raio, é focado. Os outros seis raios são, portanto, sub-raios deste raio básico. A manipulação destas subdivisões por nosso Logos Solar cria cada variação de vida dentro deste sistema.

Tão complexo é o assunto dos raios, tão penetrante e abrangente são suas influências, que será possível neste artigo apenas roçar a superfície de suas ações, e mostrar algo de suas relevâncias para nossas vidas e relacionamentos. O objetivo será o de demonstrar o valor em saber as qualidades dos raios governando a nós mesmos e nossas nações, e desta maneira, estimular o leitor a entrar em um estudo mais profundo destas forças que, em cada plano, condicionam nossa natureza e nos tornam o que somos.

Os raios são tipos particulares de energias, a ênfase estando na qualidade que cada energia demonstra, e não na forma que ela cria. Dizer que um homem, uma nação ou planeta, está "sobre"o 1º ou 2º raio, é dizer que eles são coloridos por, e expressam a qualidade, deste raio. Conseqüentemente, existem sete tipos-raios de pessoas, e a idéia do setenário é encontrado um muitos níveis e em muitos ramos de nossa vida: *"o sétimo filho de um sétimo filho", "os sete Planetas sagrados"."Sete é um número sagrado",* como Dylan Thomas o coloca.

Existem três raios primários ou de aspecto, e quatro raios secundários de atributo. Eles possuem muitos nomes, descrevendo suas várias qualidades e ações, mas são normalmente enumerados como se segue:

Raios de Aspecto
    1º raio do Poder, Vontade ou Propósito
    2º raio do Amor-Sabedoria
    3º raio da Inteligência Ativa e Criativa

Raios de Atributo
    4º raio da Harmonia através do Conflito, ou Beleza ou Arte
    5º raio da Ciência ou Conhecimento Concreto
    6º raio do Idealismo Abstrato ou Devoção
    7º raio da Ordem Cerimonial, ou Magia, ou Ritual, ou Organização

Ciclicamente, de acordo com o plano do Logos, os raios vêm em manifestação, produzindo através de suas influências, a sucessão de civilizações e culturas que marcam e avaliam a evolução das raças.Os três maiores centro planetários, Shamballa, Hierarquia e Humanidade são, respectivamente, os expoentes dos três grandes raios de aspecto: Vontade, Amor-Sabedoria e Inteligência Ativa.

Cada ser humano acha-se em um ou outro destes sete raios, e todos nós somos governados por basicamente cinco forças de raios: o raio da alma, que permanece o mesmo por incontáveis eons; o raio da personalidade, que varia de vida para vida até que todas as qualidades estejam desenvolvidas; o raio governando o corpo mental; aquele governando o equipamento astral-emocional; e o raio do corpo físico, incluindo o cérebro. Estes todos variam ciclicamente. Cada raio trabalha primeiramente através de um centro (ou chakra), e juntos, eles determinam a estrutura física e aparência, a natureza astral-emocional, e a qualidade da unidade mental. Eles nos predispõem a certas atitudes de mente e certas forças e fraquezas (as virtudes e vícios dos raios). Eles nos dão nossa cor particular de personalidade e o tom geral no plano físico. Pela maior parte de nossa experiência evolucionária nesta terra, os raios da personalidade governam nossa expressão, mas quando nós caminhamos dois-terços ao longo do caminho, o raio de alma começa a dominar e a ser expresso.

"Homem, conheça a si mesmo", disseram os antigos gregos."Homem, conheça os seus raios", diz o esoterista. Um conhecimento de sua estrutura de raios dá à uma pessoa o insight sobre suas fraquezas e limitações, a sua linha de menor resistência nesta vida e também uma compreensão das pontes e barreiras entre si mesmo e os outros, erguidas por nossas estruturas de raios individuais. Aqueles em raios similares tendem a ver as coisas do mesmo ponto de vista, terem a mesma abordagem para com a vida, enquanto que aqueles em raios diferentes, acham difícil chegar a um entendimento das atitudes e sentidos de cada um. Será óbvio como este fator condiciona a qualidade da vida no casamento. Afeta, também, o sucesso ou falha de encontro de lideres de nações, especialmente quando se percebe que cada nação é governada por dois raios: o raio mais elevado da alma, expressando os mais altos (normalmente ainda não manifestados) ideais da nação; e o raio mais baixo da personalidade, governando os desejos egoístas do povo da nação.

Ver a história de uma compreensão dos raios governando as nações e raças é vê-la em uma nova luz. Torna-se óbvio porque certas nações são aliadas, enquanto outras possuem pouco em comum e são tradicionalmente hostis uma com as outras. Torna-se fascinantemente claro porque idéias em particular, movimentos e religiões florescem em um período e decaem em outro; porque alguns países emergem por um tempo, e tornam-se dominantes influencias no mundo, enquanto outros permanecem atrás, como se estivessem, aguardando seu tempo de despertar através do estimulo de um raio vindouro.

Um conhecimento da estrutura de raios de alguns dos grandes indivíduos que criaram nossa cultura e civilização nos permite ver como seus raios o tornaram o que eles eram, condicionaram suas ações e qualidades, e formaram seus destinos.

A ciência da psicologia está em sua infância. Ela procura entender o funcionamento da psique humana, e na psicoterapia trabalha para aliviar os sintomas de estresse e desordem. Mas até que uma compreensão seja alcançada do homem como uma alma em encarnação, governado por certas influencias de raios, muito permanecerá obscuro. É a alma que determina os raios (e, portanto as influencias e fatores limitantes) da personalidade e seus veículos. A nova psicologia, hoje esotérica, começará desta premissa. (Janeiro de 1983)

Principais Influências de Raio

Por trás da discórdia dos presentes tempos tumultuosos estão duas grandes energias. O 7° raio da Ordem Cerimonial ou Ritual está (desde 1675) vindo em manifestação. O 6° raio do Idealismo Abstrato ou Devoção está (desde 1625) gradualmente desvanecendo-se. Nosso presente problema é o resultado do fato de que estas duas altamente potente energias estão funcionando simultaneamente, e em potência grosseiramente igual, de forma que seus efeitos estão equilibrados. Nenhum domina.

Em conseqüência, o mundo está divido politicamente, economicamente, religiosamente e socialmente em dois grupos principais; e estes grupos estão em confronto ao redor do mundo. De um lado, estão os expoentes da abordagem do 6º raio que, por amor às velhas formas, estão se agarrando as desgastadas estruturas, lutando uma batalha de última hora por suas preservações. Este grupo forma as forças conservadoras e reacionárias em todos os campos ao redor do mundo. O outro, as forças progressivas, são aqueles que são capazes de responderem às novas energias vindouras, que sentem a necessidade por novas, formas mais vivas, através das quais a civilização da Nova Era pode se manifestar. O mais impaciente se desfaria de tudo, o bom assim como o mau, e precisa da mão moderadora da Hierarquia para produzir mudança ordenada.

Desde muito tempo antes da era Cristã, o 6º raio tem aumentado em força (o Cristianismo sendo o resultado de sua influência), e, embora ele esteja agora em declínio, suas qualidades saturam e colorem todas as nossas estruturas e instituições, todos os nossos modos de se pensar, sentir e se relacionar.

A qualidade característica do 6º raio é devoção para o ideal – freqüentemente uma aderência fanática ao ideal as custas de todos os outros. Este ideal, é lógico, pode ser expresso em cada nível, do mais basicamente egoísta desejo de "conseguir um milhão", até uma devoção altruísta para uma causa ou uma visão abstrata de sacrifício. É por esta razão que a Crucificação tem sido o símbolo marcante do Cristianismo. O sacrifício de Jesus tem sido visto como uma expiação vicária por nossos pecados. Esta energia do 6º raio produziu, como o seu tipo culminante de aspirante, o místico. Em termos religiosos, a história dos últimos 2.000 anos é a história do crescimento do misticismo, tanto no Oriente e no Ocidente. As grandes figuras religiosas e santos da Europa têm sido invariavelmente místicos, enquanto que a mesma (abstrata) abordagem para Deus tem caracterizado os instrutores e adeptos do Islã, os Sufis, os Budistas, e os Jainistas. A aderência fanática para, e defesa

213

militante do, seus próprios ideais levou, é lógico, à longa sucessão de guerras religiosas que continuam até hoje.

Esta mesma influência do 6° raio tem sido responsável não apenas pelo sectarismo, mas também pelo nacionalismo e patriotismo, dogmatismo, exclusividade doutrinária, estreiteza de visão na ciência e escolas filosóficas de pensamento – resumindo, ela tem estimulado as tendências individualistas e separatistas na humanidade. Ao mesmo tempo, ela apresentou como idéias abstratas os ideais do amor e fraternidade, de justiça e liberdade. Estes ideais estão agora firmemente fixados nas mentes e corações da aspirante humanidade, e precisam apenas da influência do vindouro 7° raio da Ordem Cerimonial para levá-los em manifestação no plano físico.

Conforme os raios movem-se ciclicamente em manifestação (nunca existem mais de quatro – e portanto nunca mais que quatro tipos de pessoas – poderosamente presentes ao mesmo tempo) eles levam em encarnação aquelas almas em suas próprias linha de força. Este processo é especialmente marcante no final de uma era e começo de outra. Agora é tal momento. Durante a Era Pisciana agora terminando, o 6° raio trouxe em milhões almas do 6° raio através das quais ele poderia expressar seu propósito e qualidade. Com o minguar de sua influência, a massa de almas do 6° raio serão gradualmente retiradas de manifestação, seus lugares sendo tomados por almas do 7° raio que irão dominar durante o ciclo Aquariano.

O principal problema para o expoente do 6° raio tem sido que ele não consegue exteriorizar seu ideal. Seus mais altos ideais permanecem abstrações. Ele não consegue trazê-los mais abaixo do que no plano no qual ele está focado – o plano astral, o plano das emoções. Sobre o plano divino, cada raio prepara o caminho para o seu sucessor. O 7° raio relaciona espírito com a matéria, assim sintetizando estes opostos. Através de seus expoentes, ele irá trazer em expressão, como uma realidade do plano físico, os ideais e visões dos ciclos anteriores. Assim como o 6° raio fomentou o separatismo e a exclusividade, o 7° raio trará fusão e

214

misturada unicidade. É um raio intensamente prático. Seus expoentes têm o "pé no chão" e reconhecem a necessidade por ordem, ritmo e trabalho ritualístico. Assim como o 6º raio produziu o místico, o 7º produzirá – e está produzindo – o mágico, o trabalhador em magia branca. O que são as maravilhas de nossa ciência contemporânea, a não ser aplicações mágicas de certas leis? Esta é a magia de hoje, em uma volta mais alta da espiral do que aquela dos antigos tempos Atlantes, quando a ênfase estava no lado "negro". O 7º raio era a influência dominante, também, naquele tempo distante.

Estas duas energias, embora dominantes, não são as únicas forças manifestando-se através da humanidade e através de todos os reinos. Os raios dois, três, cinco e sete estão "em encarnação", abertamente manifestando-se. O raio quatro, aquele da Harmonia através do Conflito, é sempre subjetivamente influente no que diz respeito a humanidade – o conflito que ele engendra leva ao rápido crescimento – mas ele não virá até o próximo século [21]; então, o aspecto harmonia será o mais elevado. Sua influência oferecerá o estímulo para o desenvolvimento da intuição e para as artes de todos os tipos, incluindo, para as massas em todos os lugares, a arte de viver.

O 1º raio do Vontade ou Poder não está em encarnação, mas mesmo assim, a potência de seu aspecto destrutivo foi mais poderosamente expressado através dos líderes da Alemanha Nazista, a maioria dos quais eram expoentes do 1º raio, junto com outros na Itália e Japão. Esta é a energia do Anticristo sobre a qual existe tanto mal entendido. Ela é o aspecto destrutivo do 1º raio que destrói as velhas formas desgastadas da civilização agonizante para preparar o caminho para as forças construtoras do aspecto Crístico. Ele realizou seu trabalho destrutivo que, nós descobriremos, irá, no curso devido, beneficiar o Plano.

Desde 1975, o aspecto criativo desta poderosa, galvanizadora energia do 1º raio tem sido liberado diretamente para a humanidade (isso quer dizer, sem passar através e ser "diminuída em potência" pela Hierarquia). Esta é a Força de Shamballa, a Vontade-para-o-bem, a força da própria Vida. Ela é liberada cada ano pelo Buda no Festival do Wesak em Maio, econtinuará a ser liberada em potência crescente até o ano 2000. (Fevereiro de 1983)

Virtudes e Vícios das Características de Raio

As várias características e qualidades de cada um dos raios são dadas pelo Mestre DK através de Alice A. Bailey em *Psicologia Esotérica, Vol. 1,* e outros (publicados pela Fundação Cultural Avatar). Elas são as seguintes:

Raio 1: Vontade ou Poder.

Virtudes: Força, coragem, firmeza, veracidade vinda de uma completa falta de medo, força de vontade, singularidade de propósito, poder de governar, visão, poder para o bem, liderança.

Vícios: Orgulho, ambição, teimosia, dureza, arrogância, desejo de controlar os outros, obstinação, ódio, solidão, poder para o mal.

Virtudes a serem adquiridas: Ternura, humildade, simpatia, tolerância, paciência.

Raio 2: Amor-Sabedoria

Virtudes: Calma, força, paciência e resistência, amor pela verdade, fidelidade, intuição, inteligência clara, temperamento sereno, amor divino, tato.

Vícios: Super absorvido em estudo, frieza, indiferença para com os outros, desprezo pelas limitações mentais dos outros, egoísmo, desconfiança.

Virtudes a serem adquiridas: Amor, compaixão, altruísmo, energia.

Raio 3: Atividade, Adaptabilidade ou Inteligência.

Virtudes: Ampla visão em questões abstratas, sinceridade, intelecto claro, capacidade para concentração, paciência, precaução, falta de tendência de se preocupar consigo mesmo ou com outros em relação a coisas triviais, iluminação mental, ponto de vista filosófico.

Vícios: Orgulho intelectual, frieza, isolamento, falta de precisão nos detalhes, distração, obstinação, egoísmo, critico, não-prático, não-pontual, ocioso.

Virtudes a serem adquiridas: Simpatia, tolerância, devoção, precisão, energia, bom-senso.

Raio 4: Harmonia, Beleza, Arte e Unidade.

Virtudes: Fortes afetos, simpatia, coragem física, generosidade, devoção, rapidez de intelecto e percepção.

Vícios: Auto-centrado, preocupante, falta de precisão, falta de coragem moral, fortes paixões, indolência, extravagância, vela a intuição.

Virtudes a serem adquiridas: Serenidade, confiança, auto-controle, pureza, altruísmo, precisão, equilíbrios mental e moral.

Raio 5: Conhecimento Concreto ou Ciência.

Virtudes: Precisão, justiça (sem piedade), perseverança, bom-senso, retidão, independência, intelecto aguçado, veracidade.

Vícios: Forte criticismo, estreiteza, arrogância, falta de perdão, falta de simpatia, preconceito, tendência ao isolamento, separação mental.

Virtudes a serem adquiridas: Reverência, devoção, simpatia, amor, mentalidade mais aberta.

Raio 6: Idealismo Abstrato e Devoção.

Virtudes: Devoção, mentalidade singular, amor, ternura, intuição, lealdade, reverência, inclusividade, idealismo, simpatia.

Vícios: Egoísmo e amor ciumento, arrogante, parcialidade, auto-engano, sectarismo, superstição, preconceito, conclusões precipitadas, ódio ardente, violência, fanatismo, desconfiança.

Virtudes a serem adquiridas: Força, auto-sacrificio, pureza, verdade, tolerância, serenidade, equilíbrio, bom senso.

217

Raio 7: Ordem Cerimonial ou Ritual ou Magia

Virtudes: Força, perseverança, coragem, cortesia, meticulosidade, auto-confiança, criatividade, consideração, organização.

Vícios: Formalismo, intolerância, orgulho, estreiteza, pobreza de julgamento, arrogância, sobre-estresse devido à rotina, superstição.

Virtudes a serem adquiridas: Percepção da unidade, mentalidade mais aberta, tolerância, humildade, gentileza e amor.

É possível para um indivíduo invocar uma energia de raio para um propósito específico ou é apenas a Hierarquia capaz de fazer isso? (Julho/Agosto de 1983)
Não, não é possível para um indivíduo ou mesmo um grupo invocar uma energia de raio para qualquer propósito. Mesmo a Hierarquia pode apenas invocar estas energias de acordo como Plano emitido de Shamballa e o Conselho do Senhor do Mundo. Os raios têm uma manifestação cíclica, mas de tempo em tempo, para um estímulo específico de curta duração, um raio pode ser invocado por Shamballa e a Hierarquia para esse propósito.

Eu me pergunto se eu estou certo em assumir que conforme um novo raio atinge a humanidade, o lado positivo predomina, então quando o tempo se aproxima para outro raio se manifestar, o lado negativo predomina, ligando-se ao surgimento e queda de grandes civilizações? (Julho/Agosto de 1984)
Não, não é sempre como você sugere. Leva um longo tempo para o raio vindouro se manifestar de forma relativamente pura através da humanidade. A cristalização da civilização anterior leva tempo considerável para se dissolver, como ela era, e desaparecer, então no começo, é principalmente a desarmonia que o raio vindouro cria. Isso gradualmente muda para uma situação mais estável conforme o novo raio supera os padrões cristalizados do tempo anterior. Em

direção ao fim do ciclo, é lógico, as novas formas tornam-se por sua vez cristalizadas.

Conforme mais almas do 7º raio encarnarem, isto causará uma fricção com uma humanidade principalmente do 2º raio? (Junho de 1984) Fricção não é bem a palavra certa a se usar, mas certamente a massa da presente humanidade terá que aprender a se adaptar ao trabalho e procedimentos do tipo do 7º raio, movendo-se para um modo de abordagem e compreensão da realidade místicos, para um mais prático e científico. O vindouro 7º raio fará seu impacto em todos em encarnação e gradualmente mudará estes modos.

Relações de Raios Entre Nações

Cada nação, como cada indivíduo, é governada por dois raios: um raio de alma, que é sentido e expresso pelos iniciados e discípulos da nação, e um raio da personalidade, que é a expressão e influência da massa dominante. No presente, a maioria das nações agem em seus próprios interesses separatistas ao invés de no interesse da comunidade mundial como um todo, e estão, portanto, expressando seu raio de personalidade. De tempo em tempo, no entanto, através da atividade dos iniciados e discípulos do país, ao raio de alma pode ser dado expressão e a verdadeira qualidade da nação pode ser vista. Como um exemplo, no militarismo agressivo Alemão (entre 1870 e 1945), nós vemos uma expressão de sua personalidade do 1º raio; enquanto que, através do trabalho de seus grandes compositores – Bach, Beethoven, Handel, Wagner, Schumann e Brahms; seus filósofos Hegel e Kant; seus poetas Goethe e Schiller; seus pintores Dürer, Holbein e Grünewald – a beleza da sua alma de 4º raio é manifestada. A tensão racial Alemã é antiga, mas a nação é jovem, astral e mediúnica, e portanto respondeu prontamente à poderosa força do 1º raio, focada de maneira materialista, através de

219

seu ditador, Hitler (ele mesmo um médium), e de von Bismarck, que tinha três veículos do 1º raio em sua composição. O Mestre DK profetizou que um dia, quando sua alma for dominante, a Alemanha oferecerá ao mundo o esquema de uma correta (isto é, orientada espiritualmente) forma de governo hierárquico. O lema nacional da Alemanha (do ponto de vista esotérico) é: "Eu preservo", mas o esforço até agora tem sido o de preservar uma impossível pureza racial.

Dois raios, acima de tudo, estão a todo tempo condicionando a humanidade: o 2º raio do Amor-Sabedoria, e o 4º raio da Harmonia através do Conflito. Segue-se, portanto, que aquelas nações que têm estes dois raios como influências dominantes, seja no nível da alma ou do personalidade, devem ser influentes para toda a humanidade. Das principais nações, apenas a Grã-Bretanha e os Estados Unidos têm o 2º raio no nível da alma, enquanto que o Brasil tem uma personalidade do 2º raio e uma alma do 4º raio. (Existe uma conexão próxima entre o 2º e 4º raios.) A Índia e a Itália têm personalidades do 4º raio e a Áustria tem uma alma do 4º raio.

O raio de alma da Índia é o 1º, que é o raio de personalidade da Grã-Bretanha e liga proximamente os destinos destas duas nações. A marcante característica da Grã-Bretanha é sua faculdade governadora, que ela deve a esta influência do 1º raio. O lema nacional Britânico, "Eu sirvo", será implementado quando o aspecto sabedoria – compreensão amorosa – de sua alma do 2º raio for colocado a serviço da raça. Na Comunidade Britânica de Nações, a Grã-Bretanha deu ao mundo o primeiro esquema de uma federação de estados nações autônomos, enquanto que os Estados Unidos está realizando um serviço similar ao juntar pessoas de muitos países em uma nação federada.

No momento, o 6º raio, com suas tendências separatistas fanáticas, condicionam a expressão da personalidade tanto dos EUA como da Rússia e impede suas corretas respostas à necessidade mundial. Cada um tem tanta certeza de que seu próprio caminho, capitalista ou comunista, é o único caminho para toda a humanidade, que eles falham em perceber o cenário mundial ou ouvirem o grito por justiça do mundo em desenvolvimento. O raio de alma da Rússia é o 7º, e é responsável pelo desejo por ordem imposta de seus líderes. O erro reside não na ordem, mas em sua imposição por cima. O mundo aguarda a expressão (como no Plano Marshall depois da Segunda Guerra Mundial) do aspecto amor do 2º raio da alma da América. Então, o idealismo tanto do povo Americano como do Russo irão encontrar um terreno comum, e abrirão o caminho para a nova ordem mundial e eventual fraternidade.

Por séculos, a França manteve a luz da civilização para a Europa. Seu raio de alma é do 5º, enquanto que sua personalidade está no 3º raio. A brilhante mente Francesa contribuiu muito para a história Européia, mas sempre a França tem sido sua principal preocupação e interesse. Seu problema é o de que ela respondeu à ação separatista do 5º raio da mente inferior, combinado com as tendências materialistas, manipuladoras do 3º. Quando sua resposta for para a função reveladora de seu raio de alma, dominando a personalidade, a França, o Mestre DK profetizou, pode ter a glória de revelar, cientificamente, a existência da alma.

A troca de forças entre nações, condicionando suas ações, é sem fim, e esta é apenas a dica mais breve de suas complexidades e interesses. Não é por acidente, por exemplo, que tantas pessoas da Itália e da Rússia fizeram seus lares nos Estados Unidos. O elo comum do 6º raio os trouxe juntos. Isso também é verdade para outros certos grandes grupos nacionais agora residindo nos EUA, mas cujos raios não são dados aqui. O fato da Rússia e da Espanha terem o 6º e 7º raios as tornaram, cada uma, o maior campo de batalha de idéias neste século; seus conflitos internos são inevitáveis.

Muito mais pode ser escrito sobre a gradual transmutação das características da personalidade pelo raio da alma. Elas prosseguem exatamente como no indivíduo, apenas mais lentamente. O fato de que indivíduos mudam e se desenvolvem em servidores do mundo é a garantia de que as nações farão o mesmo. Sobre o estímulo do Cristo e da Hierarquia, este processo será acelerado incomensuravelmente. (Março de 1983)

Os Raios das Nações

O Mestre DK, através de Alice A. Bailey, deu os raios de vários países em *O Destino das Nações*. No entanto, em um número de casos, os raios não foram dados, a razão sendo que os países em questão estavam passando por um período de mudança de raios. Meu Mestre agora preencheu algumas destas omissões e adicionou mais países com seus raios. Estes estão indicados por asteriscos.

Nota: Para a segunda edição, esta lista foi expandida para incluir os raios que foram tornados disponíveis pelo Mestre de Benjamin Creme e publicados na revista *Share International* em Outubro e Novembro de 1990.

	Alma	Personalidade
Afeganistão*	6	4
Albânia*	2	7
Alemanha	4	1
Argentina*	1	6
Austrália	2	7
Áustria	4	5
Bangladesh*	7	6
Bélgica*	5	7
Birmânia	4	6
Brasil	4	2
Bulgária*	6	7
Butão*	6	2
Camboja*	6	2
Canadá*	2	1
China	1	3
Coréia*	6	4

Dinamarca*	3	2
Egito*	1	7
Espanha	6	7
Filipinas*	6	2
Finlândia*	3	2
França	5	3
Grécia*	1	3
Hungria*	6	4
Índia	1	4
Indonésia*	6	2
Irlanda*	6	6
Islândia*	3	4
Israel*	3	6
Itália	6	4
Japão*	6	4
Laos*	4	6
Malásia	3	3
Mongólia*	3	6
Nepal*	6	3
Noruega*	2	4
Países Baixos	5	7
Paquistão*	6	4
Polônia*	6	6(4)
Portugal*	6	7
Reino Unido	2	1
Romênia*	6	7
Sri Lanka*	6	4
Suécia*	3	2
Suíça*	2	3
Tailândia*	7	6
Tchecoslováquia*	4	6
Tibete*	7	4
Turquia*	3	6
Estados Unidos	6	2
União Soviética	7	6
Vietnã*	4	6
Iugoslávia*	6	7

África como um todo*	6	7
Ásia como um todo*	6	4
Europa como um todo*	4	3
Escandinávia como um todo*	3	2

Nota para segunda edição: De acordo com o Mestre DK, o raio de personalidade da Polônia era o 4º raio, mas o Mestre de Benjamin Creme revelou que a Polônia passou relativamente recentemente por uma fase de transição, e agora começou um novo ciclo ao expressar sua personalidade, com o 6º raio do Idealismo Abstrato como o fator dominante. Por esta razão, ambos os raios são oferecidos na tabela.

Mudanças em raio de personalidade irão ocorrer mais freqüentemente conforme o ritmo da mudança global continuar a acelerar. Um número de outras nações da Europa Oriental (Iugoslávia, Albânia, Romênia e Bulgária em particular) estão também entre dois ciclos e seus presentes raios de personalidade podem mudar no futuro próximo.

Bangladesh ainda é uma nação jovem e seu raio de personalidade está no processo de ser formado. Neste momento, o 6º raio exerce a maior influência.

Em O Destino das Nações por Alice A. Bailey, nós descobrimos que a energia do 1º raio em suas primeiras fases inevitavelmente leva à destruição. Especialmente, a energia do 1º raio causa a morte daquelas formas materiais e grupos organizados que impedem a livre expressão da vida de Deus e que não aceitam a nova cultura. Lendo isso, eu estava pensando nos muitos Judeus que foram mortos na Segunda Guerra Mundial. Os Judeus não reconheceram o Cristo e, assim, negaram a nova cultura. Isso é um exemplo da energia do 1º raio e, se sim, não é estranho que os poderes do mal, trabalhando através dos líderes Nazistas, de uma maneira curiosa ajudaram a realizar o plano de Deus?

Como nós podemos distinguir entre os poderes do mal e a força destrutiva da energia do 1º raio? Eu compreendo que o 1º raio almeja a unidade, enquanto que o mal causa separatismo. Como eu sei quando a destruição está produzindo unidade ou separação? (Junho de 1985)

Enquanto é verdade que os Judeus não reconheceram o Cristo na Palestina 2.000 anos atrás, isso não os marca para o poder destrutivo do 1º raio. Se este fosse o único critério, então todos os não-Cristãos – Hindus, Mulçumanos, Budistas, Taoistas – seriam candidatos para tal destruição, e este obviamente não é o caso. Embora cerca de 6 milhões de Judeus tenham morrido nos campos de horror Nazistas, eles não estavam sozinhos ao sofrerem este destino. Milhões de Poloneses, Russos, ciganos e muitos outros, Cristãos e não-Cristãos, sofreram semelhantemente. Os Judeus, no entanto, são "escolhidos", no sentido que eles são um microcosmos, um representante da humanidade, tendo dentro deles tudo o que é bom e tudo o que é ruim na humanidade. Os seus destinos sobre os Nazistas, portanto, é uma demonstração, como foi, do ódio dos Nazistas (ou melhor, as forças do mal que trabalharam através deles) por toda a humanidade.

É importante entender que o primeiro aspecto de Deus tem duas fases, uma criativa, uma destrutiva; uma evolucionária, uma involucionária. As forças do mal estão, é lógico, no arco involucionário, enquanto que nós estamos no arco evolucionário. O fator primordial determinante em relação a todas as energias é o motivo por trás de sua utilização. A energia em si é impessoal. Não existe regra simples em ser capaz de discriminar entre energias criativas e destrutivas, a não ser através de seus efeitos. Tal discriminação é gradualmente adquirida através da experiência. O problema para humanidade, é lógico, é o de ver como a destruição de formas pode levar a uma maior unidade em termos de vida. Destruição é sempre dolorosa e assustadora para nós, mas do ponto do vista do Logos criador (e também dos Mestres) ela é inevitável e benéfica quando dirigida pelo Propósito Divino.

225

Existem elementos no mundo responsáveis por todos os vícios humanos? (Julho/Agosto de 1984)
Um vício é um atributo de um raio impropriamente expressado. Todos os raios têm virtudes e vícios particulares a suas energias. A alma expressa apenas as virtudes do raio, enquanto que a personalidade imperfeita expressa, mais ou menos, os vícios. O objetivo evolucionário é o de transmutar o vício do raio em seus aspectos mais elevados (virtudes). Se aquele que pergunta realmente quer dizer se existem forças do mal no mundo, a resposta é sim. O mal deste (ainda) imperfeito planeta está inerente na própria matéria.

Você mencionou o fato de que nações expressam tanto um raio de alma e um raio de personalidade; uma nação algumas vezes morre antes que o raio de alma suceda em sua manifestação? (Fevereiro de 1984)
Sim, principalmente em tempos antigos, quando muitas nações desapareceram da história antes que seu raio de alma se tornasse manifesto. Conforme as pessoas, e portanto nações, evoluem, isso se torna mais raro. A expressão do raio de alma (através do trabalho dos iniciados da nação) é freqüentemente espasmódico, no entanto, e nações passarão através de ciclos nos quais ou o raio de alma ou o de personalidade tendem a dominar.

O que faz um país mudar de raios? (Fevereiro de 1984)
Uma nação têm ciclos de mudança em seu raio de personalidade que correspondem às sucessivas encarnações do indivíduo. Em cada caso, o raio de alma permanece o mesmo. A razão para esta mudança está relacionada com o padrão evolucionário da nação como um todo, sobre o impacto da energia do raio da alma como ele é focado pelos iniciados e discípulos da nação. Desta forma, a alma da nação busca uma mais ampla e rica expressão de seu propósito em sucessivos ciclos de "encarnações".

Quando um país tem o 7º raio como seu raio de alma, este país está predisposto a um governo totalitário? (Abril de 1985)

Eu assumo que aquele que fez a pergunta está pensando na União Soviética, que é o único país (na lista dada) com uma alma do 7º raio. Ter uma alma do 7º raio predisporia uma nação a criar ordem, estruturas padronizadas, mas não necessariamente através de uma forma totalitária de governo. Afinal de contas, existiram (e existem hoje) muitos governos totalitários de nações com raios bem diferentes. Por exemplo, a Alemanha sobre Hitler era extremamente totalitária. Os raios da Alemanha são: alma, 4; personalidade, 1. Itália, totalitária sobre Mussolini, tem uma alma do 6º raio e uma personalidade do 4º raio. Espanha, que foi uma ditadura sobre Franco, tem uma alma do 6º raio e uma personalidade do 7º raio. A Argentina tem uma alma do 1º raio e uma personalidade do 6º raio.

Existem outras formas de totalitarismo, também, além do político. Qualquer imposição de uma forma ou negação da liberdade é totalitária. Conseqüentemente, por exemplo, nós temos o totalitarismo econômico nos EUA (raios: alma, 2; personalidade, 6), e totalitarismo religioso na Igreja Católica (Cristianismo é uma religião do 6º raio)

A Constituição Russa (como aquela dos Estados Unidos) defende os direitos do indivíduo e almeja funcionar sobre princípios democráticos. Infelizmente, como nos Estados Unidos e em outros lugares, o ideal é raramente manifesto. O tempo chegará, no entanto, quando a aspiração do povo Russo, sobre a influência da sua alma do 7º raio, levará à existência o embrião da nova religião mundial. A presente oligarquia na Rússia tem uma mandato limitado.

Você realmente acredita que a maioria dos Americanos, com seus amores pelo consumo e posse, seu teimoso farisaísmo e seu dogmatismo religioso, farão as mudanças que Maitreya defende? Se sim, por que?

Eu devo talvez tornar claro que esta pergunta vem de um Americano! A resposta é sim, eu acho. O lado oposto da

227

moeda do materialismo Americano, "teimoso farisaísmo e dogmatismo religioso" (todas demonstrações dos glamoures do 6° raio da América) é um intenso idealismo e capacidade de auto-sacrifício. O mundo está realmente aguardando pela demonstração da natureza (amor) da alma do 2° raio da América, e quando isso de fato se manifestar, sobre a inspiração do Cristo, este idealismo e capacidade por auto-sacrifício irão se manifestar através dos Estados Unidos e o galvanizará em uma direção de mudança. É lógico, eu não estou sugerindo que isso irá ocorrer da noite para o dia ou que será indolor, mas doloroso ou não, isso deve ocorrer. A América, como o resto do mundo, não tem outra alternativa a não ser a auto-destruição.

Instituições e organizações têm sua própria estrutura de raios da alma e da personalidade? (Junho de 1983)
Não. Cada instituição ou organização é a criação de pessoas de várias estruturas de raio. Elas tenderão a refletir os raios das pessoas dominantes envolvidas.

Os Raios e Planetas

É possível que em nosso sistema solar do 2° raio existam Instrutores do Mundo que pertençam a outros tipos de raios? (Dezembro/Janeiro de 1983/1984)
Sim. Eles nem sempre estão sobre o 2° raio. Por exemplo, Hércules e Rama eram almas do 1° raio. Embora eles não tenham tido o cargo de Instrutor do Mundo na Hierarquia – este está sempre sobre o 2° raio – Eles foram, para a humanidade, principais instrutores para Seus tempos.

Já que existem Sete Homens Celestiais e 12 planetas, existe um Homem Celestial animando mais de um planeta ao mesmo tempo? (Julho/Agosto de 1984)
Não. Cada planeta tem a sua deidade animadora ou Homem Celestial. Os Sete Homens Celestiais são os "Sete Espíritos diante do Trono" – os Logos dos sete planetas sagrados –

Que focam as energias dos sete raios. Estes planetas são: Vulcano, Júpiter, Saturno, Mercúrio, Vênus, Netuno e Urano. Os outros cinco, incluindo a Terra, ainda são planetas não-sagrados.

Existem sistemas solares construídos com mais do que sete raios? (Junho de 1986)
Apesar do fato de que alguns grupos falem sobre 12 (ou mais) raios, e não obstante o jovem Americano que eu uma vez encontrei cujo grupo estava "trazendo o 10° raio", existem apenas sete raios, espiralando através do Cosmos, que são a expressão de sete grandes Vidas, e cujas interações criam o universo visível. Dado os vícios ou glamoures dos raios (suas expressões imperfeitas), eu estou bem feliz em me acomodar com sete. A mente se surpreende com os possíveis glamoures do Décimo primeiro Raio do Esforço Medíocre, ou o Décimo segundo Raio da Fantasia da Nova Era!

Você poderia nos contar como as energias de raio entram na vida deste planeta através do zodíaco e os planetas sagrado? E quanto as energias vindas dos planetas não-sagrados? (Julho/Agosto de 1983)
Cada um dos sete raios (cada um do qual é a expressão de uma Vida Solar) expressa a si mesmo através de três constelações do zodíaco ou através de um triângulo de energias. É esta relação que forma a base da Ciência dos Triângulos e da própria astrologia. Ela relaciona nosso planeta para com o sistema solar e o sistema solar ao todo maior. Os raios são expressos por e transmitidos através das constelações como se segue:

Raio 1: **Áries** – Leão – Capricórnio
Raio 2: Gêmeos – **Virgem** – Peixes
Raio 3: **Câncer** – Libra – Capricórnio
Raio 4: Touro – **Escorpião** – Sagitário
Raio 5: **Leão** – Sagitário – Aquário
Raio 6: Virgem – **Sagitário** – Peixes

Raio 7: Áries – Câncer – **Capricórnio**

As constelações em negrito são os fatores controladores – hoje – nos triângulos. Os raios utilizam os planetas como agentes transmissores. Neste ciclo mundial, cada planeta transmite a seguinte energia:

Planetas Sagrados
  Vulcano — 1° raio
  Mercúrio — 4° raio
  Vênus — 5° raio
  Júpiter — 2° raio
  Saturno — 3° raio
  Netuno — 6° raio
  Urano — 7° raio

Planetas não-sagrados
  Marte — 6° raio
  A Terra — 3° raio
  Plutão — 1° raio
  A Lua (velando um planeta oculto) — 4° raio
  O Sol (velando um planeta oculto) — 2° raio

Os planetas sagrados são aqueles nos quais os Senhor planetário da Vida (Logos planetário) tomou a iniciação cósmica correspondendo a terceira iniciação no homem, a Transfiguração. O Homem Celestial animando os planetas não-sagrados ainda não alcançaram este estágio de evolução, e Seus correspondentes corpos de expressão, o planeta, expressam e transmitem a qualidade do raio particular com menos pureza do que os planetas sagrados.

Você poderia dar os planetas em ordem de suas evoluções?
(Julho/ Agosto de 1986)
Em ordem de evolução, os planetas sagrados são: (1) Urano; (2) Mercúrio; (3) Vulcano; (4) Vênus; (5) Júpiter e Netuno; (6) Saturno. Os planetas não-sagrados em ordem de

evolução são: (1) Marte; (2) Terra; (3) Plutão e um planeta oculto; (4) um planeta oculto.

Os Raios e o Indivíduo

No apêndice é apresentado pela primeira vez (com a exceção de na *Share International*), um lista dos raios governando algumas das maiores figuras mundiais, tanto históricas como recentes, cujos pensamentos e ações criaram nossa cultura e civilização. Elas estiveram sendo os meios pelos quais o Plano tem sido implementado. As energias as suas disposições através de suas estruturas de raios condicionaram nossa vida e sensibilidades e nos trouxeram adiante, durante estes últimos 2.000 anos, para a prontidão a uma tremenda expansão de consciência e o estado de preparação para as novas revelações e relacionamentos.

Um estudo desta lista irá mostrar como certos raios e combinações de raios inclinam o indivíduo em direção a um certo tipo de atividade e linha de serviço – sua linha de menor resistência – através da qual, em qualquer vida particular, ele pode melhor servir ao mundo e levar adiante seu destino pessoal.

De crucial importância, é lógico, em compreender o serviço mundial de um indivíduo, é um conhecimento de seu ponto na evolução. Pela primeira vez, o grau iniciatório alcançado por esses discípulos nesta vida é dado na lista. Muitos deles, é lógico, já são há muito tempo Mestres, e como tais, continuam seus serviços para o Plano. A lista dá os raios principais na seguinte ordem: alma, personalidade, corpo mental, corpo astral e corpo físico.

O 1° raio é o raio do Poder, e isso se torna evidente da tabela: cada principal estadista ou líder político era fortemente influenciado por este raio. Mao-Tse-Tung (1-1-1-2-1) e Abraham Lincoln (1-2-1-2-1) (ambos discípulos de Shamballa ao invés da Hierarquia) tinham quatro e três fontes desta energia respectivamente, e a maioria dos outros a tinham como uma influência principal, seja como alma ou personalidade, ou ambos.

É interessante ver, também, quantas das grandes figuras da história mundial tinham este raio governando seu corpo mental. Através dele, elas podiam poderosamente influenciar o pensamentos de seus círculos e tempo. Ele oferece amplitude de visão e a falta de medo necessária para o serviço mundial. Por exemplo, os soldados von Hinenburg e Paul Kruger partilham a estrutura 1-1-1-6-7 com Carlos Magno, o Príncipe de Metternich e Juan Perón, enquanto Bismarck era 1-1-1-6-3.

O Mestre DK escreveu (através de Alice A. Bailey) que artistas são encontrados em todos os raios, mesmo assim, é óbvio da lista de iniciados, que o 4° raio da Harmonia ou Beleza tem um papel especial em artistas em todos os campos, como pintores, escultores, músicos e escritores. Todos os grandes artistas têm este raio fortemente influenciando suas vidas e trabalho, de Praxiteles (4° século AC), um dos maiores escultores da Grécia antiga (4-4-4-6-1), a Gustav Mahler (1860-1911), o grande compositor e maestro Austríaco (4-4-4-6-3), além de Donizetti (4-4-4-2-7), Puccini (4-4-4-6-7), o compositor Francês Milhaud (2-4-4-4-7), o pintor Italiano Modigliani (6-4-4-4-7), e uma multidão de outros. O 4° raio confere em qualquer pintor um sentido para cor, e dá a um compositor o dom da melodia. Não é acidente, portanto, que os grandes mestres da melodia eram fortemente dotados com esta energia. Mozart (4-4-4-4-3) tinha quatro 4° raios e Hector Berlioz (4-4-4-6-3), três.

O Mestre DK também escreveu que a combinação de 4° e 7° raios cria o mais elevado tipo de artista. Quase cada grande artista ou compositor tinha ambos estes raios em suas estruturas. Incrivelmente, Leonardo da Vinci (4-7-7-4-7) tinha apenas estes raios, e Rubens (4-7-1-4-7) tinha ele em quatro níveis.

Conexões entre indivíduos diferentes e sua estrutura de raio são sem fim. Os raios de Richard Strauss eram 1-6-4-4-7, enquanto aqueles de Wagner, que ele tanto admirava e copiava, eram 1-1-4-4-7.

Uma das mais interessantes destas relações é oferecida pelo famoso trio musical, Cortot (piano), Thibaud (violino) e Casals (violoncelo), formado em 1905. Os raios de Cortot são 4-2-3-2-3, enquanto aqueles de Thibaud são 2-2-4-4-3 e de Calsals 2-4-7-6-3. Casals era um iniciado de segundo grau, enquanto que seus colegas ainda tinha que tomar a segunda iniciação. Este fato, e a presença de seu corpo mental do 7º raio, torna provável que Casals, também um maestro e organizador de festivais musicais, era a influência dominante naquele famoso trio. Não apenas isso, mas foi ele sozinho que tomou a bem positiva e comprometida posição em relação aos eventos mundiais políticos e sociais.

Outro famoso conhecedor das artes musicais do tempo, Fritz Kreisler, tinha a estrutura de raio 4-2-2-4-3, enquanto Stradivari, cujos instrumentos tanto Thibaud e Kreisler sem dúvidas tocaram, era 2-4-2-4-7. Os compositores Brahms e Benjamin Britte tinham a mesma estrutura de raios: 2-4-4-6-3, assim como tinha o escritor George Sand e os pintores Mark Rothko e Ben Nicholson.

Leitores podem estar interessados em saber que Mozart, cujos raios, como já mencionados, eram 4-4-4-4-3, foi em sua próxima vida um obscuro compositor de violino. Naquela vida, seus raios eram mais práticos, 4-4-5-2-3. Ele é agora um Mestre.

O nome de John Dalton (1766-1844) pode não ser familiar para os leitores, mas ele era um iniciado de segundo grau e um dos maiores químicos. O prático, científico 5º raio é forte em sua composição: 2-5-5-4-3, assim como é no cientista Holandês e inventor do microscópio, Anton van Leeuwenhoek (1632-1723) 3-5-5-2-7; em Brunel, o grande engenheiro do século 19: 2-5-1-6-5; e em Richard Arkwright, inventor da revolucionária máquina de tecelagem, o "fiar", 2-1-5-4-5.

Não é coincidência que os raios do grande reformador religioso Suíço, Huldreich Zwingli (1484-1531): 6-6-1-2-3, são exatamente os mesmos que aqueles do seu grande contemporâneo Alemão e companheiro reformador, Martinho Lutero (1483-1547). Eles também estão muito proximamente relacionados com aqueles de vários outros principais reformadores de seu tempo; por exemplo, John Knox (6-6-1-6-3), João Calvino (6-1-6-6-3), George Wishart (1-6-6-6-7) e Hugh Latimer (6-6-6-2-3); enquanto que os raios do estudioso bíblico Miles Coverdale, e do tradutor Inglês, William Tyndale, também contemporâneos, eram 6-6-7-6-3. Além do mais, os raios do místico Alemão, Meister Eckhart, eram também 6-6-1-6-3, e aqueles de Charles Taze Russell, o fundador das Testemunhas de Jeová, eram 6-2-1-6-3.

Em cada caso, estes são os raios do fanático. Esta combinação de dois ou três 6° raios com o 1° ou 7° deu precisamente o tipo de poder unidirecional (para não dizer fanático) para levar adiante a Reforma, um dos mais influentes movimentos em nossa história. O *Dicionário Biográfico Chambers* tem isso a dizer de Knox, por exemplo: "Knox é o pré-eminente tipo de Reformador religioso – dominado por sua idéia transcendente, indiferente ou hostil a cada interesse da vida que não era útil a sua realização." Uma descrição bem precisa do tipo do 6° raio.

O 6° também é o raio do sacrifício, e Wishart foi martirizado e queimado até a morte por suas "heresias", enquanto que Zwingli morreu no campo de batalha, lutando por sua fé.

Não é por acidente que todos os santos Cristãos têm este raio poderosamente presente em suas estruturas de raio. Santa Catarina (6-6-6-6-7) tinha quatro veículos neste raio e São Francisco (6-6-6-2-3), três. Tal estrutura dá todos os requerimentos para devoção e auto-sacrifício.

É interessante notar o quão poucas pessoas nesta lista têm almas do 7° raio. Isso irá mudar conforme a nova era se desenvolver e a energia do 7° raio dominar. Um destes poucos foi Edvard Kardelj (7-6-7-6-1), quase desconhecido no Ocidente. Ele era a "mão direita" do Presidente Tito e foi responsável pela Constituição Iugoslava. Um iniciado de segundo para terceiro grau (2.5), ele exerceu enorme influência por detrás do poder do Presidente que era do mesmo grau, mas na linha do poder: 1-1-1-4-1.

Estes paralelos sem fim e possíveis relações não podem ser por acaso. As estruturas de raio dadas pela alma exerceram suas influências e guiaram os discípulos em seu escolhido campo de serviço e expressão. Assim é determinada a natureza daquela vida em particular, influenciando a sociedade em uma maior ou menor extensão, dependendo do grau de iniciação alcançado.

Hazel Hunkins Hallinan, embora praticamente desconhecida mesmo para escritores sobre preocupações feministas, foi por sete décadas, uma forte e incansável lutadora pelos direitos das mulheres. Ela nasceu Hazel Hunkins em Aspen, Colorado, EUA, em 1890, mas fez de Londres, Inglaterra, sua casa de 1920 até sua morte em 1982.

Uma iniciada de segundo grau, ela estudou química na faculdade, mas ao se graduar, descobriu que era impossível, apesar de seus esforços determinados, para uma mulher ser empregada como uma química naquele tempo. Era a frustração desta realização que trouxe ela para o movimento dos direitos das mulheres.

Sua estrutura de raio (3-4-1-6-7) ofereceu a ela um amplo equipamento para sua tarefa. Como uma iniciada de segundo grau, ela estava polarizada no plano mental, e sua poderosa mente do 1° raio, dando a ela amplitude de visão, permitiu a ela influenciar grande número de mulheres para "A Causa". Sua personalidade do 4° raio, sobre a influência de sua alma do 3° raio, deu a ela as características do impulso e entusiasmo do 4° raio (quando levado por uma causa).

235

Ela tinha apenas cincos pés e uma polegada de altura (1,55 m), mas era completamente destemida – e indomável – em seus muitos confrontos com a autoridade. Em sua luta pelo sufrágio das mulheres, ela passou pelos sofrimentos e indignidades da prisão e alimentação forçada muitas vezes. Este mesmo 4° raio (em seu ponto de visão mais amplo) trouxe um senso de humor e proporção para sua atividade que poderia de outra forma, através da influência de seu corpo astral do 6° raio, ter sido desfigurado pelo fanatismo.

Através de seu cérebro do 7° raio, seu corpo mental do 1° raio encontrou perfeita e prática expressão. Ela era capaz de organizar e inspirar em medida igual, e de canalizar os mais amplos conceitos idealistas em abordagens políticas práticas.

Sua alma do 3° raio tornou a política e particularmente a luta política para a benfeitoria das mulheres e de toda a humanidade, um campo natural de serviço.

Helen Adams Keller era notável por qualquer padrão. Sua história é bem conhecida, extraordinária, e duradouramente inspiradora. Nascida em Tuscumbria, Alabama, EUA, em 1880, ela se tornou surda e cega com a idade de 19 meses. Cortada do contato sensível com o mundo, ela cresceu para ser quase como um animal selvagem. Seu comportamento demonstrava tremenda frustração, não surpreendentemente quando sua estrutura de raios é conhecida. Como uma iniciada (1.7-1.8) com uma poderosa alma do 1° raio e personalidade do 1° raio, as tensões internas devem ter sido insuportáveis. Este mesmo equipamento do 1° raio, no entanto, muniu ela com o poder e vontade para superar suas desvantagens.

Então entrou em sua vida outra quase tão notável mulher, Anne M. Sullivan (Sra. Macy). Esta mulher de inacreditável paciência e perseverança tomou o animal e o ensinou a falar. Pela idade de 24 anos, Hellen Keller tinha superado tanto suas dificuldades que ela foi capaz de conseguir um grau de Bacharelado. Ela viveu até os 88 anos e ganhou distinção como uma palestrante, escritora e estudiosa.

Sua característica marcante, é lógico, era vontade-poder, mas seu corpo mental do 4º raio, no qual sua alma estava focada, trouxe uma altamente intuitiva faculdade e grande imaginação para utilizar em sua tarefa e trabalho posterior. Seu cérebro do 5º raio ofereceu a abordagem metódica e revelação necessária para o estudioso, e para lidar com as enormes dificuldades de aprendizagem nos primeiros anos.

Seu relativamente purificado corpo astral do 2º raio deu a ela uma serenidade emocional sem a qual, sem dúvidas, sua tarefa teria sido totalmente impossível.

Aqui está uma ilustração clara, pode-se pensar, de uma situação kármica, traumática em sua natureza, mas na qual a alma ofereceu o equipamento de raio para superá-la. (Outubro e Novembro de 1983)

Questões sobre a Lista de Raios

Na dada lista de raios de iniciados (no apêndice), nenhum iniciado com uma alma do 3º raio (com exceção de Confúcio) alcançou a terceira iniciação. Existiram tão poucas almas do 3º raio em encarnação pelos últimos poucos séculos, ou é mais difícil para elas evoluírem? Se sim, por que? Existem outras razões? (Dezembro/Janeiro de 1983/1984)

É importante se lembrar que a dada lista de raios não é necessariamente representativa, nem ela necessariamente, apesar das tentativas em fazê-lo, dá uma visão equilibrada dos discípulos do mundo através dos séculos. Eu sou um artista, e eu conheço o trabalho de mais artistas – pintores, escultores, músicos, poetas, escritores-- do que de discípulos trabalhando em outros campos. – Devem existir muitas pessoas bem avançadas trabalhando (talvez extensamente de maneira anônima, em grupos) nos campos científico, educacional ou político e econômico, dos quais a presença eu não estou ciente.

Outro fator pode ser que eu lidei apenas com pessoas não mais em encarnação. Pode ser que, se incluísse discípulos vivos nos campos acima, descobriria-se que muitos tomaram a terceira iniciação. Deve ser lembrado, no entanto, que existem em encarnação apenas entre 2.000 e 3.000 pessoas que tomaram a terceira iniciação.

Um fato adicional e importante pode ser este: O Mestre DK de fato declara que é mais difícil para os tipos do 3° raio corretamente perceberem a dimensão espiritual da Realidade, focados como eles estão no aspecto forma. (Este foco no mundo material é o que torna o caminho da mão-esquerda mais do que uma tentação para o tipo do 3° raio do que para outros.) No entanto, uma vez que este tipo respondeu à realidade espiritual da vida, ele é mais rápido em colocar esta revelação em efeito em sua vida. O tipo do 3° raio, além do mais, sofre menos do glamour, do que da ilusão. Ele portanto acha a terceira, ao invés da segunda iniciação, a mais difícil.

Como é possível que apenas alguns poucos filósofos na lista de iniciados tenham uma personalidade ou corpo mental do 3° raio, enquanto que acima de tud,o o 3° raio dá a alguém capacidades filosóficas? (Dezembro de 1984)
Por um lado, a lista não faz reivindicações de ser completa. Enquanto é verdade que nem todos os filósofos na lista têm fortes influências do 3° raio em suas estruturas, muitos deles a tem, seja da alma, dos níveis mentais e do cérebro físico. O 3° raio – quando é corretamente expresso – dá a capacidade para o pensamento abstrato. Ele também dá ao seu expoente um poderoso sentido do mundo da forma e a habilidade para expressar experiência no plano físico. Existe mais do que uma abordagem para a realidade por meios filosóficos, e outros raios são necessários para dar esta variedade de abordagem. O quão triste para o mundo seria se o "Positivismo Humanista" de Bertrand Russel (ele tinha três 3° raios) fosse a única abordagem filosófica disponível.

Ele disse que o próximo passo lógico em seu pensamento seria a aceitação de que Deus existe – mas este não foi um passo que ele estava preparado para dar!

Por que o grau de iniciação omitido em vários nomes da lista? Isso foi intencional, ou um equívoco, ou a informação não foi dada? (Maio de 1983)
A informação foi dada, mas a omissão foi intencional. Todas as pessoas a que isso diz respeito foram Avatares e não da evolução humana. Seria simplesmente uma falta de cortesia para com Eles, como honrados convidados deste planeta, assim dizendo, que eu liberasse a informação. Eu fiz isso em consulta com meu Mestre Que, é lógico, deu todas as informações quanto aos nomes.

Há algo a ser ganho estudando a vida de grandes iniciados que podem ter expressado em suas vidas as qualidades superiores de seus raios já que, como é provável, nós estamos expressando mais os aspectos mais baixos?(Fevereiro de 1984)
Eu certamente concordaria. Poucas pessoas, mesmo grandes iniciados, são totalmente completos e equilibrados na expressão de suas estruturas de raio, e muito pode ser aprendido através de um estudo de seus raios e em como o iniciado em questão lidou com (ou falhou em lidar com) forças e fraquezas inerentes em sua composição. Também, talvez acima de tudo, tal estudo, como da vida dos Santos, pode ser uma grande fonte de inspiração. Um conhecimento dos raios de indivíduos e nações, joga uma luz totalmente nova na psicologia e história e oferece um fascinante e iluminador campo de estudo.

Nos livros de Alice A. Bailey os raios de alguns indivíduos (por exemplo, o Buda, Hércules, Napoleão) são dados, e são algumas vezes diferentes daqueles que você deu. Você pode explicar a razão para isso? (Abril de 1985)
Infelizmente, ao dar os raios de pessoas (ou animais), o Mestre DK (através de Alice A. Bailey) omitiu dizer se Ele

estava dando o raio principal ou sub-raios. Nesta lista, meu Mestre deu os raios principais dos iniciados. É a minha informação que DK deu os raios mais influentes governando as pessoas sobre consideração – sejam eles principais ou subsidiários. É muito freqüentemente o caso que o sub-raio seja mais influente que o raio principal.

Talvez, em alguma data futura, se meu Mestre tiver o tempo (e a inclinação), Ele dará os sub-raios dos iniciados na lista, mostrando quais eram os raios mais influentes, principais ou subsidiários.

Raios Principais e Sub-Raios

De que significância são os sub-raios na estrutura de raio? Eles geralmente apontam para coisas por vir, atributos atualmente ainda sendo formados? (Dezembro de 1985)
A função dos sub-raios é a de qualificar ou (se for o mesmo) de reforçar o raio principal. Muito freqüentemente, os sub-raios representam as principais influências da vida imediatamente anterior ainda afetando a pessoa, cujas influências o raio principal vai eventualmente absorver ou diminuir. Muito freqüentemente, os sub-raios são mais potentes do que os raios principais, assim representando a tarefa para esta vida em particular – isso quer dizer, a superação destas influências, e o estabelecimento, claramente, dos raios principais.

Quando o sub-raio é mais influente do que o raio principal, porque ele não é então o raio principal? (Março de 1986)
O sub-raio é o sub-raio do raio principal em cada caso. Enquanto ele possa ser mais influente agora, isso não quer dizer que o raio principal não se tornará dominante no curso da vida. Os sub-raios qualificam as qualidades dos raios principais.

Os sub-raios de um indivíduo são aqueles raios que estão em um declínio da vida anterior, ou eles são a influência de

raio que irá aparecer de maneira mais forte em uma vida subseqüente? (Setembro de 1986)
Sub-raios são freqüentemente influências ainda afetando o indivíduo de uma vida anterior (quando eles muito provavelmente eram os raios principais), mas eles também podem ser a demonstração (não necessariamente pela primeira vez) de uma influência que será mais forte em uma vida posterior. O primeiro é mais freqüentemente o caso.

Qual é o propósito quando os raios principais e sub-raios são o mesmo? (Março de 1986)
Quando o sub-raio é o mesmo que o raio principal, ele fortalece e reforça a qualidade do raio principal.

Como nós sabemos a diferença entre raios principais e sub-raios? (Junho de 1985)
É difícil saber quais são os mais influentes, principais ou sub-raios. O procedimento comum é o de lidar com os raios principais primeiro, ter estes confirmados, e então se lançar a descobrir os sub-raios, que irão ou qualificar ou reforçar os raios principais.

No que diz respeito aos sub-raios dentro de uma estrutura de raio pessoal, se, por exemplo, o raio de personalidade fosse o 6º raio com um sub-raio do 2º raio – isso quer dizer do 2º sub-raio do 6º raio ou o 2º sub-raio do 2º raio? (Novembro de 1985)
Isso quer dizer o 2º sub-raio do 6º raio.

A influência dos raios menores das pessoas mudam durante uma encarnação específica? Por exemplo, o raio do corpo mental ou astral? (Julho/Agosto de 1983)
Não. Os raios permanecem o mesmo por todo o período de encarnação.

Estrutura de Raio Pessoal

Como nós descobrimos nossa estrutura de raios? (Junho de 1983) Estude as virtudes e vícios de cada um dos sete raios até que você tenha um firme quadro de cada raio como ele se expressa através destas qualidades, e, tão quanto honestamente e objetivamente você puder ser, relacione-os a você mesmo-- como uma alma, e como uma personalidade com três veículos, mental, emocional e físico. Tente permitir que sua intuição funcione e tente não fazer julgamentos de valores sobre, ou mostrar preferências por, raios particulares. Estes preconceitos irão inibir o funcionamento da sua intuição.

Em minha experiência, a maioria das pessoas querem ser poderosas, amáveis e efetivas, e portanto, tendem a vê-las como tendo o 1º, 2º e 7º (porque é o raio vindouro) raios em suas composições, seja este o caso ou não. Muitas pessoas se vêem tendo o poder do 1º raio quando na realidade elas estão demonstrando o ardor e fanatismo do 6º raio.

Os conflitos emocionais pelos quais todas as pessoas passam (especialmente entre a primeira e segunda iniciações, quando o esforço está sendo feito para controlar o elemental astral), não são necessariamente uma indicação de que a pessoa está no 4º raio da Harmonia através do Conflito. Certamente, este raio nunca está longe do caminho evolucionário da humanidade, mas estes conflitos ocorrem em todos os raios. Discriminação, intuição e honestidade são portanto pré-requisitos para achar sua estrutura de raio, mas isso não é nem tão difícil, nem tão fácil como pode ser pensando. Requer trabalho.

Certos instrutores dizem – ou mesmo vendem – às pessoas suas estruturas de raio. Além do fato de que não há garantia de que eles sabem a correta estrutura (em minha experiência, este certamente não é o caso), o verdadeiro valor em saber sua estrutura de raios está em conhecer a si mesmo – que necessita de esforço e objetividade. Simplesmente ser dito sua estrutura de raio, se correto, nega à alguém esta experiência valiosa de crescimento e, se incorreto, apenas serve para confundir e atrasar o progresso.

Qual é a melhor maneira de determinar a origem de uma qualidade reconhecida, isso quer dizer, como nós descobrimos se esta qualidade é o resultado de, digamos, o corpo mental ou raio de personalidade? (Junho de 1983) O raio de personalidade dá o tom geral de uma pessoal, o raio mental dá o molde ou qualidade do pensamento. Estude os livros para os atributos de raio, e, mantendo a qualidade e imaginação em mente, tente sentir e intuir a que veículo ele pertence. Isto parece difícil, mas em prática (e com prática) não é tão difícil. É realmente através de uma combinação de percepção direta e intuição que nós descobrimos.

Existe uma fórmula para calcular raios? (Março de 1984) Não. É necessário o estudo das qualidades, as virtudes e vícios associados com cada raio e relacionar estes a você e outros tão objetivamente quanto possível. Com prática, certamente se torna possível reconhecer as influências e expressão de raio.

Como nós podemos distinguir as diferenças entre o 1° e 6° raios? Os vícios (que são glamoures) são similares. Em minha experiência, muitas pessoas confundem os dois. Quase sem exceção, personalidades do 6° raio, quando elas estão estudando sua estrutura de raio, imaginam elas mesmas sendo personalidades do 1° raio. Isso é por causa da similaridade dos glamoures (ou vícios) de cada. Mas um tem relação com os glamoures da vontade, e o outro com os glamoures do desejo. O 1° raio é o raio da vontade, ou poder; o 6° raio da devoção é baseado no desejo. Por exemplo, ódio é um vício de ambos os raios, mas saindo de causas diferentes. Desejo de controlar outros é um vício do 1° raio. Ele vem do poder dominador do 1° raio. O desejo de

243

controlar outros é também, eu diria, um glamour do 6° raio, mas é para um propósito diferente. É a crença fanática em, e aderência ao, seu próprio ideal que leva ao desejo de controlar os outros. Ele não está vindo da vontade, ele está vindo do desejo do 6° raio, absolutamente preso em sua própria retidão, devoção ao seu ideal e a si mesmo, e determinação em impor este ideal em todos.

Os raios com os maiores glamoures são o 1°, 2° e 6°. Os glamoures do 1° e 6° raios são mais semelhantes, porque o princípio do desejo no 6° raio atinge seu reflexo mais elevado, ou correspondência, no 1° raio. Desejo pertence a personalidade; então ele é desejo por poder, enquanto quando vontade, vem da alma, e é essencialmente amor. Eu não estou falando que a personalidade do 1° raio é mais imbuída pela alma do que a personalidade do 6° raio, de forma alguma. Mas a característica do 6° raio é trabalhar através do princípio do desejo, enquanto que a vontade do 1° raio está trabalhando através do princípio do desejo apenas quando ela é um glamour. Quando ele é do aspecto mais elevado, nós vemos demonstrando, no caso do 1° raio, a vontade e poder da alma cujas qualidades incluem coragem, firmeza, e unicidade de propósito, e, no caso do 6° raio, idealismo abstrato, intuição, devoção, ternura e unicidade de propósito unidirecionada. As virtudes e vícios do 6° raio são diametralmente opostos. As virtudes são transformadas em seus próprios opostos. É isso que os vícios e glamoures realmente são – a qualidade de um raio expressando a si mesmo de forma errada.

Você quer dizer que os vícios e virtudes do 6° raio são mais dramáticos em contraste?
Exatamente. A diferença entre as virtudes e vícios do 6° raio são mais dramáticas do que em qualquer outro, e daí a dificuldade particular em se lidar com o problema do glamour. Em minha experiência, o 6° raio é o mais glamourizado de todos os raios. Por que? Porque ele está focado no plano astral. Ele vem através do plexo solar, que é o veículo para a energia astral, e o problema para o

expoente do 6º raio é o de levar abaixo seus ideais do plano astral para o mundo físico exterior. No entanto, a alma do 6º raio é tão perfeita como qualquer outra alma. As qualidades da alma do 6º raio são maravilhosas: idealismo abstrato e devoção, simpatia, amor, intuição e reverência. O que eu gostaria de adicionar para a lista do Mestre DK é auto-sacrifício – uma das maiores qualidades da alma do 6º raio.

Como se distingue entre o raio da mente e aquele do cérebro (onde um termina e o outro começa)? (Junho de 1983)
O raio do cérebro é o raio do corpo físico – que pode torná-lo mais fácil de se reconhecer. Cada raio cria um tipo bem específico de corpo físico que é bem reconhecível, mesmo com tipos raciais e nacionais diferentes.

É possível descrever os diferentes tipos emocionais e mentais de acordo com os raios? (Abril de 1986)
Sim. São precisamente os raios que dão as diferentes qualidades dos vários tipos.

Como pode ser que apesar de ter certos raios, as pessoas não mostrem suas características? Por exemplo, personalidades do 2º raio não são necessariamente amáveis – por quê? (Junho de 1983)
A realidade é que os raios apenas dão a alguém a potencialidade para certos atributos. Então, por exemplo, ter uma alma ou personalidade do 2º raio não necessariamente quer dizer que as qualidades do 2º raio de amor e sabedoria, empatia, etc, serão demonstradas. Ao contrário, elas podem muito bem terem que ser construídas. A alma ofereceu a possibilidade disto ocorrer através da influência do 2º raio.

Por que pessoas cujos raios deveriam torná-las gentis, calmas e reticentes, por exemplo, parecem ser bem mais enérgicas, etc, do que poderia ser esperado simplesmente pela estrutura de raio? (Junho de 1983)

245

Novamente, a resposta é a mesma que foi para a pergunta anterior. Os sub-raios, também, podem ser totalmente diferentes. Também há a possibilidade que raios bem diferentes de encarnações anteriores ainda estejam fortemente influenciando a expressão da pessoa nesta encarnação. Isso traz outra influência que pode apenas ser discernida por um Mestre.

Na lista da raios de iniciados, apenas seis pessoas têm corpo físico do 2º raio. Além disso, a maioria delas morreu muito jovem (Chopin tinha 39 anos, Giorgione 33, John Keats 26, Schubert 31, e U Thant, como uma exceção, tinha 65). Isso é comum para corpos físicos do 2º raio e você pode me falar mais sobre isso? (Julho/ Agosto de 1986)
É verdade dizer que ele não é o corpo físico mais poderoso no mundo, mas isso não quer dizer que pessoas com corpo físico do 2º raio necessariamente vivem vidas curtas. Ao contrário, principalmente se o sub-raio é o 7, 3 ou 5, uma pessoa com um corpo físico do 2º raio pode bem viver até uma idade bem madura. Simplesmente quer dizer que ele é um tipo de corpo especialmente sensível e tende a sofrer portanto do impacto sobre o sistema nervoso de sua hipersensibilidade.

É possível descrever tipos físicos diferentes de acordo com os raios? (Dezembro/Janeiro de 1983/1984)
Sim. Cada raio produz um tipo físico distinto que parece atravessar as características da família individual, nacional e raciais.

O tipo do 1º raio tende a ser alto, fortemente construído e de ossos grandes com um ar geral de poder, autoridade natural e destemor físico. Eles são freqüentemente bem gordos (de auto-indulgência, ao invés de perturbação glandular), mas são freqüentemente esguios, rígidos e duráveis. Militares e policiais são freqüentemente 1º raio. Atletas, boxeadores peso pesados, levantadores de peso e atiradores tende a ter corpo físico do 1º raio.

O tipo físico do 2º raio é normalmente (mas não sempre) pequeno e de constituição delicada, com um sentido de refinamento esquisito e sensibilidade. Ele ou ela não será o jogador natural, com exceção, talvez, com cartas e outros jogos mentais precisando de sensibilidade e intuição.

O tipo físico do 3º raio (com o 7º, o mais comum) vem em todos os tamanhos e formas. Um grande número de atletas são deste tipo, que é caracterizado por uma impressão de co-ordenação física e adaptabilidade (quando saudável e adequado). Eles têm a normalidade "da norma" já que nós os vemos em todos os lugares – grande e pequeno, gordo e magro. Eles tendem, com exceção quando são particularmente grandes, terem características de tamanho mediano.

O tipo físico do 4º raio, para mim, tem algumas das características tanto dos tipos do 2º e 3º raios: um pouco da delicadeza e refinamento de gesto do 2º, além parte da energia básica (mas mais febril) do 3º. Eles tendem a ser bem pequenos. Charles Chaplin tinha um corpo físico do 4º raio.

O tipo físico do 5º raio dá uma aparência de alguma forma dura e rígida; uma tendência a falta de jeito e embaraço ao invés da co-ordenação física. Eles são freqüentemente quadrados nos ombros e cabeça, com olhos bem profundos sobre sobrancelhas quadradas.

Os tipos físicos do 6º raio tendem a ser grandes e a engordarem. Eles tem uma aparência bem sutil e flácida com rostos grandes. Eles parecem ser de alguma forma raros na Europa (nossa lista tem apenas dois), mas são mais comuns nos EUA.

O tipo físico do 7º raio pode ser alto ou baixo, mas é normalmente magro e esguio. É um tipo extremamente durável, muito atlético, principalmente em esportes exigindo resistência – o corredor de longa distância ao invés do corredor de velocidade. Elegante em movimento e pose, com características nítidas e bem proporcionadas. Eles freqüentemente dão uma impressão de certa forma aveludada.

Figuras esportivas bem-conhecidas são freqüentemente corpos físicos do 1° raio? (Julho/Agosto de 1983)
Não, com exceção de esportes peso pesado como o boxe, luta ou levantamento de peso. O melhor tipo físico para os esportes parece ser o 3° raio. Ele oferece a co-ordenação e adaptabilidade necessária em esportes. O 7° raio, também, é freqüentemente, encontrado principalmente onde a resistência é a maior necessidade. O tipo físico do 1° raio parece ser favorecido por políticos, oferecendo a eles um poderoso cérebro, presença física e resiliência.

O raio do corpo físico é o resultado da hereditariedade – isso quer dizer, o grupo no qual se encarnou – ou existem razões mais sutis? (Novembro de 1985)
A alma determina os raios de seu veículo – mental, astral e físico. Estes podem ter ou não ter relação com a estrutura de raios de seus pais. Freqüentemente, o raio físico dos pais é partilhado por todos os membros da família, mas isso não é de forma alguma sempre o caso.

Se você conseguir ver a si mesmo expressando as qualidades mais inferiores, negativas de um raio, nós podemos trazer adiante outras qualidades de raio afim de compensar e superar isso; e se sim, nós podemos fazer isso em uma vida? (Fevereiro de 1984)
Sim, de fato. Um estudo da biografia de raio de Gandhi (ver *Share International,* edição de Dezembro de 1983/Janeiro de 1984) mostrará isso: as qualidade inclusivas do 2° raio são usadas (conscientemente ou inconscientemente) para superar a tendência separatista do 6° raio, embora ele nunca tenha superado o aspecto fanático deste raio. É lógico, o objetivo é o de construir as virtudes dos raios, mas certas fraquezas, por exemplo, a timidez e falta de confiança que freqüentemente ocorrem em personalidades do 2° raio, podem ser fortalecidas se também existe um raio na linha 1-

3-5-7 cuja qualidade mais forte pode ser trazida à frente. O sucesso ou não em alcançar este equilíbrio em qualquer vida depende, naturalmente, do esforço feito.

A influência de um raio ajuda a levar ao uso correto de outro raio? Por exemplo, a energia do 4° ajudaria a superar o fanatismo do 6° raio? (Dezembro de 1984)
Sim. O segredo em se compreender os raios é saber em como utilizar a qualidade de um raio para compensar a fraqueza ou superar os glamoures de outro. A mim, o 5° raio da Mente Concreta teria mais sucesso em superar o fanatismo do 6° raio do que o 4° raio. Ou faltando este na estrutura, o segundo, que é inclusivo e magnético.

Pessoas da mesma "composição" de raio tendem a gravitarem uma para as outras e parecem "gostar" uma da outra? Existem alguns raios que tendem a repelir um ao outro? (Maio de 1983)
É verdade que pessoas da mesma estrutura de raio tenderão a entender o ponto de vista uma da outra e a abordagem para com a vida e então irão se atrair, mas também é verdade, no nível da personalidade, que nós tendemos a não gostar de pessoas que são muito parecidas com nós mesmas. É um truísmo que o que nós mais desgostamos em outros são nossos próprios defeitos.

Pessoas do 2° raio tendem a serem repelidas e a terem medo da manifestação de poder do 1° raio, enquanto que expoentes do 1° raio freqüentemente não gostam do sentimentalismo do tipo do 2° raio. É lógico, no nível da alma, não há repulsão; todas as almas podem trabalhar juntas em harmonia, seja qual for o raio – daí a necessidade de se abordar as pessoas como almas e encontrar o contato com elas neste nível.

Gêmeos que são muito semelhantes têm os mesmos raios? (Abril de 1984)
Não, não necessariamente. Eles podem ser e freqüentemente são bem diferentes.

Pessoas vivendo juntas absorvem as energias de raio uma das outras a extensão de parecerem expressar os raios da outra pessoa a invés de seus próprios? Se sim, isso é bom? (Julho/Agosto de 1983)
Não, as pessoas não absorvem as energias de raio das outras pessoas até tal extensão. Onde as pessoas parecem se tornar semelhantes, nós estamos vendo um caso de empatia até o ponto de imitação, tal empatia que seria a expressão de uma existente influência de raio, particularmente do 2° raio. Nós podemos apenas expressar aquilo que nós já somos.

Como o 1° e 2° raio trabalham juntos? (Dezembro de 1984)
Depende inteiramente do indivíduo. Em geral, o 1° raio traz força de vontade, propósito dinâmico e destemor, enquanto que o 2° traz compreensão amorosa, intuição e inclusividade. Eles portanto complementam um ao outro.

Orgulho espiritual é uma característica de uma força de raio em particular? (Julho/Agosto de 1984)
Pessoas no 1° e 6° raios são mais inclinadas ao glamour do orgulho espiritual.

O aspecto destruidor da divindade deve sempre ser manuseado por um adepto do caminho da mão-esquerda? (Setembro de 1986)
Não, de forma alguma este é o caso. O aspecto destruidor é o 1° raio da Vontade ou Poder. Não há razão para se assumir que todos os expoentes da energia do 1° raio, mesmo em seu aspecto destruidor, estariam no caminho da mão-esquerda.

Quando nós reconhecemos em nós mesmos as energias de raios que não estão em nosso equipamento pessoal, qual pode ser a razão para isso? (Abril de 1984)
A principal razão será mais provavelmente a influência de um raio poderosamente presente na encarnação imediatamente anterior.

250

A influência do grupo no qual se está trabalhando pode também ter um efeito poderoso. Da mesma forma, o raio de sua nação sempre tem um efeito penetrante em sua expressão de personalidade.

Nós podemos verdadeiramente entender um raio que não está em nossa composição? (Dezembro de 1984)
Para a maioria de nós, é muito difícil. No entanto, quão mais avançada a pessoa se torna, mais das qualidades de todos os raios – sintetizadas pelo seu próprio raio-- ela terá desenvolvido em seu equipamento, e mais ela irá funcionar do nível da alma. Neste nível, não há dificuldade de compreensão.

Quando você gosta muito da música de um certo compositor, você pode concluir que você tem mais ou menos os mesmos raios? (Dezembro de 1984)
É lógico que isso deve ocorrer algumas vezes, mas se o seu gosto quanto a música for razoavelmente amplo, você descobrirá que este não é de forma alguma o caso. Muitos outros fatores estão em funcionamento na apreciação musical. Também, o gosto e fortes apreciações quanto a música freqüentemente mudam através da vida.

A Alma e os Raios

Quem escolhe o raio de alma? (Novembro de 1985)
A própria alma.

É possível para uma alma encarnar com todos os seus corpos no mesmo raio? (Setembro de 1985)
Teoricamente, sim. Em prática isso é raramente encontrado. Mesmo assim, apenas na linha 2-4-6.

É possível que a alma selecione o mesmo conjunto de raios por duas vidas consecutivas? (Setembro de 1986)
Embora infrequente, isso ocorre.

251

Eu tenho a impressão que quando almas encarnam como homem, elas principalmente tomam raios da linha 1-3-5-7, e quando mulheres da linha 2-4-6. Isso está correto? (Dezembro/Janeiro de 1983/1984)

Não. Uma rápida olhada na lista de iniciados e seus raios irá mostrar que o número de discípulos está dividido muito bem uniformemente entre as duas linhas, seja homem ou mulher.

Raios pares tendem a produzir pessoas mais introvertidas do que os raios ímpares? (Dezembro/Janeiro de 1983/1984)

Sim. A linha 1-3-5-7 lida com a forma, o mundo concreto, com a função da matéria, então aqueles nesta linha tendem a ser extrovertidos para o aspecto exterior, formal da vida. Os raios 2-4-6 estão conectados com a vida interna, espiritual, com a expressão através da mediação da matéria ou forma, com qualidade, e estes nesta linha são portanto mais atraídos para a qualidade interna da alma através da introversão.

Pareceria que aqueles sobre a linha ou atividade de raio 2-4-6 são transmissores verticais e horizontais de energia, enquanto que aqueles sobre a linha 1-3-5-7 seriam mais ativamente orientados, os verdadeiros transformadores psíquicos. Este é o caso? (Janeiro de 1986)

Para colocar nos termos usados por aquele que fez a pergunta, eu diria que a abordagem 2-4-6 é mais vertical enquanto que a abordagem 1-3-5-7 é mais horizontal.

Raios que estão presentes no momento do nascimento permanecem os mesmos no seguir da vida? (Março de 1983)

Sim. Os raios da personalidade e seus veículos, mental, emocional e físico, podem (e normalmente o fazem) mudar de vida para vida, mas permanecem o mesmo pela duração de cada vida particular. O raio de alma permanece constante de vida para vida, e muda apenas no começo de um novo ciclo mundial, o que, é lógico, muito raro.

Quando a primeira e segunda iniciações foram alcançadas em uma vida anterior (ou vidas), o que acontece quando o indivíduo depois encarna com uma estrutura de raios diferente? A alma impõem o controle bem facilmente ou é uma luta? (Junho de 1983)

Depende do indivíduo. Falando no geral, o período entre a primeira e segunda iniciações oferece o campo de maior luta entre a alma e o seu reflexo, a personalidade, que freqüentemente resiste ao crescente controle da alma. A segunda iniciação é dita ser a mais difícil de se tomar por esta razão. Normalmente, assim que a segunda iniciação foi alcançada, o progresso é rápido. Isso tende a ser o caso qualquer que seja a estrutura de raio, que em qualquer caso é escolhida pela alma.

Existem estágios claros em se aprender a trabalhar com os raios, e o caminho da iniciação é um dos estágios finais? (Junho de 1983)

O caminho da iniciação (no qual existem cinco principais estágios) é precisamente a aprendizagem do trabalho com e o controle de forças, que são as forças de raio, delineando todas as aparências. Cada encarnação oferece a possibilidade para uma expressão mais pura da qualidade de raio (alma) subjacente. Isso começa a ser alcançado pela terceira iniciação, no momento em que o raio da Mônada (centelha divina) torna-se sentido. O Mestre da quinta iniciação expressa o raio Monádico em sua pureza e tem controle sobre todos os planos.

Se um discípulo é uma alma do 2º raio, é concebível que ele possa ter um Mestre em um dos outros raios? (Julho/ Agosto de 1985)

Não-- a não ser que ele tenha sido "emprestado" para outro Mestre por algum propósito particular ou treinamento. Isto ocorre freqüentemente.

Já que todos os iniciados do 6º raio e 4º raio devem se transferir para o principal 2º raio, nós podemos assumir que Jesus é agora uma alma do 2º raio mesmo embora Ele seja o Chohan do 6º raio? (Outubro de 1985)

Não. Na terceira iniciação, o iniciado alinha-se com o aspecto da Mônada ou Espírito que está sempre nos raios 1, 2 ou 3. Aqueles cujas almas estejam nos raios menores (4, 5, 6 ou 7) devem encontrar, neste momento, suas correspondências em um destes três raios maiores, ou raios de aspecto como eles são chamados. Isso não quer dizer que você muda de raio. O Mestre Jesus ainda está no 6º raio, embora seja uma Mônada do 2º raio, e é o Chohan do 6º raio-- cabeça do principal ashram do 6º raio.

Unidade de grupo sem o tipo Pisciano de liderança pode ser bem um problema, principalmente quando os números aumentam. Existem algumas diretrizes úteis conforme nós tentamos construir a fundação dos grupos da Nova Era? (Novembro de 1984)

Este é um problema comum que irá obviamente aumentar conforme mais grupos forem formados sobre linhas diferentes do passado. Se nós podemos tomar por certo que a maioria dos membros do grupo são igualmente sinceros e dedicados para o propósito do grupo, este é um bom começo. A maioria das divisões dentro dos grupos saem de idéias diferentes quanto a procedimento e política. Isto é inevitável, dada as diferentes estruturas de raio dentro do grupo habitual. O mundo, neste momento, está saturado com a energia do 6º raio (a energia de Peixes) com sua tendência para exclusividade e fanatismo. Com eles percebendo ou não, a maioria dos membros da maioria dos grupos "Nova Era" são expoentes da energia do 6º raio, que é lógico, dá o seu idealismo, mas também suas dificuldades em trabalhar com, e não apenas para, um grupo. A única maneira de superar estes problemas é a de fomentar uma forte relação de amor entre membros do grupo e aprender a reconhecer, e trabalhar, do nível da alma de cada um. Seja lá de que raio, a alma é altruísta e inclusiva. Aprenda que em grupos, desejos da personalidade e diferenças não contam. Evite a crítica mútua e fomente o auto-sacrifício para o bem maior. Lembre-se que este é um período de transição no qual dificuldades são inevitáveis. Todos estão aprendendo, mais ou menos, as mesmas lições.

Foco da Alma e Polarização

Em conexão com estruturas de raio, qual é a diferença entre "polarização" e "foco da alma"? Ambos mudam ou aumentam de vida para vida? (Novembro de 1984)

Por "polarização", quer dizer o plano no qual a consciência individual está habitualmente focada – física, astral, mental ou espiritual. Cada raça teve o objetivo evolucionário de alcançar a consciência em um plano e de aperfeiçoar o veículo apropriado de resposta. Por exemplo, a terceira raça raiz – a Lemuriana, a primeira raça verdadeiramente humana – teve o objetivo de aperfeiçoar o corpo físico e alcançar total consciência do plano físico. A quarta raça raiz, a Atlante, teve o objetivo de alcançar e aperfeiçoar a consciência astral, a resposta sensória de sentimento do homem para estímulos exteriores. A nossa, a quinta raça, a Ariana, tem o objetivo de aperfeiçoar a consciência do plano mental. Todos da humanidade atual possuem consciência física e astral e algum grau de consciência mental.

Ter consciência de um plano não é a mesma coisa que ter controle sobre aquele plano. Assim, controle sobre o plano físico (na verdade o controle das pequeninas vidas dévicas que criam a substância do corpo físico) é demonstrado apenas quando a primeira iniciação pode ser tomada. Quando o elemental astral é controlado, a segunda iniciação se torna possível, e a terceira iniciação demonstra o controle sobre o plano mental. O foco da consciência então muda para cima, conforme a evolução prossegue. Mesmo hoje, a maioria da humanidade é polarizada no plano astral; ela ainda retém o tipo Atlante de consciência. Esta polarização astral continua até um ponto na metade do caminho entre a primeira e segunda iniciações. Há então um período no qual a polarização oscila entre o astral e mental até que total polarização mental é alcançada e a segunda iniciação pode ser tomada. O estado de polarização mental continua até cerca de metade do caminho entre a segunda e terceira iniciações, quando a polarização espiritual começa e a intuição gradualmente assume as funções da mente inferior. Isto é totalmente alcançado pela quarta iniciação.

Por "foco da alma" em conexão com a estrutura de raio, quer se dizer o corpo ou veículo – personalidade, mental, astral ou físico – através do qual a alma está focando seu maior estímulo em qualquer vida em particular. Este foco pode e de fato muda de vida para vida conforme a alma – para seus próprios propósitos – dá um estímulo especial para um raio particular governando um veículo particular. A mudança em polarização, por outro lado, ocorre lentamente, por muitas ou várias vidas.

Qual é o verdadeiro valor em ser polarizado mentalmente? (Setembro de 1985)
Ser polarizado mentalmente permite à alma trabalhar através do corpo mental e destruir o glamour da atividade do plano astral. Cada ato da mente que corretamente controla o corpo emocional e o coloca em seu lugar adequado é uma ajuda para a eventual polarização mental.

Como se poderia ver a diferença quando a alma está focada no corpo mental ou na personalidade? Por exemplo, isto afeta o tipo de atividade escolhida ou o caminho de aplicação? (Dezembro de 1984)
O caminho de aplicação. O estímulo elevado dado pelo raio do corpo no qual a alma está focada aumenta a atividade e influência total daquele corpo na estrutura.

(1) Pode se ser um iniciado de 1º grau e ainda se ter o foco da alma no corpo emocional? (2) Em que ponto nós

podemos estar focados no mental e isso pode ocorrer durante um período de vida? (Maio de 1986)

(1) Sim. (2) Esta pergunta mostra uma confusão comum (lidada anteriormente) entre os termos "foco da alma" e "polarização".

O foco da alma em qualquer vida em particular pode estar em qualquer um de seus veículos: personalidade, mental, astral ou físico. Polarização é o nível – físico, astral, mental ou espiritual – no qual a consciência está habitualmente concentrada. Esta polarização muda para cima através do processo evolucionário.

Existem normalmente muitas (média de 6-7) vidas entre a primeira e segunda iniciações. Com o começo da polarização mental em "1.5" o processo acelera, e a segunda iniciação pode muito bem ser tomada naquela vida.

Dentro de uma encarnação, a alma pode mudar o seu foco de um corpo para outro, por exemplo, do mental para personalidade ou vice-versa? Se sim, sobre quais circunstâncias isso ocorre? (Julho/ Agosto de 1985)

A alma, nós devemos assumir, pode mudar o seu foco, mas na verdade ela não muda, sobre quaisquer circunstâncias. Evolução, do ponto de vista da alma, não é para ser apressada; ela não tem consciência de tempo e prossegue propositadamente, inteligentemente, e cuidadosamente. Por muitas eras a resposta do seu reflexo – a personalidade – é de fato lenta.

Eu li que o raio de personalidade muda de acordo com diferenciações cíclicas. Isso pode acontecer em uma vida? Isto é, pode se começar uma vida com um raio de personalidade dominante e terminar com outro? (Setembro de 1985)

O raio de personalidade não mudaria no curso de uma vida, mas se os raios principais e sub-raios fossem diferentes, um deles poderia ganhar o domínio, principalmente se o foco da alma estiver em um veículo de raio similar, e assim estimular o raio da personalidade, o principal ou o menor.

Por que a alma escolheria focar a si mesma no corpo astral contra o mental? (Setembro de 1985)

Para estimular um raio em particular. Para levar a frente certas qualidades de sentimento (não necessariamente emoção) e por esta forma corrigir a super-estimulação de um raio de uma encarnação anterior. Por exemplo: uma pessoa polarizada mentalmente pode, no processo, ter se tornado bem fria e isolada em relação aos outros. A alma pode então focar a si mesma no veículo astral, pela linha 2-4-6, para invocar a vivacidade e natureza do amor para o equipamento.

Você pode ter dois raios iguais e mesmo assim eles não serem a influência dominante? (Dez/Janeiro de 1983/1984)

Sim, este freqüentemente é o caso. Por exemplo, se o raio de alma é um destes dois e não estiver controlando a personalidade, então ele não seria o dominante, principalmente se o outro fosse o raio do corpo físico. Uma pessoa pode ter os mesmos raios para o corpo mental e físico, mas ser poderosamente focada no corpo astral. Neste caso, o raio do corpo astral seria o dominante. Um outro caso poderia ser no qual um raio é dado duas vezes para trazer uma influência ainda apenas potencial.

O quão fortemente os raios mental, astral e físico influenciam o raio da personalidade? Esta é uma questão de onde nós estamos polarizados, ou é uma mistura dos raios do corpo com o poder onde a alma está focada? (Dezembro de 1984)

A influência dos raios mental e astral na personalidade dependem do ponto de polarização – seja mental ou astral. Mas se o foco da alma está nos corpos físico ou astral em alguém polarizado mentalmente, então a influência principal virá do raio astral ou físico. A alma irá bem freqüentemente colocar o seu foco no corpo mental em alguém polarizado no astral precisamente para levar a necessária mudança na polarização do astral para o mental.

Mais Indivíduos – Seus Raios e Iniciações

Eu estaria interessado em saber os verdadeiros sentimentos de Pôncio Pliatos quando estava julgando Jesus. Há algo que você possa dizer sobre isso e você pode revelar sua estrutura de raio? (Abril de 1985)

Ele sentiu uma certa simpatia por Jesus, mas pensou que não havia nada que ele pudesse fazer nas circunstâncias sem perturbar os Anciões Judeus, então ele tomou a linha de menor resistência, mesmo contra seu melhor julgamento – e natureza. Ele era um iniciado de primeiro grau (1.4). Seus raios eram 2-6-3-6-7 (sub-raios: personalidade 6, mental 3, astral 4, físico 1).

Você pode dar a estrutura de raio e ponto de evolução da falecida Indira Gandhi? (Abril de 1985)

Indira Gandhi era uma iniciada de segundo grau. Seus raios eram 1-1-7-6-3 (sub-raios: personalidade 1, mental 1, astral 6, físico 3). Com quatro 1° raios em sua estrutura, ela manuseava o poder com facilidade. Poderia se dizer que ela nasceu para governar. Seu foco de alma estava no corpo mental (em particular através do sub-raio do 1° raio) e sendo uma iniciada de segundo grau, ela era polarizada mentalmente. Sua verdadeira realização foi em unificar (pelo menos em algum grau) os diversos povos e forças da Índia. Sua alma do 1° raio, com sua sintetizadora amplitude de visão, podia com facilidade trabalhar através de sua poderosa personalidade e mente do 1° raio. O 6° raio do corpo astral (reforçado pelo sub-raio) tendia a trabalhar na direção oposta, no entanto, dando a ela em algumas vezes uma cegueira extraordinária para as realidades ao redor dela, e uma preocupação super exclusiva para o que ela via como interesse da Índia. Isto reduziu, de alguma forma, a influência para o bem em assuntos internacionais que poderia de outra forma ter sido dela. Ela tinha, é lógico, o típico destemor do tipo do 1° raio.

Quais eram os raios de Hermann Hesse? (Dezembro de 1984)
Seus raios principais eram: 4-4-3-6-3 (sub-raios: personalidade 2, mental 6, astral 6, físico 4). Ele era um iniciado de segundo grau (2.1).

Você poderia dar o estrutura de raio e nível de iniciação de Nicholas Roerich? (Outubro de 1985)
Sua estrutura de raio era: 7-7-7-6-7 (sub-raios: personalidade 4, mental 1, astral 4, físico 7). Seu ponto em evolução, termos precisos, era 2.1 graus de iniciado.

Já que ele acabou de morrer, você poderia dar a estrutura de raio e ponto de evolução do pintor Marc Chagall? (Maio de 1985)
Ele estava no limiar da segunda iniciação, na verdade, 1.9. Seus raios eram: 2-4-4-6-7 (sub-raios: personalidade 7, mental 2, astral 4, físico 3). Ele era, é lógico, polarizado mentalmente; o foco de sua alma estava na personalidade, raios 4 e 7. Com três 4° raios e dois 7° raios, ele era bem equipado para sua vocação.

Já que ele acabou de morrer, você pode nos dar a estrutura de raio e grau de Krishnamurti? (Abril de 1986)
Seus raios eram: 2-2-4-6-7 (sub-raios: personalidade 6, mental 4, astral 2, físico 7). Ele era um iniciado de quarto grau.

Você pode dar a estrutura de raio e ponto de evolução de Olof Palme que foi assassinado recentemente? (Abril de 1986)
3-6-7-4-7 (sub-raios: personalidade 4, mental 4, astral 6, físico 3). Ele era um iniciado de grau 2.1.

Bhagavan Swami Brahmananda Saraswati Guru Dev, o instrutor de Maharishi Mahesh Yogi, é um Mestre? Se sim, quando ele se tornou um Mestre? Em sua última vida? Em que raio? (Abril de 1986)

Sim, Guru Dev é um Mestre altamente evoluído, tendo tomado a Iniciação da Ascensão. Ele é portanto um iniciado de sexto grau. Ele está no 6º raio de Devoção ou Idealismo Abstrato.

Você poderia por favor dar a estrutura de raio de Guru Nanak, o reformador Hindu do século 14?
6-6-1-2-3 (sub-raios: personalidade 7, mental 4, astral 6, físico 7).

É possível dar os raios de Baha 'U'llah? (Abril de 1986)
O fundador do Bahai, Baha 'U'llah, era um iniciado de terceiro grau. Sua estrutura de raio era: 6-6-6-4-7 (sub-raios: personalidade 6, mental 6, astral 4, físico 7). Ele foi impressionado mentalmente (não ofuscado) por Maitreya com os ensinamentos Bahai, mas era na verdade um discípulo do Mestre Jesus. Ele pensou que ele recebeu os ensinamentos diretamente de "Deus", e acreditou ser ele mesmo o Cristo. Ele informou ao Papa do tempo e aos líderes mundiais quanto a isso.

O movimento Mahikari é baseado na transmissão da luz e seu propósito é a purificação do mundo e da humanidade. (1) Esta é uma linda forma de serviço para a humanidade? (2) A luz vem diretamente de Deus ou do plano astral? (3) Esta forma de trabalhar está em sintonia com a maneira descrita em **Psicologia Esotérica, Vol II**, *por Alice A. Bailey, pp 607-610 (versão em inglês)? Se não, qual é a principal diferença? (4) Você pode nos dar a estrutura de raio e grau de iniciação de seu fundador, Yoshikazu Okada?* (Abril de 1986)
(1) Sim. (2) O mais alto astral. (3) Sim. (4) 6-6-6-4-3 (sub-raios: personalidade 4, mental 3, astral 6, físico 7). Ele era um iniciado de grau 2.1.

O falecido L.Ron Hubbard, fundador da Cientologia, foi influenciado ou guiado por um Mestre ou discípulo? Qual era a estrutura de raio de Hubbard e status de iniciação?

Ele foi influenciado por um Mestre, não externamente ou conscientemente, mas subjetivamente, no plano interno. Sua estrutura de raio era: 3-7-1-6-3 (sub-raios: personalidade 4, mental 6, astral 4, físico 7). Ele era um iniciado de grau 1.8.

Quais eram os raios e ponto de evolução de Erich Fromm? (Setembro de 1986)
6-2-4-6-7 (sub-raios: personalidade 4, mental 6, astral 6, físico 3). Ele era um iniciado de grau 1.6.

Animais

Todos os animais vêm sobre o mesmo raio? (Dezembro/Janeiro de 1983/1984)
Não. Os raios apenas de animais domesticados foram dados. Na página 260 (versão em inglês) de *Psicologia Esotérica Vol I*, o Mestre DK dá os seguintes: elefantes – 1° raio; cachorros – 2° raio; gatos – 3° raio; cavalos – 6° raio. Na página 164 (versão em inglês) do mesmo trabalho, um conjunto diferente é dado: elefante – 2° raio; gato – 4° raio; cachorro – 6° raio. Esta discrepância é o resultado do fato de que na segunda enumeração acima é o sub-raio do raio principal que foi dado.

Os animais são apenas influenciados por raios no nível físico – ou também em um nível mais elevado? (Dezembro/Janeiro 1983/1984)
O reino animal é influenciado principalmente pelo 3° raio da Inteligência Ativa (na verdade de forma mais potente do que no homem) e pelo 6° raio da Devoção. O 6° raio estimula a natureza astral do reino animal, enquanto que o seu incipiente equipamento mental é estimulado pelas mentes dos homens (5° raio). Isso é principalmente verdade, é lógico, em relação aos animais domésticos. Eventualmente, o controle do reino animal irá ocorrer através da controlada, focada mente do homem.

CAPÍTULO VII

REENCARNAÇÃO

Vida após a Morte, e Renascimento

Uma das maiores tragédias de nossa presente perspectiva quanto a existência é a nossa atitude para aquele recorrente evento que nós chamamos morte. Nós o abordamos, em sua maior parte, com medo e repugnância, procurando por quaisquer meios resistir ao seu chamado, prolongando, freqüentemente além de sua utilidade, a atividade do corpo físico como uma garantia de "vida". Nosso pavor da morte é o pavor do desconhecido, da completa e total dissolução, de "não ser mais". Apesar da vasta quantidade de evidência colhida pelos anos por muitos grupos Espiritualistas que vida de *alguma forma* continua depois da morte; apesar da aceitação intelectual por muitos de que a morte é apenas um despertar para uma vida nova e mais livre; apesar da crescente crença na reencarnação, e não obstante o testemunho dos mais sábios Instrutores através das eras, nós continuamos a abordar aquela grande transição com medo e trepidação.

O que torna esta atitude tão trágica é que ela está tão longe da realidade, a fonte de muito sofrimento desnecessário. Nosso medo da morte é o nosso medo de que nossa identidade será obliterada. É isso o que amedronta. Se nós apenas percebêssemos e tivéssemos a *experiência* de nossa identidade como um Ser imortal que não pode morrer ou ser obliterado, nosso medo da morte desapareceria. Se, além, nós percebêssemos que depois da tão chamada morte, nós entramos em uma nova e mais clara luz na qual o sentido de nossa identidade é totalmente mais vívido, e existem ainda aspectos superiores de nosso Ser aguardando nosso reconhecimento quanto aos quais até agora nós estivemos inconscientes, toda a nossa abordagem para com a morte mudaria para melhor.

Nós veríamos a morte e a vida no plano físico como estágios em uma jornada sem fim até a perfeição, e a morte como a porta para uma experiência bem menos limitante nesta jornada. Livre dos confinamentos do mundo físico, nossa consciência encontraria novas visões de significado e beleza antes negadas. No tempo imediatamente adiante, os Mestres e Seus discípulos irão ensinar a verdade desta experiência que nós chamamos morte e abrir para todos uma nova grande liberdade. Nós aprenderemos a aceitar a morte pelo que ela é: restituição de nossos veículos para sua fonte – "cinzas as cinzas, pó para o pó" – e libertação para uma vida nova e cheia de sentido.

Nós compreenderemos que o singular, momentoso evento que nós agora chamamos morte é uma sucessão ordenada de estágios pelos quais a alma se retira, de cada vez, dos veículos que ela criou.

O processo da morte começa quando a alma retira sua energia do corpo físico denso. Isso pode ocorrer em um período de tempo curto ou mais longo. Uma série de ataques do coração ou uma doença que se torna cada vez mais grave podem ser o sinal de que a alma está começando este processo. Assim que a morte acontece, os corpos sutis – os corpos astral e mental dentro do veículo etérico – retiram-se do corpo físico denso. Isto também pode ocorrer rapidamente ou mais devagar, mas os Mestres aconselham que se deve esperar por três dias antes do enterro ou (preferivelmente) cremação para garantir que o corpo etérico retirou-se completamente de sua contraparte física.

A consciência individual é então deixada no corpo etérico, que por sua vez também será descartado. As partículas de substância formando o veículo etérico irão então voltar para o oceano de energia etérica que nos cerca. A velocidade deste processo de desintegração depende do karma individual. Quando o veículo etérico foi descartado, o revestimento astral dá à pessoa consciência no plano astral, onde ele permanecerá por um tempo em um ou outro dos sete planos astrais que melhor corresponde a sua natureza astral. Lá ele terá mais uma vez que lidar com seus desejos levados de sua vida terrestre e freqüentemente permanece imerso nestes.

Para a maioria das pessoas, o maior medo da morte existe em suas expectativas de perda de identidade e consciência, de solidão e fim do contato com a família e amigos. Longe de experienciar tal perda, o homem morto, livre das limitações do veículo físico, descobre que sua consciência é aumentada de maneira imensurável. Ele vê ambos os caminhos: o mundo das formas que ele acabou de deixar e o novo mundo para o qual ele veio, com pessoas familiares ao redor dele, prontas para dar-lhe as boas vindas em um estado mais liberto. Ao mesmo tempo, ele ainda pode se ligar aos sentimentos e pensamentos daqueles deixados para trás. Longe de ser uma experiência traumática, a morte para muitos é tão gentil e suave que eles não percebem que estão mortos, precisando da ajuda daqueles cuja tarefa é a de familiarizá-los deste fato. Existem discípulos, iniciados e alguns Mestres ativos no plano astral, protegendo pessoas e tornando-as consciente de suas mortes.

No plano astral, você faz o que normalmente você estaria fazendo em encarnação no plano físico. Se a consciência é muito focada no astral, com muito pouco foco mental, tal pessoa permaneceria no plano astral por um longo tempo – "longo" para nossa forma de pensamento, pois fora do reino do cérebro físico não existe isso que chamamos de tempo. Embora a vida no plano astral seja um fato, como ela é um fato no plano físico denso, ela é mesmo assim apenas uma ilusão. Todas as nossas esperanças, medos e agressões, nossos ódios, invejas e vícios, formam poderosas formas de pensamento que devem, mais cedo ou mais tarde, serem dissolvidas. Portanto, o único inferno que existe é aquele que nós mesmos criamos nos planos astrais. O inferno que nós encontramos é o inferno de nossos próprios desejos, nossas atrocidades, nossa própria separação e nossos próprios rancores e medos que habitam o reino astral. Este é o princípio por trás do conselho dos

Mestres: que nós aprendamos a controlar nossos pensamentos e reações emocionais.

Por esta razão também, é importante erguer a consciência o mais alto possível no momento da morte, usando o reflexo nervoso final para impulsionar a consciência através dos níveis astrais e mentais inferiores para os níveis mentais mais elevados, o mais longe, o mais rápido, e mais conscientemente possível. Deve existir preparação deliberada para a morte, portanto, e no futuro as pessoas serão ensinadas a como morrerem conscientemente de maneira a fazerem isso.

Depois da morte do corpo físico, o indivíduo a que se diz respeito permanece naqueles planos astrais que correspondem mais proximamente ao ponto de desenvolvimento alcançando por ele na vida física. Nestes níveis sutis, nossas faculdades de percepção se tornam livres do processo de pensamento e raciocínio que funcionam através do cérebro físico. Todo o conhecimento e toda experiência podem ser diretamente vistos, ouvidos, sentidos e conhecidos em sua total significância. Há uma percepção instantânea, conhecimento e beleza, e um tipo de alegria e libertação tal como nós não conseguimos conhecer no plano físico.

Nos plano astrais mais elevados, esta experiência direta é de um tipo mais extático, de uma mais elevada, mais refinada natureza emocional, correspondendo aos níveis astrais do centro do coração. Uma pessoa que alcançou um certo nível de desenvolvimento antes da morte, experiencia um êxtase e alegria quase constantes nestes níveis, um sentimento de beleza e esplendor que é reflexo neste plano de buddhi, ou amor-sabedoria. Buddhi é na verdade um estado de êxtase que pode ser esperado no plano físico quando um alto grau de contato búdico é alcançado durante a meditação.

A experiência no plano mental é de um tipo inteiramente diferente. Aqui é menos uma questão de êxtase do que de conhecimento ou sabedoria; não apenas êxtase, mas a grande significância e sentido por trás dele pode ser conhecido neste nível. Alguém suficientemente evoluído, intuitivamente consciente, entende isso como o Propósito e Vontade de Deus.

Para pessoas mais avançadas, a existência no plano mental seria a última experiência antes de vir à encarnação mais uma vez. Mas é possível que o corpo mental por sua vez possa ser dissolvido, sendo depois que o indivíduo a que diz respeito viveria em um estado de pralaya, em devachan. Este é um estado não-mental, não-astral, não-material de existência em algum lugar entre a vida e a morte. É um estado de Ser, fora de encarnação, onde o impulso de vida está em ausência. É um estado de interminável alegria, uma experiência de perfeita paz. Viver em pralaya não quer dizer que você está inconsciente, mas nenhum processo consciente de aprendizagem ocorre antes de tomar encarnação novamente. É um estado de ser tomado pelo Absoluto, para o qual se retorna, sobre a lei, quando a necessidade grupal exige.

Em pralaya, a alma vive em seu próprio reino com nenhum outro propósito do que ser uma alma. Porque não existem veículos inferiores neste estado de existência, a alma não irá novamente ganhar nenhuma experiência, como ela faz nos outros níveis. Progresso de um tipo específico pode ser feito apenas nestes níveis exteriores. A alma vem em encarnação dirigida pelo Logos de acordo com o propósito grupal e o Plano. É um grande sacrifício para a alma descer para o plano físico e tomar encarnação, que ocorre sobre sua própria vontade de auto-sacrifício. Este poder de auto-sacrifício, de vontade da alma, é uma grande força impulsionadora. Em pralaya, não há vontade de encarnar. É possível permanecer em pralaya por algumas poucas dezenas, até incontáveis milhares de anos, até o tempo no qual, como um grupo de almas, ela é retirada do pralaya para encarnação, porque o momento está certo e as circunstâncias adequadas. O corpo da alma, ou corpo causal, ganha experiência desta maneira. O corpo causal recebe mais conhecimento da alma, consciência da alma, conforme seus veículos se tornam mais refinados.

O processo de refinamento dos veículos da alma (os corpos etérico, astral e mental) ocorre pelo processo dos tão chamados "átomos permanentes". Estes são átomos de matéria física, astral e mental ao redor do qual os corpos para uma nova encarnação são formados. Os átomos permanentes retém a taxa vibratória do indivíduo alcançada até o momento da morte. Se aquela pessoa fez grande progresso, seus corpos em encarnações que se sucedem serão mais refinados, semelhante a vibração deste átomo permanente e, devido ao trabalho mágico da alma, irão crescentemente atrair matéria de uma natureza sub-atômica. Desta forma, os átomos permanentes irão se espiralar para cima, afim de alcançarem freqüências mais elevadas. Já que um corpo atrai para ele matéria de uma taxa vibratória similar, cada avanço através de cada vida criará um corpo mais refinado de vibração crescentemente mais elevada. Os átomos permanentes são, portanto, núcleos que atraem as partículas atômicas das quais primeiro os corpos mental, então o astral , e subseqüentemente o etérico-físico são formados – depois do qual o corpo físico denso é precipitado.

Os átomos permanentes de um indivíduo são conectados ao corpo causal da alma e não são influenciados por experiência quando fora de encarnação. O corpo causal está localizado no mais alto dos quatro planos mentais, e é um tipo de reservatório ou armazém de toda percepção, todo conhecimento e toda experiência dos reinos físico, astral e mental. Um "cordão de prata" conecta a alma e seu corpo com os três átomos permanentes . Consciência é contínua neste cordão, de forma que quando chega o momento para a alma reencarnar uma vez mais, partículas de matéria de vibração semelhante são magicamente atraídas para formarem-se ao redor dos átomos permanentes. Os átomos permanentes ainda vibram na mesma freqüência como na vida anterior e são permeados com a consciência, a vibração de energia, destes níveis.

No começo das encarnações subseqüentes, quando os veículos estão prontos, a alma forma seus revestimentos mental, astral e físico. O conhecimento e experiência acumulada, ganhados por uma sucessão de vidas anteriores, flui do nível da alma para o cérebro físico, que retém o quanto ele pode conscientemente absorver, usar e conhecer. Este conhecimento não pode ser realmente aproveitado até que os centros do cérebro tenham sido suficientemente despertados para serem utilizados desta forma. Onde isso ocorre, nós temos o que nós chamamos "um gênio". Na alma são refletidas a Mônada ou Vontade Espiritual, Buddhi, intuição espiritual, e Manas, a mente superior. Um gênio é capaz de se harmonizar para o nível da alma e para aquele da consciência manásica ou búdica, ou pensamento. Esta é a fonte daquele conhecimento e talento superior mantido guardado da experiência em vidas anteriores. Um gênio, portanto, é alguém que tem um contato próximo e instantâneo com a alma, e pode trazer a sabedoria e conhecimento deste nível para o cérebro físico, porque os centros do cérebro, que na maioria das pessoas permanecem inutilizados, foram abertos. (Outubro de 1982)

Eu estou confuso pela informação que eu li na **Share International** *e apreciaria uma clarificação. No artigo por Aart Juriaanse (Vol. 5, N° 3) eu li que a personalidade "irá se desintegrar e ser absorvida no mundo etérico com a morte da forma" (corpo). Se a parte que agora se identifica como"'Eu" irá se dissolver, e deixar de existir, por que eu deveria me esforçar na prática espiritual que irá beneficiar uma alma que dissolverá o "Eu", junto com o corpo, na morte?* (Abril de 1986)

Esta questão aponta precisamente a maior razão para as pessoas temerem a morte: o pensamento de dissolução, o medo que o "Eu" deixará de existir, e é o resultado da identificação com a "errada" e limitada parte de si mesmo. A personalidade não é o ser, mas um reflexo temporário do Ser ou alma, mudando em cada nova experiência de encarnação até que ela verdadeiramente reflita a natureza da alma. Na verdade, na morte há um maior, mais intenso sentimento do Ser, maior liberdade do que é possível para qualquer um sem continuidade de consciência, isso quer dizer, sem quebra na consciência entre os estados de vida-morte-vida.

Como a alma mantém sua identidade através das várias encarnações? Ou ela o faz, em qualquer sentido comum da palavra? (Abril de 1985)
A alma é o aspecto consciência no Ser triplo (espírito-alma-personalidade) que nós chamamos de homem, e é a fonte do sentido de identidade. No entanto, é apenas no nível da personalidade que o sentimento de separação, de identidade pessoal ocorre. A alma não tem sentido de separação, mas é consciente (embora de uma maneira totalmente impessoal) através de seu veículo, o corpo causal, de cada esforço de encarnação e realização ou não-realização.

Como nós (nossas almas) temos certeza que nós não "perdemos terreno" ou damos um passo para trás quando fora de encarnação e retornamos menos evoluídos? (Março de 1986)
Os veículos físico, astral e mental cada um têm um átomo permanente, que se torna o núcleo do novo corpo em cada plano. A alma magicamente forma ao redor do átomo permanente corpos de matéria – física, astral e mental – cujos átomos vibram com a mesma freqüência que os átomos permanente. Isso garante que nós comecemos uma nova encarnação no ponto exatamente alcançado no final da anterior.

Como nossas almas ocupam seu tempo enquanto nós estamos em encarnação? (Julho/Agosto de 1984)
É a alma, não a personalidade, que está em encarnação. No nível da alma, tempo não existe (então a alma não precisa se ocupar, se manter ocupada para evitar o tédio!). Ciclicamente, a alma medita quanto Àquilo do qual a alma é um reflexo – a Mônada ou Espírito – e, novamente, ciclicamente, ela volta sua atenção ao seu próprio reflexo, a personalidade humana.

Sua resposta para a pergunta anterior, que é uma bem profunda, me lembra de uma resposta dada pela Fonte de **Um Curso em Milagres** *que, quando perguntada se a reencarnação é um fato, responde de uma forma indireta: Já que não existe tempo (em um nível mais alto), não pode existir de fato reencarnação (embora a Fonte vá além em dizer que o conceito não é danoso se lembra as pessoas da continuidade da existência). Eu interpreto sua resposta como significando: Almas vivem em um nível sem tempo. Encarnação é um reflexo ou projeção da alma em um tempo, mais a base da personalidade. Mas, se isso for assim, eu não consigo entender a primeira sentença de sua resposta: " É a alma, não a personalidade, que está em encarnação"-- nem eu tenho muita certeza sobre como o karma funciona. Eu estou certo em pensar que a alma absorve influências kármicas durante um período de vida, então entre dois "processos" de vida, para permitir fazer sua próxima escolha de maneira adequada?*
(Janeiro/Fevereiro de 1985)

É verdade que eu acredito que a alma viva em um nível sem tempo, um Agora sempre presente. Mesmo assim, seu corpo de manifestação, o corpo causal, que existe no mais alto dos quatro planos mentais, é o receptáculo para todas as experiências de seu reflexo – isso quer dizer, o homem ou mulher em encarnação – através de todas as vidas. É esta experiência total que eventualmente se torna aberta ao cérebro físico ao redor do tempo da quarta iniciação, quando o corpo causal é fragmentado, sendo não mais necessário. Por "é a alma, não a personalidade que está em encarnação" eu quero dizer que é a alma que faz a escolha de refletir a si mesma abaixo nos planos físico, astral e mental, trabalhando através da personalidade, e que é a transportadora do princípio da vida e consciência para esta personalidade. Quando o corpo morre, é quanto a uma decisão da alma, que então retira esta força de vida. A alma, como eu entendo, é consciente da ação do karma – causa e efeito – mas são na verdade os *Senhores do Karma* Que

271

fazem as decisões sobre como a lei kármica realmente é levada adiante em cada vida. Para isso, a alma responde cooperativamente, assim dizendo, arranjando a situação de vida, etc, de seus vários períodos de encarnação. Tempo, como você o conhece, é um conceito do cérebro físico e não tem existência fora do plano físico. Parece que nossos físicos mais avançados estão chegando a esta conclusão.

Por que o espírito dos mortos algumas veze "'flutuam" por anos antes de reencarnar? O melhor exemplo disso é dado citando um de seus próprios ensinamentos, aquele de que Jesus de Nazaré morreu em 9 D.C e no ano 16 D.C reencarnou como Apolônio de Tiana. Assim, Jesus estava espiritualmente à deriva por aproximadamente sete anos. O que seu espírito fez durante este intervalo de sete anos? Jesus foi visto em forma espectral por qualquer transeunte humano (ou algum de seus seguidores) durante estes setes anos? (Julho/Agosto de 1986)

Eu temo que é um mal entendido daquilo que eu escrevi sobre Jesus de Nazaré e Sua reencarnação como Apolônio de Tiana. Jesus estava fora de encarnação por aproximadamente sete anos, mas não estava, como você o colocou "espiritualmente à deriva". No artigo anterior, eu tentei mostrar os vários níveis de experiência no qual uma pessoa pode se envolver depois da tão chamada morte. Jesus, então um iniciado de quarto grau, não estava "à deriva" em qualquer sentido, mas trabalhando de maneira próxima com seu Mestre, o Cristo, e seus iniciados nos planos internos durante estes sete anos. Por uma parte do tempo, ele esteve em pralaya – um tipo de equivalente a idéia Cristã de Paraíso, um estado de constante felicidade. Ele não foi visto em qualquer forma "espectral" por quaisquer humanos durante estes sete anos, porque ele não andou na Terra. Fantasmas ou formas "espectrais" são a exceção ao invés da norma, e eles ocorrem apenas com indivíduos relativamente não evoluídos, ligados ao plano físico por algum desejo forte ou experiência emocional como a morte violenta, etc. A coisa "normal" é as pessoas deixarem o plano físico completamente logo depois da morte.

Onde a informação de nossas vidas anteriores são guardadas? (Janeiro/ Fevereiro de 1985)
No corpo causal, o veículo da alma, a ser encontrado no mais alto dos planos mentais.

Por que nós normalmente não nos lembramos de nossas vidas anteriores e qual é o mecanismo que nos impede de fazê-lo? (Janeiro/ Fevereiro de 1985)
É porque nós não possuímos a continuidade de consciência (isso quer dizer, da "vida" para "morte" para "vida" novamente). Por poucas semanas ou meses (dependendo da criança) o bebê de fato lembra sua vida anterior, mas isso rapidamente desaparece conforme as impressões do mundo exterior colidem mais e mais com sua consciência. Embora de forma alguma seja sempre o caso, pelo tempo que a terceira iniciação está sendo tomada, continuidade de consciência está sendo estabelecida. Eventualmente, na quinta iniciação, total lembrança de todas as experiências passadas é alcançada.

Quando fora de encarnação, nós temos total lembrança de experiências de vidas passadas? (Abril de 1984)
Momentaneamente, sim. Há um ponto no qual a consciência da personalidade se encontra cara a cara com o Anjo da Presença, ou Anjo Solar, a alma. Neste breve encontro (visto de nossa experiência de tempo), a totalidade das vidas passadas são vistas em termos de seu valor para a alma e se o propósito da alma foi cumprido ou não.

Por muitos relatos de morte e morrer, pareceria que os que estão para morrer "vêem" parentes ou amigos mortos (invisíveis para os outros presentes); isso é alucinação ou realização de desejo? Eles de fato vêem alguém? (Outubro de 1985)

273

Não há razão para acreditar que este fenômeno é simplesmente alucinação ou realização de desejo. Os mortos de fato se encontram e são cumprimentados "no outro lado do véu" por aqueles queridos que antecederam a eles. Existe toda razão para acreditar, portanto, que os mortos de fato vêem estes amigos após a sua morte.

Por que os espíritos dos mortos algumas vezes fazem aparições na forma espectral que é similar a forma física da encarnação anterior? Por exemplo, alguém relata ter visto (em uma sessão espírita) o "fantasma" de Winston Churchill alguns anos depois de sua morte. Por favor, explique isso. (Julho/Agosto de 1986)

O que você chama de "espíritos dos mortos" – em outras palavras, "fantasma" – toma a forma física da encarnação anterior através do poder da forma de pensamento de sua identidade física pessoal. Isso é verdade em todos os casos. Na verdade, os Próprios Mestres, na construção de Seus corpos de manifestação, o mayavirupa, o fazem na forma de pensamento Deles Mesmos na encarnação em que Eles alcançaram a Maestria.

Com relação ao "fantasma" de Winston Churchill sendo visto alguns anos depois de sua morte, isso é completamente errôneo. Winston Churchill era um iniciado de terceiro grau naquela vida, e em nenhuma circunstância ele apareceria como um "fantasma" em qualquer sessão espírita. Na morte, ele imediatamente elevaria-se para os planos mentais mais altos, inacessíveis a uma sessão espírita. (Estas sessões estão carregadas nem tanto de fraude, mas de ilusão)

Existe algum valor em rezar para as almas daqueles que partiram, por exemplo, para erguê-los a um plano mais alto se seus destinos estão em um mais inferior? Eu duvido disso, porque a Bíblia diz que nós somos julgados "de acordo com nossa medida", e, "assim como nós semeamos, nós colhemos". Mas novamente ela diz: "Rezem uns pelos

outros". Isso também inclui as almas dos que partiram?
(Maio de 1985)
Ao meu entendimento, não há como nós influenciarmos o destino de uma alma que partiu uma vez que a morte tenha ocorrido (pelo menos depois que três dias tenham se passado). O valor da oração é para pessoas permanecendo no plano físico. Orações para e com uma pessoa prestes a passar pela transição, no entanto, podem ser de ajuda em focar sua atenção no nível da alma e assim aumentar a tensão espiritual necessária para alcançar os planos superiores. Rezar "um pelos outros" no plano físico é sempre benéfico.

Se alguém não pode ser curado e ele está em grande sofrimento e dor, ele tem o direito de terminar seu sofrimento físico pelo suicídio? (Junho de 1985)
Sim, ele certamente tem o direito. Isso não quer dizer que seria uma coisa sábia de se fazer. Quem pode dizer o que o próximo dia pode trazer de alívio?

As Leis Governando a Reencarnação

O fator importante em relação ao processo de encarnação é que nós encarnamos, não individualmente, mas em grupos. Enquanto, é lógico, encarnação individual de fato ocorre, ela é apenas acidental ao maior evento do renascimento grupal. Renascimento grupal prossegue ciclicamente, de acordo com certas leis governando a manifestação de energias ou Raios, e conectado também com o ponto de evolução dos grupos envolvidos.

A questão é freqüentemente colocada sobre o período de tempo entre encarnações, e uma grande quantidade de informação foi publicada quanto a isso, muita dela errônea e necessariamente especulativa. O fato é o de que existem enormes diferenças na duração de períodos fora da encarnação física, tanto de indivíduos e de grupos. Algumas almas têm um ciclo extraordinariamente rápido de encarnações e "pralayas", enquanto outras gastam eons entre cada experiência de encarnação e a próxima. Não há tempo "médio" (lembrando sempre que nós estamos falando sobre tempo do plano físico; fora do cérebro físico, tempo não existe). No entanto, é possível dar um quadro generalizado que (com muitas variações) dá o padrão de encarnação dos três principais grupos dentro da humanidade, sobre o impacto de três Leis.

As massas hoje estão, grandemente, focadas no veículo astral-emocional – suas consciências são ainda em sua maioria da raça Atlante ou quarta raça raiz, cujo objetivo evolucionário era o aperfeiçoamento do corpo astral. Muitos milhões agora em encarnação eram parte da raça Atlante e ainda demonstram poderosamente as tendências emocionais daquela raça.

Para eles, os menos avançados, o período fora de encarnação é normalmente curto. Sendo "jovens", como egos, eles ainda têm muito o que aprender, e são atraídos magneticamente para a vida do plano físico pelas formas de pensamento que os ligam ao plano da Terra e pelo fluxo kármico que se ergueu da Terra. Eles não têm muito o que dizer quanto as próprias questões, mas, sobre a Lei da Evolução, eles são ciclicamente impelidos, repetidamente, a encarnarem, para aprenderem, para experienciarem e, por tentativa e erro, dor e sofrimento, a fazerem eventualmente a escolha livre: o retorno consciente para fora da matéria, de volta para o espírito e à libertação.

Aqueles que são de alguma forma mais evoluídos tendem a ficar por um período mais longo fora de encarnação, devido ao fato de que eles não criaram ligações terrestres tão fortes e são mais flexíveis, mais livres, com mais foco mental. Também, eles precisam de mais tempo para absorverem e assimilarem (por causa de suas expressões de personalidade mais ricas) aquilo que pode apenas ser retomado e assimilado nos planos mais altos, fora de encarnação.

Como eu já disse, egos mais evoluídos gastam um período maior ou menor de "tempo" em pralaya, um estado de existência entre a morte e o renascimento, no qual não há o impulso para encarnar novamente. Pralaya, ou a existência em devachan, corresponde a idéia Cristã de paraíso. Lá, estas almas irão aguardar, algumas vezes por períodos mais curtos, algumas vezes por incontáveis eras, até que a necessidade surja para a presença daquele grupo em particular no plano físico.

Todas as almas estão em uma ou outra das sete correntes de energia – os sete raios – e conforme estes raios vêm em manifestação, assim também o fazem grupos de almas nestes raios. Estes egos mais avançados não vêm individualmente, nem eles são levados cegamente pela Lei da Evolução como são seus irmãos menos avançados. Eles encarnam sobre a lei grupal por um certo propósito, sobre a influência de uma específica energia de raio, e em conexão com algum aspecto do Plano. Cada geração traz em encarnação um grupo equipado com o conhecimento e habilidade para lidar, mais ou menos, com os problemas daquele período. Desta forma, o Plano é gradualmente desenvolvido e desdobrado através do trabalho de grupos sucessivos vindo em encarnação repetidamente, grupos que podem muito bem desaparecer de encarnação por eons no final de uma era.

Nunca há mais do que quatro raios em manifestação em qualquer momento, então em qualquer momento nós podemos esperar por quatro diferentes tipos de raio em encarnação. Por exemplo, a maioria dos indivíduos agora em encarnação são almas do 2°, 3°, 5°, e 6° raios. O 6° raio da Devoção ou Idealismo Abstrato está rapidamente se movendo para fora da manifestação de forma que almas do 6° raio irão também gradualmente saírem da vida do plano físico e entrarem em pralaya até que "necessitadas" novamente. Um número crescente de almas do 7° raio irão renascer pelo próximo período de 2.000 anos, porque o 7° raio da Ordem Cerimonial irá prevalecer durante a era vindoura. Estes grupos se tornam canais para, e expoentes de, uma particular energia de raio, e podem então trabalhar em resposta ao seu estímulo.

Existe outro grupo que vem em encarnação muito rapidamente: os indivíduos mais avançados, os discípulos e iniciados. Nem a Lei de Evolução ou a Lei Grupal governa seus retornos, mas outra lei os impelem ao renascimento: a Lei do Serviço. Eles escolhem conscientemente encarnarem de seu próprio livre arbítrio. Porque eles sabem e desejam servir ao Plano, eles decidem, sobre a designação de seu próprio Mestre pessoal ou não, como melhor eles podem servir. Mas já que eles são iniciados, o Mestre, Que conhece o caminho que irá levá-los ao seu objetivo, os vigiam e os aconselham quando eles devem retornar em certos ambientes e circunstâncias. O iniciado irá também querer retornar para continuar onde ele ou ela parou, de maneira a servirem mais. Eles repetidamente e rapidamente tomam encarnação para trabalharem os últimos poucos passos do Caminho da Iniciação. O objetivo do iniciado é o de limpar o karma rapidamente e assim se tornar mais livre e equipado para o serviço. A alma impressiona seu veículo com este desejo durante a encarnação e assim elimina qualquer desejo do discípulo pela felicidade do pralaya em devahan.

Outra razão para os rápidos ciclos de encarnação pode ser a necessidade de "completar" o equipamento do discípulo, concentrando-se de maneira unilateral em várias vidas, para se adquirir alguma qualidade faltando, ou para contribuir com alguma qualidade especial, perfeitamente desenvolvida nele, para o trabalho de um grupo ou nação em particular.

Cada alma encarna e reencarna sobre a Lei do Renascimento. Grupos de almas vêm juntos de maneira a trabalharem o karma criado no passado. Assim, esta lei oferece a oportunidade para repagar antigas dívidas, de reconhecer e trabalhar com velhos amigos, em aceitar antigas responsabilidades e obrigações, e em levar à superfície e reutilizar talentos e qualidades adquiridos há muito tempo. Que beleza e ordem existem, portanto, nesta lei que governa nossa aparência neste plano.

Sumarizando, nós podemos dizer que a reencarnação depende do destino particular do indivíduo. Se ele ou ela não é suficientemente desenvolvido, ainda não há destino; o indivíduo é simplesmente atraído de volta à encarnação. Quando o homem ou mulher progrediu de alguma forma mais longe, seu destino se torna um destino grupal. No caso de um discípulo ou iniciado, no entanto, os ciclos de encarnação são governados pelo destino individual, e, acima de tudo, pelo desejo de servir. (Dezembro de 1982)

Como a alma faz a sua escolha como onde, quando e de quem ela irá nascer? (Abril de 1985)
Depende da evolução da alma. Sobre a Lei da Evolução, almas não evoluídas são atraídas magneticamente para os corpos preparados através da necessidade kármica; elas têm pouca escolha. A humanidade mais avançada, vindo sobre a Lei Grupal, é atraída para a família particular e grupos nacionais (com os quais ela tenha conexões kármicas) de acordo com a necessidade grupal para tais energias grupais em um momento em particular. Iniciados vêm sobre a Lei do Serviço e escolhem (com a ajuda de seu Mestre) as condições de família, etc, que irão permitir a eles melhor servirem de sua maneira especial.

Nós escolhemos nossas famílias como bebês de maneira a sermos colocados em uma situação na qual o desejo de servir o mundo cresceria, por causa desta particular situação, diríamos, tendo nascido de país alcoólatras, etc.
A alma não está tão preocupada com o modo de vida dos "país" pelos quais ela escolhe encarnar. Com o que ela está preocupada é a estrutura de raios, isso quer dizer, os padrões de energia, posição na sociedade, e acima de tudo, seus pontos de evolução. A família escolhida oferece o campo de experiência para uma alma em um ponto em particular na evolução, com propósitos particulares e também, com limitações particulares determinadas por sua própria estrutura de raio. Tudo isso é levado em conta pela alma ao escolher uma família.

279

O relacionamento familiar não é tão crucial para as massa, mas com as unidades avançadas da humanidade, ele começa a se tornar muito mais crucial. Com os mais avançados, os discípulos e iniciados, ele é absolutamente crucial. Com indivíduos avançados, a alma é ajudada pelo Mestre em escolher uma família.

Como os discípulos e iniciados escolhem seus pais para a encarnação?
O principal fator neste caso é o ponto de evolução da alma procurando encarnação, e o dos pais. Os pais irão oferecer um corpo de uma taxa vibracional em particular que esta alma precisa para realizar sua atividade de serviço no mundo. Não haveria a possibilidade de um iniciado de terceiro grau tomar encarnação com pais que são relativamente não evoluídos. Precisa existir um grau de similaridade de vibração. Também, qual seria o sentido de um iniciado de terceiro grau encarnar entre os menos evoluídos da humanidade? Ele tem um dom para dar. Ele tem a experiência como uma alma e a radiação como um iniciado para dar ao mundo. Se ele tentasse fazer isso em circunstâncias não responsivas, todo o propósito se perderia. Então a coisa crucial é o ponto de evolução.

Sempre se está kármicamente relacionado com todos os membros da família? (Abril de 1985)
Normalmente, mas não sempre. De tempo em tempo "novo sangue" é trazido para a maioria das famílias. É lógico, novos laços kármicos estão sendo formados a todo momento.

Por que a reencarnação deve ser tão incestuosa – por exemplo: "Você é meu marido agora, da última vez você foi minha mãe," e este tipo de coisa?
Para muitas pessoas, reencarnação ocorre sobre a lei grupal. É isso que se relaciona ao fato de que relações familiares próximas, com permutações, são repetidas continuamente. Isso oferece a oportunidade para repagar dívidas kármicas,

acertar velhos erros, renovar parcerias de trabalho e por aí vai. O fato de relacionamentos serem tão "incestuosos" mostra a necessidade por inofensividade em todas as relações.

Se almas encarnam em grupos, você escolhe pais que têm o mesmo raio de alma que o seu? (Janeiro/ Fevereiro de 1985)
É normalmente o caso que pais e filhos tenham o mesmo raio de alma, mas este não é de forma alguma sempre o caso.

Como funciona, se há, o mecanismo que decide que se deve nascer menino ou menina? (Março de 1983)
É a alma que decide. De acordo com o seu propósito em qualquer vida em particular, a alma cria seu veículo de expressão no plano físico com a melhor consideração. Nós realmente somos um expressão de nossa alma. No plano da alma, não há nem macho ou fêmea, e a divisão dos sexos neste nível é apenas um reflexo das polaridades do Deus Pai-Mãe Cuja união nos traz como alma à existência. Através da experiência repetida, tanto como macho e fêmea, nós eventualmente levamos ambos estes aspectos em equilíbrio.

Em uma era de mães de aluguel e bancos de esperma, o trabalho da alma em descobrir seus pais desejados se torna mais difícil? (Janeiro/ Fevereiro de 1985)
Não. Uma alma avançada, pelo menos, irá escolher nascer apenas daqueles pais com os quais ela tenha conexão kármica.

Nós podemos conscientemente escolher nossos pais, sexo, país, etc, para nossa próxima vida? (Janeiro/ Fevereiro de 1985)
Não. Estas escolhas são feitas pela entidade que encarna, a alma, de acordo com seus propósitos.

Um pai pode conseguir uma indicação do propósito da alma de seu/sua filho(a) para a atual vida estudando o signo ascendente astrológico e aspectos a esta posição? (Janeiro/ Fevereiro de 1985)

Não. O que pode utilmente ser aprendido de tal estudo são as forças em particular provavelmente influenciando a alma naquela vida. É lógico, a relevância desta informação quando aplicada irá depender do ponto de evolução da criança.

Algumas almas que encarnam mudam de opinião pouco antes do nascimento, assim levando a algumas das mortes infantis que ocorrem entre crianças aparentemente saudáveis? (Janeiro/ Fevereiro de 1985)

Não é uma questão da alma "mudar de opinião" em tais casos, mas da personalidade recusando a nova experiência, talvez por causa de uma encarnação particularmente extenuante imediatamente antes.

O que acontece com uma alma que não se desenvolve por várias vidas? (Julho/ Agosto de 1985)

Ela pode precisar, e receber, algum estímulo kármico especial. Nós vivemos em um Cosmos cíclico, um mundo cíclico; nós criamos em ciclos, vida após vida em ciclos. Semelhantemente, a alma se manifesta ciclicamente. Ela o faz de tal maneira a conseguir o melhor resultado para a sua intenção e propósito. Quando o seu reflexo, a personalidade, não está fazendo muito progresso, talvez por um número de encarnações, a alma pode colocar seu veículo em uma situação de adversidade, de limitação. Isto geraria então tensão, e portanto, o progresso necessário, porque nunca há progresso sem tensão. Avanço é sempre o resultado de tensão espiritual. Tensão espiritual é aquela força motivadora que leva à liberação e renovada atividade.

Nós tendemos a nascer no mesmo país ou continente novamente ou nós migramos? Se sim, nós fazemos isso em grupos também? (Julho/ Agosto de 1985)

Não há regra geral, com exceção de que nós encarnamos em grupos. Uma pessoa ou grupo pode nascer no mesmo país ou continente continuamente e então ter uma série de encarnações em muitas localidades diferentes.

Parece existir algo contraditório em sua declaração de que as almas encarnam em grupos (ou famílias ou raças) e relatos de pessoas que lembram-se de vida passada, por exemplo, durante hipnose regressiva. Estas pessoas freqüentemente declaram que elas se lembram de vidas nas quais elas foram um homem ou mulher branco, um Africano, Chinês, Indiano, etc? (Março de 1983)

Não há realmente contradição. Enquanto que a tendência é para grupos familiares encarnarem mais ou menos na mesma área do mundo por muitos séculos, este não é de forma alguma sempre o caso, e muita migração acontece. Por exemplo, o Mestre DK declarou que os Britânicos são em sua maior parte reencarnações dos Romanos, e que muitos dos atuais Britânicos foram Indianos em vidas passadas, enquanto que muitos dos atuais Indianos foram Britânicos em vidas passadas.

Por que algumas pessoas parecem levar suas características físicas ou raciais de vidas anteriores tão claramente em seu presente veículo físico; por exemplo, algumas pessoas, embora brancas Européias da Grã-Bretanha, parecem bem orientais? (Junho de 1983)

Enquanto é possível carregar características físicas de vidas anteriores, isso é realmente bem raro. Não existem raças puras hoje. As raças e nacionalidades são compostas de uma incrível mistura que foi criada por longos períodos de tempo. Quando nós vemos Europeus com características orientais, nós estamos normalmente vendo o resultado da mistura racial, ao invés do resultado de encarnações anteriores. Os casos raros ocorrem quando discípulos muito avançados encarnam, talvez pela primeira vez, em situações bem diferentes de uma longa série de encarnações em outro lugar.

Em uma vida específica como um Ocidental, pode ainda ser visível que você tenha sido da África ou da Ásia em uma encarnação anterior? (Janeiro/ Fevereiro de 1985)
Em características físicas, não, mas em formas de pensamento, abordagem geral para com o mundo, sim.

É possível encarnar sem um dos corpos ou veículos – etérico-físico, astral ou mental – e se sim, como nós podemos garantir a coesão da atividade física? (Março de 1986)
Não, não é possível encarnar sem todos os veículos inferiores. No estágio agora alcançado pela humanidade, todos os veículos estariam presentes – embora seus níveis de desenvolvimento podem ser diferentes.

O que determina quanto tempo há entre encarnações? (Julho/ Agosto de 1985)
Karma e destino. Em uma palavra, o Plano. Depende de seu ponto de evolução e raio de alma. Nem todos os raios estão em manifestação ao mesmo tempo.

Agora que a evolução está sendo acelerada, o tempo entre encarnações está sendo diminuído entre: (1) discípulos; (2) para a população geral? (Julho/ Agosto de 1985)
(1) Sim. (2) Ainda não.

Existe algo como reencarnação no mundo deva também? Como a procriação ocorre no mundo deva?
As evoluções deva não estão em manifestação física-densa, então não há encarnação (e portanto reencarnação) como tal, mas sucessivas ondas de atividade e descanso. Também, devas ou são sub-humanos, e portanto não individualizados, ou super-humanos e entidades conscientes individualizadas. Miríades de vidas elementais e dévicas compõem o corpo de expressão de um super-animador Senhor Dévico. Procriação, ou melhor, criação, ocorre pela ação do Deva super-animador.

Cristianismo e Reencarnação

Durante tempos Bíblicos, a reencarnação era amplamente aceita? (Julho/ Agosto de 1985)
Sim, parece que sim. (Ver o artigo "Reencarnação e Karma na Bíblia'" na edição Especial de Informação da *Share International.)*

Já que nós sabemos que a idéia da reencarnação esteve por aqui por tanto tempo, como ela se perdeu? As Igrejas Cristãs dificilmente a ensinam. (Junho de 1985)
É lógico que este conceito nunca foi perdido no Oriente. No Ocidente, no entanto, parece que ele era geralmente aceito até o século 6° D.C. Muitos dos primeiros instrutores e teólogos Cristãos, Orígenes (185-254 D.C) em particular, colocavam grande ênfase na lei básica do renascimento. Foi o Imperador Justiniano em 553 D.C que proclamou este ensinamento anátema. Este banimento, infelizmente, se tornou parte dos ensinamentos estabelecidos da igreja.

Que efeitos você prevê que a aceitação da reencarnação terá no mundo Ocidental? (Setembro de 1985)
Parece óbvio que uma verdadeira percepção das implicações da reencarnação (e não simplesmente uma aceitação intelectual) irá transformar toda a abordagem Ocidental para com a realidade. A idéia de que a vida não é curta, brutal e arbitrária; que existe propósito e plano; que nós estamos passando por um processo de gradual aperfeiçoamento; acima de tudo, que a grande Lei de Causa e Efeito governa nossa existência, deve mudar nosso ponto de vista. A necessidade por corretas relações humanas, por inofensividade, irá se tornar abundantemente clara.

Reencarnação, Karma e Vidas Passadas

[Este artigo é uma transcrição editada de uma palestra dada por Benjamin Creme em Ubbergen, Holanda, 16 de Fevereiro de 1986.]

No mundo hoje, existem realmente três abordagens para a idéia da reencarnação.

Uma dupla no Ocidente, onde a própria idéia é quase não-existente: ou uma crença na transmigração das almas-- que você pode ser um ser humano em uma vida e um animal na próxima, e que portanto, há grande perigo em esmagar moscas e pisar em formigas, porque ela pode ser a sua avó-- ou simplesmente um interesse em vidas passadas. Este é quase todo o interesse no conceito de reencarnação no Ocidente.

No Oriente, de um modo geral, as pessoas acreditam na reencarnação. E, corretamente, em relação com a Lei do Karma. Infelizmente, mesmo no Oriente, a Lei do Karma é vista de um ponto de vista errado. É lógico, aqui e ali, tanto no Oriente e no Ocidente, existe uma correta interpretação e abordagem para com a idéia do renascimento, e sua conexão próxima com a Lei de Ação e Reação, Causa e Efeito.

No Oriente, a maioria das pessoas acreditando na Lei do Karma aceitam que elas são quem e estão onde elas estão por causa de suas ações em uma vida anterior – o que é verdade; mas infelizmente elas acham que elas não podem fazer nada quanto a mudarem sua situação em particular – o que não é verdade.

No Ocidente, nós tendemos a pensar que nós estamos totalmente em controle do nosso destino (nós estamos até certa extensão), mas que não há nenhuma lei maior governando nosso destino, o que não é verdade. Existe um mal-entendido, no Oriente e Ocidente, sobre a Lei do Karma e seu trabalho através da Lei do Renascimento.

O Ocidental tende a rejeitar a idéia de uma vida futura. É uma idéia que está apenas começando engajar as mentes das pessoas. Se ele pensa quanto a isso, de alguma forma, ele realmente pensa sobre isso em termos de " se eu tenho uma vida futura, eu devo ter tido uma vida passada; e se eu tive uma vida passada é interessante saber quem eu era". A literatura popular no Ocidente sobre a reencarnação é quase exclusivamente sobre existências anteriores. Existem agora muitas técnicas – autênticas ou não – propagadas e usadas para levar as pessoas de volta para uma experiência de suas vidas passadas: hipnose, rebirthing, e por aí vai. É lógico, existe muita pesquisa séria sobre o assunto acontecendo em vários países. O trabalho do Professor Ian Stevenson e outros está adicionando muita evidência apontando para a probabilidade do fato da reencarnação. Mas é tão desejável conhecer nossas vidas passadas? Eu acho que se a maioria de nós realmente conhecesse nossas vidas passadas, existiriam uma ou duas coisas das quais nós estaríamos envergonhados, e talvez preferiríamos não saber.

Há uma lei pouco conhecida que, quando nós nos tornamos verdadeiramente conscientes de nossa vida passada, nós entramos no karma daquele tempo. A maioria de nós têm uma carga pesada o suficiente de karma para lidarmos nesta vida sem uma carga desnecessária de alguma vida anterior, que felizmente ainda não nos foi dada para resolver.

Não é necessário dizer, você sempre acha clarividentes. O canal, o sensitivo, está sempre feliz – por um preço – em olhar para o seu passado e dizer à você suas vidas anteriores, mas como você sabe se eles estão certos ou errados? De que forma possível você pode verificar o que o tão chamado clarividente diz à você? É melhor para você continuar com o seu dinheiro. Se é dito à você que em uma vida anterior você foi importante e poderoso (normalmente é algum rei, rainha, sacerdote), um sacerdote no Egito, digamos, como você pode provar isso? E você é, hoje, pelo menos o equivalente em importância, influência e poder no mundo, contribuindo com algo original e criativo para vida?

Também é a coisa mais fácil do mundo se enganar quanto as nossas próprias "memórias". Deixe-me ilustrar com um exemplo de minha própria experiência que aflorou em minha consciência durante uma profunda meditação durando cerca de cinco horas. Eu me vi (não parecia comigo agora, mas eu mesmo assim me reconheci) como um pastor de religião durante perseguições religiosas em algum lugar na Europa ao redor dos anos 1650. Minha igreja dava de frente para uma praça. Eu estava nos degraus fora da igreja ouvindo aos gritos e choros de dor e terror. Eu sabia o que isso significava: os Protestantes estavam sendo atacados pelos soldados e sujeitos a espada. De uma estrada em um canto da quadra, as pessoas vieram correndo, gritando, perseguidas pelos soldados. Em sentido diagonal em relação a praça e em direção a igreja, elas correram, procurando refúgio. Eu fiquei na entrada da igreja, uma figura muito alta, grande em um longa batina escura, chamando as pessoas aterrorizadas para dentro da igreja. Os soldados subiram os degraus, esfaqueando-as e acertando-as com suas espadas. Eu não estava de forma alguma com medo (eu parecia, lembrando agora, ter um corpo físico do 1º raio) mas mantive meus braços abertos para bloquear suas passagens. Eu disse: "Este é um lugar sagrado". Para minha surpresa, eles não estavam nem um pouco impressionados e um me atacou com sua espada. Eu posso ver vividamente agora – este alto, grande homem e a espada através de seu peito. Eu sinto e ainda posso claramente sentir a sensação dura, fria da espada em meu peito, conforme eu cai morto nos degraus de minha igreja. Por anos, eu acreditei que eu tinha lembrado em total claridade, como num filme, meus últimos minutos de uma vida anterior e só foi até cerca de 10 anos atrás que eu soube de meu Mestre que a experiência foi real, tinha acontecido, mas não comigo. Não tinha nenhuma relação comigo; eu nunca tinha vivido próximo daquela cidade ou sido o pastor na batina escura. Tinha sido uma experiência clarividente da morte de alguém proximamente relacionado a mim no plano da alma. Então, como você sabe o que você está vendo? Como você pode ter certeza?

Os Orientais têm um ponto de vista diferente. Eles não estão tão preocupados sobre quem eles foram em suas vidas passadas. Eles acreditam que se eles são pobres, famintos, miseráveis, têm dívidas com o senhorio, com dificilmente o suficiente para alimentarem sua família, eles foram alguém realmente terrível antes. Eles acreditam que é a Lei do Karma, porque eles foram tão maus, desagradáveis, horríveis, seres humanos de um grau tão baixo em sua vida passada, que eles merecem a miséria na qual eles estão agora. Eles acreditam nisso; é o ensinamento. E eles acreditam, porque é a Lei do Karma, que não há nada que eles possam fazer quanto a isso. Eles a aceitam totalmente, de maneira fatalista, como suas dívidas de acordo com a Lei. Eles também acreditam que se eles aceitarem sua sorte mansamente e tentarem ser "bons", eles serão recompensados com um status superior na próxima vez. Se há uma coisa que manteve o Oriente para baixo, em termos de seus padrões de vida, sua felicidade social, social democracia e igualdade, é a aceitação da Lei do Karma nesta base. Não há nada que impeça os "intocáveis" da Índia em transformarem suas vidas, a não ser a aceitação que suas intocabilidades são devido aos seus erros em vidas anteriores. Algum tipo de equilíbrio precisa ser alcançado, tanto do ponto de vista Oriental como do Ocidental, na abordagem para estas duas grandes leis: a Lei do Karma, Causa e Efeito, e a Lei do Renascimento, sua corolária.

A Lei de Causa e Efeito é a lei básica governando nossa existência neste sistema solar e é o resultado da ação da energia do "alter ego" de nosso sistema, a constelação de Sírius. Assim como nossas personalidades estão levando adiante, mais ou menos bem, as intenções de nós mesmos como almas, assim também este sistema solar age sobre as intenções de Sírius como a sua "alma". Colocando de maneira mais sucinta, a relação entre Sírius e este sistema solar é a mesma que a relação entre nossa alma e seu reflexo, a personalidade. Cada pensamento, cada ação que nós temos e tomamos, coloca em movimento uma causa. Estas causas têm seus efeitos. Estes efeitos fazem nossas vidas, para o bem ou para o mau. Nós estamos agora, estivemos, e estaremos, fazendo nossas vidas de momento a momento. Mais cedo ou mais tarde, as causas colocadas em movimento pelos nossos pensamentos e ações irão produzir efeitos que irão voltar sobre nós; e nós experienciaremos isso como "bom" ou "mau" karma. Quando é desconfortável nós chamamos de mau karma. E quando é bom karma, quando a vida é confortável, fácil, nós não o percebemos. Nós o tomamos como nosso direito, nossa sorte, porque é assim que nós esperamos que a vida seja. As pessoas realmente apenas falam de karma quando elas se referem ao karma ruim. É importante perceber e lembrar que nós temos mais "bom" karma do que "mau" karma.

Como todas as leis, a Lei do Karma está sobre o controle, sobre a jurisdição, de certas entidades – neste caso, os Senhores do Karma. Os Senhores do Karma são como juízes cósmicos. Eles olham para esta ação e reação de causas e efeitos que nós colocamos em movimento, e eles a regulam de acordo com nossas necessidades como almas em evolução. Nossas almas encarnam em uma personalidade com uma dada estrutura de energias, raios, que se relacionam com o karma e as possibilidades daquela encarnação em particular. As almas co-operam com os Senhores do Karma para decidirem, você pode pensar, que dor ou prazer nós iremos sofrer em qualquer vida em particular. Isso, é lógico, é precisamente a maneira errada de descrever o que acontece. A alma não está de forma alguma interessada, nem estão os Senhores do Karma, em nosso prazer ou em nosso sofrimento. Estas são simplesmente reações psicológicas aos eventos. No que eles estão interessados é o desenvolvimento da Lei, a Lei cósmica de Causa e Efeito. Também, a alma tem seus próprios propósitos para cada encarnação em particular. Ela se provê com um veículo, a personalidade, com corpos mental, emocional e físico que irão dar a possibilidade para suas intenções serem alcançadas naquela vida em particular. Este propósito pode não ser alcançado, mas a alma oferece a possibilidade. A alma vive sempre em esperança!

O objetivo final é o de viver a vida de tal forma que nós não criemos nenhum karma pessoal. Nós podemos fazer isso ou sendo perfeitos, ou estando morto. Já que ser perfeito é bem mais interessante do que estar morto, a maioria das pessoas aceitam a premissa de tentar, mais ou menos, alcançar o propósito da alma e tentando até o último momento possível o fazer. Assim, nós eliminamos este fardo de karma, que nós mesmos criamos na presente e vidas passadas. Nós tentamos, conscientemente ou inconscientemente, nos tornarmos perfeitos. Nós não temos controle sobre os eventos da vida. A única coisa que nós podemos controlar são nossas reações quanto a estes eventos. Então, o objetivo é o de alcançar tal medida de desapego dos eventos de maneira que nós possamos nos controlar.

Desta forma nós lidamos com o fardo do karma em qualquer encarnação em particular. Este não é o caso de se sentar em letargia catatônica, de forma que nós não façamos nada e portanto não criemos karma. O que nós podemos fazer, em cada evento, em cada situação, é nos distanciarmos deste evento. Vendo o evento como estando fora dele, com nós mesmos aqui, e não reagirmos. Desta forma, nós gradualmente criamos uma impessoalidade em relação a vida, um desapego em relação aos eventos, onde nós nos tornamos indiferentes quanto ao nosso karma ser "bom" ou "mau".

Vista corretamente, a vida evolucionária é uma renúncia gradual do inferior para o bem do superior. Como uma alma em encarnação, um alto nível de divindade encarnou em um nível mais baixo de divindade. A jornada para perfeição, o objetivo evolucionário, é a renúncia gradual destes níveis mais baixos encarnando, nesses níveis mais baixos, o superior, e se tornando mais o que se é essencialmente como uma alma. A alma faz sua jornada para encarnação sobre eons de tempo, e então volta, e sai da necessidade de encarnar. O caminho do retorno para a alma é a liberação gradual de si mesma das limitações dos planos físico, astral, e mental. Isso é feito imbuindo seus veículos, físico, emocional e mental, com sua energia e qualidade.

Duas coisas estão acontecendo ao mesmo tempo neste processo. Uma é a gradual espiritualização do veículo pela alma. A outra é o aumento do fardo do veículo, intencionalmente, pela alma, para queimar karma antigo. Conforme a alma progride em sua experiência de encarnação, o seu reflexo, o homem ou mulher em encarnação, recebe um fardo cada vez mais pesado de karma. Até que na última encarnação de todas, com exceção de uma, na qual a pessoa será uma iniciada de quarto grau, o fardo estará o mais pesado. É por esta razão que a quarta iniciação é chamada no Ocidente, a Crucificação; no Oriente, a Grande Renúncia. Nesta experiência tudo, todos os aspectos mais baixos, estão sendo renunciados em favor da realidade espiritual mais elevada. É por isso que a vida de um iniciado de quarto grau é normalmente, do ponto de vista do mundo, dolorosa, de fato pesada. As pessoas imaginam que, conforme um homem ou uma mulher progridem na evolução, ele ou ela se tornará cada vez mais livre do karma. O oposto é verdade. Não apenas isso, mas conforme um homem ou uma mulher se torna um discípulo, se torna iniciado, um servidor do mundo, ele ou ela toma mais e mais do peso do karma mundial. Eles são os defensores do mundo. Seus ombros são, e precisam ser, amplos. Imaginem uma ponte sobre um rio, e o rio é o mundo e seu karma. Os discípulos e iniciados são os pilares da ponte, e os espaços entre eles são as massas de pessoas. Onde há espaços a água flui facilmente, os pilares da ponte tomam a força da inundação, da água. Em um sentido bem real, os discípulos e iniciados do mundo sustentam o mundo. Esta é uma razão pela qual a vida do discípulo é, do ponto de vista do homem médio, uma vida muito difícil de se levar. Mas, é lógico, o discípulo é governado pela grande Lei do Serviço.

Sobre esta Lei, discípulos e iniciados vêm muito freqüentemente à encarnação para servirem à necessidade mundial e terminarem com esta experiência na Terra o mais rápido possível. Não para acabarem com ela, mas para servirem melhor. Quanto mais avançada uma pessoa é , mais ela pode servir, mais útil ela pode ser para o mundo. Quando um certo nível é alcançado – aquele do iniciado de terceiro grau – a relação para com a Lei de Causa e Efeito muda. Gradualmente, a lei é manipulada pela própria pessoa. Como uma alma divina consciente, trabalhando no mundo, ela se torna realmente o piloto de seu próprio avião. Ela pode ter um co-piloto, seu Mestre, mas ela é o piloto. Não é uma coisa automática, mais gradualmente este ponto é alcançado. Ele toma uma parte ativa em sua própria evolução, conscientemente trabalhando com a Lei do Karma, sobre o controle de sua alma. Então, pode acontecer que suas vidas anteriores se abram diante de seu olho interno. Conforme isso acontece, o karma daquele tempo se torna aberto para ele no plano físico, que, é lógico, aumenta o fardo do iniciado. O objetivo é que pelo tempo em que a pessoa esteja pronta para tomar a quinta iniciação e se tornar um Mestre, todo karma terá sido resolvido, queimado, levado de volta para a fonte de onde ele veio.

Como nós nos livramos do karma, como nós lidamos com ele? Você não o pode dar. Ele é muito pesado, ninguém o quer. Não há venda para excesso de karma; todos já têm o suficiente. Então o que você faz, como você pode lidar com este fardo que limita sua atividade, sua alegria, sua felicidade? Há um método muito simples. Ele é chamado serviço. Serviço é o caminho *par excellence* para se livrar do karma. É lógico que você não se livra dele, mas você o queima. O processo é algo assim: conforme você serve, você atrai para si mesmo energia. Dando energia, você consegue energia de volta; esta é a lei. Basicamente, é a Lei do Amor, que governa nossa natureza, sem a qual o universo não existiria. Ela é, é lógico, em outro sentido, a própria Lei de Causa e Efeito. Conforme você dá amor, você coloca em movimento uma causa, o efeito da qual é o retorno do amor.

A própria lei coloca em movimento a sua própria realização. Conforme nós servimos, nós demonstramos amor. Conforme nós demonstramos amor, pela lei, nós conseguimos amor. Isso fortalece e potencializa o indivíduo de uma forma na qual ele possa lidar com seu próprio karma. Conforme a pessoa progride em amor, em serviço, ela automaticamente se distancia do efeito de eventos. Os eventos ocorrem, mas eles têm cada vez menos efeito em sua psicologia. No Oriente eles dizem: "É o meu karma". Na França eles dizem "C'es la vie." Gradualmente nós temos que desenvolver uma atitude de "c'est la vie". Se ela é boa, fácil, *c'est la vie*. Se ela é dura, difícil, dolorosa, *c'est la vie*. Nós realmente temos que viver com esta atitude.

Retornando ao assunto das vidas passadas. É de valor saber nossas vidas passadas? Depois de um certo ponto: sim. Antes deste ponto, não é apenas de um valor não muito grande, como pode na verdade ser perigoso. E é irresponsável para os tão chamados clarividentes dizerem às pessoas sobre suas vidas passadas, mesmo que eles estejam corretos. Se eles estão errados, as pessoas irão criar formas de pensamento ao redor daquela imagem incorreta delas mesmas. Isto cria glamour, ilusão. Se eles estão certos, as pessoas envolvidas se tornam sujeitas ao karma para o qual elas podem ainda não estarem preparadas.

Existem ocasiões, em certas doenças de uma natureza mental, que não podem ser lidadas de qualquer outra forma, nas quais pode ser útil voltar para uma vida anterior. Estas são relativamente poucas, e a maneira é através da hipnose. Todo o assunto é cheio de perigo e complexidade. Quando nossas vidas passadas entram espontaneamente em nossa consciência, elas irão fazê-lo sobre a Lei. É realmente mais importante entender a Lei como ela está acontecendo agora, não no passado. É lógico, é útil saber que você foi um varredor de rua na última vida; isso lhe dá um senso de proporção. A coisa mais importante é saber que a cada momento nós estamos criando karma, nós estamos criando nossa próxima vida bem agora.

A Lei do Karma é uma grande Lei de compromisso, mas ela é benéfica. Ninguém recebe mais karma do que sua alma, e os Senhores do Karma sabem que eles podem utilmente lidar. Algumas vidas, para algumas pessoas são bem duras, muito dolorosas, muito limitantes de fato. Do ponto de vista da alma, isso é provavelmente intencional e útil, produtivo. A alma sabe que queimando desta forma o fardo do karma do passado, maior progresso pode ser feito. O que nos prende, o que nos limita, é o nosso karma, nossa quantidade de karma em nossas costas. Os esforços feitos para se lidar com o karma pavimentam o caminho para períodos de crescimento. Nosso desenvolvimento prossegue assim em ciclos.

A Lei do Karma não é uma lei mecânica de punição. Se você bater em alguém na cabeça, não é inevitável que você será atingido na cabeça. Não é uma questão de olho por olho e dente por dente. É simplesmente o resultado energético de causas anteriores colocadas em ação por nós mesmos; tudo que nós fazemos inevitavelmente voltará de alguma forma ou de outra. No entanto, nós podemos fazer algo quanto a isso. Os "intocáveis" da Índia podem mudar suas vidas. Eles não são fadados pelo karma a serem "intocáveis". Esta é uma estrutura social, um sistema de classes, que prende as pessoas para situações particulares da vida. Ela é totalmente artificial e criada pelo homem. A pobreza, a esqualidez, a degradação e miséria das pessoas do Terceiro Mundo não são necessárias. Não são o resultado do karma, mas de nossa ganância. E nós temos a maior responsabilidade em ajudá-los a mudar estas condições e a entrarem numa verdadeira vida.

As pessoas pensam em karma como sendo sempre da vida passada, mas e quanto ao karma de ontem, ou do dia anterior, da semana passada, do karma do mês passado? É esta sucessão de momentos de ação e reação com as quais hoje nós estamos lidando, que amanhã em nossa próxima

295

vida nós iremos lidar. Até que nós cheguemos em corretas relações um com os outros e com o Todo do qual nós fazemos parte, nós continuaremos criando karma ruim. É mais importante, mais útil, perceber o benefício de corretas relações, assim lidando com as Leis do Karma e do Renascimento corretamente, do que saber nossas vidas passadas. (Julho/ Agosto de 1986)

Lembrança de Vidas Passadas

Há alguma utilidade em conhecer vidas passadas? Isso não é uma tendência a escapar das dificuldades na vida presente já que é mais fácil de se lidar com vidas passadas? (Janeiro/Fevereiro de 1985)

Há valor em conhecer vidas passadas, se isso puder ser feito sem se perder no glamour. Pode ser iluminador e conduzir à um sentimento de proporção. Isso dá uma perspectiva mais longa quanto a jornada evolucionária do que mera crença teórica na reencarnação.

Eu realmente não acho que um conhecimento de vidas anteriores oferece um meio para se escapar das dificuldades da vida presente. Alguém que tente escapar das dificuldades presentes (provavelmente a maioria de nós em algum momento ou outro) irá fazê-lo seja se vidas passadas forem conhecidas ou não. E se a vida lembrada foi cheia de grande dificuldade e sofrimento? Ela seria então uma base para se escapar?

Eu realmente acredito, no entanto, que no Ocidente, o novo interesse na reencarnação esteve centrado quase exclusivamente na lembrança de vidas passadas, com os subseqüentes danosos glamoures que isso liberou. A vida importante é aquela na qual nós nos encontramos agora.

As pessoas falam muito sobre as tão chamadas experiências de deja-vu. Elas necessariamente possuem relação com memórias de encarnações? (Janeiro/ Fevereiro de 1985)

Algumas vezes estas experiências de deja vu de fato se relacionam com memórias de vidas anteriores, mas freqüentemente este não é o caso. Existem muitas razões para esta sensação: muito freqüentemente, é o resultado de um lapso, e então a retomada, da atenção, quando alguma pessoa, lugar ou acontecimento faz uma forte impressão; em outras palavras, a "memória" de um evento bem recente.

Regressão para supostas vidas anteriores sobre a hipnose é confiável? (Janeiro/ Fevereiro de 1985)
Não, absolutamente não. Algumas vezes poderia parecer que as experiências contatadas são verdadeiras e prováveis (mas não necessariamente tendo acontecido para com a pessoa sobre hipnose). Em outras vezes, foi provado que elas não podiam ter sido possíveis na maneira descrita. Então a pergunta permanece: com o que nós estamos lidando nestas "regressões" – revivendo vidas passadas, ou clarividência e telepatia? Eu sugiro que são algumas vezes uma, e algumas vezes a outra.

Se a hipnose funciona sobre o relaxamento, porque nós não teríamos conhecimento espontâneo de vidas anteriores durante o relaxamento do sono? (Janeiro/ Fevereiro de 1985)
De fato, lembrança espontânea de vidas passadas ocorre algumas vezes durante o sono profundo, mas, assim como com a hipnose, ela não é confiável. A maioria dos conteúdos dos sonhos vêm da atividade da mente inferior em fases de sono leve. Hipnose funciona não apenas através do relaxamento, mas, como na meditação, através de uma retirada da atenção do mundo exterior dos sentidos e uma volta do foco da atenção internamente (e, na meditação, para cima).

É aconselhável ou mesmo bom tentar recobrar memórias de vidas passadas de um vidente confiável? (Janeiro/ Fevereiro de 1985)

É certamente possível conseguir isso, mas para mim não aconselhável. Afinal de contas, o que é um vidente "confiável" e que memória relembrada pode ser provada como autêntica?

Alguns medos e fobias atuais – aparentemente sem razão para existir – podem ser melhor compreendidas pelo conhecimento de experiências de vidas anteriores que as originaram? (Janeiro/ Fevereiro de 1985)
Se os medos de fato se originaram na vida anterior então, é lógico, seria de valor entender as circunstâncias de seus surgimentos. Mas a vasta maioria de nossos medos originam-se nesta vida, consiguindo ou não vermos, conscientemente, suas bases.

Como nós podemos ter certeza que mesmo imagens muito claras e vívidas de supostas vidas anteriores são de fato reais? Não é muito fácil ser enganado ou enganar aqui? (Janeiro/ Fevereiro de 1985)
A resposta simples é que nós não podemos ter certeza. É bem fácil tomar imagens vívidas e claras como sendo de uma existência sua anterior quando elas estão, por exemplo, sendo pegas de maneira telepática de outra pessoa. (Eu passei anos acreditando que certas "memórias" claras recebidas em meditação profunda eram lembranças de minhas existências anteriores até que me foi dito o contrário pelo meu Mestre.)

Existem histórias de pessoas falecidas que "escorregaram para outra dimensão de tempo." Também sobre pessoas que completamente desapareceram. Você poderia comentar, por favor? (Junho de 1985)
Se aquele que fez a pergunta quer dizer, se eu acredito nessas histórias, a resposta é não. Não existe algo como "outra dimensão de tempo" para a qual se "escorregar". Tempo é relativo. É uma experiência do cérebro físico apenas e as pessoas podem e de fato experienciam o tempo

de maneira diferente ou como não-existente – que é a verdadeira natureza do "tempo".

No que eu acredito é que as pessoas acreditam nas fantasias e fórmulas da ficção científica (seja lá quão interessante elas possam parecer) muito prontamente!

É coincidência que pessoas que parecem lembrar vidas anteriores (com exceção daqueles que criam as próprias memórias) freqüentemente foram mortas violentamente naquela encarnação anterior? (Janeiro/ Fevereiro de 1985)
Não. O choque da morte violenta ou repentina freqüentemente oferece uma fonte de tensão que leva a memória abaixo para o cérebro.

Em que nível de evolução nós definitivamente estaríamos conscientes de nossas vidas anteriores? Mesmo iniciados de terceiro grau (Churchill, Mao) parece que não o fizeram. (Janeiro/ Fevereiro de 1985)
Certamente, pela quarta iniciação, algumas vidas anteriores seriam lembradas. O Mestre de quinto grau tem total lembrança de todas as experiências passadas.

Que iniciados de terceiro grau como Churchill e Mao não (nós presumimos) lembram-se de vidas passadas, ou talvez nem acreditem na reencarnação, não é incomum. Esses "homens de ação" são freqüentemente tão extrovertidos nas atividades de suas vidas que tal conhecimento da alma não seria de ajuda para eles. General Patton do exército dos Estados Unidos, por outro lado, era tanto um homem de ação e um firme crente na reencarnação e clamava lembrar de vidas passadas (também como um soldado!).

É possível conhecer vidas futuras? Se sim, isso implica que tudo é, afinal de contas, pré-ordenado? (Janeiro/ Fevereiro de 1985)
Sim, é possível conhecer vidas futuras. Aqueles que são familiares com o *Discipulado na Nova Era* de Alice Bailey, irão se lembrar de freqüentes referências para as vidas

299

seguintes (e estrutura de raios) de certos discípulos, e meu Mestre já me informou minha estrutura de raio e indicou a área geral de trabalho na minha próxima encarnação. Clarividência ou pré-visão, não são, é lógico, o monopólio dos Mestres, mas toda esta área de clarividência é tão saturada com glamour e ilusão que eu pessoalmente acreditaria apenas naquela de um Mestre.

Tudo é então pré-ordenado? Em um sentido, sim. Tudo co-existe no eterno Agora (o Mestre e a alma vêem ambos os lados, o tão chamado passado e o tão chamado futuro). Todas as possibilidades existem no eterno Agora, mas nossos atos, decisões e pensamentos, determinam quais destas possibilidades precipitam-se, assim colocando em movimento a Lei de Causa e Efeito (ou Karma).

O quão altamente evoluído nós precisamos ser antes que sejamos capazes de prevermos uma ou mais encarnações futuras? (Julho/ Agosto de 1985)
Embora isso de forma alguma seja sempre assim, um discípulo entre a segunda e terceira iniciação pode ser capaz de ver ou ser dado uma idéia vaga de uma encarnação futura. Isso não seria possível em um nível inferior.

Alguns de nós conhecemos o Cristo de vidas anteriores? (Novembro de 1982)
Sim, e Ele Mesmo disse isso em algumas das Mensagens. Muitos trabalharam com Ele antes em vidas anteriores, alguns quando Ele se manifestou através de Jesus. As pessoas descobrirão que reconhecem Ele – não sua aparência física, mas Suas qualidades. (Na Palestina, Ele trabalhou através do Mestre Jesus, mas Ele não se parece com Jesus.) Não há dúvidas de que existem muitos em encarnação agora que trabalharam com o Cristo antes na Palestina ou na Índia quando Ele apareceu como Shankaracharya e Krishna. Muitos irão reconhecer certas qualidades e, na verdade, serão atraídos para Ele por causa desta antiga ligação kármica. Isto acontecerá tanto no Oriente e Ocidente.

Efeitos Kármicos

Existe alguma forma de dizer se o sofrimento é causado por nosso karma ou de outra forma? (Julho/ Agosto de 1985) Todo o sofrimento é o resultado da ação da Lei de Causa e Efeito, e portanto kármico. Por kármico, eu acho que quem fez a pergunta provavelmente quer dizer saindo de ações de um longo passado e este é freqüentemente o caso. Mas a maioria de nosso sofrimento vem de nossos pensamentos, ações e reações do presente e imediato passado. Nossos ódios, medos, invejas, frustrações, e (frustradas) ambições nos fazem sofrer, momento a momento. Isso, também, é a ação do karma. Nós desperdiçamos a energia – da alma, mental, astral e etérica – e então nós sofremos, através da Lei de Causa e Efeito, por tal desperdiço. O princípio do desejo nos tem em suas garras, e apenas controlando o princípio do desejo – através da mente – nós podemos superar o sofrimento. A maioria do nosso sofrimento é portanto auto-iniciado e desnecessário. Nós partilhamos, no entanto, o sofrimento kármico da humanidade como um todo, mas isso é outra coisa, a herança humana.

Qual é a função dos Senhores do Karma? Como eles funcionam?
Os Senhores do Karma (existem quatro em nosso sistema) manipulam a Lei de Causa e Efeito. Eles determinam os efeitos desta Lei em nossas vidas de acordo com nossas próprias necessidades kármicas individuais em qualquer momento. Cada pensamento e ação que nós temos coloca em movimento uma causa; os efeitos destas causas criam nossas vidas. Nós estamos colhendo conforme nós semeamos. Tudo que acontece com nós é o resultado das ações que nós mesmos tomamos, pensamentos que nós tivemos, no passado. Este processo não é acidental, mas funciona de acordo com a ação, julgamento, dos Senhores do Karma. Eles não são juízes no sentido legal da palavra; eles exercem julgamento na manipulação da Lei. Eles não

infligem punições, porque nenhuma punição é envolvida. Eles trabalham com a Lei de Causa e Efeito e simplesmente manipulam as energias que são governadas pela Lei de Causa e Efeito de tal forma que – com total justiça, não como punição – os efeitos de nossas ações funcionem em nossas vidas.

Os Senhores do Karma também trabalham em relação com o planeta Saturno, que governa esta Lei e é chamado, portanto, o Planeta da Oportunidade. Falando astrológicamente, ele oferece as situações que permitem oportunidades para experiências de aprendizagem (que são reações kármicas), e portanto por renovado crescimento.

Eles também trabalham muito proximamente com o Senhor do Mundo e a Hierarquia deste planeta. Quando alguém pergunta para ser colocado na Lista de Cura do meu Mestre, o Mestre algumas vezes diz: "Existe uma situação kármica com a qual eu não posso interferir. Mas pode ser possível apelar para os Senhores do Karma, e eu o farei através do Cristo ou do Buda." Eu acho que os Mestres devem saber de antemão a possibilidade de que haja uma boa chance de que alguma energia mitigadora possa ser utilizada pelo bem da pessoa. Então, a palavra volta de que intervenção divina, talvez pelo Buda ou o Cristo, pode ser feita, que permita que a cura seja dada, ou que uma situação foi mudada na vida daquela pessoa que não seria de outra forma o caso. Ocasionalmente, volta a palavra: "É um caso onde a Lei deve governar e não há forma de nem os Senhores do Karma ou Cristo ou o Mestres interferirem na situação. O karma deve ir adiante, e nenhuma cura pode ser dada no presente."

A Lei é, eu diria, tanto bela e justa. Ela funciona sobre a Lei do Amor. Amor está na justiça; justiça está no Amor. Existe beleza nisso, se nós pudéssemos ver sua ação, e como eles a manipulam com o maior Amor. Talvez, quando nós formos Mestres, nós veremos a beleza dela. No presente, tudo o que nós podemos fazer é sermos gratos que os Senhores do Karma existem, e lembrarmos que há sempre mais "bom" karma do que "mau" karma.

A mesma Lei se aplica para a humanidade como um todo da mesma maneira?

Sim. E para os planetas dentro de um sistema, e para sistemas dentro de galáxias, e por aí vai. Em cima, como é embaixo. Existem Senhores do Karma maiores em um nível galáctico Que manipulam o karma governando a galáxia, e os sistemas solares individuais, e então é lógico, em nosso próprio nível, a humanidade deste planeta particular.

Como Avatares, o Cirsto e o Buda podem ser capazes de manipularem as energias funcionando através da Lei de Causa e Efeito de tal forma a ainda levar adiante, a longo prazo, os planos, os propósitos,a Vontade, do Logos. Se eles permitissem muita interferência nesta Lei, o Propósito do Logos não seria levado adiante. O Logos de nosso planeta deve portanto trabalhar de acordo com Seu conhecimento dos Planos do Logos do sistema solar. E os do Logos Solar devem funcionar em relação com os Planos do Logos de Sírius (o *alter ego* de nosso sistema solar). E assim, em alguns aspectos, as mãos dos Senhores do Karma estão atadas também. Se uma ação criasse uma mudança no gradual funcionamento do Propósito do Logos, daquele do Logos Solar, e do Logos do Sírius, ela não seria permitida.

Obviamente, pequenos como nós somos, nossas ações teriam que ser colossais para afetarem tais Planos. Mas eles estão lidando com o karma de 60 bilhões de almas (existem 60 bilhões de Mônadas em nosso planeta). O efeito da ação e reação destas, juntas, é colossal. Nós somos um reflexo do reflexo do Logos, e tudo o que nós fazemos e não fazemos, tudo, cada pensamento, cada ação, seja quão pequena elas forem, adiciona ao total, uma ação pela parte da humanidade como um todo. Isso portanto afeta o karma da humanidade como um todo, e a violação ou não das Leis governando o propósito evolucionário de nosso Logos planetário. Isto se relaciona com o propósito evolucionário do Logos Solar, e do Logos Galáctico, e por aí vai. Tudo o que nós fazemos, portanto, cada pensamento e ação, tem uma reação, uma reverberação em algum lugar do Cosmos.

Como o karma funciona em relação com a cura Hierárquica?
Em uma dada situação, um Mestre pode utilizar uma certa quantidade de energia sobre a Lei. Em alguns casos, talvez em uma criança, isso será o suficiente para oferecer uma total ou parcial cura. Em outras pessoas mais velhas ou casos mais severos, ela pode apenas impedir a piora da condição. Quando a situação kármica (que é dinâmica) muda mais uma vez, mais energia se torna disponível e é administrada, com maior ou menor efeito, conforme o caso. Este processo é repetido até que o paciente seja curado, ou a doença aliviada ao grau que o karma total permita.

A falta de sorte é sempre retribuição por vidas passadas ou pode ser puramente uma oportunidade para crescimento espiritual através da superação do sofrimento? (Janeiro/ Fevereiro de 1985)
Nós estamos tão acostumados a funcionar sobre a síndrome da dor-prazer que nós tendemos a considerar todas as experiências dolorosas como falta de sorte e necessariamente como retribuição por erros passados. A Lei do Karma não é sobre retribuição, mas sobre causa e efeito. Nossa vida prossegue em ciclos, alguns dolorosos-- representando oportunidades para crescimento através da compreensão e ganho de desapego, e outras relativamente prazerosas, evoluindo facilmente sobre o ganho de lutas anteriores.

(1) Qual pode ser o propósito da alma ou ganho em encarnar no corpo de um deficiente mental? (2) É dito que é o karma dos pais ter uma criança deficiente mental-- não é tanto o karma da própria criança, ou é uma questão de karma combinado? (Janeiro/ Fevereiro de 1985)
(1) Ao tomar o corpo de uma criança deficiente mental, a alma procura uma limitação de sua vida para se adequar ao karma. (2) A pergunta me lembra da pergunta do Discípulo à Jesus sobre a criança cega: "Foi o pai ou esta criança que

304

nasceu cega que pecou?" – uma clara implicação da aceitação da doutrina da reencarnação no tempo de Jesus. O karma diz respeito a própria criança, não aos pais.

(1) Problemas físicos são sempre o resultado do karma? (2) É possível utilizar dificuldades físicas como uma maneira de evoluir mais rápido, mesmo que não haja karma envolvido? (3) É inevitável para todos nós vivermos, em uma ou mais vidas, com tais problemas físicos – ou existem outras formas de se lidar com dívidas kármicas? (Janeiro/ Fevereiro de 1985)
(1) Não, problemas físicos são bem freqüentemente o resultado de acidentes logo após o nascimento. Karma não é apenas reação, mas ação. Novas causas – que produzem o efeito, karma – estão continuamente sendo colocadas em movimento. (2) Sim. O efeito do esforço envolvido em se superar os problemas físicos tem freqüentemente uma grande função formadora de caráter, assim ajudando na evolução. (3) Não. Não existe lei que diga que todos nós devemos experienciar problemas físicos. Onde eles de fato possuem uma origem kármica, no entanto, eles são freqüentemente, embora nem sempre, o resultado da crueldade física para com os outros no passado.

A alma oferece aos seus veículos problemas físicos para um propósito em particular?
Existem certas limitações que a alma bem freqüentemente procura ao encarnar. Ela pode mesmo procurar um corpo com problemas bem severos de maneira a precisamente limitá-lo para aquela vida, e assim fazendo-o, queimar o fardo do karma acumulado de vidas passadas, que podem estar retendo a evolução do indivíduo. É freqüentemente o caso que, como um resultado da tensão gerada pela superação das limitações, a próxima vida seja uma de grande progresso e desenvolvimento.

305

Já que nós somos responsáveis por todas as nossas ações, incluindo nossos pensamentos, nosso sonhos também estão criando resultados kármicos? (Julho/ Agosto de 1984)
Sim. Sonhos são o resultado de nossa atividade mental inferior e astral/emocional ainda ativas durante o sono. Eles estão muito freqüentemente, como você sabe, expressando desejos inconscientes e atividades de pensamento inibidas. Estas formas de pensamento auto-criadas inevitavelmente produzem efeitos de algum tipo – e portanto reação kármica.

Nos punindo ou nos disciplinando, nós podemos eliminar o karma? (Abril de 1984)
Não. Nós precisamos distinguir também entre disciplina e punição. Auto-punição não faz nada mais do que aumentar um sentimento de culpa que é um grande obstáculo para se adquirir um coração puro e claro, capaz de experienciar amor e alegria. Auto-disciplina, por outro lado, é necessária para criar a integração dos veículos preparatória para a iniciação. Um discípulo é alguém que é disciplinado. A maneira para "eliminar" o karma é por serviço, realizado de forma altruísta.

É dito que nós viemos em encarnação para melhorar relacionamentos anteriores, e que nós estamos relacionados às mesmas pessoas continuamente. Se sim, nós não deveríamos tentar nos manter casados não importe o que aconteça? Um divórcio pode ajudar desta vez, mas então nós teríamos que passar pela mesma experiência para com a mesma pessoa em outra vida. (Janeiro/ Fevereiro de 1985)
Casamento é uma instituição criada pelo homem e suas leis e costumes variam de país para país. Não existe razão kármica pela qual um casamento deva ser mantido intacto "não importa o que aconteça". É o relacionamento, envolvendo freqüentemente laços kármicos, que importa, não o casamento como uma instituição. Relacionamentos kármicos não necessariamente envolvem casamento – de

306

outra forma todos nós casaríamos mais vezes do que a média da estrela de cinema! A escolha para casar ou não é sempre feita nesta vida pelas pessoas envolvidas – ela não é uma necessidade kármica. Similarmente com a decisão de acabar com o casamento.

Você disse que nossa presente "situação de vida" é devida ao nosso karma passado. Não é o mesmo para a presente "situação de vida" dos milhões que passam fome devido ao seu karma passado? Eles não foram colocados nesta situação de fome por razão de erros do passado? Se não, pareceria que a Lei do Karma não estaria operando de forma justa neste caso. (Setembro de 1983)

Eu acho que nós devemos todos concordar que ninguém entende o funcionamento da Lei do Karma melhor do que Maitreya, o Cristo. Mesmo assim, Ele disse: "Estas pessoas morrem por nenhuma outra razão do que a de que elas tiveram o azar de nascerem em uma parte do mundo e não em outra". Elas não são "colocadas nesta posição de fome por razão de erros do passado", mas são trazida à encarnação sobre a lei grupal. A família e grupos tribais aos quais elas pertencem por séculos, provavelmente, viveram nestas áreas. Elas passam fome porque nós, as nações desenvolvidas, usurpamos e gastamos três quartos da comida do mundo – porque nós podemos pagar o preço de mercado. Muitos países em desenvolvimento exportam comida, necessitada por seus famintos cidadãos, para conseguirem a "moeda forte" para pagarem por importações essenciais de petróleo e bens maquinários. Além do mais, já que a maioria do capital para o desenvolvimento vem de fora, a maioria dos lucros criados pelas suas indústrias em desenvolvimento semelhantemente vai para fora. Eles nunca conseguem alcançar as nações ricas, já que elas ditam as regras do comércio internacional – ao seu próprio favor. Então a culpa não está em seus "erros passados", mas em nossa ganância e falta de partilha, por meio das quais, nós, no Ocidente, estamos criando um grande fardo de karma para todo o mundo. Karma é um ativo, não passivo processo no qual todos nós partilhamos a responsabilidade.

Por que os Mestres não usam Seus poderes sobrenaturais para salvarem da fome vastas massas da humanidade nas áreas devastadas pela seca, já que você disse que a fome prevalente e sofrimento não são o resultado de seu karma ruim. (Maio de 1985)

O salvamento da fome de milhões no Terceiro Mundo necessita apenas de "poderes" normais e é a responsabilidade da humanidade como um todo. Para os Mestres, usar poderes "sobrenaturais" para acabar com a fome seria uma interferência com o nosso livre arbítrio, e contra a lei kármica. Qualquer leitor da *Share International* irá perceber que a fome na Etiópia, por exemplo, não é necessária – prevista e avisada por anos por agências de ajuda , e é o resultado, não simplesmente da seca (um "ato de Deus"), mas da pobreza e maquinações políticas. A humanidade deve aprender a se identificar com todos os braços da família humana e agir como irmãos, através da partilha, para se salvar.

Existem circunstâncias excepcionais nas quais uma pessoa, por livre arbítrio ou de outra forma, pode pagar o karma ruim de outra? (Setembro de 1984)

Falando no geral, não. No entanto, existem momentos nos quais um Avatar diretamente, ou trabalhando através de um discípulo, pode de fato "tomar", ou de outras formas mitigar, o karma de outra pessoa.

Os animais possuem karma? (Julho/ Agosto de 1985)

Sim, não karma pessoal ou individual (eles não são individualizados), mas eles partilham o karma grupal do reino animal.

Tem se tornado muito difundido se colocar um animal "para dormir" por injeção por razões humanas. Este

*término abrupto da vida influencia de alguma forma o
karma animal e/ou aquele do dono?* (Junho de 1985)
Não. Se feito humanamente e sem crueldade ou outro
motivo, nenhum karma negativo está envolvido.

Aborto

*Em que momento durante a gravidez a alma ("vida") entra
no corpo da criança não nascida?* (Março de 1983)
Por cerca da quarta semana, a alma coloca uma linha de
energia pela qual ela vitaliza o veículo futuro. Por cerca do
quarto mês a alma realmente "se liga" ao feto e ativa
poderosamente sua vida física. Esta é a "vivificação" que
cada mãe experiencia. Daí em diante, o movimento da
criança é muito pronunciado.

Que efeito o aborto tem na alma que vai reencarnar?
(Janeiro/ Fevereiro de 1985)
Obviamente, ele impede a encarnação! Isso pode bem ser
um coisa boa ao se impedir a encarnação prematura de uma
alma imatura. É importante se lembrar que muitas
(realmente muitas) almas são atraídas para encarnação à
frente do tempo pela atração magnética estabelecida pela
(super)produção de corpos. Esta superprodução é, lógico, o
resultado do manuseio errado da parte do homem da função
sexual. Os Mestres não apóiam o aborto, mas cada caso
deve ser considerado separadamente. Para Eles, o aborto é
algumas vezes o menor de dois males. Uma criança não
querida, não evoluída trazida à encarnação, pode sofrer mais
do que o efeito sobre ela de ser abortada.

Que responsabilidade kármica abortar cria para os pais?
(Janeiro/ Fevereiro de 1985)
Depende do propósito da encarnação. Nem todas as
encarnações têm o mesmo valor para o mundo. Se a alma
vindoura é muito ou bem avançada, mais mal é feito.
Portanto, maior a responsabilidade kármica.

309

Esta responsabilidade (kármica) é aumentada ou diminuída relativa ao nível de seus desenvolvimentos em evolução, isso quer dizer, o quão mais espiritualmente desenvolvido, maior a responsabilidade ? (Janeiro/ Fevereiro de 1985)
Sim. Precisamente.

Um aborto espontâneo significa que a alma atraída para a possível encarnação "mudou de idéia" quanto a onde estar? (Outubro de 1985)
Não. A vasta maioria de abortos espontâneos ocorrem por causa de fatores técnicos-- o estado de saúde da mulher envolvida, a introdução de drogas, ou alguma outra causa física. Permanece uma pequena quantidade de casos nos quais a entidade que vai encarnar resiste a encarnação e aborta a gravidez.

Transplante de Órgãos

Qual é o efeito kármico de transplantes de órgãos? É uma boa coisa a se fazer?
Basicamente, não é uma boa coisa a se fazer. Cada célula do corpo contém dentro dela o padrão vibracional do ponto de evolução da pessoa envolvida. É o corpo individual, sua experiência, e a culminação de toda a suas experiências de encarnação até este ponto. Quando isso é transplantado para outro corpo, que pode estar em um ponto completamente diferente na evolução, e ter um padrão vibracional completamente diferente, ele cria um antagonismo. O transplante pode ser bem feito fisicamente, mas o efeito kármico seria considerável. Ele não deveria realmente ser feito.

Se uma tentativa está sendo feita para prolongar a vida do corpo físico (e isto nem sempre é uma boa coisa a se fazer) como no caso de um acidente, ou esgotamento da função de algum órgão em particular em uma pessoa jovem, o caso para transplante pode parecer ser bom. No entanto, e ênfase deveria ser em encontrar uma forma de produzir órgãos artificiais alternativos, não transplantar os existentes órgãos vivos de uma pessoa morta para uma viva. Conforme o órgão do outro indivíduo é absorvido, o padrão vibracional das células e tecidos e alguma parte da situação kármica que diz respeito apenas àquela pessoa também é absorvida. O karma de cada pessoa está relacionado apenas consigo mesma. A vida e morte, a doença e saúde, são o resultado direto de sua própria atividade kármica. Esta não deveria ser transferida para outra pessoa. Quando você transfere órgãos do plano físico, você está realmente contribuindo para a complexidade kármica do indivíduo que recebe o órgão. Cada um de nós tem karma o suficiente para lidar, sem estar envolvido com o de outra pessoa.

As transfusões de sangue também criam problemas kármicos?
Precisamente a mesma situação diz respeito a transfusão de sangue que ao transplante de órgãos. Isso não quer dizer que não se deva nunca receber sangue em uma emergência. Mas o mesmo princípio se mantém. O doador pode estar doando sangue com a maior boa vontade no mundo, mas não importa com quanta boa vontade seja dado o sangue, o quadro kármico dentro do sangue diz respeito ao indivíduo que o deu, e não ao indivíduo que o está recebendo.

O sangue carrega a vida do indivíduo. Ela flui através do sangue, que tem uma função vital em carregar o propósito da alma através do corpo. A transfusão de sangue confunde o tecido kármico. Ela une a corrente de karma entre dois indivíduos que não têm relação kármica a não ser aquela da partilha do sangue, ou do órgão. Não há intenção kármica que estas duas pessoas devam se unir desta forma. Pode-se também receber sangue de dezenas indivíduos que contribuíram, então a corrente kármica pode ser unida muitas, muitas vezes.

No entanto, no caso da transfusão de sangue, esta condição é temporária, porque o próprio sangue da pessoa sempre substitui aquele do doador no devido curso.

Pode ser interessante citar a declaração mais simbólica do Mestre DK sobre transfusões de sangue (*Cura Esotérica, p. 345- versão inglesa)*: "Transfusão de sangue é simbólica de duas coisas: Primeiro, que o sangue é a vida, e segundamente, que existe apenas uma Vida permeando todas as formas, e portanto transferível sobre corretas condições. Ela é também um ato sintético de serviço."

Eu não acho que estas duas declarações são mutuamente exclusivas, mas ao invés apresentam abordagens de duas perspectivas diferentes.

E quanto a pessoas como hemofílicos, que precisam ter transfusões de sangue completas a cada certa quantidade de dias?

Um composto de sangue artificial deve ser encontrado. Tal composto não está além da ingenuidade da ciência para ser criado. Nós nunca colocamos nossas visões em fazê-lo, porque nós nunca vimos a situação kármica que está por trás de transfusões de sangue, transplantes de órgãos, e por aí vai. Nós deveríamos estar colocando energias criativas e de pesquisa em encontrar os meios para produzir sangue artificial e órgãos (um passo está sendo dado agora em corações artificiais).

Em sua resposta sobre transfusões de sangue, você usou a frase "nenhuma intenção kármica que estas pessoas devam se unir..." Isto parece implicar que algumas relações estão dentro de um "cenário kármico" enquanto outras não estão. Você poderia elaborar quanto a isso?

Junto com aquilo que pode ser chamado Oportunidade Cósmica, duas leis governam a reencarnação: a Lei do Karma (Causa e Efeito) e a Lei do Renascimento. A própria Lei do Renascimento funciona como a Lei da Evolução, Lei Grupal e a Lei do Serviço. Para um grande número de seres humanos mais avançados, seus ciclos de encarnação são governados pela Lei Grupal. É a interação entre a Lei do Karma e a Lei Grupal que cria unidades familiares e relações de clã e tribais. Os "nós" de karma criados entre pessoas (através da ação e reação) estabelecem uma atração magnética que os atraem juntos para encarnação (sobre a Lei Grupal) continuamente. Elas vêm juntas, não apenas como parte de um grupo encarnando sobre o Plano como expoentes de energias em particular, mas também para resolverem as dívidas kármicas formadas em vidas passadas. Karma, no entanto, é dinâmico, não estático, e este processo continua até, através da inofensividade e corretas relações, nós pararmos de criar karma pessoal.

Em transplantes de órgãos e transfusões de sangue, a relação (a partilha do órgão ou sangue e portanto de freqüência vibracional) é bem acidental e devido ao acaso. Não existe razão kármica para o relacionamento.

É um movimento progressivo ou regressivo para a humanidade estar envolvida com engenharia genética? (Setembro de 1984)
Eu acredito que seja tanto progressivo e regressivo. É progressivo já que mostra o controle crescente do homem dos processos da natureza, levando eventualmente ao controle das energias do universo. Isso tornará o homem um colaborador com Deus. É regressivo já que é mais um exemplo de nossa (presente) falta de compreensão das leis governando a reencarnação e dos efeitos kármicos dos experimentos genéticos.

Outros indivíduos e Ensinamentos

Sai Baba

*No livro de Samuel Sandweiss, **The Holy Man and the Psychiatrist**, eu li na p 177/178 que Sai Baba diz que ele mesmo é o Cristo que, Jesus previu, viria novamente. Isto contradiz o que você fala, que Maitreya é o Cristo e está vivendo em Londres desde 1977. Por favor, explique estas diferenças.* (Junho de 1983)

Com respeito, Sai Baba não diz que Ele é o Cristo. Se você remeter-se novamente a estas páginas você achará Ele falando algo ainda mais extraordinário; que Ele é Aquele Que enviou o Cristo, e que o Cristo queria dizer que Ele, Sathya Sai Baba, voltaria novamente!

O Cristo, Maitreya, e Sai Baba cada um encarnam o mesmo tipo de energia (o Princípio do Amor), mas em níveis diferentes: Maitreya no nível planetário e Sai Baba no nível Cósmico. Ambos são Avatares. Sai Baba não vem de nossa evolução Terrestre, mas é um visitante cósmico, assim dizendo. Ele é um Regente Espiritual. Assim como um regente "representa" um rei, um Regente Espiritual "representa" Deus, o Rei, Sanat Kumara, o Senhor do Mundo em Shamballa. Ele pode bem ter estado envolvido na decisão de enviar o Cristo 2.000 anos atrás, na Palestina.

Maitreya encarna a energia que nós chamamos de Princípio Crístico e mantém o cargo de Instrutor do Mundo em nossa Hierarquia da Terra. Estes dois grandes Seres, um Cósmico, um Planetário, trabalham juntos proximamente para a regeneração do mundo.

Onde, na Bíblia, se diz que Sai Baba irá encarnar? (Dezembro de 1985)
Eu não acredito que a Bíblia diga algo sobre isso. A Bíblia Ocidental é um trabalho (corretamente interpretado) de grande sabedoria esotérica, verdade e profecia, mas não é o único receptáculo de tal sabedoria, verdade e profecia.

Sai Baba é o criador do Cosmos? (Abril de 1986)
Não. Sai Baba é um Avatar – um representante da Divindade no planeta.

Você diz que o Senhor Maitreya foi Krishna. Mesmo assim, Sai Baba parece indicar que ele foi Krishna. Você pode explicar isso, por favor? (Outubro de 1983)
Eu acredito que Krishna foi uma manifestação anterior de Maitreya, mas Sai Baba também está correto (se eu o posso dizer) em reivindicar ser "Krishna". É uma questão do nível

de energia associada com Krishna, nomeadamente, amor. Sai Baba é um Avatar Cósmico e encarna esta energia no nível Cósmico enquanto Maitreya, um Avatar planetário, o faz no nível planetário. Cada um é uma manifestação do Amor de Deus. A consciência individual de Maitreya, no entanto, se manifestou através de Krishna pelo ofuscamento (da mesma forma que em Jesus na Palestina) enquanto que Sai Baba se identifica com o Krishna Cósmico, o Princípio Crístico.

Se Maitreya foi Krishna, nós podemos concluir que o **Bhagavad Gita** *dá uma indicação razoável de Seus ensinamentos naquele tempo?* (Junho de 1983)
Sim. Apesar da descoloração que ocorreu pela sua disseminação pelos séculos, ele permanece uma declaração alegórica bem precisa de Seus ensinamentos para aquele tempo.

Além de Krishna e Jesus, existem outras manifestações ou grandes ofuscamentos pela parte de Maitreya conhecidos a nós na história?
Ele também Se manifestou como Shankaracharya.

Se Deus está aqui na pessoa de Sai Baba, por que nós devemos procurar por um Cristo? (Fevereiro de 1984)
Mesmo se nós aceitarmos que Sai Baba é um Avatar, uma encarnação divina (eu o faço, mas muitos obviamente não o fariam), Ele tem uma função diferente da do Cristo. Ele vem, de fato, para ajudar Maitreya em Seu trabalho. Não é uma questão de um ou outro, mas ambos. Nós somos duplamente abençoados.

Se Sai Baba é um Regente Espiritual, ele influencia milhões de pessoas que não são definitivamente Seus devotos em qualquer sentido da palavra? (Julho/ Agosto de 1983)
Sim, muito. Ele encarna o Amor Cósmico e esta energia flui Dele para o mundo. As pessoas respondem à ela de onde

elas estiverem, de acordo com suas capacidades de responderem.

Sai Baba também tem uma função quando alguém toma uma iniciação? (Dezembro de 1984)
Não. Sai Baba não tem um papel direto a exercer nas cinco iniciações planetárias, mas tem um papel indireto em estimular a natureza do amor da humanidade em geral, que abre o centro do coração naqueles se aproximando da primeira iniciação.

Sai Baba vem de Sirius? (Novembro de 1984)
Poderia ser melhor perguntar a Sai Baba. Mas já que está sendo me perguntado, a resposta é não.

Como pode ser que Sai Baba não tenha a habilidade de falar qualquer língua além do seu próprio dialeto Indiano, enquanto que Maitreya pode conversar em qualquer língua através de Suas habilidades telepáticas? (Setembro de 1984)
Línguas precisam ser aprendidas, mesmo pelos Grandes Seres. Maitreya pode de fato conversar em muitas línguas-- mas não em qualquer língua. Seu ofuscamento da humanidade no Dia da Declaração irá resultar em nossos cérebros traduzindo Sua mensagem (dada telepaticamente) em nossa própria língua. Eu não tenho dúvidas que, se necessário, Sai Baba poderia fazer o mesmo.

Kali Yuga

O que especificadamente a tradição Hindu diz sobre o retorno de Krishna neste ciclo? (Fevereiro de 1984)
Como eu o entendo, os Hindus esperam o retorno de Krishna no final da Kali Yuga (algumas seitas esperam mais uma encarnação de Vishnu como o Avatar Kalki, também no final da Kali Yuga, a era negra). Opiniões variam quanto a quando a Kali Yuga irá acabar mas parece ser um

consenso entre Sai Baba, Swami Premananda e meu Mestre que a Kali Yuga está agora acabando.

Besant diz que a Kali Yuga foram os últimos 5.000 anos. O Budismo sempre disse 200.000 anos. Quem está correto? (Fevereiro de 1984)
Besant está correta. Para ser exato, meu Mestre diz que são 4.700 anos. O número de 200.000 anos do Budismo refere-se ao maior declínio da espiritualidade no final dos tempos Atlantes que levou à destruição da massa de terra e civilização Atlantes cerca de 100.000 anos atrás. Isso pode ser visto como começo da "era negra".

Ensinamentos da Agni Yoga

Você pode comentar sobre o papel dos ensinamentos Agni Yoga no Reaparecimento do Cristo? Também, qual especificadamente é o papel no mundo do Mestre Morya neste tempo? As transmissões dadas por Helena Roerich ainda descrevem condições atuais (mesmo que dadas através dos anos 1920 e 1930)? (Novembro de 1984)
Para mim, os ensinamentos da Agni Yoga constituem uma das principais tentativas da Hierarquia em preparar a humanidade para a nova era. Eles são inteiramente relevantes ao presente – e tempo futuro. O primeiro livro da série, *O Chamado*, foi dado pelo Próprio Maitreya, e tinha a intenção de alertar os discípulos do fato de seu eminente retorno. O Mestre Morya, como eu disse em outro lugar, está entre o primeiro grupo de Mestres a serem vistos pela humanidade, e é o estímulo por trás dos grupos ocultos de todos os tipos. Sua função imediata é a de regenerar e purificar os ensinamentos destes grupos.

Como os ensinamentos da Agni Yoga foram originalmente dados? (Outubro de 1985)
Por telepatia mental através de Helena Roerich (uma discípula do Mestre Morya) em Russo.

317

*Você declarou que Maitreya deu o primeiro livro dos Ensinamentos da Agni Yoga (**O Chamado**). Ele escreveu algum dos outros?* (Outubro de 1985)
Minha informação é que *O Chamado* é Sua única contribuição pessoal à série da Agni Yoga. Eu não acredito que isto seja geralmente entendido pela Sociedade Agni Yoga, que parece atribuir todos os livros ao Mestre Morya. *O Chamado* também é intitulado: *Folhas no Jardim de Morya, I.*

É verdade que o Mestre Morya foi anteriormente o Imperador Akbar da Índia? (Novembro de 1985)
De acordo com minha informação, não.

H.P. Blavatsky

*De acordo com as Cartas dos Mestres da Sabedoria, 1925, o Mestre Koot Hoomi escreveu em 1885 que **A Doutrina Secreta**, quando pronta, seria a produção tripla de Morya, H.P.B (Helena Petrovna Blavatsky) e Ele Mesmo. No entanto, você diz no seu livro que **A Doutrina Secreta** foi dada por H.P.B pelo Mestre DK, que está implícito em algumas passagens nos livros de Alice A. Bailey. Isto perturba alguns Teosofistas. O que é correto?* (Outubro de 1983)
Minha informação (de meu próprio Mestre) é que o esboço amplo geral e extensão da *A Doutrina Secreta* foi transmitida verbalmente à H.P.B pelos Mestres Koot Hoomi e Morya, enquanto que a massa, o conhecimento esotérico, foi dada à ela telepaticamente pelo Mestre DK. Ela mesma deu as correspondências entre a ciência esotérica e ciência exotérica de seu tempo. Foi de fato um trabalho grupal.

*Por que, em **Isis Sem Véu** de H.P. Blavatsky, o conceito da reencarnação foi evitado ou não explicado, como na **A Doutrina Secreta**? Isso foi porque os Mestres pensaram*

318

que o mundo Ocidental não estava pronto para lidar com a idéia ? (Julho/ Agosto de 1986)

Sim. Lembre-se que o mundo Ocidental estava ainda tentando abordar a idéia da "sobrevivência" após a morte introduzida pelo Movimento Espiritualista. Uma grande idéia por vez!

Alice A. Bailey

O quão claro como canal foi Alice Bailey? Poderia se dizer que ela era infalível? (Setembro de 1984)

Não, nem, eu acho que ela teria reivindicado ser infalível. Nem mesmo os Mestres reivindicam infalibilidade. Mas eu acho que nós podemos ter certeza que se um Mestre da Sabedoria (DK) continuou a trabalhar através de Alice A.Bailey por 30 anos, Ele deve ter estado bem contente com sua precisão como uma mediadora.

São Patrício

*De acordo com C.W. Leadbeater em seu livro **Os Mestres e a Senda**, Maitreya estava vivendo em um corpo Céltico, e David Anrias declara que ele estava no corpo etérico de São Patrício. Maitreya encarnou como São Patrício?* (Junho de 1983)

De acordo com minha informação, Maitreya nunca utilizou um corpo Céltico, o de São Patrício ou de outra pessoa. Nem Ele encarnou como São Patrício. O último era apenas um iniciado de segundo grau, enquanto que Maitreya tomou a terceira iniciação (Ele foi o primeiro da humanidade da Terra a fazê-lo) muito antes nos tempos Atlantes, e é desde muito tempo um Mestre, no momento um Mestre de sétimo grau-- uma Vida Planetária.

*Nas **Confessions in Old Latin** de São Patrício (sua autoridade é aceita por estudiosos Celtas ao redor do mundo), ele ouviu uma voz dizer: "Aquele que deu Sua vida*

319

*por você está "falando em você"." Você diz que Maitreya não encarnou como São Patrício. Esta **Confissão** então é uma fraude?* (Julho/ Agosto de 1984)

Não, a *Confissão* não é uma fraude, nem é totalmente correta também. Não há dúvidas que São Patrício pensou e acreditou que o Cristo (ou Espírito) estava falando nele, onde na verdade a "voz" que ele internamente ouviu era aquela de seu Mestre, o Mestre Jesus, Que ofuscou São Patrício e Que "deu a Sua vida". Nem Maitreya ou o Mestre Jesus encarnaram como São Patrício, que, como você verá da Lista de Iniciados e seus Raios, não era mais do que um iniciado de segundo grau. Este grau era relativamente bem avançado, é lógico, nos séculos 4º e 5º DC.

Lao-tse

*Você poderia delinear a relação entre o "caminho" do **Tao-Teh-King** de Lao-tse, e o "caminho" de Maitreya, do Cristo, hoje? Lao-tse ainda está conectado com a Hierarquia?* (Fevereiro de 1983)

Minha informação é a de que Lao-tse não está mais neste planeta, embora ele mantenha uma longa conexão com nossa Hierarquia. Cada instrutor dá seu ensinamento para um tempo e lugar particular. Fundamentalmente, todos os ensinamentos diferentes encarnam a verdade una; eles variam apenas em ênfase e relevância para tempos específicos, lugares e pessoas. O denominador comum são suas revelações da Unicidade de toda a vida. Isto é tanto verdade para o Tao, como para os ensinamentos de Krishna ou do Buda, o Cristo em Jesus ou de Maitreya hoje. Os "caminhos" se unem no Princípio do Amor.

Krishnamurti

Que papel Krishnamurti, que foi anteriormente proclamado como um médium do Senhor Maitreya, tem ou terá no

momento agora que o Instrutor do Mundo reapareceu?
(Julho/ Agosto de 1983)
Krishnamurti é, é lógico, um instrutor, um dos mais influentes dos muitos instrutores hoje. Por um tempo ele estava sendo de fato preparado, junto com uns poucos outros, por ofuscamento, como um veículo possível para o Instrutor do Mundo. Quando o Senhor Maitreya decidiu Se manifestar por meio de um corpo auto-criado (mayavirupa) no qual Ele agora vive entre nós, Krishnamurti começou seu presente trabalho de ensino, que presumivelmente irá continuar.

João Batista e a Mãe Maria

João Batista foi em algum momento ofuscado por Maitreya? (Novembro de 1985)
Não.

Você diz em seu livro **O Reaparecimento do Cristo e os Mestres da Sabedoria** *que João Batista é desde então um Mestre e não está mais no mundo. Onde Ele está?* (Outubro de 1984)
Ele se tornou um Mestre no segundo século DC e imediatamente foi para Sírius. (Existe uma relação direta entre Sírius e a Hierarquia deste planeta. "O Caminho para Sírius" é um dos sete caminhos da "Evolução Superior" que governa a evolução dos Mestre). Lá, Ele aguarda Seu retorno para esta Terra como um Avatar em cerca de 500 anos.

Se os Mestres tomam um corpo masculino em Sua última encarnação, a Mãe Maria voltou depois de sua ascensão? (Abril de 1984)
A pergunta implica que a mãe de Jesus, Maria, era um Mestre, o que não é o caso. Sua "ascensão" foi uma construção dos Pais da Igreja, alguns séculos depois de sua morte. Ela era, assim como seu marido, São José, uma

321

iniciada de segundo grau, e portanto, veio em encarnação novamente algumas vezes antes de tomar a quinta iniciação da Maestria. "Ela" no presente não está em encarnação.

Príncipe Gautama

Você diz que o Mestre Jesus, que foi o veículo para o Cristo, está agora em Roma. Onde está o Príncipe Gautama que foi o veículo para o Buda? (Junho de 1984)
Minha informação é que o Príncipe Gautama não está mais neste planeta, nem mesmo neste sistema solar, mas é agora um membro da Grande Fraternidade Branca em Sírius. Nossa Hierarquia é uma ramificação da Fraternidade e muitos Mestres vão diretamente desta Terra para Sírius se este é o Seu Caminho escolhido na Evolução Superior.

Outros

Eu estou interessado em Guru Nanak, o reformador Hindu do século 14 que se tornou o primeiro guru Sikh. Ele é agora um Mestre e nós o conhecemos em alguma outra de suas encarnações? Você poderia dar o seu grau de iniciação e raios? (Setembro de 1985)
Ele é agora um Mestre do sexto grau, mas não está em encarnação. Ele alcançou este grau no século 18. Nenhuma de suas outras encarnações são conhecidas para nós. Seus raios como Nanak eram: alma 6; personalidade 6,sub-raio 7; mental 1, sub-raio 4; astral 2, sub-raio 6; físico 3, sub-raio 7.

Eu recentemente ouvi sobre seu trabalho como "arauto" para o "Messias" da Nova Era conhecido como Maitreya. É o mesmo "Messias" que a vidente Jeane Dixon diz nasceu em 6 de Fevereiro de 1962 quando oito planetas estavam alinhados na constelação de Aquário (um evento que não ocorria em mais de 2.000 anos), um dia no qual ela relatou a seguinte "visão", que ela descreve como "a mais significante e comovente visão da minha vida"? Eu vi um Faraó morto há muito tempo e a Rainha Nefertiti ao seu lado caminhando em direção à ela. A rainha estava carregando um bebê como se o estivesse oferecendo ao mundo. Os olhos da criança conheciam tudo, cheios de sabedoria e conhecimento. Conforme eu assisti em fascinação, eu vi a criança crescer até a idade adulta, e uma pequena cruz formada atrás dela começou a se expandir até que caia sobre a Terra em todas as direções. Simultaneamente, as pessoas de cada raça, religião e cor, cada uma ajoelhando e erguendo seus braços em venerável adoração, a cercavam. Elas eram todas uma." A Sra. Dixon acredita que o Messias reencarnou no mundo como um bebê no momento de sua visão. Ela diz que ele irá "unir toda a humanidade em uma fé toda abrangente, a fundação de um novo Cristianismo, com cada seita e credo unidos. O mundo como nós o conhecemos será refeito e reformulado em um sem guerras ou sofrimento." Foi esta, então, a data exata na qual Maitreya realmente nasceu (que o faria com 23 anos de idade neste momento)? Ou a Sra. Dixon errou em sua previsão? (Dezembro de 1985)

É a minha crença que Jeane Dixon corretamente "entrou em sintonia" com uma forma de pensamento astral sobre o retorno do Cristo. Onde, eu acredito, ela se enganou, foi em relação a sua "visão" do "nascimento" do Cristo em 1962. O Cristo não nasceu como um bebê, em 1962, ou em qualquer outra data. Ele criou Seu corpo de manifestação – o mayavirupa – nos seis anos antes de Julho de 1977, e aparece no mundo como um homem maduro, adulto. Ele irá permanecer com nós neste corpo (que não irá envelhecer) até o final da Era Aquariana. Ele irá eventualmente inaugurar uma nova religião mundial que não será simplesmente um "novo Cristianismo", mas irá unir as abordagens à Deus tanto do Oriente e do Ocidente.

Você acha que Nostradamus vislumbrou uma visão de Maitreya vindo do Himalaia quando ele escreveu a famosa quadra rudemente traduzida como "Um rei alarmantemente

poderoso irá descer dos céus e erguer os Jagnerie (camponeses)?" (Setembro 1984)
Eu acredito que esta "profecia" é o resultado de sua própria imaginação astral e não tem validade de forma alguma.

*Em **Seth Fala**, por Jane Roberts, Seth diz (p370-375- versão em inglês) que a entidade do Cristo consistia de três personalidades: primeiramente, João Batista, segundamente, Jesus, e em terceiro lugar, Paulo ou Saulo. A Segunda Vinda, ele diz, será iniciada pela terceira personalidade, Paulo, porque o seu papel não foi cumprido. Eu nunca ouvi sobre uma interpretação similar da Segunda Vinda. Você pode explicar isso?* (Março de 1985)
Certamente estes três indivíduos estavam profundamente envolvidos na Primeira Vinda, mas tinham funções bem diferentes e não compunham a "entidade do Cristo". João Batista (que tinha sido Elias) preparou o caminho (de alguma forma) e não está mais neste mundo; Jesus (agora o Mestre Jesus) se tornou o veículo para o Cristo--Maitreya; e Paulo (agora o Mestre Hilarion) espalhou (e de alguma forma distorceu) os ensinamentos, e consolidou os primeiros grupos Cristãos.

O Mestre Hilarion está envolvido na Segunda Vinda – como estão muitos dos Mestres – e estará entre o primeiro grupo a se tornar conhecido à humanidade, mas em nenhum sentido pode ser dito que Ele iniciou a Segunda Vinda. Isto foi feito em 1945, pelo Próprio Maitreya.

Não é o meu princípio comentar publicamente sobre os muitos "ensinamentos" agora disponíveis através de vários médiuns, mas esta questão de fato de refere às minhas preocupações. Muitos destes ensinamentos são inspiradores e informativos para muitos, mas todos sofrem em alguma extensão em terem se emanado de um nível ou outro dos planos astrais – com as inevitáveis distorções que estes planos conferem; os planos astrais são, afinal de contas, os planos da ilusão. "Seth" não é um instrutor individual, mas um grupo de discípulos comunicando-se (de

324

seus vários níveis de envolvimento) do quinto ao sétimo planos astrais.

*O livro de Orwell **1984** mostra a alternativa negativa diante de nós.* *É coincidência que ele escolheu colocá-la em 1984 ou isto está ajudando a afiar a "Espada da Clivagem" para facilitar nossa escolha?* (Setembro de 1984) Orwell escreveu seu livro em 1948 e simplesmente inverteu os dois últimos números da data – 1984. Isso não possui mais sentido do que isso.

Onde está a localidade e papel de Karl Marx agora? (Novembro de 1983) Ele não está em encarnação neste momento. Ele faz muitos trabalhos em conexão com aqueles do Mestre Inglês e o Mestre Rakoczi.

Rudolf Steiner está em encarnação neste momento? (Maio de 1986) Sim.

Hitler, Mussolini, Stalin, Churchill – o que eles estão fazendo agora? Eles estão em encarnação física? (Abril de 1986) Nenhum deles está no presente em encarnação física.

Se instrutores espirituais como Maharishi e Rajneesh estão trabalhando dentro do mesmo plano Hierárquico, por que eles estão estimulando o separatismo dizendo aos seus discípulos que apenas eles têm o ensinamento correto e as melhores técnicas? (Dezembro de 1984) Talvez eles realmente acreditem que eles têm o único ensinamento correto e a melhor técnica. Seja este ou não o caso, você consegue imaginar a reação do buscador mediano se dito "Meu ensinamento não é ruim, mas não é melhor do que o de qualquer outro guru. Semelhantemente, minha técnica é boa, mas você pode se dar melhor buscando outra." Quantos se "juntariam" com tal apresentação? Eu acredito que não são os gurus que promovem separatismo, mas os seguidores que têm uma grande necessidade interna de serem discípulos "do melhor", ou "do único"

Como o Senhor Maitreya difere do Guru Maharaji, Swami Prabhupadha (dos Hare Krishna), e outros líderes religiosos Orientais que vieram para o Ocidente? (Novembro de 1984)

Os vários Gurus Orientais que vieram para o Ocidente são discípulos de um certo Mestre, enviados para o Ocidente para introduzirem uma ou outra forma de meditação ou prática espiritual. O Senhor Maitreya é o "Mestre dos Mestres", "O Instrutor tanto dos anjos como dos homens" (como Ele foi chamado pelo Senhor Buda e São Paulo); o supremo Cabeça de nossa Hierarquia Planetária, mantendo o Cargo de Instrutor do Mundo, e vem como o Instrutor do Mundo para inaugurar a Era de Aquário.

CAPÍTULO VIII

MEDITAÇÃO E SERVIÇO

Meditação e Serviço no Crescimento Espiritual

A psicologia moderna dividiu a humanidade em dois tipos principais: o contemplativo, e o homem ou mulher de ação; a personalidade introvertida e a extrovertida. A psicologia esotérica também reconhece estas diferenças das pessoas na abordagem para a vida, mas caracteristicamente, já que ela objetiva a síntese ao invés da análise, ela vê sua eventual integração. Para o esoterista, o introvertido é aquele cuja atenção está focada internamente para a alma, que tem um bom e fácil contato com este aspecto de si mesmo, para o qual a meditação formal é atraente como uma maneira mais científica e organizada de aprofundar este contato, mas cujo contato com o mundo exterior é relativamente fragmentário e limitado, levando a dificuldades de expressão e funcionamento no plano físico.

O extrovertido, por outro lado, é aquele cujo contato com o mundo exterior é forte e vívido, que tem pouca dificuldade em se relacionar com pessoas e situações, mas cujo contato com a alma é limitado e grandemente inconsciente; sua direção está dirigida para o exterior.

Vida após vida, nossas almas criam veículos, nossas personalidades, através das quais ambos os modos podem ser desenvolvidos e aperfeiçoados. O objetivo evolucionário é sua integração final: um ininterrupto, direto contato e identificação com a alma; e à vontade, uma relação de fluxo livre com o mundo exterior de pessoas e eventos. Este é o ideal; sua realização marca o iniciado.

Os caminhos gêmeos para esta integração são a meditação e serviço. Através da meditação, o contato com a alma é aprofundado e fortalecido, gradualmente levando à infusão da personalidade pela alma. As energias e atributos da alma – Vontade Espiritual, Amor e Inteligência –

manifestam-se mais e mais através da personalidade, até que o momento da fusão dos dois está completo. Através do serviço, o propósito da alma é levado adiante. A natureza da alma é a de servir; ela conhece apenas serviço altruísta. Tudo o que ela tem de Vontade, Amor e Inteligência, ela procura colocar a serviço do Plano – o Plano do Logos do qual ela é um reflexo. Na Palestina, o Cristo revelou o fato da alma e instituiu o Caminho do Serviço como o caminho, por excelência, para a percepção Divina. Isso não é menos verdade hoje. A grande ilusão de nossa vida de personalidade é o sentimento de estarmos no centro do universo. Nós somos todos de grande interesse e importância para nós mesmos. Nada é tão efetivo para nos descentralizarmos como serviço. Nada nos ajuda tanto a ganhar perspectiva e crescermos espiritualmente. Conforme nós servimos, nós nos identificamos mais e mais com "o outro", aquele para o qual servimos, e gradualmente mudamos o foco de nossa atenção de nossos pequenos eus separados. Nós ganhamos uma mais ampla, mais inclusiva visão do mundo, e então chegamos a uma mais correta relação com o Todo do qual nós somos parte.

Muitos, hoje, principalmente aqueles trabalhando na tradição Oriental, sobre a influência de um ou outro dos muitos gurus agora ensinando no Ocidente, vêem a meditação como um fim em si mesmo. Eles não vêem necessidade por serviço ou ação exterior para mudar a sociedade para melhor, não vêem outra mudança exterior possível sem uma mudança interna de coração. Muitos também acreditam que simplesmente apenas meditando, eles irão fazer mais bem para o mundo do que eles poderiam de outra forma. Sem dúvidas, se eles fossem Mestres com percepção Divina, isto poderia ser assim, mas mesmo os Mestres trabalham generosamente em serviço para o mundo; ninguém mais do que Eles.

Através da meditação, você atrai energias e inspiração da alma que dá vida e significado para a expressão da personalidade. Quando a estas são negadas suas corretas saídas no serviço, um "represamento" acontece nos veículos da personalidade – mental, emocional e físico – com resultados infelizes. Muitas das neuroses e outras doenças de aspirantes e discípulos saem desta não utilização da energia da alma e negação do propósito da alma.

A meditação permanece a maneira real de se contatar a alma, mas assim que isso é conseguido, o caminho à frente para o verdadeiro aspirante ao discipulado é através da aceitação, também, da vida do serviço. O foco interno e externo devem ser equilibrados, e um começo feito no Caminho Infinito, o caminho do serviço, que chama todos os verdadeiros Filhos de Deus do discípulo mais baixo até, e além, do Próprio Cristo. É a mesma necessidade de servir que impele o Logos à manifestação e que nós da vida. (Março de 1982)

Qual é o aspecto mais importante do serviço: por que nós o fazemos, o que nós fazemos, ou a atitude com a qual nós o fazemos? (Janeiro de 1986)

Não há como não se colocar o serviço muito alto no caminho para ganhar iluminação espiritual, porque a própria iluminação é o despertar para o papel do serviço. Os Mestres chamam Seu trabalho de o Grande Serviço, e conforme nós evoluímos para a eventual Maestria, nós percebemos que através do cosmos há apenas uma única grande lei governando o todo da atividade daquilo que nós chamamos divindade – esta é o serviço. Deus vem em encarnação, cria o universo manifestado, e as unidades de Deus, das quais nós somos um reflexo, vêm em encarnação especificadamente para servirem. Não há outro motivo. É para servir ao Plano, que é ele mesmo serviço. Nós somos, todos nós, quase exclusivamente, limitados pelos nossos sentimentos de nossa própria realidade independente – nosso eu separado. Isso, na verdade, é uma heresia. É um mito. Isso apenas se relaciona à consciência do cérebro de nós mesmos, a consciência da personalidade de nossas vidas. Todo o papel da meditação e serviço é o de nos levar para longe desta visão, para a verdadeira realidade, onde não há separação, porque fundamentalmente não há separação.

Há apenas uma Grande Alma. Nós somos partes individualizadas da Grande Alma. Nosso sentimento de sermos separados é bem errôneo e sai de nossa identificação com o aspecto mais inferior de nós mesmos, o corpo. Assim que nós chegamos a esta percepção, nós damos o primeiro passo real de progresso em direção à realidade. E nós descobrimos que a própria natureza desta realidade é o serviço.

O Logos de nosso planeta está servindo o Plano do Logos Solar ao criar para Si Mesmo um corpo de expressão, que nós chamamos de planeta Terra. Tudo que você vê no planeta – as pessoas, as árvores, etc – vêm em manifestação como formas de pensamento na mente do Logos criador. Ele faz isso em serviço ao Plano maior do Logos Solar, Que por Sua vez está fazendo a mesma coisa em uma escala maior em serviço ao Logos maior no centro de nossa galáxia. O Logos Solar irá provavelmente saber apenas parte deste Plano, mas faz o que Ele faz em serviço à parte do Plano que Ele conhece.

Então existe apenas serviço. Como almas, nós estamos aqui para servirmos. O mecanismo é a atração magnética do karma através da lei de causa e efeito, mas o motivo para existirmos é para servirmos ao Plano. A coisa mais importante no serviço é o motivo por trás dele. Não é o que você faz. Não importa que serviço você faz. Tudo pode ser serviço. Cada ação singular que você faz pode ser serviço.

A maneira que você faz também é importante. Serviço deve ser impessoal. Serviço motivado pessoalmente não é serviço. Este é serviço para o eu separado. Serviço impessoal – só é serviço se é impessoal – serviço altruísta, deve ser o objetivo. Isso traz à frente a lei do serviço, e tem o seu resultado em nos descentralizar, enquanto que serviço para si mesmo leva apenas ao reforço do sentimento de separação. Então o objetivo é absolutamente crucial.

Como se pode equilibrar (em termos de tempo e energia) o desejo de servir à humanidade da maneira mais elevada possível – e o desejo por relações pessoais próximas em sua vida? (Novembro de 1984)
Este é o grande problema para muitas pessoas, principalmente se seus parceiros não mostram necessidade similar por serviço. O que é necessário, eu acho, é um senso das necessidades do tempo e um desejo para servir que cumpra esta necessidade – além de um senso de proporção. Se alguém tem deveres e responsabilidades como pai ou cônjuge, estes devem ser cumpridas. Precisa-se aprender a reconhecer prioridades e mesmo escolher entre essenciais. Talvez ajude lembrar que verdadeiros servidores da humanidade (isso quer dizer, aqueles que servem e não apenas desejam servir) são discípulos, eles percebendo isso ou não, e que o discípulo não pertence a si mesmo, ou sua família ou amigos, mas para o mundo. O verdadeiro discípulo, no entanto, terá um senso de proporção, um forte sentimento de dever e a habilidade em aceitar muitas responsabilidades.

Você tem alguma idéia em como se encontrar seu papel ideal nesta criação (em outras palavras, fazer o trabalho do Cristo)? (Outubro de 1984)
Pessoas freqüentemente me perguntam: eu estou onde eu deveria estar? Eu estou fazendo o que eu deveria estar fazendo? É como se elas se imaginassem manipuladas por algumas entidades invisíveis ou forças em direção a papéis específicos, ideais, ações e lugares. Minha resposta é normalmente: o que você quer fazer? Onde você quer estar? Existe todo um mundo angustiado para salvar, para regenerar, para servir. Parece-me que a coisa importante é servir à necessidade, as necessidades do tempo, com qualquer equipamento que você tenha disponível, com o melhor de sua habilidade. Ao servir você encontra um papel-- um propósito.

O que se quer dizer com a palavra "magnético" quando utilizada em referência ao discípulo? É magnético no sentido de atrair mais energia ou atrair pessoas? (Janeiro de 1986)

O discípulo se torna magnético em ambos os sentidos. Conforme o discípulo avança, ele ou ela se torna mais e mais radiante. A aura se torna magnética, atraindo a si energia de freqüência sempre mais alta, assim aumentando a radiação. Esta radiação cria um campo magnético ao redor do discípulo que inevitavelmente atrai aqueles com os quais o discípulo pode trabalhar. Quando a aura se torna suficientemente magnética, a faculdade telepática inerente naturalmente se desenvolve. Se circunstâncias necessitam, o discípulo pode então ser contatado pela Hierarquia (em algum nível) e a ele ser oferecido alguma linha de serviço.

Você, por favor, pode jogar alguma luz, falando praticamente, nas diferenças entre comportamento impulsivo e aquele que se resulta de níveis intuitivos? (Junho de 1984)

Comportamento impulsivo é sempre a resposta à algum estímulo emocional, enquanto que ação espontânea de um tipo intuitivo sai da alma e é o resultado de algum grau de contato com a alma. Praticamente, ação que sai da alma é sempre, sobre toda circunstância, certa, e altruísta em natureza. Comportamento impulsivo, emocional, por outro lado, pode variar, como nós sabemos, por todo caminho da aspiração emocional de um tipo idealista até o mais ruidoso egoísmo.

Meditação

Você poderia, por favor, explicar o que se quer dizer por "manter a mente firme na luz"? (Maio de 1985)

Através da meditação corretamente levada adiante, o "antahkarana", o canal de luz entre o cérebro físico e a alma, é gradualmente construído e fortalecido. Por meio deste canal, a luz da alma é ancorada na cabeça do discípulo. Isto é visto como uma luz brilhante dentro da cabeça durante a meditação. Com a atenção atraída internamente e para cima naquela luz, a mente é mantida firme, isso quer dizer, sem pensamento ou movimento da mente inferior. Nesta condição de atenção focada, sem pensamento, os níveis intuitivos da mente podem vir adiante; gradualmente, esta se torna uma instintiva, fixa condição, sem precisar de nenhuma "interiorização" formal de meditação para realizá-la.

Muitas pessoas acreditam que qualquer pensamento ou idéia que entra na mente durante a "meditação" vem do nível intuicional da alma e está guiando suas ações. Isso não é de forma alguma o caso. É extremamente difícil para o aspirante médio ou discípulo "manter a mente firme na luz" por tempo o suficiente para invocar a intuição, e a "orientação" que a maioria das pessoas recebem é aquela de suas próprias mentes inferiores através do subconsciente.

Na oração dada pelo Mestre DK (O Tibetano) "No centro da Vontade de Deus eu permaneço", há a linha: "Eu, o triângulo divino, levo adiante aquela vontade dentro do quadrado e sirvo aos meus semelhantes". O que isso quer dizer? (Maio de 1986)
O triângulo divino é a Tríade Espiritual – Vontade Espiritual, Amor-Sabedoria, ou Buddhi, e a Mente Superior ou Manas – refletida através da alma. O quadrado é a própria Humanidade. A linha quer dizer, portanto: Vendo a mim mesmo como a tríade divina ou espiritual (minha verdadeira natureza), eu procuro levar adiante a vontade e propósito divinos internamente e como parte da humanidade, e assim servir aos meus companheiros.

*Eu me deparei com esta declaração na **Cartas sobre Meditação Ocultista** de Alice Bailey: "Lembre-se sempre que ganho material em conhecimento para o indivíduo leva à estagnação, obstrução, indigestão, e dor, se não passado* *adiante com sábia discriminação."* *(p.343- versão em inglês, Carta XI). Você poderia elaborar?* (Abril de 1985) É uma lei que todo ganho em conhecimento deve ser partilhado antes que maior progresso possa ser feito. O próprio progresso é um resultado da lei de serviço, do qual a partilha é uma parte intrínseca. Assim como a não partilha dos recursos do mundo leva à divisão, separação, fome, dor e sofrimento para a humanidade, e tensões levando à revolução e à guerra, a não-partilha de conhecimento leva aos vários estágios de obstrução, indigestão, e por aí vai, se não passado com sábia discriminação. A última frase eu uso para dizer que ele deve ser partilhado com aqueles que estão abertos para e procuram este conhecimento, e não forçado garganta abaixo das pessoas.

A meditação ocultista está sendo ensinada em algum lugar presentemente? (Junho de 1985) Este não é um assunto que possa ser ensinado, mas ela pode ser, e é praticada por muitos discípulos em diferentes partes do mundo, e é supervisionada pelos Mestres.

O reaparecimento do Cristo elimina a necessidade por meditação? (Novembro de 1985) Não, ao contrário. A presença de Maitreya e os Mestres em nosso meio irão oferecer um estímulo maior para todas as formas de meditação.

Existirão novas técnicas de meditação dadas por Maitreya? Elas serão diferentes das existentes? (Novembro de 1983) Não. Não será a função de Maitreya dar novas técnicas de meditação. Isso é como se esperar que o diretor de uma grande companhia internacional treine os office boys na rotina de escritório. Técnicas de Meditação são, e continuarão sendo, ensinadas por discípulos dos Mestres. Conforme o tempo passar e discípulos ficarem prontos, formas de meditação serão dadas pelos Próprios Mestres, trabalhando exotericamente.

É verdade que a meditação diminui a taxa de crime como aqueles que fazem MT (Meditação Transcendental) dizem? (Abril de 1984)

Eu acredito que sim até certa extensão. Toda ação humana é o resultado da resposta à energias e às idéias encarnando as energias. Um grande grupo de pessoas engajadas em meditação dinâmica criam ondas de pensamento de um tipo construtivo que deve ter alguma influência na atmosfera mental circundante.

O que nós podemos fazer quanto ao problema da tensão na cabeça e também dores de cabeça resultantes devido a meditação? (Novembro de 1985)

Se a meditação é feita corretamente, não deve existir tensão ou dores de cabeça. Aquele que pergunta está obviamente se esforçando demais, é muito veemente e ansioso para ter sucesso. É importante estar o mais relaxado possível, principalmente na cabeça, pescoço e ombros. Durante a meditação pessoal, pode haver a sensação de pressão e de uma faixa ao redor da cabeça – o fluxo de energia da alma – mas isso é agradável, mesmo quando é forte. Durante a Meditação de Transmissão, as energias semelhantemente dão uma sensação de pressão conforme elas passam pelos chakras. Mas em ambos os casos, a pressão é temporária e não deve resultar em dores de cabeça.

Com o florescimento do centro do coração etérico, freqüentemente vem desconforto para o coração físico. Qual, se há algum, plano de ação deve ser tomado para diminuir a severidade destas reações? (Julho/ Agosto de 1985)

Com respeito, eu não aceito esta declaração. A pergunta vem da mesma pessoa que sofre de tensão e dores de cabeça devido a meditação. O problema é aquele da tensão geral. Mantenha a atenção longe do coração físico. Se houver alguma dúvida quanto a saúde do coração, um médico deve ser consultado para check-up.

Em A Descoberta do Terceiro Olho, Vera Stanley Adler diz (p.134- versão em inglês) que uma operação produzindo funções de um terceiro olho pertence ao reino da magia negra. Mas T.Losbang Rampa, um alto Abade de um convento de lamas Tibetano, declarou que ele passou por uma operação produzindo um terceiro olho quando ele era jovem. Tal operação é possível sem estar no reino da magia negra? (Março de 1985)

Há uma prevalente, mas errada idéia de que o terceiro olho está sempre "lá" e precisa apenas ser aberto – pelo toque de um Mestre, um processo mágico, ou, como no livro de "Lobsang Rampa', por uma operação. O terceiro olho, na realidade, precisa ser criado pelo próprio discípulo, através da meditação. Ele é gradualmente formado através da interação e sobreposição de campos de energia radiando (eventualmente) do corpo pituitário e da glândula pineal. Não há maneira na qual uma operação possa levar ao funcionamento deste órgão puramente etérico.

É possível para o Terceiro Olho mudar de posição? Eu vi isso acontecendo no caso de uma visão. Eu o virei para direita e outra pessoa viu de forma clarividente a mesma coisa acontecendo comigo. Se isso é possível, por que ele vira e por que para a direita? (Dezembro de 1985)

Não é possível para o "terceiro olho" virar, seja para a direita ou para a esquerda. Eu apenas posso colocar sua visão e aquela do "clarividente" como uma alucinação. A pessoa pode ver um movimento aparente devido ao movimento das energias etéricas acima, atrás e ao redor dele, mas o próprio centro, o tão chamado terceiro olho, não se move. Assim como uma estrela parece se mover quando é vista através da atmosfera da Terra, mas o que nós realmente vemos é o movimento da atmosfera ao invés daquele da estrela, assim é com o "terceiro olho": ele mantém sua posição enquanto que a energia ao redor dele se move.

336

Meditação de Transmissão – Seu Papel Vital

O verdadeiro papel da humanidade é o de agir como uma câmara de compensação para energias, um tipo de subestação para energias acima da humanidade para os reinos abaixo de nós. No futuro, nós faremos este trabalho conscientemente, cientificamente, para estimular, por exemplo, o fator inteligência no reino animal, ou (como nós já fazemos em certa extensão) para purificar e aperfeiçoar espécies específicas do reino vegetal. Nós ainda nem começamos a utilizar o potencial criativo que a humanidade tem em relação a esses reinos inferiores, cuja evolução é nossa principal responsabilidade. Eles evoluem através do estímulo que nós podemos dar à eles. Cada reino cresce do reino imediatamente abaixo dele, o vegetal do animal, o animal do vegetal, o humano do animal, o espiritual do humano. Cada reino evolui como um resultado dos estímulos do reino imediatamente acima dele. A forma física vem de baixo e o estímulo espiritual para evolução vem de cima. É óbvio que quanto mais dos estímulos evolucionários mais elevados nós podemos aplicar aos reinos inferiores, mais rápido e mais perfeitamente eles irão evoluir.

Nós podemos trabalhar em relação aos reinos inferiores exatamente como os Mestres da Hierarquia Espiritual, o próximo reino acima do humano, age em relação a nós. Cada reino move-se para o reino acima dele através do processo de se tornar "radioativo", radiando energia. Quando o reino mineral se torna radioativo, os minerais mais avançados são gradualmente transformados nos vegetais e do vegetal para o animal e por aí vai, cada vez mais para cima. Quando um homem ou uma mulher se tornam radioativos, ele ou ela podem começar a passar do reino humano para o reino das almas, o reino espiritual. Será bem óbvio disso o quão importante é absorver, do reino das almas (a Hierarquia Espiritual do planeta, os

Mestres e Iniciados da Sabedoria), toda energia espiritual que Eles enviam para nós e através de nós.

A Meditação de Transmissão é simples e ainda assim realiza um número de diferentes facetas de trabalho muito importantes. Em primeiro lugar, ela é um ato de serviço. Eu não conheço nenhum outro meio de serviço para o mundo de tal potência, tal valor, tal importância, e que está tão claramente sobre a linha de evolução do Plano, que, ao mesmo tempo, é tão simples e fácil. Se tornar um santo é realmente bem difícil; cuidar dos famintos, dos milhões pobres de Calcutá é uma grande tarefa – como a Madre Teresa sabe. Nós não somos todos Madre Teresas. Mas todos nós podemos abrir mão de algumas horas por semana para sentarmos calmamente, absorvendo e transmitindo as energias da Hierarquia.

Ela é bem simples, e mesmo assim eu não consigo enfatizar suficientemente o valor destas poucas horas gastas desta forma. Ela ajuda o mundo mais do que nós podemos saber, e ela também leva à auto-realização; eu não conheço nenhum outro método de serviço que leve a um crescimento espiritual tão rápido e vasto. Ela é uma yoga e um campo de serviço dado a você "de bandeja". É impossível fazer este trabalho por qualquer período de tempo sem descobrir que ele fortalece qualquer outro trabalho que nós podemos fazer. A maioria das pessoas depois de seis meses ou mais trabalhando em um grupo de Transmissão descobrem-se tendo sido sutilmente, mas bem definitivamente transformadas internamente, psicologicamente. É impossível transmitir essas grandes forças espirituais sem ser transformado ao mesmo tempo.

Os Mestres, quando Eles olham para o mundo e vêem os aspirantes e discípulos, não se sintonizam aos seus pensamentos para saberem o que eles estão fazendo e pensando. Eles olham para o estado de seus centros. Eles vêem a luz, brilhante ou não, que cerca o indivíduo. Esta luz, é lógico, é o resultado da atividade vibracional dos centros. Na Meditação de Transmissão, as energias estimulam os centros através dos quais elas fluem e o desenvolvimento ocorre automaticamente, e de uma forma científica. Existem muitas boas meditações e técnicas de yoga que objetivam o mesmo estímulo dos centros e, mesmo que elas possam ter valor, elas podem ser perigosas a não ser que sejam feitas sobre a orientação de um Mestre. Este trabalho de Transmissão, por outro lado, sempre ocorre sobre a supervisão dos Mestres e é perfeitamente seguro.

Mais e mais pessoas estão começando a compreenderem o valor da meditação grupal ao invés da individual. Meditação grupal intensifica, potencializa, o valor energético da meditação. Em grupos de Transmissão, mais energias podem ser seguramente colocadas através do grupo do que poderiam ser colocadas através do mesmo número de pessoas individualmente. Em um sentido bem real, há segurança em números. A vantagem, também, da Meditação de Transmissão, é que ela não interfere com qualquer outro tipo de meditação que você pode estar fazendo. Ao contrário, a Meditação de Transmissão irá fortalecer o valor de sua própria meditação pessoal.

Tudo o que é necessitado é a determinação para torná-la uma rotina regular em sua vida. Regularidade é muito importante. Ela cria um ritual, um ritmo, que tem o seu próprio valor. É importante aos membros do grupo de Transmissão encontrarem-se regularmente, uma vez ou duas por semana, ou o que seja, mas sempre no mesmo dia no mesmo horário. Desta forma, os Mestres sabem que em um certo lugar e tempo haverá um grupo pronto para transmitir as energias Deles para o mundo. Este trabalho, nós descobriremos, é uma porta que leva ao caminho que vai diretamente para a Hierarquia. É parte de um processo planejado pela Hierarquia pelo qual os aspirantes e discípulos do mundo irão trabalhar de uma forma co-operativa com cada um e com a própria Hierarquia.

A maioria das pessoas querem se aproximar da Hierarquia, estejam elas prontas ou não; elas gostariam de encontrar um Mestre, trabalhar com um Mestre. A Meditação de Transmissão não é uma forma de encontrar um Mestre, mas é certamente a maneira mais simples de trabalhar com os Mestres. Os Mestres estiveram engajados por milhões de anos, bem literalmente, em transmitir as energias das quais Eles são os guardiões através de grupos no mundo. Estes grupos podem ser Cristãos ou Judeus, Hindus ou o que seja; eles podem ser grupos específicos como Teosofistas ou Rosacruzes, e por aí vai. Nunca houve um ato de adoração ou serviço em uma igreja ou um templo em qualquer lugar, a qualquer momento, que não foi ao mesmo tempo uma transmissão de energia. Pode ter sido uma energia de poder maior ou menor, e a atividade, mais ou menos consciente, mas a energia está lá. É um requerimento contínuo da Hierarquia que haja grupos no mundo prontos para transmitirem Suas energias para o benefício do mundo.

Ao começar a Meditação de Transmissão, o mantra ou oração chamado a Grande Invocação é normalmente utilizado, e desta forma a energia da Hierarquia é invocada. Muitos grupos também usam fitas das Mensagens de Maitreya, dadas através de mim entre Setembro de 1977 e Maio de 1982. Conforme eles tocam uma Mensagem, a energia, que foi liberada quando a Mensagem foi dada e é magnetizada na fita, é re-liberada. Aqueles que não têm fitas podem ler uma ou duas das Mensagens juntos em voz alta antes da Transmissão. Isso tem o mesmo efeito de invocar a energia da Hierarquia. É impossível, eu acredito, ler em voz alta estas Mensagens com intenção séria sem invocar a energia do Cristo. O mesmo, é lógico, aplica-se à Grande Invocação; ela foi dada especificadamente, para este propósito.

Um aspecto importante do trabalho de Transmissão é o alinhamento entre o cérebro físico e a alma. Qualquer um que fez qualquer tipo de meditação já está fazendo isso. Todo o propósito da meditação é o de levar a este alinhamento e então à gradual unificação entre o cérebro físico e a alma. Enquanto estiver dizendo a Grande Invocação ou as Mensagens do Cristo, e através da Transmissão, a atenção deve ser mantida no centro entre as sobrancelhas. Este é o centro diretor. Você descobrirá que a atenção vagará. Quando isso acontecer, internamente, mentalmente, o mantra OM deve ser dito e a atenção irá voltar à este centro automaticamente. É importante estar relaxado, fisicamente e mentalmente. Isso não é um ato de adoração. Muitas pessoas abordam estas Transmissões como se elas estivessem indo à igreja. Ela deve ser feita de forma relaxada, alegre. (Ir à Igreja também deveria ser relaxado e alegre, mas dificilmente é) A Meditação de Transmissão é uma atividade importante, séria e útil, mas ela deve ser feita de maneira leve e relaxada. Nós não meditamos sobre o OM, mas usamos o OM para levar a atenção ao chakra ou centro. Isto é tudo o que se deve fazer – os Mestres fazem o trabalho real. É importante, no entanto, permanecer positivo e mentalmente estável – o oposto de um foco passivo e negativo. Os Mestres escolhem os centros. Eles escolhem a energia. Eles sabem a quantidade de energia que cada pessoa pode lidar e Eles enviam ela através do grupo para onde ela é necessária. Nós não dirigimos a energia para qualquer lugar, grupo ou indivíduo em particular. Este é um processo forçado, ou uma situação de crescimento artificial. Em um ano de trabalho de Transmissão, pode-se fazer o crescimento interno resultado de muitos anos de outras formas de meditação.

Por quanto tempo uma Transmissão deve durar? Depende da experiência do grupo (três ou mais compõem um grupo) e o ponto de evolução de seus membros. É melhor permanecer sentado pela mesma quantidade de tempo que as energias fluírem. Eu sugiro um mínimo de uma hora, gradualmente elevando-se até cerca de três horas. Aqueles que desejam sair devem ter a permissão de fazê-lo sem terminarem com a Transmissão dos outros. (Abril de 1983)

[Leitores são encaminhados à *Transmissão: Uma Meditação para a Nova Era* por Benjamin Creme, para mais informações sobre a Meditação de Transmissão.]

Transmissão de Energia

As energias que estão vindo do Empurrão Espiritual são dirigidas em direção à mídia, e elas trarão Maitreya adiante? (Junho de 1984)
[Na Primavera de 1984, a Hierarquia planejou uma grande manifestação – empurrão espiritual – e a todos os trabalhadores espirituais, e grupos de Meditação de Transmissão em particular, foram pedidos para se disponibilizarem para o maior serviço durante o período do final de Março até Junho – através do período dos três Festivais da Primavera: Páscoa, Wesak em Maio, e o Festival do Cristo em Junho.]

As energias liberadas durante o Empurrão Espiritual não são dirigidas de forma alguma para qualquer categoria especial de pessoas. Elas criam, ao invés, uma nova atmosfera na qual é esperado que melhores decisões em respeito a relações internacionais possam ser tomadas. Cada melhora da tensão e condições do mundo facilita a emergência de Maitreya (cumprindo as condições de Seu reaparecimento), mas não se pode dizer simplesmente que elas irão "trazê-Lo adiante". Isso depende mais diretamente do gasto (pela mídia como representante da humanidade) de uma certa, simbólica, quantidade de energia ao se "procurar" por Ele.

De onde as energias emanam do Empurrão Espiritual?
(Junho de 1984)
Dos Ashrams da Hierarquia, mas acima de tudo de fontes cósmicas. O Cristo, Maitreya, permanece no centro de um triângulo de energias cósmicas e as transforma (as diminui) de forma que nós possamos fazer uso melhor delas. Elas vêm de uma Entidade cósmica chamada Avatar da Síntese Que é extra-sistêmica e pode vir abaixo não mais do que no plano mental desta Terra; de uma Entidade chamada Espírito da Paz ou Equilíbrio Que ofusca Maitreya de uma maneira muito similar àquela que Maitreya ofuscou Jesus na

Palestina; e do Buda, Que traz o aspecto Sabedoria de níveis cósmicos. Estas três forças estão focadas através de Maitreya como o centro do triângulo. No Wesak (na lua cheia de Maio), o Buda adiciona a Força de Shamballa, a energia da Vontade de nosso maior centro planetário. Esta normalmente substitui a energia do Avatar da Síntese até a lua cheia em Libra (Outubro), embora, em anos recentes, ela esteve continuando fluindo até Novembro ou Dezembro, quando o Avatar da Síntese assume novamente. A energia do Avatar da Síntese é similar a Força de Shamballa, mas tem uma base mais ampla (sintetizando a Vontade, Amor e Inteligência). Ela é portanto mais segura de se utilizar do que a dinâmica energia de Shamballa, mas mais lenta em seus efeitos.

Essas energias (durante o Empurrão Espiritual) levam adiante o trabalho de destruir as velhas formas ou reconstruir novas? (Junho de 1984)
Elas têm principalmente relação com a criação de uma nova atmosfera e condições de confiança; um sentimento de síntese global; e o estímulo de idealismo espiritual nas massas de pessoas. Todos esses esforços levam à criação de novas formas.

Por que há o maior Empurrão neste ano? (Junho de 1984)
O Empurrão Espiritual ocorre todo ano durante os meses da primavera, mas este ano ele é extraordinariamente potente, o que meu Mestre chamou de uma "grande manifestação". Este é visto como um ano de tensão aumentada – por causa da forma de pensamento de "1984" – e também de oportunidade. Pensa-se (pela Hierarquia) que a humanidade é agora capaz de tomar certas decisões sobre seu futuro que anteriormente ela não estava capaz de fazer – pelo menos conscientemente. Isso pode levar à redução da tensão.

O que a Hierarquia faz com todas essas energias? (Maio de 1983)

Apenas a Hierarquia poderia saber o que Ela faz com elas. Ela as enviam onde elas são necessárias, que pode ser para um país em particular ou área no mundo, ou então simplesmente para "encher", como nós dizemos, para manter em um nível alto, o reservatório de energias espirituais no mundo. É muito importante de fato que as pessoas nos grupos de Transmissão não dirijam as energias. Elas devem deixar isso para os Mestres, Que sozinhos sabem onde elas são necessárias e em que equilíbrio e potência em particular. Esta é uma situação que muda de momento a momento, e que apenas o Cristo tem a ciência para compreender. Então, embora possa existir uma crise no Oriente Médio e você pode pensar "que boa idéia é enviar uma boa energia para o Oriente Médio", você pode estar fazendo a coisa totalmente errada. A energia sendo transmitida através do grupo naquele período em particular pode ser bem a energia que não é necessária no Oriente Médio; a contrária, talvez. Então não se deve enviá-la para grupo nenhum, país, ou pessoa em particular.

O Cristo está em cargo dessas energias a todo tempo, de momento a momento. Conforme Ele olha para o mundo com todos os seus problemas, Ele pensa sobre eles energeticamente; isso precisa de estímulo, aquilo precisa de um manuseio cauteloso, aquilo precisa, talvez, de retirada de energia. Não apenas isso, mas todas as energias têm qualidades diferentes. Então Ele não envia uma coisa que nós chamamos energia, mas a energia da vontade, do amor, ou da organização, ou o que seja. É a mistura destas que faz o efeito no mundo. Então você pode ver o quão inútil é tentar decidir por você mesmo o que esta energia pode fazer, ou deve fazer. É uma ciência tão complexa e oculta que apenas os Mestres podem conhecê-la.

O quanto a transmissão de energia está realmente funcionando? (Novembro de 1985)
Não é possível para nós sabermos exatamente o quão eficiente é a transmissão de energias, mas o fato de que a Hierarquia envia as energias e encoraja a formação de

grupos de Transmissão mostra a importância que Ela coloca neste trabalho. Minha informação é a de que ela é sem dúvida de importância primordial.

A Meditação de Transmissão é acelerada em pontos energéticos do mundo, por exemplo, em Stonehenge, na Inglaterra? (Abril de 1986)
Não. Eu acredito que há uma má compreensão aqui. As energias transmitidas não são dependentes de algum estímulo físico exterior, mas quanto ao Plano dos Mestres Que enviam elas, e sobre o ponto de evolução das pessoas nos grupos de Transmissão. Quão mais evoluídas as pessoas, mas potentemente a energia pode ser enviada de forma segura pela Hierarquia.

Através de quais chakras as energias chegam, e através de quais elas saem? (Maio de 1983)
Isso depende do ponto de evolução e também da estrutura de raio da pessoa envolvida, a linha de força na qual as pessoas estão, como almas, como personalidades, com corpos mental, astral e físico – todos esses podem estar em raios diferentes. Então não é possível dizer que estas energias chegam através de um centro em particular e saem por outro centro; depende do indivíduo. As pessoas variam enormemente no estado de desenvolvimento dos chakras individuais. Então, se o chakra através do qual aquela energia em particular normalmente fluiria não está aberto o suficiente, outros chakras podem ser usados pelos Mestres para transmitir. Há um limite quanto a extensão do quanto isso pode ser feito, mas dentro deste limite, isso é feito.

Portanto, falando no geral, as pessoas irão receber e transmitir energias sobre sua própria linha de força. Vocês sabem que existem sete energias de raios e as pessoas podem estar entre a linha 2-4-6, ou a linha 1-3-5-7. Um grupo pode ser composto de pessoas de todos os raios diferentes. Enquanto as energias estão sendo transmitidas, você pode descobrir que metade do grupo está transmitindo as energias dos raios 2-4-6 e a outra metade transmitindo as energias dos raios 1-3-5-7. E é lógico, também existem alguns grupos que estão em uma linha ou outra.

Eu estou um pouco confuso quanto a sua resposta a uma pergunta onde você fala em se estar ou sobre a linha 2-4-6 ou a 1-3-5-7. Isso parece entrar em conflito com sua tabela de raios de pessoas. Você também parece falar sobre a fusão das duas linhas em grupos. Isso é parte de se criar a harmonia através do conflito com a influência crescente do 4º raio? (Julho/Agosto de 1983)

Existem apenas três raios de Aspecto: raios 1, 2 e 3. Os raios 4, 5, 6 e 7 – os raios de Atributo – emergem desses três básicos, qualificando eles, adicionando qualidades em específico. Os raios 4 e 6 possuem uma relação próxima com o 2º, o 7º com o 1º, e o 5º com o 3º. Como almas, grupos irão portanto tender a estar em uma ou outra dessas duas linhas de força (1-3-5-7 e 2-4-6). É lógico, cada indivíduo pode ter qualquer um desses raios governando seus veículos inferiores, como na tabela.

Há um movimento na Hierarquia para dar à cada energia-linha e experiência em se lidar e transmitir a energia da outra linha, que é um método mais eficiente em se distribuir as energias. Isso não tem relação especificadamente com o vindouro 4º raio.

(1) Alguém que não possui um certo raio pode ser capaz de canalizar este raio na Meditação de Transmissão? (2) Pressupondo que elas possam sentir as energias, elas a sentiriam? (Outubro de 1986)

(1) Alguém que esteve trabalhando em um Grupo de Transmissão por algum tempo considerável quase certamente seria capaz de canalizar uma energia de raio que não é a dele. (2) Certamente, se elas fossem sensitivas às energias, elas também a sentiriam. Dependeria do indivíduo e do próprio grupo.

Durante a Meditação de Transmissão, as energias dos Mestres passam através dos sete chakras ou apenas nos três

de cima – os centros do coração, garganta e ajna? (Abril de 1986)
Depende do ponto de evolução do indivíduo e portanto de que chakras estão abertos e podem ser usados. Com a maioria, o coração, a garganta e o ajna são usados. Com alguns, o chakra da coroa também é utilizado. Com alguns mais avançados, todos os sete chakras são usados.

Se nossos chakras não estão suficientemente abertos (por causa de razões kármicas), a Meditação de Transmissão pode (1) provocar uma melhora em nosso estado geral; (2) levar ao agravamento de nosso problema; (3) ser ineficiente; (4) levar à distorção destas energias; (5) resumindo, nós deveríamos e nós podemos transmitir? (Abril de 1986)
(1) Sim. (2) Não. (3) Sim. (4) Não. (5) Sim. Todo o processo é altamente científico e sobre o controle dos Mestres cientistas.

Por que as pessoas têm a experiência de que a Transmissão de energia é diferente em noites diferentes? (Maio de 1983)
Eu acho que existem dois fatores aqui. Um é o de que as próprias energias podem ser diferentes, ter qualidades diferentes, e elas têm um efeito diferente em você. O outro é o de que as pessoas variam de noite para noite, por causa dos padrões de trabalho, ou pressão da atmosfera; elas estão mais ou menos cansadas, mais ou menos vitalizadas, e portanto, provavelmente absorvem, quando a vitalidade está baixa, menos das energias do que em outros momentos. A energia potencial está em proporção exata a tensão espiritual. Obviamente, as pessoas que estão mais avançadas na evolução irão absorver e transmitir energia de uma potência superior do que aquelas que são menos evoluídas. Elas teriam uma tensão espiritual maior (Eu não estou falando de tensão física).

Nossas próprias tensões espirituais variam de dia a dia. Então, da mesma forma, nós iremos receber tal e tal potência de energia um dia, mais ou menos no outro dia. É lógico, a tensão do grupo é composta da soma total das tensões individuais. Outra coisa é a de que as próprias energias são enviadas de, e são levadas abaixo pelos Mestres para, níveis diferentes. A energia uma noite pode não parecer forte, não porque ela não está sendo enviada de maneira poderosa, mas porque ela não está sendo recebida sensivelmente – ela pode ser tão alta que o aparato das pessoas não conseguem senti-la. A mesma energia levada abaixo para um plano inferior elas sentem como uma "energia forte", porque elas são sensitivas à ela no nível mais baixo. Quanto mais baixo o plano, mas nós sentimos a energia. Nós apenas pensamos como sendo "forte" o que nós sentimos de maneira forte. Isso depende do instrumento. Realmente não tem relação com a força ou não da energia – pode ser, mas não necessariamente.

Se uma pessoa está fechada ao esoterismo, o contato energético (na Meditação de Transmissão) pode ser estabelecido? (Abril de 1986)
Certamente. Este é um processo científico e não depende de "crença" ou conhecimento acadêmico.

Qual é a melhor forma de aproveitar a energia de vida do universo? (Maio de 1986)
Se tornar um estudante da Sabedoria Eterna e colocar seus preceitos em prática.

Por quanto tempo nós devemos transmitir? (Maio de 1983)
Grupos variam enormemente no período de tempo que eles ficam sentados para a Transmissão – de meia hora até 5, 6 ou 7 horas, uma, duas ou três vezes por semana. Eu conheço grupos que começam às sete horas e terminam às sete e meia e então eles tomam chá, comem bolos, conversam e por aí vai, e eles têm muito orgulho em estarem em um grupo de Transmissão, meia hora por semana. Alguns acham que eles têm que começar numa certa hora e terminarem em uma certa hora todos juntos. Este não é o

caso. É importante, e útil, que um grupo comece a Transmissão ao mesmo tempo, mas não há razão de forma alguma por que o período de Transmissão deva ser regulado pela habilidade de concentração do membro mais fraco. Muitos líderes de grupo disseram à mim: "Mas eles não ficam mais tempo sentados, eles se cansam depois de meia hora, eles querem ir para casa e tomarem um chá." Então ele deve ser aberto. Aqueles que desejarem ficar mais tempo devem ser capazes de ficar mais tempo, e aqueles que quiserem ir, podem ir.

Quanto maior o número no grupo, mais energia pode ser potencializada. A energia não é enviada individualmente através dos membros do grupo. Se você tem uma unidade básica de três pessoas, isso é um triângulo; se você tem seis pessoas, isso torna muitos triângulos possíveis, e é através destas formações triangulares que podem ser expandidas às estrelas e muitas formas geométricas, que os Mestres enviam a energia. Isso potencializa a energia enormemente. Então obviamente, cada vez que alguém sai do grupo para ir para casa, o grupo é enfraquecido. Mas ainda é melhor para a Transmissão continuar com menos pessoas por um período mais longo do que para todo o grupo continuar por um período muito curto.

Eu sei que pessoas algumas vezes precisam vir de longas distâncias, e então elas querem se reunir socialmente depois. Elas querem manter a Transmissão por pouco tempo. Mas é mais importante dar tempo para a Transmissão do que conversar com o grupo. Isso pode ser agradável, mas não é serviço, e o trabalho de Transmissão é serviço. Mas todos têm o direito total de deixarem o encontro do grupo silenciosamente em qualquer momento e deixar os outros continuarem.

Eu faria a sugestão de uma hora como um mínimo, objetivando aumentar gradualmente para três ou quatro horas, ou por quanto tempo as energias fluírem.

Em conexão com a formação dos triângulos e suas funções em potencializar as energias, considere o seguinte:

349

a adição de uma pessoa à unidade básica de três pessoas aumenta o número de triângulos possíveis para quatro. Com apenas duas pessoas a mais, criando um grupo de cinco, existem 10 triângulos. Seis pessoas fazem 20 triângulos, sete fazem 35, oito fazem 56 triângulos, nove fazem 84 e 10 pessoas tornam possível 120. E por aí vai. É óbvio, portanto, o quão mais potente a atividade do grupo se torna com a presença de cada membro adicional – e o quanto o grupo é enfraquecido pela abstenção de cada membro. Através desta multiplicidade de triângulos, energias enormemente potentes podem ser seguramente transmitidas através de grupos relativamente inexperientes.

Alinhamento da Alma

O quão importante é o alinhamento anterior a Meditação de Transmissão? (Setembro de 1984)
Muito importante. Essencial. É o alinhamento entre o cérebro e a alma que permite aos Mestres, trabalhando do nível da alma, canalizarem as energias através dos grupos.

É necessário ter alcançado um certo nível para se beneficiar e servir através da Meditação de Transmissão? (Novembro de 1985)
Há um processo auto-seletivo em trabalho no qual apenas aqueles suficientemente evoluídos para querer servir serão atraídos à Meditação de Transmissão. Mas com esta provisão de lado, nenhuma experiência especial é necessária para transmitir energias Hierárquicas desta forma.

Nossos pensamentos obscurecem o canal de alinhamento durante a Transmissão? (Maio de 1983)
Sim, mas isso não quer dizer que se você estiver pensando, você não estaria transmitindo as energias. É uma questão de grau. Assim que o alinhamento entre o cérebro físico e a alma é feito, a energia pode ser transmitida. Então tudo o que você precisa fazer durante a Transmissão é manter o

alinhamento. Se você puder manter este alinhamento e pensar ao mesmo tempo, seus pensamentos não terão de forma alguma efeito na energia. A concentração necessária é realmente a concentração em se manter o alinhamento, mas se o alinhamento estiver lá a todo o momento, normalmente, não há concentração necessária para mantê-lo. O que interfere, é lógico, é a direção do pensamento. Formas de pensamento astrais realmente descolorem as energias. A natureza da mente inferior é a de pensar, e contanto que você não siga o pensamento, não dirija o pensamento, ele não tem nenhum grande impacto na energia. Se você focar o pensamento em uma pessoa em particular, ou um grupo, ou um país, você dirige a energia para aquela pessoa, ou grupo ou país, que é exatamente o que não se quer. Então, o quanto menos você pensar, melhor, mas não quer dizer que a atividade da mente-inferior tem qualquer grande impacto no fluxo de energia. O ponto é, perfeição é o melhor, mas não é absolutamente essencial.

Existem humores ou estados mentais que te impedem de ter uma transmissão útil? (Maio de 1983)
Sim, existem. Condições de angústia, ódio, principalmente ódio, medo – em outras palavras, fortes reações, emoções astrais – não são úteis ao tipo de alinhamento com a alma que é necessário para a Transmissão. Por outro lado, se você puder fazer o alinhamento apesar da perturbação emocional, você descobrirá que as energias espirituais serão bem úteis em neutralizar este estado de mente.

A Transmissão é para ser feita apenas por pessoas mentalmente estáveis em bem-ancoradas? (Maio de 1985)
Transmissão deve ser feita, a princípio, apenas por pessoas mentalmente estáveis e bem-ancoradas. Em casos específicos, ela pode beneficiar alguém que não necessariamente se encaixa nestas categorias, mas em princípio, pessoas desequilibradas não devem participar. As

energias são muito altas e há um perigo de super-estimulação.

Não é perigoso dizer: "Medite, você não precisa fazer o trabalho, as energias farão o resto?" Nós não poderíamos, desta forma, receber energias negativas se nós não tivermos os meios de diferenciar entre energias positivas e negativas? Você não acha que muitos iniciantes poderiam ser enganados desta forma? (Abril de 1986)
De forma alguma. Eu não digo: "Você não precisa fazer o trabalho, as energias farão o resto." O que eu digo é isso: A Meditação de Transmissão é extraordinariamente potente, mas muito simples de se fazer porque o verdadeiro "trabalho" é feito por você pelos Mestres. Todas as energias que Eles enviam desta forma são espirituais e "positivas". O que é necessário, no entanto, é a manutenção do alinhamento entre o cérebro físico e a alma.Isso garante a continuidade do canal com a Hierarquia e um positivo, equilibrado, foco mental.

A Meditação de Transmissão fortalece a intuição como a meditação "comum"? (Maio de 1984)
Certamente. Cada atividade (meditação e/ou serviço) que invoca as qualidades da alma para a vida da personalidade fortalece a intuição. A Meditação de Transmissão é um processo dinâmico forçado, pelo qual a natureza da alma é poderosamente invocada. Durante a Transmissão, já que os centros são ativados e galvanizados, sua mente se torna incrivelmente clara e criativa. Através do alinhamento entre o cérebro físico e a alma que é necessário para fazer a Transmissão, o antahkarana – o canal de luz entre a alma e o cérebro – é mantido aberto. Portanto, é mais fácil para a alma aumentar a intuição do indivíduo.

Também, você tem uma atividade inspiracional. Idéias freqüentemente fluem do nível da alma para as mentes de indivíduos receptivos e muitas pessoas têm idéias muito boas durante a Transmissão. Mas este não é o objetivo. O objetivo é o ato de serviço de levar abaixo as energias de forma que elas se tornem úteis à uma seção mais ampla da humanidade. O objetivo real, o verdadeiro motivo, é serviço.

Eu entendo que a meditação pessoal seja uma orientação em direção a sua própria alma através da construção do antahkarana. Este processo ocorre durante a Transmissão também? Também, a própria alma está sendo alinhada em direção a Maitreya e a Hierarquia? (Abril de 1985)
A resposta para ambas as perguntas é sim. A Meditação de Transmissão te orienta não apenas à sua própria alma, mas para o Reino da Almas – a Hierarquia Espiritual – e potencializa seja lá que tipo de meditação pessoal nós possamos fazer. Também, basicamente, a Transmissão ocorre do nível da alma e envolve tanto a alma e seu reflexo, o eu pessoal.

Como eu posso dizer a diferença entre a Meditação de Transmissão e minha própria meditação pessoal? (Maio de 1986)
Pelas circunstâncias e a "sensação" da energia. Uma Transmissão apenas ocorre como um resultado de invocação, seja em um grupo ou não; foi por esta razão que a Grande Invocação foi dada em 1945. Em sua própria meditação pessoal, a energia da alma, se sentida, entra nos veículos – mental e/ou astral e/ou físico – do meditador. Em uma Transmissão, ela flui através dos chakras para o mundo.

Como e quando nós podemos mais apropriadamente transmitir nossa energia de alma? (Maio de 1986)
Aqui e agora. Existem muitas técnicas diferentes para invocar e transmitir a energia da alma. Um exemplo é o uso consciente da vontade e imaginação na meditação.

Nós podemos conscientemente projetar nossa energia da alma para ajudar em alguma crise mundial que está sendo noticiada? (Maio de 1986)

Sim.

Eu tendo a manter minha atenção focada no centro ajna continuamente, mesmo durante as atividades cotidianas. Isso não é perigoso? (Julho/Agosto de 1984)
Isso certamente não é perigoso. Se você está realmente mantendo a atenção focada no centro ajna continuamente, então você está bem no caminho de alcançar polarização mental. Verifique o que acontece, no entanto, com a sua atenção quando você se descobre em uma situação que normalmente estimularia uma forte reação emocional. Sua atenção permanece no centro ajna ou ela desceu para o plexo solar? Que centro então está ativo?

Na Meditação de Transmissão, não há um perigo em se criar um estado hipnótico ao se continuamente falar o OM se alguém tem dificuldade em se concentrar? (Abril de 1986)
Na Meditação de Transmissão não se fala o OM continuamente, mas apenas para levar a atenção de volta ao centro ajna (entre as sobrancelhas) quando ela vagueia. Em prática, você descobrirá que as próprias energias ajudam a manter a atenção no alto.

É melhor usar o OM durante a Transmissão do que o seu próprio mantra? (Maio de 1983)
Eu aconselharia confinar o uso de sua própria técnica de meditação, seja lá o que ela envolve, para esta meditação, que normalmente seria vinte minutos a meia hora, duas vezes por dia. Durante a Transmissão, por outro lado, use o OM. A maioria das meditações utilizando um mantra são meditações "introspectivas", mas o trabalho de Transmissão é um tipo bem leve de meditação – ela não envolve de forma alguma se "interiorizar". Então eu separaria as duas. Você descobrirá que pelo estímulo dos centros, o trabalho de Transmissão irá fortalecer a meditação pessoal.

Na Meditação de Transmissão, o método da "Sagrada Presença em nós mesmos", no coração, por exemplo, substitui a repetição do OM? (Abril de 1986)
Em algumas pessoas, sim. O problema é que as pessoas em geral não são conscientes de seus pontos de evolução ou correto método de meditação neste ponto. É mais seguro e normalmente de mais valor focar a atenção no centro ajna e usar o OM para mantê-la lá. Este é o centro do coração na cabeça, o centro diretor, e seu uso muda o foco para o plano mental.

Por favor, explique a diferença entre usar o OM internamente e dizê-lo em voz alta. (Abril de 1984)
Se você disser o OM em voz alta, você ancora a energia no plano físico. Se você o disser internamente, você o estará colocando nos níveis mais altos do plano astral, e se você pensar nele, você o coloca nos planos mentais.

Os planos são apenas estados de consciência, energias vibrado em certos pontos que nos tornam conscientes. Nós temos a consciência do plano físico; portanto, o plano físico é uma realidade. Nós temos consciência do plano astral-(emocional); portanto, o plano astral é uma realidade. Nós temos (mais-ou-menos) consciência do plano mental; portanto, os níveis mais baixos dele são uma realidade para a humanidade. O plano mais alto é sempre mais poderoso do que o inferior. As pessoas acham que o plano físico é o plano onde tudo acontece, mas na verdade, o plano físico é o plano menos poderoso sobre o qual as energias operam. O OM corretamente dito internamente é na verdade mais poderoso do que corretamente dito no plano físico. Ele tem mais ação em um nível mais alto.

No começo do encontro, você pode querer dizer o OM em voz alta em união. Isso irá imediatamente erguer a vibração do aposento. (Se você estiver em um aposento no qual você tem um grupo de Transmissão já em funcionamento, você não precisa fazer isso.)

Quando você diz o OM em voz alta, você está realmente dizendo A-U-M. Conforme você diz A, ele está vibrando na base da coluna; conforme você diz U, ele está vibrando no centro do coração, ou entre o plexo solar e o coração, dependendo sobre qual você está; e quando você diz o M, ele está vibrando na cabeça. Se você disser AUM, você está trazendo todas as três vibrações juntas da base de sua coluna para o topo de sua cabeça. Este é o poder do AUM. Dizer internamente o OM é utilizado não para levar a energia para o plano físico, mas simplesmente para ajudar a enviar a energia para o mundo. O OM é utilizado para colocar nossa atenção no nível do plano mental, onde a energia pode então ser liberada. Se nossa atenção está abaixo no plexo-solar, se é aí que nosso foco está, então a energia sai para o mundo no plano astral e todas as formas de pensamento astrais irão descolorir as energias espirituais que nós transmitimos. Conforme nossa atenção vagueia, diga o OM internamente para trazer sua atenção de volta ao plano mental.

Mantras podem produzir efeitos ruins se não ditos corretamente? (Abril de 1984)
Sim. Mantras produzem seus efeitos em reação ao adiantamento (isso quer dizer, estado de consciência) de quem utiliza. Quanto mais avançado o usuário do mantra, o mais poderoso e o mais correto são os efeitos. O uso de mantras, no entanto, pode ter um efeito meramente hipnotizador.

Minhas crianças que têm quatro anos e dois anos dizem OM quando elas meditam porque elas imitam seus pais. Existem perigos e quais são eles? (Abril de 1986)
Não. Crianças usando o OM o fazem em um nível tão ineficiente que não há nada o que se temer.

O quanto o instrumento do tetraedro melhora a transmissão? (Maio de 1983)

O tetraedro não traz, por si mesmo, as energias e não melhora, de forma alguma, suas recepções. Ele, no entanto, melhora a transmissão das energias. Estas vêm diretamente dos Mestres para nós através dos chakras. Então, elas vão de nós para o instrumento. Este instrumento não é essencial, mas é um complemento muito útil e foi dado para este trabalho pelo meu Mestre. Existem apenas muito poucos destes instrumentos no mundo, enquanto existem muitos grupos de Transmissão – e eles fazem um bom trabalho. O tetraedro transforma ainda mais as energias, leva elas mais abaixo do que nós podemos, e, na voltagem mais baixa, ele dá, no final, um impulso final – uma potencialização.

Ele também garante que as energias estejam sendo enviadas para os planos mentais mais baixos, que é o plano do próprio instrumento. Apenas sendo da forma que ele é, ele automaticamente transforma as energias abaixo para o plano mental. Se ele fosse uma pirâmide, ele transformaria as energias no plano astral, que não é o plano que nós queremos estimular. Então, resumindo, ele não é essencial, mas é um complemento, um benefício para o trabalho. Eu certamente recomendaria aos grupos construir um.

Transmissão e Psiquismo Inferior

As visões e mensagens que as pessoas parecem conseguir durante a Transmissão são válidas? (Maio de 1983)
Muitas pessoas me disseram: "Nós tivemos uma maravilhosa Transmissão na última sexta, todos os Mestres estavam lá, as energias eram maravilhosas, lindas, e eles nos deram ensinamentos maravilhosos." Isso não tem sentido. É puro glamour, ilusão, e deve ser evitado a todo o custo. Se você estiver fazendo isso, pare. Eles não dão maravilhosos ensinamentos durante Transmissões. Eles não dão nenhum ensinamento de forma alguma durante Transmissões. Eles simplesmente transmitem as energias através das pessoas nos grupos. E todos os "ensinamentos" e todos os "Mestres" ao redor deles estão na imaginação astral das pessoas.

Porque muitas pessoas vêm para este trabalho mais esotérico do movimento Espiritualista, elas acham que é a mesma coisa, mas não é. Isso não tem nenhuma relação com o mundo "espiritual" e nenhuma relação com os instrutores nos planos astrais. Este é um processo científico pelo qual os Mestres, trabalhando do nível Búdico, podem transformar Suas energias abaixo para o plano físico.

Pessoas podem ter contato com "entidades" durante Transmissões? (Junho de 1983)
Sim, tipos mediúnicos podem se permitir manterem um foco negativo, passivo no plexo solar, e então, abrirem-se ao contato com entidades astrais. O perigoso está inerente em todo trabalho de meditação; daí a necessidade de manter um foco mental positivo (no centro ajna)

Se as pessoas tem contato com "entidades" ou "inteligências", onde é provável que estas entidades trabalhem? (Junho de 1983)
Sem exceção, nos planos astrais e nenhuma observação deve ser tirada de tais contatos. As pessoas têm livre-arbítrio, mas se um indivíduo insistir em manter tais contatos, à ele deve ser pedido para continuar com seu trabalho por si só, fora do grupo de Transmissão.

É provável que "entidades" estejam dando sugestões sobre o trabalho de transmissão diferentes do seu conselho? (Junho de 1983)
É possível. Existem muitas entidades enganadoras nos planos astrais que podem fazer isso através de um tipo mediúnico. Seja lá o que elas trouxerem, deve ser ignorado. Isso não possui relação com este trabalho que procede da Hierarquia.

É provável que estas entidades possam influenciar as energias? (Junho de 1983)
Não, de forma alguma. As energias estão sobre o completo controle do Cristo e Seu grupo de Mestres.

358

Quando um grupo está transmitindo, o que se deve fazer para impedir alguma entidade ou entidades de dirigirem as energias para onde elas quiserem? Não é um glamour achar que os Mestres estão dirigindo as energias? Você não está em um sentido abrindo mão de seu livre-arbítrio? (Setembro de 1984)

Se você está trabalhando em um grupo de Transmissão, pode-se assumir, eu acho, que você terá aceitado que as energias sendo canalizadas através de você vêm da Hierarquia. Já que este é o caso, não é lógico, também, que os Mestres enviem estas energias conscientemente, cientificamente, dirigindo elas de acordo com a potência, equilíbrio e destino? Isso sendo assim, também não é lógico assumir que sendo Mestres Cientistas e Conhecedores, Eles podem e de fato impedem qualquer interferência com Seus propósitos e trabalho? Transmissão é um ato de serviço, feito de bom grado. Em nenhum sentido, portanto, você está abrindo mão de seu livre-arbítrio.

"Espíritos guias" são uma realidade? Eles são nossas almas? (Outubro de 1984)

Existe certamente uma grande quantidade de entidades desencarnadas funcionando nos vários níveis dos sete planos astrais ou nos planos mentais mais baixos que dão "orientação" através de médiuns e sensitivos no plano físico. Esta orientação varia da trivialidade mais banal, até ensinamentos de um tipo altamente aspiracional e edificante. Elas não são nossas almas – que existem no plano causal, o mais alto dos quatro planos mentais. É neste nível que os Mestre se comunicam com Seus discípulos.

A alma é nosso anjo da guarda, ou os devas estão envolvidos? (Setembro de 1986)

A alma não é o anjo da guarda, mas o ser superior. O anjo da guarda é uma entidade dévica que apóia e protege o ser humano através da experiência evolucionária. Desta forma, ela aprende a se relacionar com a humanidade em preparação para a eventual fusão das duas evoluções, humana e dévica, no "divino hermafrodita", o humano representado o aspecto masculino "filho da mente" e os devas o aspecto feminino "filha da sensação". Isso ocorrerá no futuro distante.

A Grande Invocação

Você, por favor, poderia explicar a linha na terceira estrofe: "Que o propósito guie as pequenas vontades dos homens." (Setembro de 1985)
A estrofe começa: "Do Centro onde a Vontade de Deus é conhecida, Que o propósito guie as pequenas vontades dos homens." Isso refere-se a Shamballa, o mais elevado centro espiritual da Terra. Ele está em matéria etérica, e dentro dele está o Conselho do Senhor do Mundo, Sanat Kumara (o Ancião dos Dias da Bíblia). De Shamballa, sai o Plano (de evolução de todos os reinos) que encarna a Vontade e Propósito de nosso Logos Planetário, "O Propósito que os Mestres sabem e servem" como a última linha da estrofe diz.

Se o Propósito de Deus, invocado através da invocação guia "as pequenas vontades dos homens", então as pequenas separadas vontades dos homens (e é lógico das mulheres) finalmente virão em correto alinhamento com a Vontade Divina e o Plano de Amor e Luz irá se desenvolver. Tudo o que nós fazemos como uma raça é em resposta (adequada ou inadequada) às energias Divinas da Vontade (ou Propósito), Amor e Luz liberadas no mundo pela Hierarquia Espiritual de Mestres.

O fechamento da "porta onde mora o mal" ocorrerá no Dia da Declaração? (Maio de 1986)
Não. Este é um processo de longo prazo. Ele envolve erguer a humanidade acima do nível onde ela possa ser usada pelas forças do mal, assim selando-as em seu próprio domínio: o suporte ao aspecto matéria do planeta.

Existem versos adicionais para a Grande Invocação e alguns deles serão revelados no futuro? (Maio de 1984)
A Grande Invocação como utilizada pela humanidade hoje é uma tradução (feita pela Hierarquia) – em termos que nós podemos usar e entender – de uma antiga oração ou mantra usado pela primeira vez por Maitreya em 1945. Redigida em uma antiga língua sacerdotal mais velha do que qualquer uma conhecida na Terra, ela tem apenas sete frases místicas de extensão. Conforme a humanidade avançar pelos próximos 2.500 anos, novas versões serão liberadas, cada uma abrangendo cada vez mais dos significados ocultos do mantra original.

Nós podemos usar a Grande Invocação como uma oração interior, junto com ,por exemplo, o Pai Nosso, ou nós perturbaríamos os Mestres se nós fizéssemos isso? (Setembro de 1984)
Ela não foi dada como uma oração interior, mas sim como uma invocação de energia da Hierarquia. Mesmo assim, seu uso, eu tenho certeza, não perturbaria os Mestres.

Agora que o Cristo está no mundo, o texto da Grande Invocação não deveria ser mudado? (Setembro de 1985)
Não. Eu sei que alguns grupos mudaram a linha "Que o Cristo retorne à Terra" para "O Cristo retornou à Terra" ou algo similar. Esta mudança é um erro e não procede da Hierarquia. "Que o Cristo retorne à Terra" refere-se não apenas a Maitreya, o Cristo, mas à Hierarquia do qual Ele é o cabeça. Esta linha deve ser mantida como dada para invocar este grupo de Mestres (cerca de 40 ao todo) Que irão retornar ao mundo exterior pelos próximos 20 anos ou mais.

Por anos, muitos grupos não gostaram da linha "E que sele a porta onde mora o mal" e a mudaram. Novamente, isso é um erro. O texto da Invocação foi trabalhado da forma mais cuidadosa pela Hierarquia como uma forma – que nós podemos usar e entender – do mantra profundamente oculto usado por Maitreya.

Alguns indivíduos e grupos reivindicam terem "recebido" novas formas da Grande Invocação, presumivelmente da Hierarquia. Eu acredito que isto não seja nada a não ser o resultado do glamour. Conforme a humanidade se adequar para sua recepção e uso, serão eventualmente liberadas novas formas mais esotéricas desta invocação. Mas elas ainda não foram formuladas pelos Mestres. Elas devem se relacionar com o estado de Ser da humanidade no momento e isso ainda é desconhecido.

Quando um grupo de Transmissão diz a Grande Invocação, ainda é possível para pessoas que estão atrasadas participarem? (Setembro de 1984)
Certamente. Mas tente não chegar muito atrasado!

Trabalho de Transmissão

Com a diferença de tempo (eu vivo na Austrália), eu estou me "ligando" a sua Transmissão acordando nas manhãs. Mas eu me pergunto se eu devo fazer isso, pois eu encontrei na p. 30 do **Transmission: A Meditation for the New Age***, um aviso contra fazer isso.* (Outubro de 1983)
De toda forma, você deve continuar a se "ligar" com nós como você está fazendo. Vivendo como você está a tantos milhares de milhas de distância não há possibilidade para você participar fisicamente em nossas Transmissões. O "aviso" no livro que lhe chamou a atenção refere-se a necessidade por participação física regular quando for possível. A "ligação" mental de pessoas que são membros de um grupo de Transmissão ao invés da participação física deve ser a ocasional exceção, e não a prática regular.

Três pessoas são o suficiente para um grupo de Meditação de Transmissão ou pode-se almejar por mais? (Maio de 1986)

Três constitui um triangulo – e portanto uma potencialização das energias enviadas – e é a unidade básica, mas o grupo deve ser expandido se possível. Mais energia pode ser seguramente enviada através de um número maior de transmissores. Resumindo, quanto mais, melhor.

Eu recebo um grupo de Transmissão em minha casa. Quando os outros saem, eu posso continuar a transmitir por mim mesmo depois que mostrei à eles a saída? (Junho de 1986)
De toda forma, continue depois que os outros saíram se você quiser e as energias ainda irão fluir. Mas por que você precisa levantar para mostrar à eles a saída? Deixe que eles saiam sozinhos!

A Meditação de Transmissão é apropriada para crianças, ou ela é apenas para adultos? (Março de 1986)
A Meditação de Transmissão é adequada para todos acima da idade de 12 anos. Os centros ou chakras abaixo desta idade ainda não estão totalmente estabilizados.

Mulheres grávidas podem de forma segura participarem da Meditação de Transmissão mesmo no nono mês de gravidez? (Março de 1986)
Se a gravidez estiver normal e a mãe estiver bem, sim.

Por que nós devemos sempre transmitir de noite e não na manhã quando nós estamos em nosso melhor estado? (Setembro de 1984)
A maioria dos grupos de Transmissão encontram-se de noite já que a maioria das pessoas trabalham durante o dia. Mas não há nada que impeça alguém de fazer o trabalho de Transmissão na manhã. As energias da Hierarquia estão disponíveis a todo o momento. Eles nunca "fecham a loja".

Por que nós devemos transmitir no escuro? É tão fácil dormir. (Dezembro de 1984)

363

Não é necessário transmitir "no escuro". O ponto é que a maioria das pessoas conseguem se concentrar melhor em uma luz diminuída. Não há outras razões pelas quais você não deva transmitir na luz do dia, como nós freqüentemente fazemos durante workshops de Transmissão.

Nós podemos ou devemos nos colocar em auto-hipnose enquanto transmitimos ou isso vai contra o que está sendo feito? (Setembro de 1984)
Algumas pessoas acham difícil o suficiente manterem-se acordadas durante todo o tempo da Transmissão sem introduzirem a auto-hipnose. O que é necessário é um foco mental positivo que implica na concentração sobre o centro ajna (entre as sobrancelhas).

Qual é a posição certa na qual se transmitir? É possível meditar com sucesso deitado? (Setembro de 1986)
Uma posição confortável sentada (ou de pernas cruzadas, se confortável) é utilizada. É possível meditar deitado, mas para mim não é a melhor posição, pois é muito fácil dormir!

Se alguém está em um grupo de Transmissão, está tudo bem tomar parte em outros tipos de meditação grupal ou estudar com um guru em particular? (Março de 1984)
Sim. A Meditação de Transmissão não trabalha contra qualquer outra forma de meditação. Na verdade, ela irá fortalecer a qualidade e efetividade de qualquer outra meditação que você fizer.

Você disse que a Meditação de Transmissão é compatível com a MT (Meditação Transcendental). Isto também vale para a Kriya Yoga? (Abril de 1986)
Sim. A Meditação de Transmissão é compatível com todas as outras formas de meditação. Ela é na verdade uma forma de Kriya Yoga, mas o trabalho é feito para você pelos Mestres, de maneira totalmente científica e correta.

Enquanto a Meditação de Transmissão é um dos melhores métodos disponíveis para se servir, é mesmo assim possível para o membro de um grupo parar se ele sente que este não é o seu caminho? (Setembro de 1984)
Sim, é lógico. Serviço precisa ser dado de bom grado e com prazer, de outra forma não é serviço, mas compulsão.

Existem pessoas na Europa Oriental ativas no trabalho de Transmissão? (Maio de 1983)
Os grupos que eu conheço estão na Iugoslávia, porque eu fiz um tour de palestra naquele país, e na Polônia.

Em nossas Meditações de Transmissão particulares, Sai Baba, o Avatar da Síntese e o Espírito da Paz são automaticamente invocados através do uso da Grande Invocação/ Mensagens de Maitreya como no ofuscamento grupal que ocorre em suas palestras públicas/ workshops de Transmissão? (Setembro de 1984)
Não. Eu temo que haja uma má compreensão quanto a esta questão. Sai Baba nunca é "invocado" – nem são o Avatar e o Espírito da Paz – em encontros públicos. A presença das energias do Avatar, do Espírito da Paz e do Buda são o resultado do ofuscamento de mim mesmo por Maitreya (através de mim isto se torna um ofuscamento grupal). O ofuscamento por parte de Sai Baba (quando ele ocorre – normalmente em minha resposta a uma certa pergunta) está sobre o Seu capricho ou decisão apenas.

Alguns de nós que estivemos trabalhando em um grupo de Transmissão gostaríamos de enviar "pensamentos de cura" para pessoas em necessidade depois que a Transmissão termina. Você, por favor, recomendaria algumas dicas, diretrizes ou métodos que estão em linha com isso? (Março de 1984)
Uma simples e eficiente técnica é a seguinte: mantendo a mente "firme na luz" (focada no centro ajna), visualize e/ou nomeie as pessoas uma após a outra. Ao mesmo tempo, peça em voz alta que o poder curador de Deus seja dirigido

365

para aqueles em necessidade. Esta invocação encontrará resposta em certos Mestres Que ou diretamente ou através de Seus discípulos, irão realizar a cura (dentro, é lógico, dos limites do karma).

O trabalho de Transmissão é particularmente importante agora enquanto nós estamos esperando pela emergência do Cristo? (Agosto de 1982)
É impossível super-enfatizar a importância do trabalho dos grupos de Transmissão – a constante canalização de energias dirigidas pelo Cristo e os Mestres. Este é provavelmente o trabalho mais importante no qual todos nós podemos estar facilmente engajados – seja lá que outras atividades nós podemos ter em conexão com o Plano ou em que outra atividade de serviço nós podemos estar envolvidos. No presente, é de vital importância para se criar um reservatório de energia e, em conjunção com meditação e oração, ajudar a invocar o Cristo para a arena exterior do mundo, para permití-Lo começar Sua missão no sentido totalmente aberto no mundo.

O trabalho de Transmissão é de valor apenas até a aparição pública de Maitreya ou ele é um processo constante? (Maio de 1985)
O trabalho de Transmissão irá certamente ser essencial depois da aparição oficial do Cristo e dos Mestres. Na verdade, ela é uma atividade contínua, sem parar, para a Nova Era e além dela. Os Mestres, em Suas próprias formas elevadas, estão transmitindo energia de fontes superiores 24 horas por dia. É o trabalho principal da Hierarquia e ele não conhece fim.

Se pessoas o suficiente transmitirem essas energias, isso não serve como uma poderosa invocação para permitir a Maitreya, o Cristo, revelar a Si Mesmo? (Agosto de 1982)
Não, eu acho que não. Eu gostaria que fosse assim tão simples. Como nós tornamos claro na última edição da *Share International* (Julho/Agosto de 1982), é o papel da

mídia localizar e se aproximar de Maitreya e revelá-Lo para o mundo. A transmissão de energia pode ter alguma parte nisso, assim como meditação e a oração. A invocação geral por parte da humanidade durante as Guerras Mundiais trouxe Ele para o mundo sobre a lei. Da mesma forma, uma invocação geral por parte da humanidade pode trazê-Lo agora para o mundo público exterior.

A Meditação Transcendental e aqueles que fazem meditação Zen transmitem sem saberem? (Abril de 1984)
Não, não da maneira que os grupos de Transmissão, que invocam e transmitem as energias da Hierarquia. Na MT e meditação Zen (e todas as meditações pessoais), a energia é recebida da própria alma de quem medita.

Qualquer encontro de oração ou meditação não é uma forma de Transmissão? (Abril de 1984)
Se invocação estiver envolvida (oração é uma forma de invocação astral) então sim. Mas uma simples meditação pessoal, seja ela feita individualmente ou em grupo, não necessariamente envolve transmissão para além dos participantes.

No passado, quando algo me incomodava, ou um membro de minha família estava doente, ou havia uma fome na Etiópia, eu rezava para Deus aliviar este sofrimento. Através do meu estudo do esoterismo eu vejo algumas coisas de forma mais clara agora. Minha questão é: para quem eu peço ajuda quando há uma fome em um país? É tolice rezar de alguma forma neste caso e a resposta é realmente se fazer algo? O que mais resta para eu fazer se o dinheiro que eu dou para uma organização de ajuda não é adequadamente administrado? (Junho de 1986)
Existe um valor real na oração. Quando do coração, ela pode, e de fato invoca ajuda da Hierarquia como agentes da divindade. Mas nós não devemos simplesmente rezar e deixar os problemas do mundo para "Deus". Eles são nossos problemas, o resultado de nossas próprias ações ou não-

ações da humanidade. Para crescer, e para se tornar verdadeiramente humano (assim como verdadeiramente divino), nós temos que aceitar a responsabilidade por nossos problemas, os sofrimentos, a angústia de nossos irmãos e irmãs no mundo. Nós não somos separados deles. Então, ação e oração devem vir juntos. Se dinheiro doado é administrado de forma errada, mude a agência para a qual você doa!

Há algum sentido em se rezar antes de uma refeição e se sim, para quem eu devo dirigir minha oração? Pode ser para Maitreya, meu anjo da guarda, ou para o Mestre cujo o nome eu não conheço? (Junho de 1986)
Eu acredito que nós devemos agradecer a fonte de toda a comida que nós comemos. Você pode certamente rezar para Maitreya e invocar Sua benção. Eu recomendo ver toda a comida como saindo do Princípio Feminino-- a Grande Mãe-- e como sendo comida, com agradecimento, em sacrifício a Ela.

O Ofuscamento por Maitreya

Se é prejudicial para crianças pequenas juntarem-se aos grupos de Transmissão, também é prejudicial para elas estarem presentes durante o ofuscamento por Maitreya nas suas palestras? (Dezembro de 1984)
Não. Já que seus chakras ainda estão em processo de estabilização, em um grupo de Transmissão elas teriam que ser continuamente protegidas pelos Mestres do impacto total das energias transmitidas. Isso é desperdício da energia dos Mestres. Nas palestras, no entanto, o Cristo pode facilmente regular a quantidade de energia que cada pessoa recebe. Eu estou totalmente consciente do aumento ou diminuição da potência para cada indivíduo que eu olho durante o ofuscamento.

Iniciações estão ocorrendo durante o ofuscamento por Maitreya nas suas palestras? (Dezembro de 1984) No sentido de grandes iniciações planetárias, não; no sentido de que cada transferência de energia é uma iniciação, então sim. A energia liberada e o estímulo para os centros de força (chakras) da audiência que ocorre é uma iniciação de um tipo. Os indivíduos na audiência são transformados, suas taxas vibracionais elevadas, seus estados de Ser alterados em relação ao grau que eles respondem para, e absorvem, as energias.

Nas suas palestras, é correto manter nossa atenção no centro ajna durante o ofuscamento por Maitreya? (Outubro de 1985) Se você não é um membro de um grupo de Transmissão, sim. Se você é, o chakra da coroa deve ser o foco.

Nas Transmissões de grupo, quando você está presente e sendo ofuscado por Maitreya, eu entendo que nossa atenção deve estar no chakra da coroa; por outro lado, ao transmitir sozinhos, ela deve permanecer no centro ajna? (Outubro de 1985) Sim.

Eu ouvi que tocar uns aos outros pode transferir vibrações baixas de uma pessoa para outra. Por que, então, quando você dirige uma Meditação de Transmissão, você pede às pessoas para segurarem as mãos? (Novembro de 1986) Se é verdade que, tocando um ao outro, nós podemos transferir "vibrações baixas" um do outro, então deve ser igualmente verdade que ao tocar um ao outro nós podemos transferir energias mais elevadas da mesma forma. Durante a Meditação de Transmissão nas quais eu estou presente, eu sou ofuscado por Maitreya, que é Ele Mesmo ofuscado pelo Espírito da Paz e está transmitindo a energia do Avatar da Síntese (ou a Força de Shamballa) e aquela do Buda. Através de mim, e pelo grupo segurando as mãos, isso se torna um ofuscamento grupal (o grupo é espiritualmente nutrido por Maitreya). Em minha experiência, aquelas pessoas que tem mais medo de "vibrações baixas" – sempre de outras pessoas – deixam algo a se desejar em suas próprias vibrações.

O que é o ofuscamento exatamente e como ele funciona? (Março de 1983)
Ofuscamento é parte da Ciência da Impressão, uma ciência complexa na qual os Mestres são adeptos. É um processo pelo qual um Ser mais avançado pode manifestar parte (ou a totalidade) de sua consciência através de um Ser de um grau menor. Um claro exemplo é o ofuscamento do discípulo Jesus pelo Cristo. O Cristo permaneceu no Himalaia enquanto que Sua consciência trabalhou através do corpo de Jesus. Este é o método clássico para a manifestação de Avatares e Instrutores.

O ofuscamento pode ser parcial e temporário, ou mais ou menos total e a longo prazo. Quando utilizado pela Hierarquia Espiritual deste (e outros) planetas, ele é sempre feito com a co-operação consciente e aceitação do discípulo. Seu livre arbítrio nunca é infringido. (Com a Loja Negra este não é o caso e um método de total obsessão é freqüentemente utilizado.)

O ofuscamento ocorre ou no nível Monádico ou no nível da alma no caso de um discípulo. Maitreya, o Cristo, é ofuscado no nível Monádico por um Avatar Cósmico chamado o Espírito da Paz ou Equilíbrio (de uma forma bem semelhante na qual Ele, Maitreya, ofuscou Jesus).

Todo esse ofuscamento espiritual, que é uma extensão do princípio da telepatia, é de uma ordem bem diferente do "ofuscamento" de um médium por alguma entidade desencarnada como no espiritualismo.

De maneira a ser ofuscado, a sua consciência deve estar centrada no nível causal? (Setembro de 1985)
Eu assumo que aquele que fez a pergunta quer dizer ofuscado por Maitreya ou mesmo um Mestre, sendo que em cada caso a resposta é sim. Isso é algo bem diferente, é

lógico, do comum ofuscamento espiritualista de transe de médiuns que ocorre nos planos astrais.

Qual, se há, é a diferença entre a telepatia comum (como sensibilidade psíquica) e a telepatia mental entre você seu Mestre, ou entre Alice Bailey e o Mestre DK? (Setembro de 1985)
Telepatia é uma faculdade humana natural mas ainda grandemente subdesenvolvida. A maioria dos contatos telepáticos ocorre instintivamente, acidentalmente, como um resultado de ação astral e sensibilidade, enquanto que verdadeira telepatia é um processo mental – de mente para mente – e necessita de polarização mental para funcionar de uma forma controlada e com propósito.

Existe esta grande diferença entre a verdadeira telepatia mental (espiritual ou da alma) e sensibilidade psíquica mais comum; a última recebe sua informação (está sendo canalizada) de algum nível dos planos astrais. A informação ou ensinamento recebido é, portanto, sujeito à natureza ilusória desses planos (os planos da ilusão) e é sempre mais ou menos uma distorção da realidade. Verdadeira telepatia mental, por outro lado, é a comunicação direta entre duas conscientes, focadas mentes, usando o plano da "mente" como a mediadora através do qual o contato é feito. É realmente a demonstração de uma faculdade da alma. Ela é deliberada, instantânea e infalível.

Os Mestres trabalham apenas do nível da alma e usam esta forma de contato entre Eles mesmos e aqueles discípulos cuja polarização mental é suficientemente desenvolvida para permitir que isso ocorra. Existem vários graus de contato e tipos de relação entre Mestres e discípulos; isso pode ir da infrequente (e, da parte do discípulo, inconsciente) impressão, até um ofuscamento espiritual de momento a momento que pára bem antes de se tornar obsessão. Desta forma, o livre arbítrio do discípulo não é infringido. Obsessão (como no caso de Hitler, por exemplo) é o método utilizado pelos Senhores da

Materialidade. O discípulo Jesus foi profundamente ofuscado – mas não obsediado – por Maitreya, o Cristo.

Por que o ofuscamento no final de suas palestras é mais intenso do que no começo? (Junho de 1986)
Porque eu ainda tenho que dar a palestra! Depois que eu dei a palestra e respondi as perguntas não importa se Maitreya traz o Seu arsenal!

A força ou qualidade das energias transmitidas durante as palestra públicas, e o ofuscamento, são muito menos dinâmicas agora do que em anos passados. Qual é a razão para isso? (Novembro de 1984)
Esta questão me atinge como extraordinária e estranha considerando que bem o oposto está ocorrendo. Longe de serem menos dinâmicas do que antes, cada mês vê um aumento em potência das energias liberadas através da cada encontro. Isto se torna possível conforme eu – simplesmente através do uso – sou capaz de "pegar" ou – suportar uma potência cada vez crescente dessas forças espirituais. Se você pudesse desenhar um gráfico da elevação da tensão, assim dizendo, você veria uma linha reta de ascensão em um ângulo de cerca de 45 graus pelos anos. Também, pelos últimos poucos anos, o ofuscamento por Sai Baba tem se tornado cada vez mais freqüente nesses encontros. Isso dificilmente sugere uma redução da energia.

É lógico, aqueles trabalhando regularmente em um grupo de Transmissão ou engajados em outras formas poderosas de meditação estarão gradualmente se afinando ao impacto de energias superiores. O ofuscamento, portanto, pode não parecer tão forte como a experiência inicial dele.

Outra explicação pode ser essa: as energias são sentidas (quando sentidas fisicamente, que não é de forma alguma sempre o caso) no corpo etérico e nos chakras (centros de força na coluna). Mas isso representa apenas a parte mais baixa das energias. Conforme a potência é gradualmente aumentada, isso pode elevá-las (aos níveis acima) acima do ponto de consciência, ou sensibilidade, de diferentes indivíduos, assim dando à eles a impressão de que as energias são menos fortes. Eu conheço, também, muitas pessoas que não "sentem" as energias no sentido físico, mas que mesmo assim sabem quando elas começam e param, ou elas realmente podem vê-las como emanações de luz brilhante.

Pode ser também que aquele que fez a pergunta está perdendo parte de sua sensibilidade quanto às energias espirituais. Neste caso, eu poderia sugerir mais meditação – principalmente Meditação de Transmissão – para re-afiar os sentidos?

Você poderia me dar sua opinião quanto a todas essas pessoas que dizem que elas estão canalizando os Mestres?
(Julho/Agosto de 1986)
Um grande número de perguntas são submetidas para eu me expressar quanto aos ensinamentos de vários tipos e procurar elucidar minha opinião – positiva ou negativa – sobre estes ensinamentos. Enquanto, é lógico, eu tenho a minha opinião sobre esses vários ensinamentos e grupos (se eu entrei em contato com eles), eu realmente não vejo como o meu papel agir como uma autoridade em relação a eles, nem como um orientador de indivíduos ou grupos procurando evitar um trabalho desnecessário em ler ou avaliar esses ensinamentos. Ninguém que depende tanto dos outros como dependem de mim, desenvolverá a necessária discriminação e intuição. Eu entendo que, estando em contato com um Mestre, eu estou em uma posição privilegiada e eu posso entender a tendência dos indivíduos em me procurarem por orientação para ler, estudar, etc. Mas todos devem fazer suas próprias escolhas, julgamentos e, se necessário, erros. Eu não vejo como meu trabalho aquele de guiar as pessoas através do campo minado das comunicações do plano astral tão prevalentes hoje.

*Quando eu levei o seu livro (**The Reappearance of the Christ and the Masters of Wisdom**) em uma sacola marrom para um encontro de Sahaja Yoga e pedi para sete membros*

373

do grupo (que tiveram suas kundalinis erguidas até o chakra da coroa e assim usam o "vento frio" ou a "energia-força da vida" para determinar o status de seus e de outros quanto à saúde, verdade em livros,etc) para focarem suas atenções no livro, todos eles sentiram "suspiros" que eles acham que indicaram inverdades em seu livro. Você poderia explicar por que isso aconteceu, por favor? (Abril de 1986)

Sem querer reivindicar infalibilidade, eu devo dizer, com respeito, que sua experiência com esse grupo que "tiveram suas kundalinis erguidas até o chakra da coroa" não me faz ficar vermelho com muita vergonha, nem eu ficaria muito feliz em permitir a eles determinarem o estado da minha saúde por tal método. Eu, ao invés, preferiria o mais limitado médico alopático! Eu me pergunto quantos "suspiros" (da respiração?) eles teriam sentido se eles estivessem adivinhando a "verdade" da Bíblia Cristã, o *Bhagavad Gita*, o Corão, *Upanishads*, etc. O ponto é, se eles não sentissem "suspiros", isso não provaria que meu livro contém apenas "verdades" mais do que se seus sentimentos indicassem o contrário. Se isso indica algo de alguma forma (que, você já deve ter entendido, eu duvido muito) talvez a percepção de idéias por parte deles com as quais eles não são familiares e tenderiam a rejeitar.

Leituras Sugeridas

Eu comecei e organizei um grupo de Transmissão com cerca de 9-10 jovens, que se encontram semanalmente e têm perguntas que precisam de resposta imediata. Eu estou incomodado com o fato que eu sei tão pouco. Eu gostaria de saber muito mais sobre energia, por exemplo. É lógico, eu peguei o livro **Transmission: A Meditation for the New Age***, e eu também assinei a* **Share International.** *Eu estou lendo ela, mas agora eu sinto que eu sei menos ainda do que antes. São apenas partes e pedaços, nada inteiro. Alguém pergunta sobre um raio, e eu não sei o que ele quer* *dizer. Eles perguntam sobre iniciação e graus de Maestria. Eu não sei nada sobre isso também. O que, por exemplo, são Mônadas? A única coisa que eu entendo é sua declaração de que o Cristo está novamente no mundo, em um corpo humano. Eu acredito nisso e passo essa mensagem. Isso é tudo. Isso é o suficiente para guiar um grupo de jovens inteligentes? Eu não acho. Você poderia recomendar um livro talvez?* (Abril de 1985)

Seu problema de falta de conhecimento não é um incomum; tão poucas pessoas estudaram os ensinamentos esotéricos. Mas de verdade, para se estar em um grupo de Transmissão, não é necessário saber ou entender tudo. É um ato de serviço necessitando apenas paciência e o desejo de servir. É lógico, existem muitos livros que podem ser estudados que irão ajudá-lo a responder as perguntas desses jovens, mas por que eles não estudam os livros por si mesmos, já que são eles que estão fazendo as perguntas? Os ensinamentos de Alice Bailey, dados pelo Mestre Tibetano, DK, contém respostas para todas as perguntas que seu grupo provavelmente perguntará. O primeiro livro da série, *Iniciação Humana e Solar*, dá muita informação sobre a iniciação, os Mestres, etc. *Psicologia Esotérica, Vols. 1 e 2*, dão uma vasta quantidade de informação sobre os raios, enquanto que a compilação, *Ponder on This*, cobre muitos assuntos de uma maneira facilmente acessível. Meu próprio livro *The Reappearance of the Christ and the Masters of Wisdom* responde perguntas feitas durante minhas palestras quanto a uma grande quantidade de assuntos. Mas os jovens devem ser encorajados a fazerem o estudo e pesquisa necessários por eles mesmos e não dependerem de um professor. Demora muito tempo para se tornar razoavelmente competente em assuntos esotéricos.

Para pessoas que levam uma vida atarefada que livros você recomendaria como leitura essencial para estudantes do ensinamento esotérico? (Maio de 1984)

No final do meu livro *The Reappearance of the Christ and the Masters of Wisdom* eu dou uma lista de livros como leituras adicionais sugeridas. Entre os livros de maior valor para aqueles com tempo muito limitado estão *Ponder on This* e *Serving Humanity*, ambos compilações dos livros de Alice A.Bailey, por Aart Jurriaanse, cujos artigos sobre esoterismo estão regularmente na revista *Share International.*

O Papel do Serviço na Evolução do Discípulo

[O seguinte artigo é uma transcrição editada de uma palestra dada por Benjamin Creme na Conferência da Tara Center Network feita em São Francisco, Califórnia, EUA, em Julho de 1986. As perguntas e respostas relevantes feitas durante a Conferência também estão inclusas nesta seção.]

O impulso básico por trás de toda a criação é esta atividade da alma que nós chamamos de serviço. Serviço não é nada mais do que a demonstração em relacionamento da lei do amor. É o amor de Deus por sua criação que impele o próprio Logos a encarnar e a demonstrar a Si Mesmo através de uma forma planetária. Nós somos parte desta forma planetária. Nós somos pensamentos-formas na mente do Logos. Como o Cristo tão belamente colocou, "nós somos os Seus sonhos". Ele nos trouxe em manifestação, e da mesma maneira pode nos tirar de manifestação. Nós devemos toda a nossa existência e consciência ao Seu ato de serviço e benefício do Logos solar. Ele, por sua vez, criou seu corpo de manifestação, o sistema solar, em relação à Sua consciência do plano "Daquele do qual nada pode ser dito" no centro de nossa galáxia. Nós nos relacionamos a este mesmo impulso toda vez que servimos. Cada impulso da alma levando ao serviço é uma demonstração em nosso nível bem pequeno, do impulso iniciado incontáveis anos-luz de distância e anos-luz no tempo pelo Logos no coração de nossa galáxia.

Isso demonstra o quão importante e quão insignificantes nós somos: quão insignificantes como personalidades individuais, e quão importantes como expoentes ativos da atividade de nossas almas. Conforme nós servimos, nós crescemos em serviço e crescemos em amor. Conforme nós crescemos em amor, nós crescemos em mais serviço e em mais amor. É da natureza de Deus amar e servir. Nós estamos vivendo em um sistema solar do 2° raio (este é um truísmo esotérico). Isso quer dizer que neste sistema solar, Deus é amor. O 2° raio do amor-sabedoria é o raio básico sintetizador de todo o sistema. Seja lá que outro raio ele possa estar demonstrando, seja lá que outra qualidade de raio pode ser a nossa, seja como almas ou personalidades, por trás de tudo está o 2° raio do amor-sabedoria. Cada outro raio, incluindo o 1° e 3° raios, são sub-raios do 2° raio. Nós somos feitos na imagem de Deus como amor, e na natureza de Deus como amor para servir. Existe apenas um impulso em todo o cosmos, demonstrando-se de maneira multifacetada: o impulso para servir. Aí está a importância do serviço na evolução do individuo, e especificadamente, do discípulo.

O discípulo tem, até certo ponto, dedicado a si mesmo para servir o Plano de evolução do planeta até onde ele tenha se tornado consciente deste Plano. A qualquer momento, ele pode se tornar consciente apenas de um pequeno fragmento do Plano, mas seu propósito em encarnação é o de demonstrar seu conhecimento deste fragmento da melhor maneira segundo a habilidade de sua alma.

O objetivo para todos os discípulos, portanto, deve ser o de ver acima e além da visão limitada da personalidade para a visão mais ampla e inclusiva da alma e de trabalhar do nível da alma. Nossa dificuldade em trabalharmos juntos e de nos relacionarmos com cada um é devido às nossas estruturas de raio. É isso o que nos mantêm separados um dos outros. Até onde nossa personalidade, que possui um sentido limitado de unicidade, é dominante e potente, nós encontramos resistência de outras personalidades igualmente dominantes governadas por diferentes raios. É isso que cria a fricção em cada grupo e em toda conferencia internacional.

A humanidade hoje é muito diferente, tão orgulhosa de suas diferenças, e tão orgulhosa de sua individualidade. Isso é o resultado direto da influência dos últimos 2000 anos sobre Peixes. Tão bem sucedida tem sido esta influência que uma grande parte da humanidade está agora demonstrando uma poderosa e auto-assertiva individualidade. Você não pode abrir mão daquilo que você ainda não tem. Para abrir mão de sua individualidade, você precisa ter individualidade. A humanidade está começando a demonstrar a potência de Leão. Leão é o signo da potente, narcisista, auto-orientada, e egoísta personalidade. Tudo o que é necessário para se mover para Aquário e demonstrar o servidor.

Leão e Aquário são pólos opostos. Leão é o fundo, ao meio, da carta zodiacal, e Aquário está em cima. Eles são absolutamente, diametralmente opostos. Você move-se, eventualmente, de Leão para Aquário: do homem ou mulher dedicado a servir sua própria personalidade à parte, para o servidor do mundo.

É necessariamente, antes de tudo, servir sua própria personalidade à parte para se tornar potente na expressão da personalidade. Porque se você não é potente na expressão da personalidade, a alma não possui nada o que utilizar. Você é o veiculo para a alma e a alma precisa de uma personalidade potente e integrada através da qual ela possa derramar sua energia e levar adiante seus planos e propósitos. A dificuldade para a alma é que ela tenta fazê-lo através de um material inadequado.

É quanto a isso que se relaciona o processo de evolução. É, antes de tudo, sobre desenvolver um instrumento, um aparato de personalidade com um poderoso e focado corpo mental, um corpo astral purificado e um corpo físico forte e saudável. Com esta personalidade tripla, a alma eventualmente cria um veículo através do qual sua própria natureza pode ser expressa poderosamente. Leão serve à sua própria personalidade. Aquário serve ao mundo.

Este é o movimento da personalidade potente, auto-servidora e narcisista para o servidor do mundo.

Deixe-me citar o Mestre DK, citando o *Velho Comentário* (Leão, o auto-servidor, é, é lógico, o leão):

"O leão começa a rugir. Ele corre adiante, e deseja viver, ele empunha a destruição. E novamente ele ruge e, correndo em direção à corrente da vida, ele bebe profundamente. Então, tendo bebido,a magia das águas começa a se realizar. Ele se transforma. O leão desaparece, e aquele que carrega o aguadeiro vem adiante e começa sua missão."

O leão, Leão, a auto-servidora e potente personalidade, muda e torna-se Aquário. Ele torna-se "aquele que leva a água". A destruição que o leão empunha é precisamente a destruição do individuo narcisista, auto-servidor e potente. Se você não é potente como uma personalidade, você nem destrói, nem cria muito. Alguém precisa se tornar potente no sentido da personalidade. Por isso, eu não quero dizer tornar-se uma personalidade dominadora e dominante, mas uma efetiva e potente.

O objetivo do processo evolucionário então é, antes de tudo, criar uma personalidade integrada, a característica de Leão, o de demonstrar uma expressão ativa e expressiva da personalidade na qual os processos físico, astral e mental estejam integrados, sincrônicos em suas vibrações. Está tudo relacionado ao sincronismo de vibração.

Sobre a Lei do Amor, semelhante atrai semelhante. É a força magnética, atrativa e coesiva do amor que trazem juntos os átomos da matéria para criar os tijolos construtores da vida. Esta é a função da energia que nós chamamos amor, o 2º raio do amor-sabedoria. Por sua ação, nós vamos à existência. Por sua ação, o processo criativo se desenvolve, as formas são construídas. Sem esta ação, não existiriam formas. O Principio Crístico, a própria energia da evolução, governa a criação do aspecto material. Os pequeninos tijolos de matéria são formados pela energia coesiva que nós chamamos amor, mantendo juntas as pequenas partículas de substância para criar tudo o que nós vemos, e, é lógico, tudo o que também nós não vemos. Esta força coesiva trabalha através do sincronismo de vibração. Serviço é a chave. Eventualmente, a alma (que de fato nos leva à primeira iniciação – é o primeiro Mestre) olha abaixo e vê seu veiculo pronto pela primeira vez em milhares de encarnações, e leva o seu instrumento, nós mesmos, à meditação de algum tipo. Ela repete isso em cada encarnação subseqüente até que você pode ter uma vida inteira dedicada a uma forma realmente poderosa de processo de meditação.

Então a alma trabalha, gradualmente "agarrando" seu veiculo. Enquanto isso, os Mestres vêem este processo. Eles trabalham cooperativamente com a alma e dão vários estímulos ao discípulo conforme ele se aproxima da iniciação. Eles estimulam energeticamente os veículos e chakras superiores do individuo. Eles podem estimular o centro do coração, procurando invocar a energia do amor, afim de despertar a natureza do coração ou amorosa do individuo (O do coração é quase sempre o primeiro dos chakras a serem abertos). Eles trabalham por estímulos e por testes, e o mais importante, provendo um campo de serviço para o individuo.

Isso é em si mesmo um teste. A alma deseja servir. O Mestre ajuda ao longo deste processo, provendo um campo de serviço. Se ele não estiver em contato direto com seu Mestre, o Mestre o faz através da pessoa quando esta está em uma experiência fora do corpo. O aspirante desejará servir de alguma maneira (ele pode querer servir por algumas encarnações, mas não fazer nada quanto a isso, mas ele *quer* servir). É a alma que está pedindo por serviço porque é a sua natureza. Os Mestres chamam o seu trabalho de "o Grande Serviço." Suas existências neste planeta estão relacionadas com Seus desejos em servirem. Eles não estão aqui por qualquer outra razão a não ser a de servir ao plano de evolução de todos os reinos.

380

Conforme você serve, você muda. Uma coisa das mais extraordinárias acontece. O objetivo do discípulo é o de mudar do Leão integrado e auto-servidor para o servidor do mundo em Aquário. O leão do *Velho Comentário* desaparece e "aquele que carrega o aguadeiro vem adiante e começa sua missão". O individuo auto-servidor, potente e separativo em Leão, se torna o integrado discípulo, o servidor do mundo, aquele que leva a água em Aquário.

O Cristo vem hoje para servir ao mundo, para agir como o Agente de Deus, o Avatar, o Instrutor do Mundo para esta era. Ele diz "Eu sou aquele que Traz a Água." Ele traz as *Águas da Vida,* a nova vivência que Ele libera em todos os planos. Ele traz uma nova potência para nossa vida, nos planos físico, emocional, e nos planos mental e espiritual. Nós estamos entrando em um novo tipo completo de vivência semelhante àquela que apenas iniciados muito avançados puderam se tornar conscientes até agora. Isto se tornará a realidade para a vasta maioria da humanidade. A raça como um todo irá dar um tremendo passo à frente afim de se tornar o discípulo mundial.

Os caminhos do discípulo individual e do discípulo do mundo são paralelos. Você se move através do serviço. Saindo do rebanho como personalidades potentes, separadas e auto-servidoras em Leão, e, em Aquário, sacrificando a individualidade ganhada com esforço, a pessoa a coloca à serviço da alma e portanto do mundo. Esta é a Lei governando a evolução dos discípulos.

Três princípios muito importantes governam a evolução dos discípulos. Eles são *firmeza* (determinação para manter-se completamente, sem se mover e nunca retrocedendo, firmeza para com o Plano, para com o juramento do discípulo), *serviço* e *sacrifício*. Estes são os princípios governantes. É lógico que eles são inter-relacionados. Você não pode servir em um momento ou outro. Verdadeiro serviço da alma é uma expressão firme. Sua alma nunca tem o desejo de descansar, de mudar (exceto por uma mudança de veículo quando o antigo fica

381

sem força). O discípulo, para progredir, deve mostrar firmeza; ele não pode se tornar um discípulo se ele não a demonstrar.

Ele não deve apenas desejar *servir*, mas deve servir de fato. De outra forma, nenhum progresso pode ser feito. Eu sou abordado por várias pessoas que dizem, "Eu desejo servir! Por anos e anos eu tenho desejado servir. Eu tenho um sentimento profundo que eu nasci para ter um papel muito importante em ajudar as milhões de pessoas que morrem de fome no mundo. Você pode me dizer como começar?" Eu de fato recebo este tipo de requisição não uma vez, mas muitas vezes. Eu estou sempre encontrando pessoas que dizem, "Eu estou trabalhando em mim mesmo de maneira que eu possa servir melhor – é lógico que eu não posso servir até que eu esteja bem e saudável". E elas acreditam. Eu não digo isso de uma maneira cínica – elas acreditam. Elas realmente acham que se eles tivessem um corpo melhor, elas obviamente seriam capazes de servir melhor. O que é verdade, mas não quer dizer que elas serviriam melhor, mas simplesmente que elas teriam uma capacidade melhor.

Alguns dos melhores servidores que eu conheço estiveram doentes toda a sua vida. Nós temos exemplos no passado de grandes discípulos como Helena Blavatsky e Alice Bailey que estiveram doentes por muitos anos. Alice Bailey esteve doente por deus sabe quantos anos. Apenas a atividade contínua de seu Mestre manteve Madame Blavatsky em seu corpo pelos últimos 13 anos ou mais de sua vida. Ela tinha várias doenças que teriam matado qualquer outra entidade; mas ela tinha uma vontade e demonstrou essa vontade em serviço. A vontade para servir, a vontade de sacrifício da alma, é o poder que impele esses grandes discípulos, não obstante as limitações do corpo físico, a canseira, a fadiga, os tolos pelos quais eles estavam cercados, se pode-se acreditar na história – não obstante tudo isso, a drenagem de suas atenções, suas energias, boa vontade, suas paciências – eles serviram como poucos serviram no mundo. Isso é verdade para todos os grandes discípulos.

Conforme você serve, você muda. Por que você muda? Porque o serviço trabalha em você para realizar um milagre. É literalmente um milagre; um processo transformador que ocorre. A sua alma faz você servir, e você começa a servir seja lá de que forma pequena e limitada. O quão mais próximo você está do campo de serviço, mais rápido você se lança nele. Não precisa estar do outro lado do mundo, embora este possa ser o seu chamado. Você pode começar bem onde você está agora. O objetivo é o de sair de uma situação completamente auto-servidora e centralizada. Nós todos somos centralizados; todos nós estamos vivendo como se fôssemos o centro do mundo. Esta é a experiência física de todos nós, se você pensar sobre isso. Esta é a ação do principio do desejo. E, é lógico, é um estágio. Não é algo errado ou mal, mas é um estágio necessário do qual se sai. Conforme você serve, você muda o seu ponto de foco. Você se identifica com o que você serve. Você se identifica cada vez mais com aquilo que você serve, até que sem você estar consciente, você perde a consciência de si mesmo, você se esquece de si mesmo, e, conforme você se esquece de si mesmo, você se torna mais saudável, mais potente, mais energético.

O processo é o de descentralização. Conforme você se relaciona com aqueles que você serve, você se torna mais e mais descentralizado. Você se identifica com uma esfera cada vez mais ampla da vida, até que você pode, se você se tornar um Mestre, se identificar com toda a vida. O Mestre não possui, de maneira alguma, o sentido de Si Mesmo como uma individualidade separada. Ele não possui sentimento de personalidade. Ele não possui um sentido de "Eu". Não existe sentido na consciência do Mestre de um ser separado. Ele possui apenas consciência grupal. Nós não sabemos o que isso é, nós nem podemos imaginar, mas é o que inevitavelmente será desenvolvido através da vindoura Era de Aquário, conforme nós nos movermos da experiência de Leão para a Aquariana; conforme nós nos movermos do auto-servidor em Leão, para o servidor do mundo em Aquário, e nos tornarmos o carregador das águas.

O Cristo trabalha através de nós. Ele traz as Águas da Vida "em abundância", como Ele diz. E Ele diz, "Eu procuro canalizar estas Águas da Vida através de vocês." Conforme nós nos tornamos os carregadores das águas, os servidores do mundo, nós agimos como canais para estas Águas da Vida, e através de nós, o Cristo transforma o mundo. Através de nós, Ele constrói as formas, as estruturas, a consciência da nova era.

O papel do serviço na evolução do discípulo é a natureza de Deus trabalhando através do discípulo. Daí a importância, e daí, é lógico, sua efetividade. Não é como uma ferramenta que pode ou não funcionar. Irá funcionar, é inevitável que irá funcionar, porque é a própria natureza de Deus. E conforme nós demonstramos a natureza de Deus através do serviço, nós nos tornamos deuses. Nós de fato nos tornamos deuses. De sermos seres humanos, homens e mulheres, nós nos tornamos seres divinos viventes e criativos.

Serviço é a chave para todo o processo e dá ao discípulo a alavanca para sua evolução. Serviço é a alavanca para o processo evolucionário.

Você mencionou o sacrifício como um dos três elementos cruciais para toda a questão da atividade de serviço. Quando eu ouço essa palavra, sacrifício, eu penso no termo Cristão de sacrifício que é o de se limitar, negar suas necessidades, portanto se sentir como um mártir. Eu acredito que sacrifício e negação são uma função do ego, de nossos eus morais, levando à dor e sofrimento. Por favor, clarifique o que é serviço.

Você diz: "Sacrifício e negação são uma função do ego". Eu me pergunto se realmente são. Para mim, sacrifício é o instinto motivador espiritual que leva, em primeiro lugar, a alma do homem ou mulher individual à encarnação. Não há como se vir à encarnação sem a vontade de auto-sacrifício da alma.

A alma encarna em resposta co-operativa à Vontade de Deus, ao seu conhecimento do Plano que leva grupos de almas à encarnação em qualquer momento em particular, governado por certos raios que as tornam adequadas naquele momento. É uma oportunidade para o serviço. Para elas serão apresentadas uma oportunidade por serviço, seja individualmente ou como uma parte de um grupo, um pequeno grupo, ou um grupo bem grande. Então, o impulso inicial ao se encarnar é o de servir. É um auto-sacrifício.

Auto-sacrifício não é negação, ficar sem nada, pois ele não possui nenhuma relação com isso. Essa é uma interpretação da igreja da mensagem Cristã, uma negação da vida. Se sacrifício é uma negação da vida, então ele é ruim. Tudo o que nega a vida é ruim.

Existem vários graus de vida. No caso do auto-sacrifício da alma e do servidor do mundo, sacrifício realmente está em relação com serviço, serviço mundial. O auto-sacrifício do servidor não é uma auto-negação. É bem o oposto, na verdade. É o sacrifício apenas de tempo, de energia, de atenção para outras coisas; em outras palavras, é um sacrifício do inferior pelo superior, que não é realmente um sacrifício de forma alguma. Visto como tal, é a escada da própria evolução. Daí a ênfase no serviço como crucial na evolução do discípulo.

Cada discípulo que chega em relação com a Hierarquia é imediatamente apresentado com alguma tarefa, algum papel de serviço que implica em sacrifício. Não o sacrifício de sua vivência. Ao contrário, se trata de trazer adiante a manifestação de uma vivência maior e mais elevada. Tudo o que lhe é pedido sacrificar são essas coisas que todos nós temos e que nós desperdiçamos totalmente – tempo, energia, e outras coisas semelhantes. Então, ao se tomar algum serviço e passando pelos bocados e pequenas partes de sacrifício da personalidade de forma a servir melhor, você não está sacrificando algo de forma alguma. Você esta ganhando aquilo que você acha que você pode estar perdendo, porque tudo o que você está perdendo é aquele sentimento de si mesmo como uma entidade separada. E quando você perde esse sentimento de si mesmo como uma entidade separada, você se torna o que você essencialmente é, uma alma.

Eu prefiro usar a palavra "entrega" ao invés de "sacrifício", entregar o nosso ser à orientação da alma.
Sim, entrega é parte disso. Uma palavra melhor do que entrega, eu acho, é "renúncia". O caminho do discípulo é realmente o caminho da renúncia, novamente, do menor para o maior. Ele culmina na Grande Renúncia, a quarta iniciação, quando o Arhat, como Ele agora é – ainda não um Mestre e Adepto perfeito, mas o homem divino iniciado de quarto grau – quebra os nós, os laços finais que o mantém ligado ao plano físico. Ele precisa renunciar tudo, tudo o que possa atraí-lo de volta à matéria.

É sacrifício, é renúncia, mas é lógico, isso não parece assim no momento. É uma demonstração de sua verdadeira realidade interna como um Filho de Deus e implica na renúncia daquilo que o impede de sua completa demonstração. Esta é a Iniciação da Crucificação ou a Grande Renúncia. Não é um sacrifício de forma alguma, é uma entrega, se você preferir, mas melhor, é uma renúncia daquilo que não mais "funciona" para ele, que não é mais necessário.

Sai Baba usa o termo "desapego". Ele está falando sobre a mesma coisa, certo?
Existem dois tipos de desapego. Há desapegar-se no sentido de renunciar o inferior pelo superior; você está se desapegando daquilo que o prende ao aspecto inferior de si mesmo, a personalidade, serviço para a personalidade. Você só consegue parar de servir à personalidade desapegando a si mesmo de sua personalidade. É isso que é sair de Leão para Aquário. Do serviço próprio para serviço do mundo. Isso é feito através do desapego. Mas há o desapego de suas

emoções que é parte desse processo e então há o desapego do resultado do trabalho que você faz em serviço.

Também há desapego da vida que não é a mesma coisa. Existem muitas pessoas que se desapegam do impacto nelas de suas próprias emoções, sua próprias naturezas astrais altamente perturbadas, isolando-se de quaisquer circunstâncias que poderiam invocar essa natureza. Então elas vão para monastérios, conventos, elas se isolam, elas se cercam de pessoas que nunca evocarão, nunca atrairão isso delas. Este é uma mecanismo de auto-defesa que é na verdade uma armadilha, e de forma alguma leva ao desapego ao qual se pode chegar apenas através da agitação e interação da vida.

Você falou sobre sacrifício e serviço, e a outra coisa sobre a qual você falou, era firmeza. Você poderia entrar nisso mais detalhadamente?
Firmeza é o resultado da disciplina espiritual. Não é necessariamente o resultado de disciplina do plano físico, ou disciplina mental , a disciplina de uma vida ordenada, de um trabalho ordenado, começando às nove e terminando às cinco, todo dia.

Firmeza é viver do seu nível do espírito, mantendo o seu aspecto alma em primeiro plano. Eu não quero dizer que você sai toda hora dizendo: "Eu sou uma alma, eu sou a alma, eu devo me lembrar, eu sou uma alma." De forma alguma. Firmeza é a contínua concentração de tudo o que você tem na mais alta luz da verdade que você tem. Pelo que você acredita, certo ou errado, mas no que você acredita de que lugar estiver vindo; o foco de toda a sua atenção e toda a sua aspiração, e levar toda sua força de vontade disponível ao crescimento dessa idéia, ou ideal, ou propósito, ou seja lá o que for.

Eu era consciente, quando eu comecei este trabalho anos e anos atrás, nos anos 1950s, de uma grande aspiração de tempo em tempo. Eu teria me sacrificado pelo mundo. Eu me lembro, quando eu entrei em contato com os Irmãos Espaciais e eu sabia que havia um mundo para ser salvo, que eu estava perfeitamente pronto para morrer, eu pensava. Eu nunca fui desafiado, então eu não sei, mas eu tinha uma prontidão total para me sacrificar se ao fazer isso, eu salvaria o mundo da guerra. Eu tinha uma grande aspiração em servir e para me sacrificar. Ela veio meio que na forma de uma compreensão errada, realmente, sobre o que tudo isso era. É bem óbvio que ao morrer eu não salvaria o mundo da guerra de forma alguma. Era uma arrogância colossal por um lado, imaginar que apenas morrendo, o mundo poderia ser salvo. É como Cristãos pensando que Jesus morreu para salvar o mundo. Bem, ele não o fez. Ele não o podia fazer. Ninguém pode. Minha morte não teria realizado a mesma função, mas algo do meu ser superior ou aspiração da alma se manifestou, e eu estava tocado, elevado e pronto para morrer se isso salvasse o mundo.

Eu não tenho mais esse tipo de aspiração. Eu acho que eu realmente tenho aspiração, mas eu acho muito difícil de percebê-la, reconhecê-la, porque ela mudou totalmente. A maioria dos meus melhores colaboradores estão trabalhando sobre essa alta, elevada, especificadamente aspiradora qualidade. Aspiração ardente, é isso que faz com que toda a atividade na qual nós estamos engajados funcione. Mas eu mesmo não sinto essa aspiração. Eu reconheço algo bem diferente. Eu tenho, eu suponho, a firmeza. O que eu faço, eu faço porque precisa ser feito. Eu simplesmente uso minha vontade para fazer as coisas que eu faço. O que eu tenho agora, eu acho, é o tipo de firmeza que vem da vontade, a contínua determinação em ir em frente, e em frente, e em frente, até onde é necessário. Isso é firmeza. Isso é necessário; você precisa ter isso para produzir algo.

Você poderia nos dar um conselho, para quando nós voltarmos para nossos respectivos grupos e trabalhos depois da conferência, como manter nosso sentimento de firmeza?
Eu acho que é muito fácil ser pego, como eu fui, elevado pelo ideal do sacrifício, e grande causa. Você fica emocionado com a idéia que é aqui que tudo está

acontecendo, e que você é parte disso. Você está tão elevado que serviço é uma alegria. Mas depois que você o fez por alguns anos, a alegria, bem, a alegria não vai embora, mas o princípio do prazer não funciona mais. A alegria pode estar lá, mas alegria e prazer não são de forma alguma a mesma coisa.

Alegria não é algo emocional. Enquanto ela é emocional, ela irá acabar. As pessoas que não continuam, que não são firmes, são aquelas que têm uma maravilhosa, emocionante resposta emocional para a mensagem, e tem um maravilhoso, emocionante desejo em servir, por um tempo, enquanto suas emoções as levam adiante. Mas se não vai além das emoções, se seus corpos mentais não estão envolvidos, se suas almas não estão envolvidas, e se da alma, suas vontades não estão envolvidas, então elas não serão firmes. Elas não irão continuar quando ninguém responde, quando a mídia não faz nada, quando nada acontece, quando Maitreya não Se revela, dia após dia, semana após semana, ano após ano. Você precisa continuar, e continuar, apenas se conectando com o que precisa ser feito. Você acha que quando a Oxgam começou as pessoas envolvidas sabiam, podiam saber, que ela seria uma das maiores agências de ajuda do mundo? Não, elas apenas abordaram o problema onde ele estava, com uma pequenina renda, e um pequeno escritório, e então gradualmente se expandiram ao redor do mundo.

Você precisa começar pequeno, com uma imagem pequena de si mesmo, se conectado àquela necessidade, o que você precisa fazer. Faça com que isso fique acima do nível emocional. Traga a alma, o propósito e vontade da alma, e galvanize seu trabalho do nível da alma. Quando você faz isso, não importa se você gosta ou não. Você faz todas as coisas entediantes porque elas precisam ser feitas. A disciplina do espírito é a própria firmeza. É aí que a vontade e propósito da alma o mantém firme, porque não há nenhuma relação com você, você está apenas abordando a necessidade mundial.

389

Você poderia comentar sobre o que as pessoas em círculos da Nova Era freqüentemente falam, "era para eu estar" aqui, ou "era para eu fazer" isso? Há realmente um "era"?
O Mestre DK escreveu sobre o serviço: "Verdadeiro serviço é estar no lugar certo e continuar lá." Isso significa estar na posição certa para servir, onde quer que você seja chamado. Pode ser em casa, ou no canto mais longe da Terra. Mas estar na posição certa é seguir o propósito da alma. E continuar lá, sendo firme. É isso que se quer dizer por continuar lá. Ser firme.

As pessoas dizem: "Onde eu devo estar? Eu estou onde eu devo estar? Eu estou fazendo o que eu deveria estar fazendo?" Essa pergunta me irrita. É lógico, eu entendo de onde ela está vindo. É o conhecimento de que a alma tem o seu propósito, e que as pessoas devem responder ao propósito da alma. Mas isso não quer dizer que elas precisam estar na Califórnia ou Ohio ou Nova York ou em outro lugar. Não é assim tão específico.

Nem é que existe apenas um campo possível de serviço para qualquer indivíduo. A alma sabe melhor onde seu campo de trabalho está. Mas a não ser que você esteja em contato com a alma, você não sabe. Então o que precisa ser feito é apenas continuar indo naquilo que te atrai, atrai você, e se você responde suficientemente à sua alma, você pode ter certeza que sua alma irá guiá-lo para o campo correto de serviço. Isso é estar no lugar certo. E a firmeza é continuar lá. O resto é glamour.

Como eu entendo, as pessoas se vêem manipuladas como bonecos em cordas, pelos Mestres. O Mestre Morya colocou esse aqui, aqui. O Mestre Koot Hoomi esse aqui, aqui. Aquele que eles conhecem melhor, o Mestre DK, está manipulando-os nisso ou naquilo, dependendo daquilo que eles gostam. Se eles gostam de arte, é sempre o Mestre Serapis. Se eles gostam de misticismo ou meditação, é o Mestre Koot Hoomi, ou o Próprio Maitreya. Se eles se sentem pessoas com a mente bem forte, tipos poderosamente dominantes, é certo que é o Mestre Morya

Quem está manipulando eles e colocando eles no lugar certo, no momento certo.

Você ficaria surpreso o quão pouco disso realmente acontece. Estes Mestres, os Mestres Morya, Koot Hoomi, Serapis, Jesus, o Mestre R (aquele que eles chamam de St. Germain) são iniciados muito avançados, de sexto-grau, Chohans, e Eles não têm nenhuma relação com a massa de pessoas da "Nova Era", que estão ou a beira da primeira iniciação, ou no máximo, em algum ponto entre a primeira e segunda iniciação. Nenhum desses Chohans possui algum relação com pessoas neste estágio. Isso é tudo glamour.

Há um "era" no sentido de que há um propósito da alma e se você está levando adiante seu propósito de alma, você estará no lugar certo em relação às necessidades do mundo e em relação ao objetivo do seu serviço. E se você é firme, você permanecerá lá.

Eu gostaria de defender os grupos "Nova Era". Eles estão tentando trabalhar consigo mesmos afim de limparem o bloqueio emocional, com o intuiro de terem uma melhor compreensão deles mesmos.

Eu tenho certeza que isso é verdade. A questão é que essas pessoas gastam tanto tempo fazendo isso, limpando o caminho de forma a servirem, para fazerem o trabalho da alma em serviço, que elas nunca encontram tempo para fazerem o serviço. Não há razão pela qual as pessoas não devam servir enquanto elas estão continuando a limpar o lixo da personalidade, mas as pessoas não o fazem. Elas dizem: "Eu irei servir quando eu estiver pronto, e eu estarei pronto quando eu estiver limpo, e eu estarei limpo quando eu fizer isso e aquilo, quando eu meditar pelos próximos 50 anos, ou quando eu passar por esse rebirth e aquela libertação e ir para esse guru e aquele grupo, e por aí vai." Elas não servem. É isso que eu estou falando.

Eu estou colocando a ênfase no papel do serviço na evolução do discípulo. Você pode estar falando sobre a atividade do aspirante. Eu estou falando sobre discípulos. Discípulos probatórios também são testados e chamados à servir. São suas capacidades provadas para servir que os tornam discípulos de pleno direito. A necessidade do discípulos é a de servir. A beleza do discípulo é o seu serviço. Já que o discípulo já está em contato com sua alma, se ele não utilizar em serviço a energia que vem para ele da alma, ele se torna neurótico, ela tem um efeito ruim sobre ele. As neuroses dos discípulos são o resultado de seu uso errado, ou não uso, da energia da alma. Então eles passam por todas essas outras coisas.

Já que eu não posso ser um líder nos grupos políticos e econômicos, eu me sinto de certa forma inadequado, se é apenas através dos grupos políticos e econômicos que as principais mudanças no mundo podem acontecer.

Por que você precisa ser um líder? Você é um cidadão dos Estados Unidos, uma sociedade mais ou menos democrática com uma Constituição que garante à você o poder de votar por uma forma de governo para organizar a vida comunal dos Estados Unidos. Isto lhe dá enorme poder. Você pode utilizar este poder de maneiras diferentes. Você pode apenas agir mecanicamente e votar da forma que seu pai e sua mãe votavam, ou seus amigos votam, ou você pode votar da maneira que você realmente quer votar. Isto tem um efeito crucial na vida deste país. Todo mundo vivendo nos Estados Unidos é responsável pela presente administração dos Estados Unidos. Assim como todos na Grã-Bretanha são responsáveis pela presente administração na Grã-Bretanha. Na França, ou Alemanha Ocidental, ou o que seja, o mesmo se aplica. Onde quer que você tenha o direito de votar, você tem responsabilidade. Você é responsável pela atividade de seu país, em casa e no exterior. Este é um enorme poder.

Pelos últimos 2.000 anos, nós demonstramos o aspecto conhecimento de Deus, culminando na nossa presente ciência e tecnologia. Nós estamos agora no ponto, em uma escala de massa, de demonstrarmos a natureza Amor de Deus, a realidade espiritual interna que o Homem é, através da ação e estímulo do Cristo e dos Mestres da Hierarquia. O que os Mestres chamam "a Crise do Amor" –

demonstração do princípio Amor através da humanidade – essa crise espiritual está focada hoje nos campos político e econômico. São problemas políticos e econômicos que dividem o mundo hoje; eles oferecem duas grandes divisões, Oriente e Ocidente, Norte e Sul. É por isso que o Cristo, você verá, quando Ele fizer o Seu apelo para o mundo, irá colocá-los bem no centro de Suas preocupações. Ele irá chamar pela transformação, em primeiro lugar, das nossas estruturas políticas e econômicas. Isso é algo que todos nós temos o poder para afetar. São os milhões de pequenos homens e mulheres em todos os lugares no mundo que irão forçar os governos a implementarem o princípio da partilha, a solução dos problemas do mundo. Este é o poder das massas hoje. As massas, educadas pelo Cristo, inspiradas pelo Cristo, cuja aspiração é focada pelo Cristo, irão forçar os governos a agirem. A opinião pública mundial, energizada, inspirada, focada e educada, é uma força contra qual nenhum governo na Terra pode combater. Vocês vêem o quão importante vocês são, como indivíduos?

APÊNDICE

A LISTA DE INICIADOS

Seus raios e Ponto de Evolução

Os números em parênteses referem-se ao exato ponto de desenvolvimento do iniciado alcançado durante aquela vida. O grau de iniciação foi omitido no caso de Avatares. Cinco números seguem-se aos parênteses; os raios relacionados à alma, personalidade, aparato mental, veículo astral e corpo físico. Também listados estão as datas de nascimento e morte, e o campo de esforço no qual o iniciado se tornou conhecido. Muitas das pessoas na lista eram tão versáteis que é virtualmente impossível classificá-las em uma categoria. No entanto, os limites do espaço disponível não deixam opção. Em poucos casos, infelizmente, foi impossível encontrar todas as informações relevantes; tais omissões são denotadas por um símbolo de interrogação.

[Nota: Esta edição de *A Missão de Maitreya, Volume Um*, inclui nomes adicionais que apareceram na revista *Share International* entre a publicação da primeira edição e Dezembro de 1990. Estruturas de raio publicadas na *Share International* até Março de 1997 podem ser encontrados em *Maitreya's Mission, Volume Three*.]

Adamov, Arthur (1.6)	2-3-5-6-3	(1908-1970)	Dramaturgo
Adenauer, Konrad (1.7)	1-3-1-6-3	(1876-1967)	Estadista
Adler, Alfred (2.0)	2-1-1-2-7	(1870-1937)	Psiquiatra
Adler, Jankel (2.0)	2-4-1-6-3	(1895-1949)	Pintor
Aïvanhov, Mikhail (2.4)	3-6-6-2-7	(1900-1986)	Fundador da Fratenité Blanche
Akbar o Grande (1.45)	1-1-3-6-3	(1542-1605)	Imperador
Akenaton (1.5)	2-6-1-6-7	(1372-1354 AC)	Faraó
Alexandre o Grande (1.5)	1-1-3-6-1	(356-323 AC)	Rei
Ananda Mayee Ma	2-2-6-4-3	(1896-1982)	Avatar
Anderson, Hans C (1.6)	6-4-2-6-7	(1805-1875)	Escritor
Angelico, Fra (2.5)	6-4-6-2-7	(1387-1455)	Pintor

Aníbal (1.7)	1-1-6-6-3	(247-182 AC)	Soldado
Apeles (1.6)	2-4-4-6-3	(ca. 325 AC)	Pintor
Apollinarie, Guillaume (1.6)	2-3-4-6-7	(1880-1918)	Poeta
Apolônio de Tiana (5.0)	6-1-1-2-7	(16 BC-ca. 97)	Filósofo
Aquino, Tomás (2.0)	6-6-7-2-3	(1225-1274)	Teólogo
Arquimedes (2.2)	5-2-1-2-1	(ca.287-212 AC)	Matemático
Aristófanes (1.6)	2-4-1-4-7	(448-385 AC)	Dramatugo Cômico
Aristóteles (2.4)	7-5-1-6-3	(384-322 AC)	Filósofo
Arwright, Sir Richard (1.6)	2-1-5-4-5	(1732-1792)	Inventor
Armstrong, Louis (0.6)	4-4-7-6-3	(1900-1971)	Músico de Jazz
Arnold, Matthew (2.2)	2-4-6-4-3	(1822-1888)	Poeta
Aron, Raymond (2.0)	3-7-6-6-3	(1905-1983)	Historiador/ Sociólogo
Artaud, Antonin (1.6)	3-4-4-6-3	(1896-1948)	Dramaturgo
Asoka (3.0)	2-4-1-4-3	(264-223 AC)	Imperador
Assagioli, Roberto (2.0)	2-2-3-6-3	(1888-1974)	Psiquiatra
Atatürk, Mustafa Kemal (2.2)	1-1-5-2-7	(1881-1938)	Estadista
Agostinho, Santo (2.3)	6-6-1-4-7	(354-430)	Teólogo
Augusto (1.75)	1-1-6-6-1	(63-14 DC)	Imperador
Aurélio, Marco (1.4)	2-6-6-2-7	(121-180)	Imperador
Aurobindo Ghose (3.7)	2-6-1-6-3	(1872-1950)	Místico
Austen, Jane (1.75)	2-4-6-6-3	(1775-1817)	Novelista
Bach, C P E (1.6)	4-4-5-6-3	(1714-1780)	Compositor
Bach, Edward (1.6)	2-4-2-6-3	(1886-1936)	Curador naturopata
Bach, J S (3.1)	2-4-7-6-3	(1685-1750)	Compositor
Bacon, Francis (3.7)	7-4-4-6-3	(1561-1626)	Estadista
Bacon, Roger (2.6)	7-4-1-6-3	(ca. 1214-92)	Filósofo
Baha'u'llah (3.0)	6-6-6-4-7	(1817-1892)	Fundador do Bahaísmo
Bailey, Alice A (3.2)	2-1-1-2-3	(1880-1949)	Ocultista
Baird, John Logie (1.7)	2-5-3-6-7	(1888-1946)	Inventor
Balaquer, Josemaria (1.55)	6-6-6-2-7	(1902-1975)	Escritor/Fundador da Opus Dei
Balzac, Honoré de (2.0)	3-7-6-6-3	(1799-1850)	Escritor
Bartók, Béla (1.8)	2-7-4-4-3	(1881-1945)	Compositor
Baudelaire, Charles (1.7)	2-4-1-6-3	(1821-1867)	Poeta
Beaumarchais, Pierre de (1.7)	2-7-6-2-1	(1732-1799)	Dramaturgo Cômico
Becket, Thomas à (1.75)	6-2-4-6-3	(1118-1170)	Arcebispo/Mártir
Beckett, Samuel (1.6)	2-6-1-4-7	(1906-1990)	Escritor
Beckmann, Max (1.6)	4-4-6-6-7	(1884-1950)	Pintor
Bede (2.0)	6-6-2-6-1	(ca. 673-735)	Historiador/ pesquisador
Beesley, Ronald (1.67)	2-6-3-4-7	(1903-1979)	Curador/Fundador da Loja Branca
Beethoven, Ludwig van (3.1)	4-4-1-2-7	(1770-1827)	Compositor
Behan, Brendan (1.0)	2-4-1-6-3	(1923-1964)	Escritor

Behn, Aphra (2.0)	2-1-5-2-3	(1640-1689)	Escritor
Belisário (1.7)	5-1-1-4-3	(505-565)	General
Bell, Alexandre Graham (1.75)	3-2-1-2-3	(1847-1922)	Inventor
Bellini, Giovanni (3.0)	7-6-1-4-7	(ca.1430-1516)	Pintor
Bellini, Vicenzo (1.8)	2-2-4-4-3	(1801-1835)	Compositor
Ben-Gurion, David (1.7)	3-1-1-6-3	(1886-1973)	Estadista
Benes, Eduard (2.0)	1-6-3-2-1	(1884-1948)	Estadista
Benz, Karl Friedrich (1.7)	3-1-5-4-3	(1884-1929)	Engenheiro
Berg, Alban (2.0)	2-4-7-6-7	(1885-1935)	Compositor
Bergson, Henri (1.75)	3-1-3-2-3	(1859-1941)	Filósofo
Berkeley, Sir Lennox (1.55)	2-4-6-2-3	(1903-1989)	Compositor
Berlioz, Hector (2.3)	4-4-4-6-3	(1803-1869)	Compositor
Bernhardt, Oskar Ernst (Abd-Ru-Shin) (2.0)	4-7-6-6-3	(1875-1941)	Escritor
Bernhardt, Sarah (1.65)	2-4-4-6-3	(1884-1923)	Atriz
Bernstein, Leonard (1.6)	4-4-6-2-3	(1918-1990)	Compostior/maestro
Besant, Annie (2.15)	7-1-4-6-7	(1847-1933)	Teosofista
Bettelheim, Bruno (1.5)	6-4-4-6-7	(1903-1990)	Psicólogo
Biko, Steve (1.4)	2-4-6-4-3	(1947-1977)	Líder de direitos civis
Bion, Wilfred (1.76)	2-7-7-6-7	(1897-1979)	Psicanalista
Bismarck, Otto von (2.0)	1-1-1-6-3	(1815-1898)	Estadista
Blake, William (2.2)	2-4-1-6-3	(1757-1827)	Poeta/pintor
Blavatsky, H P (4.0)	1-2-1-6-3	(1831-1891)	Ocultista
Blériot, Louis (1.6)	3-5-7-2-3	(1872-1936)	Aviador
Bloch, Ernest (1.7)	2-4-6-4-7	(1880-1959)	Compositor
Bloch, Ernst (1.5)	2-4-3-4-3	(1885-1977)	Filósofo
Boadiceia (1.6)	4-1-1-6-3	(ca. 1 DC)	Guerreira-rainha
Bondone, Giotto di (2.4)	6-4-6-2-7	(1266?-1337)	Pintor/arquiteto
Booth, William (1.65)	2-6-6-2-7	(1829-1912)	Fundador do Exército da Salvação
Borgia, Lucrecia (1.6)	1-4-7-2-5	(1480-1519)	Patrona
Bosch, Hiernymous (1.8)	6-4-7-2-5	(1450-1516)	Pintor
Bosco, Don Giovanni (1.7)	1-6-1-2-7	(1815-1888)	Pregador
Botha, Louis (1.6)	1-3-1-4-1	(1862-1919)	Estadista/soldado
Botticelli, Sandro (2.7)	2-6-7-4-7	(1445-1510)	Pintor
Boyle, Robert (2.4)	1-1-3-2-3	(1627-1691)	Físico/químico
Brahe, Tycho (1.8)	2-1-7-6-3	(1546-1601)	Astrônomo
Brahma, Prajapita (1.7)	2-4-6-6-4	(1875-1969)	Fundador do Brahma Kumaris
Brahms, Johannes (2.5)	2-4-4-6-3	(1833-1897)	Compositor
Braille, Louis (1.6)	3-6-3-2-3	(1809-1852)	Professor de cegos
Brancusi, Constantin (1.87)	4-6-7-6-4	(1876-1957)	Escultor romano
Brecht, Bertolt (1.6)	1-4-1-6-3	(1898-1956)	Dramaturgo
Breton, André (1.7)	3-2-1-2-3	(1896-1966)	Poeta
Brejnev, Leonid (2.0)	1-7-6-6-7	(1906-1982)	Político

Brittain, Vera (1.5)	2-3-5-6-3	(1893-1970)	Escritora/pacifista
Britten, Benjamin (1.8)	2-4-4-6-3	(1913-1976)	Compositor
Broglie, Lous César (1.6)	1-3-1-4-3	(1875-1960)	Físico
Brontë, Emily (1.4)	2-4-4-6-3	(1818-1848)	Escritora
Brougham, Henry (1.7)	1-1-7-2-3	(1778-1868)	Político
Bruckner, Anton (2.2)	4-6-4-2-3	(1824-1896)	Compositor
Brueghel, Pieter (1.9)	4-4-1-6-7	(ca. 1520-1569)	Pintor
Brunel, Isambard Kindgdom (1.7)	2-5-1-6-5	(1806-1859)	Engenheiro
Bruno, Giordano (2.3)	1-1-7-6-7	(1548-1600)	Filósofo
Brunton, Paul (1.8)	2-4-6-6-7	(1898-1981)	Escritor espiritual
Büchner, Georg (1.6)	4-1-1-4-7	(1813-1837)	Poeta
Buda, Gautama	2-2-4-6-3	(ca563-483 AC)	Avatar
Burbank, Luther (1.6)	2-2-4-6-3	(1849-1926)	Horitculturista
Byrd, William (2.0)	4-6-4-6-7	(1543-1623)	Compositor
César, Júlio (1.3)	1-3-1-6-3	(ca. 100-44 AC)	Estadista
Cagliostro, Conde (3.2)	1-4-7-6-1	(1743-1795)	Ocultista
Calderón, Pedro (1.8)	6-4-1-2-1	(1600-1681)	Dramaturgo
Caligula (1.2)	1-6-6-6-1	(12-41 DC)	Imperador
Callas, Maria (2.0)	3-1-1-4-3	(1923-1977)	Cantora
Calvino, João (1.8)	6-1-6-6-3	(1509-1564)	Teólogo
Camus, Albert (1.6)	3-4-3-4-3	(1913-1960)	Escritor
Canaletto (G.A. Canal) (1.6)	6-4-7-6-7	(1697-1768)	Pintor
Capablanca, José Raúl (2.0)	2-3-7-2-7	(1888-1942)	Mestre de xadrez
Caravaggio, Michel Angelo da (2.6)	7-1-4-2-1	(1569-1609	Pintor
Carey, Howard Ray (1.5)	2-7-6-2-3	(1902-1989)	Pastor/escritor
Carlyle, Thomas (1.7)	6-6-1-2-1	(1795-1881)	Escritor
Caruso, Enrico (1.2)	2-4-1-4-3	(1873-1921)	Cantor
Casals, Pablo (2.0)	2-4-7-6-3	(1876-1973)	Músico
Catarina a Grande (1.6)	1-6-1-4-1	(1729-1796)	Imperatriz
Catarina de Alexnadria (2.6)	6-6-6-6-7	(m. 307 DC)	Santa/mártir
Caxton, William (1.6)	2-5-1-6-5	(ca. 1422-1491)	Pintor
Cayce, Edgar (1.7)	2-2-4-6-7	(1877-1945)	Clarividente
Ceausescu, Nicolae (1.5)	7-6-7-6-7	(1918-1989)	Ditador romêno
Cervantes, Miguel (1.7)	6-4-3-6-7	(1547-1616)	Escritor
Cézanne, Paul (2.6)	3-4-7-6-3	(1839-1906)	Pintor
Chagall, Marc (1.9)	2-4-4-6-7	(1887-1985)	Pintor
Chamberlain, Neville (1.6)	3-7-1-6-7	(1869-1940)	Político
Chaplin, Charles (1.6)	2-4-1-4-4	(1889-1977)	Ator de filme/diretor
Carlos Magno (2.2)	1-1-1-6-7	(742-814)	Imperador
Chateaubriand, Vicomte de (1.6)	3-6-1-4-7	(1768-1848)	Escritor/político
Chaucer, Geoffrey (1.6)	2-4-6-2-3	(1342-1400)	Poeta
Cherenzi Lind, Om (2.4)	2-4-6-6-7	(século 20)	Príncipe/discípulo do Mestre KH
Chih-i (2.0)	6-6-7-4-3	(538-597)	Budista/Fundador

			do T'ien-t'ai
Chirico, Giorgi de (1.6)	4-4-1-6-7	(1888-1978)	Pintor
Chopin, Frédéric (2.0)	4-4-1-6-2	(1810-1849)	Compositor
Chou En-lai (2.3)	1-3-1-4-3	(1898-1976)	Político
Cristina (1.5)	2-6-6-4-7	(1626-1689)	Rainha da Suécia
Churchill, Winston (3.0)	2-1-1-4-1	(1874-1965)	Estadista
Cícero, Marco Túlio (1.7)	3-3-1-4-5	(106-43 AC)	Orador/Estadista
Cimabue, Giovanni (2.35)	6-6-4-6-7	(1240-1302)	Pintor
Clemenceau, Georges (1.6)	3-1-1-6-7	(1841-1929)	Estadista
Clerk, Maxwell James (1.7)	2-1-1-2-5	(1831-1879)	Físico
Cocteau, Jean (1.7)	3-4-4-2-3	(1889-1963)	Poeta/dramaturgo
Colombo, Cristóvão (2.0)	6-6-1-2-3	(1451-1506)	Explorador
Comte, Augusto (1.7)	3-4-1-6-3	(1798-1857)	Filósofo
Confúcio (5.0)	3-7-2-6-1	(551-479 AC)	Filósofo
Conrad, Joseph (1.75)	4-4-6-6-7	(1857-1924)	Escritor
Constantino I (o Grande) (1.8)	1-6-6-2-7	(ca. 247-337DC)	Imperador
Cook, James (1.7)	3-7-1-6-7	(1728-1779)	Explorador
Copérnico, Nicolau (2.3)	2-3-5-2-3	(1473-1543)	Astrônomo
Corbusier, Le (2.0)	3-7-7-4-7	(1887-1965)	Arquiteto
Corneille, Pierre (1.7)	3-2-1-6-3	(1606-1684)	Dramaturgo
Corot, Jean Baptiste (1.8)	3-2-4-6-7	(1796-1875)	Pintor
Cortés, Hernan (1.7)	6-1-7-6-7	(1485-1547)	Explorador
Cortot, Alfred (1.6)	4-2-4-2-3	(1877-1962)	Músico
Couperin, François (2.3)	4-4-4-6-7	(1668-1733)	Compositor
Coverdale, Miles (1.6)	6-6-7-6-3	(1488-1569)	Pesquisador da bíblia
Coward. Noel (1.3)	2-4-3-4-3	(1899-1973)	Ator/dramaturgo
Cromwell, Oliver (2.1)	1-1-6-6-3	(1599-1658)	Estadista
Crowley, Aleister (1.6)	6-1-7-6-1	(1875-1947)	Ocultista
Cummings, E.E (1.35)	6-4-4-6-7	(1894-1962)	Poeta
Curie, Marie (2.0)	3-3-5-4-7	(1867-1934)	Física/ química
Daimler, Gottlieb (1.6)	3-5-1-4-3	(1834-1900)	Engenheiro
Dali, Salvador (1.6)	6-4-6-4-7	(1904-1989)	Artista
Dalton, John (2.0)	2-5-5-4-3	(1766-1844)	Químico
Dante Alighieri (2.0)	1-4-1-6-7	(1265-1321)	Poeta
Danton, Geoges Jacques (1.7)	3-4-1-6-3	(1759-1794)	Político
Dario o Grande (1.6)	1-1-6-4-7	(548-486 AC)	Rei
Darwin, Charles (2.0)	2-7-5-2-5	(1809-1882)	Cientista
David (1.7)	6-1-1-6-7	(1000-960 AC)	Rei
Debussy, Claude (1.7)	3-4-4-6-3	(1862-1918)	Compositor
Deguchi, Na-o (1.7)	3-6-6-4-7	(1837-1918)	Fundador da Omoto-kyo
Deguchi, Wanisaburo (1.7)	3-6-1-6-7	(1871-1948)	Instrutor espiritual da Omoto-kyo
Delacroix, Eugène (2.3)	3-4-1-4-7	(1798-1863)	Pintor
Demóstenes (1.7)	6-1-3-6-1	(383-322 AC)	Orador/Político

Descartes, René (2.3)	5-5-1-4-3	(1596-1650)	Filósofo/Matemático
Diaghilev, Segei (1.6)	4-4-1-6-3	(1872-1929)	Empresário
Dick, Philip K (1.6)	4-4-1-6-3	(1928-1982)	Escritor
Dick-Read, Grantly (1.6)	2-6-4-2-3	(1890-1959)	Ginecologista
Dickens, Charles (1.9)	2-4-2-4-3	(1812-1870)	Escritor
Dickinson, Emily (1.8)	2-6-6-4-7	(1830-1886)	Poeta
Diderot, Denis (1.7)	3-6-4-2-3	(1713-1784)	Escritor
Diesel, Rudolf (1.6)	6-7-1-4-5	(1858-1913)	Engehneiro
Diógenes (1.6)	1-6-1-4-7	(412-323 AC)	Filósofo
Disraeli, Benjamin (1.7)	2-3-1-4-7	(1804-1881)	Estadista
Dogen (1.5)	6-1-6-4-7	(1200-1253)	Seita Zen/Soto
Dolto, Françoise (1.58)	5-3-6-6-7	(1908-1988)	Psicanalista
Donizetti, Gaetano (1.8)	4-4-4-2-7	(1797-1848)	Compositor
Donne, John (1.8)	2-4-7-4-3	(1572-1631)	Poeta
Dostoevsky, Fyodor (2.0)	6-7-4-6-3	(1821-1881)	Escritor
Doyle, Arthur Conan (1.7)	2-6-4-6-1	(1859-1930)	Escritor
Drake, Sir Francis (1.7)	1-4-1-6-1	(ca. 1540-1596)	Escritor
Dress, Willem (1.6)	7-6-7-4-7	(1886-1988)	Politico
Driesch, Hans (1.7)	3-3-7-6-3	(1867-1941)	Cientista
Dunant, Henri (1.8)	3-6-1-4-3	(1828-1910)	Filantropista/escritor
Dunnewolt, Hendrik W (1.6)	3-4-4-6-7	(1904-1968)	Escritor/teosofista
Dürer, Albrecht (2.4)	1-7-7-4-1	(1471-1528)	Pintor
Dvorak, Antonin (2.1)	2-4-7-2-3	(1841-1904)	Compositor
Dyck, Anthony van (2.0)	4-4-7-6-7	(1599-1641)	Pintor
Eckhart, Meiste (2.2)	6-6-1-6-3	(ca. 1260-1327)	Místico/filósofo
Eddy, Baker Mary (2.0)	2-6-1-6-3	(1821-1910)	Fundador da Ciência Cristã
Edison, Thomas (1.7)	3-1-1-2-5	(1847-1931)	Inventor
Eeden, Frederik van (1.6)	3-3-1-4-7	(1860-1932)	Escritor
Einsten, Albert (2.2)	2-2-4-2-3	(1879-1955)	Físico
Eisai (2.2)	7-4-6-6-7	(1141-1215)	Seita Zen/Rinzai
Eisenhower, Dwight (1.5)	3-1-1-2-3	(1890-1969)	General/presidente
Elgar, Edward (1.8)	2-4-4-4-3	(1857-1934)	Compositor
Elias (2.5)	2-1-1-6-1	(ca. 900 AC)	Profeta
Eliot, Goerge (1.6)	2-4-1-6-3	(1819-1880)	Escritor
Eliot, T S (2.0)	2-3-1-6-7	(1888-1965)	Poeta
Elisabete I (1.6)	2-3-1-6-7	(1533-1603)	Rainha da Inglaterra
Ellington, Duke (0.6)	6-7-4-6-7	(1899-1974)	Músico de Jazz
Emerson, Ralph Waldo (2.2)	2-3-7-6-3	(1803-1882)	Poeta
Engels, Friedrich (1.6)	3-4-7-2-7	(1820-1895)	Filósofo Político
Epícuro (1.6)	6-4-6-4-3	(ca. 341-270 AC)	Filósofo
Erasmus, Desiderius (2.2)	2-2-1-6-3	(1466-1536)	Humanista/ pesquisador
Ésquilo (1.7)	4-1-3-4-7	(525-456 AC)	Dramaturgo
Espártaco (1.5)	1-1-2-2-1	(m.71 AC)	Rebelde
Espinosa, Baruch (2.4)	2-3-3-4-3	(1632-1677)	Filósofo

Euclides (2.3)	3-5-3-6-7	(ca. 300 AC)	Matemático
Eurípedes (1.8)	3-4-1-6-3	(ca. 480-406 AC)	Dramaturgo
Euwe, Max (2.0)	1-5-3-6-7	(1901-1983)	Mestre de xadrez
Farquhar, George (1.8)	6-4-1-6-7	(1678-1707)	Dramaturgo
Fauré, Gabriel (1.6)	4-4-3-4-7	(1845-1924)	Compositor
Ferdinando II de Aragão (1.7)	3-7-7-6-7	(1452-1516)	Rei
Feudeau, Georges (1.7)	4-2-7-2-3	(1862-1921)	Dramaturgo
Feynman, Richard (1.6)	6-7-4-6-7	(1918-1988)	Físico
Fichte, Johann Gottlieb (1.7)	2-6-7-6-3	(1762-1814)	Filósofo
Fídias (2.2)	4-7-7-6-7	(5º século AC)	Escultor
Flagstad, Kristen (1.4)	6-4-4-6-7	(1895-1962)	Cantor de ópera
Fleming, Alexander (2.0)	2-5-5-2-3	(1881-1955)	Bacteriologista
Ford, Henry (1.7)	5-7-7-6-3	(1863-1947)	Engenheiro
Francisco de Assis (3.5)	6-6-6-2-3	(1182-1226)	Santo
Franco, Francisco (1.7)	1-1-1-6-7	(1892-1975)	Ditador/General
Franklin, Benjamin (2.5)	4-5-1-6-3	(1706-1790)	Estadista/cientista
Frederico II, (o Grande) (1.7)	5-7-7-2-7	(1712-1786)	Rei
Freud, Sigmund (2.0)	2-7-1-6-3	(1856-1939)	Psicanalista
Froebel, Friedrich (1.6)	2-5-1-4-3	(1782-1852)	Educador
Fromm, Erich (1.6)	6-2-4-6-7	(1900-1980)	Psicanalista
Fuller, Buckminster (2.0)	2-1-7-4-7	(1895-1983)	Arquiteto/ engenheiro
Galilei, Galileo (2.2)	1-4-1-6-5	(1564-1642)	Astrônomo
Gambetta, Léon Michel (1.6)	3-1-1-4-1	(1838-1882)	Estadista
Gandhi, Indira (2.0)	1-1-7-6-3	(1917-1984)	Primeira Ministra
Gandhi, Mahatma (2.0)	2-2-6-2-3	(1869-1948)	Lider Nacional
Garbo, Greta (1.65)	6-7-7-4-7	(1905-1990)	Atriz de filme
García Lorca, Federico (2.3)	7-4-1-6-3	(1899-1936)	Poeta
Garibaldi, Guiseppe (2.0)	1-4-7-6-3	(1807-1882)	Revolucionário
Gaskell, Elizabeth (2.0)	2-2-1-4-6	(1810-1865)	Escritor
Gauguin, Paul (2.0)	5-4-1-6-7	(1848-1903)	Pintor
Gaulle, Charles de (2.4)	3-1-1-4-1	(1890-1970)	General/estadista
Gauss, Johann Karl F (1.7)	3-4-1-6-3	(1777-1855)	Matemático
Gengis Khan (1.5)	1-7-6-6-1	(1167-1227)	Conquistador/ Governante
George, Henry (1.7)	3-7-4-2-1	(1839-1897)	Economista Político
Gershwin, George (1.6)	2-4-3-6-3	(1898-1937)	Compositor
Gibbon, Edward (1.6)	2-4-1-2-7	(1737-1794)	Historiador
Giorgione (2.3)	4-4-7-6-2	(ca. 1478-1511)	Pintor
Giradoux, Jean (1.7)	2-4-1-6-3	(1882-1944)	Escritor/diplomata
Gladstone, William (1.7)	2-6-1-6-3	(1808-1898)	Estadista
Gluck, Cristoph W (1.8)	2-4-4-4-3	(1714-1787)	Compositor
Goethe, Johann von (2.2)	2-1-4-4-7	(1749-1832)	Poeta/escritor
Gogh, Vicent van (1.9)	2-6-1-4-7	(1853-1890)	Pintor
Gogol, Nikolai (1.7)	2-4-1-6-7	(1809-1852)	Dramaturgo
Goi, Masahisa (2.1)	4-4-6-6-7	(1916-1980)	Líder espiritual/

			Byakkokai
Goldoni, Carlo (1.7)	2-2-4-6-7	(1707-1793)	Dramaturgo
Goldsmith, Oliver (1.7)	6-2-6-6-3	(1728-1774)	Escritor
Gordon, Charles George (1.6)	1-6-1-2-1	(1833-1885)	General
Gould, Glenn (1.6)	2-4-7-6-7	(1932-1982)	Pianista
Goya, Francisco José de (2.4)	1-4-1-4-1	(1746-1828)	Pintor
El Greco (3.0)	1-4-7-6-1	(1541-1614)	Pintor
Gregório I (2.0)	1-6-1-6-7	(ca. 540-604)	Papa
Grieg, Edvard (1.7)	2-4-2-6-3	(1843-1907)	Compositor
Grillparzer, Franz (1.6)	4-4-7-6-7	(1791-1872)	Poeta
Grotius, Hugo (2.0)	1-3-1-2-3	(1583-1645)	Jurista/teólogo
Guevara, Ernesto (Che) (1.7)	7-1-1-2-3	(1928-1967)	Líder revolucionário
Gurdjeiff, Georges (2.2)	4-4-1-6-3	(1872-1949)	Ocultista/ instrutor
Hahn, Kurt (1.6)	4-6-4-6-3	(1886-1974)	Educador
Hahnemann, Samuel (1.75)	2-6-7-4-7	(1755-1843)	Fundador da homeopatia moderna
Hallinan, Hazel Hunkins (2.0)	3-4-1-6-7	(1890-1982)	Sufragista
Hals, Frans (2.3)	3-4-1-4-3	(ca. 1580-1666)	Pintor
Hammarskjöld, Dag (2.0)	2-6-1-6-3	(1905-1961)	Diplomata
Händel, Georg Friedrich (2.4)	4-6-1-4-7	(1685-1759)	Compositor
Hardie, James Keir (1.7)	2-6-1-2-3	(1856-1915)	Político
Harrison, Rex (1.35)	2-4-4-6-7	(1908-1990)	Ator
Hauptmann, Gehart (1.6)	2-4-3-6-7	(1862-1946)	Dramaturgo
Haydn, Franz Joseph (2.4)	3-4-4-2-7	(1732-1809)	Compositor
Hebbel, Friedrich (1.5)	2-4-1-4-7	(1813-1863)	Dramaturgo
Hegel, Goerg (2.0)	4-2-5-4-3	(1770-1831)	Filósofo
Heine, Heinrich (2.0)	4-4-1-2-7	(1797-1856)	Poeta
Heinsenberg, W K (1.6)	2-6-3-4-1	(1901-1976)	Físico
Hemingway, Ernest (1.6)	2-1-1-6-1	(1899-1961)	Escritor
Henrique VIII (1.6)	1-1-1-4-1	(1491-1547)	Rei
Heráclito (2.0)	3-4-1-2-3	(ca. 535-475AC)	Filósofo
Hércules (2.2)	1-6-1-6-1	(ca. 8000 AC)	Avatar
Hermes (4.0)	5-1-1-6-3	(ca. 7000 AC)	Avatar
Heródoto (1.7)	5-1-7-6-7	(ca. 485-425AC)	Historiador
Herschel, William (2.0)	2-2-1-6-1	(1738-1822)	Astrônomo
Hertz, Heinrich (1.7)	3-7-5-6-3	(1857-1894)	Físico
Hess, Rudolf (1.35)	1-1-6-6-1	(1894-1987)	Oficial Nazista
Hesse, Hermann (2.1)	4-4-3-6-3	(1877-1962)	Escritor
Hiawatha (0.9)	6-7-7-6-7	(cerca 1450)	Líder Nativo Americano
Hillesum, Etty (1.3)	3-7-6-6-7	(1914-1943)	Vítima de Auschwitz/diarista
Hindemith, Paul (1.7)	4-4-1-2-3	(1895-1963)	Compositor
Hindenburg, Paul von (1.7)	1-1-1-6-7	(1847-1934)	General/presidente
Hipócrates (2.0)	2-4-5-6-7	(ca. 460-370AC)	Médico
Hirohito (1.4)	7-6-6-6-7	(1901-1989)	Imperador Japonês

Hiroshige (2.0)	4-4-7-6-7	(1797-1858)	Pintor
Hitler, Adolf (2.0)	2-4-1-4-3	(1889-1945)	Ditador
Ho Chi-Minh (1.7)	1-5-1-6-3	(1892-1969)	Chefe de estado
Hodson, Geoffrey (1.6)	2-4-6-6-3	(1892-1983)	Teosofista
Hofmannsthal, Hugo van (1.7)	2-4-6-6-3	(1874-1929)	Poeta/dramaturgo
Hokusai (2.0)	4-7-7-6-5	(1760-1849)	Pintor/artista de madeira
Hobein, Hans (2.3)	4-1-4-6-5	(1497-1543)	Pintor
Homero (1.7)	4-2-6-2-4	(9° século AC)	Poeta
Honen (2.4)	6-4-6-2-7	(1133-1212)	Budista/Fundador da seita Joto
Hoover, Herbert (2.0)	2-3-3-1-7	(1874-1964)	Presidente dos EUA
Hopkins, Gerard Manley (2.2)	4-6-4-2-7	(1844-1889)	Poeta
Hubbard, L Ron (1.8)	3-7-1-6-3	(1911-1986)	Fundador da Cientologia
Hugo, Vitor (2.0)	3-4-5-6-3	(1802-1885)	Escritor
Hume, David (1.7)	3-6-1-6-3	(1711-1776)	Filósofo
Huxley, Aldous (1.7)	2-4-4-2-3	(1894-1963)	Escritor
Hipatia (1.6)	2-4-3-3-4-7	(ca. 370-415)	Filósofo
Ibsen, Henrik (2.0)	2-4-1-6-5	(1828-1906)	Dramaturgo
Ingres, Jean Auguste (2.2)	4-7-7-4-7	(1780-1867)	Pintor
Jacobs, Aletta (2.0)	5-1-3-6-1	(1849-1929)	Sufragista
Jarry, Alfred (1.6)	3-4-4-6-7	(1873-1907)	Escritor
Jeffersom, Thomas (2.0)	2-6-1-4-7	(1743-1826)	Presidente dos EUA
Jesus de Nazaré (4.0)	6-1-1-2-1	(24 AC-9 DC)	Grande Instrutor Espiritual
Jezebel (1.5)	1-6-3-6-3	(m. 846 AC)	Princesa fenícia
Jinnah, Mahmmed Ali (1.8)	3-1-2-4-7	(1876-1948)	Primeiro governador geral do Paquistão
Joana D' Arc (3.3)	5-1-3-6-6	(ca. 1412-1431)	Soldado/mártir
João XXIII (2.0)	6-2-4-6-3	(1881-1963)	Papa
João da Cruz (1.6)	6-6-6-4-7	(1542-1591)	Místico
João Batista (3.3)	2-6-1-6-1	(1° século DC)	Profeta
João, o Evangelista (3.0)	2-2-6-2-1	(1° século DC)	Apóstolo
Johnson, Samuel (1.6)	2-1-1-6-7	(1709-1784)	Escritor
Jones, Marc Edmond (1.6)	4-6-4-6-7	(1888-1980)	Astrólogo
Jonson, Ben (2.0)	2-4-1-6-3	(1572-1637)	Dramaturgo
José (2.2)	6-2-3-4-2	(1° século AC)	Pai de Jesus
José II (1.65)	4-6-1-4-7	(1741-1790)	Regente de Aústria
José de Arimatéia (2.0)	2-6-1-2-4	(1° século DC)	Figura bíblica
Josué (2.3)	6-7-6-1-1	(ca. 1500 AC)	Líder Israelita
Joyce, James (1.7)	2-4-1-4-3	(1882-1941)	Escritor
Judas, Iscariotes (1.7)	6-6-3-4-3	(1° século DC)	Discípulo
Judge, William Q (2.0)	6-2-1-6-3	(1851-1896)	Teosofista
Jung, Carl (2.2)	2-6-4-4-3	(1875-1961)	Psiquiatra
Kabir, Santo (4.2)	2-2-4-4-7	(ca. 1450-1518)	Místico/ Poeta

Kafka, Franz (1.7)	2-4-4-6-3	(1883-1924)	Escritor
Kalu Rinpoche (2.35)	6-6-3-2-1	(1905-1989)	Instrutor Budista
Kaluza, Theodor (1.5)	3-5-1-4-7	(1885-1945)	Físico
Kano, Aminu (1.5)	2-6-1-2-3	(1920-1983)	Revolucionário
Kant, Immanuel (2.2)	6-4-1-2-5	(1724-1804)	Filósofo
Kardelj, Edvard (2.5)	7-6-7-6-1	(1910-1979)	Líder Iugoslavo
Kasturi, N (1.55)	4-2-4-6-7	(1897-1987)	Tradutor de Sai Baba
Kaye, Danny (1.55)	6-4-4-6-7	(1913-1987)	Ator cômico
Kazandzakis, Nikos (1.6)	3-4-4-6-3	(1883-1957)	Escritor
Keats, John (1.7)	4-6-2-2-2	(1795-1821)	Poeta
Keller, Helen Adams (1.7)	1-1-4-2-5	(1880-1968)	Escritora/
			pesquisadora
Kellogg, Frank Billings (2.1)	2-3-1-6-7	(1856-1937)	Estadista
Kempis, Thomas à (1.5)	2-6-1-2-3	(1380-1471)	Escritor religioso
Kennedy, John F (2.4)	2-1-7-6-1	(1917-1963)	Presidente dos EUA
Kennedy, Robert (1.6)	2-6-7-6-7	(1925-1968)	Político
Kenyatta, Jomo (1.5)	2-6-1-2-1	(ca. 1889-1978)	Presidente do
			Quênia
Kepler, Johann (1.7)	3-5-1-2-5	(1571-1630)	Astrônomo
Kerouac, Jack (1.35)	6-6-7-6-7	(1922-1969)	Escritor
Keynes, John Maynard (1.8)	5-2-1-2-3	(1883-1946)	Economista
Khan, Inayat (2.1)	6-2-6-6-3	(1882-1927)	Instrutor Sufi
Khayyam, Omar (1.6)	6-4-6-2-7	(ca. 1050-1123)	Astrônomo/poeta
Khomeini, Ayatollah (1.6)	4-1-6-6-7	(1900-1989)	Líder Iraniano
Krushchev, Nikita (2.0)	1-1-6-2-3	(1894-1971)	Primeiro Ministro
			Soviético
Kierkegaard, Søren Aaby (2.0)	2-4-6-2-3	(1813-1855)	Filósofo
King, Martin Luther (2.0)	2-2-1-6-3	(1929-1968)	Líder de
			direitos civis
Kingsley, Mary (2.0)	2-1-7-2-7	(1862-1900)	Viajante/escritor
Kipling, Rudyard (1.8)	6-6-4-4-3	(1865-1936)	Escritor
Kirwan, Richard (2.0)	5-5-7-4-3	(1733-1812)	Químico
Kitasato, Shibasaburo (2.0)	3-5-5-6-7	(1856-1931)	Bacteriologista
Kitchener (1.7)	6-7-1-6-7	(1850-1916)	Soldado/estadista
Klee, Paul (2.0)	4-2-4-6-3	(1879-1940)	Pintor
Klein, Melanie (1.8)	2-1-1-4-3	(1882-1960)	Psicanalista
Kleist, Heirinch von (1.6)	2-1-4-6-3	(1777-1811)	Dramaturgo/poeta
Klemperer, Otto (1.7)	4-4-1-6-7	(1885-1973)	Maestro
Knox, John (2.0)	6-6-1-6-3	(1505-1572)	Reformador
Koestler, Arthur (1.7)	2-4-1-6-3	(1905-1983)	Escritor
Kon, Tokoh (1.7)	4-6-4-6-7	(1898-1977)	Escritor/
			monge budista
Kreisler, Fritz (1.6)	4-2-2-4-3	(1875-1962)	Músico
Krishna (5.0)	2-6-4-6-3	(ca. 3.000 AC)	Avatar
Krishnamurti (4.0)	2-2-4-6-7	(1895-1986)	Instrutor espiritual
Kruger, Paul (2.0)	1-1-1-6-7	(1825-1904)	Presidente da

			África do Sul
Kukai (2.0)	2-2-4-6-7	(774-835)	Budista Esotérico/ Shingon
Labiche, Eugène (1.7)	2-4-3-6-7	(1815-1888)	Dramaturgo Cômico
Laing, R D (1.3)	6-4-3-4-3	(1927-1889)	Psiquiatra
Lamb, Charles (1.7)	2-4-4-6-3	(1775-1834)	Escritor
Lao-tse (4.2)	2-4-4-2-3	(570-490 AC)	Filósofo
Laplace, Pierre Simon (2.0)	3-3-1-2-3	(1749-1827)	Matemático/ astrônomo
Latimer, Hugh (1.7)	6-6-6-2-3	(ca. 1485-1555)	Mártir
Lavoisier, Antonie (1.7)	3-5-5-6-3	(1743-1794)	Químico
Lawrence, D H (1.7)	2-2-4-4-3	(1885-1930)	Escritor
Lawrence, T E (1.6)	2-6-6-6-3	(1888-1935)	Soldado
Lázaro (0.9)	4-6-6-6-7	(ca. 30 DC)	Figura Bíblica
Leadbeater, C W (2.4)	7-3-5-6-7	(1847-1934)	Teosofista
Leeuwenhoek, Anton van (1.7)	3-5-5-2-7	(1632-1723)	Cientista
Leibniz, Gottfried (1.7)	5-7-5-6-1	(1646-1716)	Filósofo/matemático
Lenin, Vladmir Ilyich (2.2)	5-7-1-6-3	(1870-1924)	Líder Soviético
Lennon, Johm (1.6)	3-7-4-4-3	(1940-1980)	Músico
Leo, Alan (1.6)	2-4-5-4-7	(1861-1917)	Astrólogo
Leão X (2.0)	6-3-7-6-3	(1475-1521)	Papa
Leonardo da Vinci (4.4)	4-7-7-4-7	(1452-1519)	Pintor
Lessing, Gotthold E (1.7)	3-4-4-2-3	(1729-1781)	Escritor
Lewis, C S (1.7)	2-6-6-6-3	(1898-1963)	Escritor
Lewis, Harvey Spencer (1.6)	4-5-5-6-7	(1883-1939)	Fundador da Ordem Rosa Cruz
Lewis, Ralph M (1.7)	6-4-5-2-7	(1904-1987)	Líder da Ordem Rosa Cruz
Lincoln, Abraham (3.3)	1-2-1-2-1	(1809-1865)	Presidente dos EUA
Lind, Jenny (1.25)	4-4-6-6-7	(1820-1887)	Cantora de ópera
Linnaeus, Carl (1.6)	2-4-3-2-3	(1707-1778)	Botânica
Lippi, Fra Filippo (2.0)	6-7-7-6-7	(1406-1469)	Pintor
Liszt, Franz (2.2)	4-6-3-6-7	(1811-1886)	Compositor
Livingstone, David (1.6)	2-6-1-6-7	(1813-1873)	Explorador/ missionário
Lloyd-George, David (1.8)	4-6-1-6-3	(1863-1945)	Estadista
Locke, John (2.3)	4-7-1-2-7	(1632-1704)	Filósofo
London, Jack (1.45)	4-4-4-4-7	(1876-1916)	Escritor
Lorentz, Hendrik Antoon (2.2)	3-5-5-6-3	(1853-1928)	Físico
Lotto, Lorenzo (2.5)	4-4-6-2-7	(1480-1556)	Pintor
Loyola, Ignácio (1.7)	6-6-1-2-7	(1491-1556)	Soldado/clérigo
Lucas (2.4)	6-6-2-6-3	(1º século DC)	Apóstolo
Lutero, Matinho (2.3)	6-6-1-2-3	(1483-1546)	Reformador Religioso
Luxemburgo, Rosa (1.7)	6-3-1-6-3	(1871-1919)	Revolucionária
MacArthur, Douglas (1.7)	1-3-1-6-1	(1880-1964)	General

Maquiável, Nicolau (1.6)	3-3-6-6-3	(1469-1527)	Estadista
Maeterlinck, Maurice (1.7)	4-4-7-6-3	(1862-1949)	Dramturgo
Magalhães, Ferdinando (2.0)	1-1-5-6-3	(ca. 1480-1521)	Navegador
Mahler, Gustav (1.9)	4-4-4-6-3	(1860-1911)	Compositor
Maimonides (2.3)	2-1-1-4-3	(1135-1204)	Filósofo
Makarios III (1.7)	3-3-3-6-7	(1913-1977)	Arcebispo/político
Malcom X (1.4)	4-6-7-6-7	(1925-1965)	Líder de direitos civis
Mann, Thomas (2.0)	4-4-7-2-3	(1875-1955)	Escritor
Mantegna, Andrea (2.2)	2-4-6-6-1	(1431-1506)	Pintor
Mao Tse-tung (3.2)	1-1-1-2-1	(1893-1976)	Chefe de Estado
Marat, Jean Paul (1.7)	3-1-1-6-3	(1743-1793)	Político
Marconi, Guglielmo (2.0)	2-3-5-6-3	(1874-1937)	Inventor
Maria Teresa (1.65)	4-6-1-6-7	(1717-1780)	Imperatiz austríaca
Marivaux, Pierre de (1.6)	2-4-6-2-7	(1688-1763)	Dramaturgo Cômico
Marcos (2.3)	6-4-4-6-3	(1º século DC)	Apóstolo
Marlowe, Christopher (1.8)	2-4-1-4-1	(1564-1593)	Dramaturgo
Marpa (4.5)	6-4-4-6-3	(11º século DC)	Yogi
Marta (1.6)	6-7-4-6-7	(1º século DC)	Figura bíblica
Martini, Simone (2.5)	6-4-1-2-7	(ca. 1284-1344)	Pintor
Martinus (2.3)	2-4-1-6-7	(1890-1981)	Escritor
Marx, Karl (2.2)	6-2-5-6-3	(1818-1883)	Filósofo político
Maria (2.2)	6-6-2-2-3	(1º século DC)	Mãe de Jesus
Maria Madalena (0.9)	6-6-6-4-3	(1º século DC)	Figura bíblica
Maria de Betânia (0.85)	4-6-6-6-7	(1º século DC)	Figura bíblica
Masaccio (2.7)	4-4-7-6-3	(1401-1428)	Pintor
Matisse, Henri (2.4)	3-6-1-4-7	(1869-1954)	Pintor
Mateus (2.4)	6-7-4-6-3	(1º século DC)	Apóstolo
Maugham, William Somerset (1.7)	2-2-4-2-7	(1874-1965)	Escritor
Maupassant, Guy de (2.2)	3-4-4-2-1	(1850-1893)	Escritor
Mavalankar, Damodar K (1.7)	2-6-3-6-3	(1857- ?)	Teosofista
Mayakovsky, Vladmir (1.7)	4-4-1-6-7	(1894-1930)	Poeta
Medice, Lourenço de (1.8)	4-1-3-4-3	(1449-1492)	Governante florentino
Meher, Baba (2.4)	2-3-5-6-7	(1894-1969)	Instrutor espiritual
Meri, Golda (1.7)	3-1-1-6-3	(1898-1978)	Primeiro Ministro
Melville, Herman (1.6.)	6-4-4-6-3	(1819-1891)	Escritor
Mendelssohm, Felix (2.4)	4-4-1-6-3	(1809-1847)	Compositor
Mesmer, Friedrich (1.6)	3-7-1-6-3	(1734-1815)	Médico
Mettenrich (1.6)	1-1-1-6-7	(1773-1859)	Estadista
Michelangelo (3.3)	1-4-4-6-1	(1475-1564)	Escultor/pintor
Milarepa (3.5)	6-4-4-4-3	(1052-1135)	Yogi
Milhaud, Darius (1.8)	2-4-4-4-7	(1892-1974)	Compositor
Milton, John (1.8)	2-6-4-6-7	(1608-1674)	Poeta
Miró, Joan (2.0)	2-2-6-6-3	(1893-1983)	Pintor

Mirza Ghulam Ahmed, Hayat (1.6)	4-6-7-6-3	(1835-1908)	Fundador de seita islâmica
Misora, Hibari (1.35)	2-4-4-6-7	(1937-1989)	Cantor
Miura, Sekizo (1.6)	3-3-2-4-7	(1883-1960)	Teosofista/Yogi
Modigliani, Amedeo (1.7)	6-4-4-4-7	(1884-1920)	Pintor/escultor
Maomé (3.4)	2-3-1-6-3	(570-632)	Profeta
Molière (2.2)	3-3-1-6-3	(1622-1673)	Dramaturgo
Molina, Tirso de (1.6)	2-4-3-6-3	(1584-1648)	Dramaturgo
Monet, Claude (1.9)	3-4-4-6-3	(1840-1926)	Pintor
Monroe, Marilyn (0.9)	4-4-6-2-3	(1926-1962)	Atriz de filme
Montaigne, Michel de (1.7)	3-6-3-6-5	(1533-1592)	Escritor
Montesquieu, Charles de (2.0)	3-6-4-6-3	(1689-1755)	Filósofo
Montessori, Maria (1.65)	6-4-7-4-7	(1870-1952)	Educadora
Monteverdi, Claudi (2.4)	4-4-7-6-7	(1567-1643)	Compositor
Montezuma II (1.6)	6-1-6-6-3	(1466-1520)	Imperador
Moore, Henry (1.8)	2-4-7-6-7	(1898-1986)	Escultor
Morus, Tomas (1.5)	4-6-6-6-3	(1478-1535)	Estadista inglês/escritor
Moisés (2.3)	6-6-1-4-1	(12° século AC)	Profeta
Mozart, W A (3.0)	4-4-4-4-3	(1756-1791)	Compositor
Muhaiyaddeen, Bawa (3.0)	4-6-4-6-7	(m. 1987)	Instrutor Sufi
Muktananda (4.0)	4-4-2-4-3	(1908-1982)	Instrutor espiritual
Munk, Kaj (1.7)	3-4-6-4-3	(1898-1944)	Dramaturgo/padre
Murillo, Bartolomé (2.2)	4-6-1-6-3	(1618-1682)	Pintor
Musset, Alfred de (1.7)	3-4-5-6-3	(1810-1857)	Poeta/dramaturgo
Mussolini, Benito (2.2)	2-1-1-6-1	(1883-1945)	Ditador
Nanak, Guru (3.0)	6-6-1-2-3	(1469-1538)	Fundador do Sikhismo
Napoleão I (2.2)	3-1-1-4-5	(1769-1821)	General/imperador
Nasser, Gamal Abdel (1.7)	2-1-1-6-1	(1918-1970)	President Egípcio
Neal, Viola Petitt (1.5)	2-4-7-6-7	(1907-1981)	Pesquisadora esotérica/escritora
Nehru, Jawaharlal (2.0)	1-2-1-6-3	(1889-1964)	Estadista indiano
Neill, A S (1.7)	2-6-1-4-3	(1883-1973)	Educador
Nelson, Horatio (1.6)	1-1-5-2-7	(1758-1805)	Comandante Naval
Nero (1.4)	1-1-4-6-3	(37-68 DC)	Imperador
Newman, Barnett (1.7)	4-7-7-6-7	(1905-1970)	Pintor/matemático
Newton, Isaac (2.2)	3-3-1-6-5	(1642-1727)	Cientista
Nichiren (2.0)	3-6-6-2-7	(1222-1282)	Budista/ Fundador do Nichiren
Nicholson, Ben (1.7)	2-4-4-6-3	(1894-1982)	Pintor
Nietzsche, Friedrich (1.9)	1-4-1-6-3	(1844-1900)	Filósofo
Nightingale, Florence (1.6)	2-2-3-6-6	(1820-1910)	Enfermeira/ Reformador na área hospitalar
Nityananda, Bhagavam (4.5)	2-6-4-2-7	(m. 1961)	Instrutor espiritual

Nobel, Alfred (1.7)	2-6-3-6-1	(1833-1896)	Inventor/ industrial
Norman, Mildred (1.6)	6-6-6-2-7	(1908-1981)	"Peregrino da paz"
Nostradamus (1.7)	3-3-6-6-3	(1503-1566)	Astrólogo
Oda, Nobunaga (0.7)	6-1-6-4-7	(1534-1582)	Senhor feudal
Okada, Yoshikazu (2.1)	6-6-6-4-3	(1901-1974)	Instrutor espiritual
Olcott, H S (2.2)	2-1-7-6-7	(1832-1907)	Teosofista
Olivier, Laurence (1.6)	3-4-3-2-7	(1907-1989)	Ator
O' Neill, Eugene (1.6)	2-6-1-4-3	(1888-1953)	Dramaturgo
Oppenheimer, J Robert (2.0)	5-3-7-6-3	(1904-1967)	Físico
Orígenes (4.3)	2-1-1-6-7	(185-254)	Teólogo/filósofo
Ousensky, Peter (2.0)	2-4-6-6-3	(1878-1947)	Matemático/ esoterista
Ovídio (1.7)	1-4-7-6-3	(43 AC- 17 DC)	Poeta
Paderewski, Ignace Jan (2.0)	6-4-7-4-7	(1860-1941)	Músico/ estadista
Paganini, Nicolo (1.7)	4-4-1-4-7	(1782-1840)	Músico
Palestrina, G P da (2.0)	4-6-4-6-3	(1525-1594)	Compositor
Palme, Olof (2.1)	4-6-7-4-7	(1927-1986)	Primeiro Ministro Sueco
Palmer, D D (1.6)	2-4-4-6-7	(1845-1913)	Fundador da quiropraxia
Panchen Lama (10º) (1.7)	6-4-4-6-7	(?-?)	Líder religioso
Panini (1.8)	2-5-5-6-7	(4º século AC)	Gramático Sanscrito
Pankhurst, Emmeline (1.7)	6-6-1-2-3	(1857-1928)	Sufragista
Paracelso (2.3)	1-4-5-6-7	(1493-1541)	Médico
Pareto, Vilfredo (2.0)	2-3-3-6-3	(1848-1923)	Economista/ sociólogo
Parker, Charlie (0.6)	6-4-6-6-7	(1920-1955)	Músico de Jazz
Parnell, Charles Stewart (1.7)	6-6-1-4-3	(1846-1891)	Político
Pascal, Blaise (2.4)	5-3-1-2-3	(1623-1662)	Cientista
Pasternak, Boris (1.7)	3-4-3-6-7	(1890-1960)	Escritor
Pauster, Louis (2.2)	5-7-7-2-3	(1822-1895)	Químico
Patanjali (4.3)	2-6-1-4-3	(1º século AC)	Filósofo
Patton, George (1.7)	1-6-1-2-1	(1885-1945)	General
São Patrício (2.2)	6-1-4-4-1	(ca. 385-461)	Santo/bispo
Paulo (3.0)	5-1-1-6-1	(1º século DC)	Apóstolo
Péricles (1.8)	1-7-1-2-1	(ca. 495-429 AC)	Estadista
Perón, Evita (1.6)	1-3-4-6-3	(1919-1952)	Atriz/política
Perón, Juan (1.7)	1-1-1-6-7	(1895-1974)	Sodado/estadista
Pestalozzi, Johann (1.7)	2-6-7-6-3	(1746-1827)	Educador
Pedro o Grande (1.7)	6-7-1-6-3	(1672-1725)	Imperador
Pedro (3.5)	1-4-1-2-7	(1º século DC)	Apóstolo
Petrarca, Francesco (1.7)	2-7-1-4-7	(1304-1374)	Poeta/pesquisador
Picasso, Pablo (2.4)	7-4-1-6-3	(1881-1973)	Pintor
Píndaro (1.7)	3-7-7-2-3	(ca. 522-440 AC)	Poeta
Pietrelcina, Pio da (2.3)	6-2-6-2-3	(1887-1969)	Padre/curador
Pilatos, Pôncio (1.4)	2-6-3-6-7	(n. 26 AC)	Governador da

			Judéia
Pissaro, Camille (1.7)	6-4-6-4-7	(1830-1903)	Pintor
Pitt (o Jovem), William (1.7)	1-1-1-2-3	(1759-1806)	Estadista
Planck, Max (2.2)	2-7-1-4-5	(1858-1947)	Físico
Platão (2.4)	2-4-7-6-7	(ca. 427-347AC)	Filósofo
Polo, Marco (1.6)	3-3-6-6-3	(1254-1324)	Explorador
Pound, Ezra (2.0)	7-1-1-4-7	1885-1972)	Poeta
Possuin, Nicolas (2.4)	7-7-6-4-3	(1594-1665)	Pintor
Praag, Henri van (2.0)	3-7-7-2-7	(1916-1988)	Parapsicólogo
Praxíteles (1.6)	4-4-4-6-1	(4° século AC)	Escultor
Pré, Jacqueline du (1.5)	2-4-4-6-2	(1945-1987)	Violoncelista
Presley, Elvis (0.8)	4-4-1-1-7	(1935-1977)	Estrela d rock-and-roll
Priestley, Joseph (2.0)	3-7-5-6-3	(1733-1804)	Clérigo/químico
Prokofiev, Sergei (1.8)	4-7-1-4-3	(1891-1955)	Compositor
Proust, Marcel (1.7)	2-4-4-6-7	(1871-1922)	Escritor
Puccini, Giacomo (1.7)	4-4-4-6-7	(1858-1924)	Compositor
Purucker, G de (1.6)	6-4-6-6-3	(1874-1942)	Teosofista
Pushkin, Alexandr (2.0)	4-4-1-6-3	(1799-1837)	Poeta
Pitágoras (2.2)	2-6-5-6-3	(6° século AC)	Filósofo/matemático
Racine, Jean (2.2)	3-1-7-4-7	(1639-1699)	Poeta
Rajneesh (2.3)	4-6-2-4-7	(1931-1990)	Instrutor espiritual
Raleigh, Walter (1.7)	1-4-3-4-7	(1552-1618)	Cortesão/navegador
Rama (4.0)	1-6-1-2-1	(ca. 6000 AC)	Avatar
Ramakrishna	2-6-6-4-7	(1836-1886)	Avatar
Ramana Maharshi	2-6-4-2-3	(1879-1950)	Avatar
Rameau, Jean Philippe (2.2)	3-4-4-6-7	(1683-1764)	Compositor
Ramsés II (2.0)	1-1-7-2-5	(1292-1225 AC)	Faraó
Rafael (3.0)	2-4-7-6-7	(1483-1520)	Pintor
Rasputin, Grigoriy E (1.6)	6-6-3-6-7	(ca, 1871-1916)	Monge
Ravel, Maurice (2.0)	4-7-3-4-7	(1875-1937)	Compositor
Redon, Odilson (1.5)	4-5-2-4-3	(1840-1916)	Pintor
Roger, Max (1.7)	2-2-4-4-3	(1873-1916)	Compositor
Reich, Wilhelm (2.0)	2-1-7-6-3	(1897-1957)	Psicanalista
Reinhardt, Django (0.6)	3-4-3-6-3	(1910-1953)	Músico de Jazz
Rembrandt (3.0)	2-4-3-4-7	(1606-1669)	Pintor
Renoir, Auguste (2.0)	4-2-3-2-3	(1841-1919)	Pintor
Respighi, Ottorino (1.65)	4-4-3-6-3	(1879-1936)	Compositor
Rhodes, Cecil (1.6)	6-1-7-6-3	(1853-1902)	Estadista
Richardson, Ralph (1.7)	2-4-7-2-3	(1902-1983)	Ator
Richelieu (1.7)	3-3-1-4-7	(1585-1642)	Cardeal/estadista
Rilke, Rainer Maria (1.7)	2-4-4-6-3	(1875-1926)	Poeta
Rimbaud, Arthur (1.7)	3-4-1-2-3	(1854-1891)	Poeta
Riviere, Enrique Pichon (2.0)	6-4-7-4-7	(?- ?)	Psicanalista
Robeson, Paul (1.6)	2-4-1-6-3	(1898-1976)	Cantor/ator
Robespierre (1.7)	1-3-1-4-3	(1758-1794)	Revolucionário

Rodin, Auguste (1.9)	3-4-4-2-7	(1840-1917)	Escultor
Roerich, Helena (4.0)	1-2-1-6-3	(1879-1955)	Ocultista
Roerich, Nicholas (2.1)	7-7-7-6-7	(1874-1947)	Pintor/filósofo
Romero (1.7)	2-2-3-6-1	(1917-1980)	Bispo/ ativista de direitos humanos/ porta voz
Ronsard, Pierre de (1.6)	2-4-4-6-3	(1524-1585)	Poeta
Röntgen, Wilhelm von (1.7)	5-7-5-2-3	(1845-1923)	Físico
Roosevelt, Anna Eleanor (2.0)	7-6-1-2-1	(1884-1962)	Humanitária
Roosevelt, Franklin D (2.7)	2-4-1-2-1	(1884-1945)	Presidente dos EUA
Rothko, Mark (1.8)	2-4-4-6-3	(1903-1970)	Pintor
Rousseau, Jean Jacques (2.2)	2-6-7-4-7	(1712-1778)	Filósofo político
Row, T Subba (1.7)	2-1-7-6-7	(1856-1890)	Teosofista
Rubens, Peter Paul (3.0)	4-7-1-4-7	(1577-1640)	Pintor
Rudhyar, Dane (1.9)	2-4-4-6-3	(1895-1986)	Astrólogo/ compositor
Rulof, Joseph (1.5)	3-6-5-6-7	(1889-1952)	Parapsicologista
Russel, Walter (1.6)	4-4-7-6-7	(1871-1963)	Escultor
Russel, Bertrand (1.7)	3-3-1-6-3	(1872-1970)	Filósofo
Russel, Charles Taze (1.6)	6-2-1-6-3	(1852-1916)	Fundador das Testemunhas de Jeová
Rutherford, Ernest (2.0)	2-7-7-2-5	(1871-1937)	Físico
Ruyter, Michel de (2.0)	1-7-1-6-7	(1607-1676)	Líder Naval
Sadat, Anwar (1.9)	2-6-6-2-3	(1918-1981)	Presidente Egípcio
Sai Baba de Shirdi	2-4-1-4-3	(1840-1918)	Avatar
Saicho (1.9)	6-7-4-6-3	(767-822)	Fundador da seita Budista Tendai
Saigo, Takamori (1.5)	6-7-1-6-7	(1827-1877)	Soldado/general
Saint-Simon, Claude de (1.7)	7-2-6-6-3	(1760-1825)	Filósofo Político
Sakharov, Andrei (2.0)	7-6-5-6-3	(1921-1989)	Físico
Sand, George (1.6)	2-4-4-6-3	(1804-1876)	Escritor
Sappho (1.6)	4-4-4-6-3	(ca. 650 AC)	Poeta
Sartre, Jean Paul (1.7)	3-2-3-6-3	(1905-1980)	Filósofo/escritor
Satie, Erik (1.5)	3-5-7-2-4	(1866-1925)	Compositor
Savonarola, Girolamo (1.7)	6-4-1-6-1	(1452-1498)	Reformador Religioso
Scarlatti, Domenico (2.4)	2-3-4-4-7	(1685-1757)	Compositor
Schiller, Friedrich von (1.7)	2-4-6-2-7	(1759-1805)	Dramaturgo/poeta
Schliemann, Heinrich (1.7)	7-1-7-4-7	(1822-1890)	Arqueólogo
Schönberg, Arnold (1.9)	6-4-1-4-7	(1874-1951)	Compositor
Schopenhauer, Arthur (2.2)	6-6-1-2-7	(1788-1860)	Filósofo
Schubert, Franz Peter (2.4)	4-2-2-4-2	(1797-1828)	Compositor
Schumann, Robert (2.3)	6-4-4-6-5	(1810-1856)	Compositor
Schweitzer, Albert (2.4)	2-2-1-4-3	(1875-1965)	Médico/organista

Scott, Cyril (1.55)	2-4-3-6-3	(1879-1970)	Compositor
Segovia, Andres (1.7)	6-4-4-2-1	(1894-1987)	Guitarrista
Selassie, Haile (1.6)	4-1-6-6-7	(1892-1975)	Imperador da Etiópia
Sellers, Peter (1.4)	4-4-6-4-7	(1925-1980)	Ator
Sen, Rikyu (0.8)	4-6-4-4-7	(1522-1591)	Mestre da cerimonia do chá
Sêneca (o Jovem) (1.7)	3-7-6-2-7	(ca. 5AC-65DC)	Filósofo
Shakespeare, William (3.5)	2-4-1-4-3	(1564-1616)	Dramaturgo/poeta
Shankaracharya	2-1-1-6-3	(788-820)	Avatar
Shaw, George Bernard (2.0)	6-6-1-6-3	(1856-1950)	Dramaturgo/escritor
Shinran (1.8)	2-3-1-2-7	(1173-1262)	Budista/ Jodo-shinshu
Shostakovich, Dmitri (2.0)	7-4-4-6-7	(1906-1975)	Compositor
Shotoku-Taishi (2.0)	6-6-5-4-3	(574-622)	Principe/regente
Sibelius, Jean (1.87)	2-4-4-6-7	(1865-1958)	Compositor
Sidis, William James (1.87)	2-4-4-6-7	(1898-1944)	Cientista
Simpson, James Young (1.7)	5-1-5-4-3	(1811-1870)	Médico
Sinnet, Alfred P (2.2)	2-6-1-6-3	(1840-1921)	Teosofista
Smith, Adam (1.7)	3-3-5-4-3	(1723-1790)	Economista/filósofo
Smith, Joseph (1.7)	6-6-6-2-7	(1805-1844)	Fundador do Mormonismo
Smith, Samantha (1.5)	1-4-6-4-7	(1972-1985)	Estudante/diplomata
Smuts, Jan Christiann (2.0)	2-7-1-6-7	(1870-1950)	Estadista
Sócrates (2.4)	6-2-1-6-3	(ca.469-399 AC)	Filósofo
Salomão (1.7)	2-1-4-2-3	(ca.1015-977AC)	Rei
Sófocles (1.7)	3-6-1-4-7	(ca. 496-405AC)	Dramaturgo
Spalding, Baird (1.6)	2-3-5-6-7	(1857-1953)	Viajante/escritor
Stael, Nicolas de (1.8)	4-4-4-6-7	(1914-1955)	Pintor
Stalin, Josef (2.0)	1-7-7-2-1	(1879-1953)	Chefe de estado
Steinbeck, John (1.6)	7-4-4-6-7	(1902-1968)	Escritor
Steiner, Rudolf (2.2)	2-4-1-6-3	(1961-1925)	Filósofo
Stevenson, Adlai (1.6)	2-7-6-2-7	(1900-1965)	Político
St-Exupéry, Antoine de (1.5)	1-3-5-6-7	(1900-1944)	Aviador/escritor
Stradivarius, Antonio (1.65)	2-4-2-4-7	(ca. 1644-1737)	Fabricante de violino
Strauss, David Friedrich (2.0)	6-1-1-2-7	(1808-1874)	Teólogo
Strauss, Franz Joseph (1.65)	1-6-7-6-1	(1915-1988)	Político
Strauss, Richard (1.8)	1-6-4-4-7	(1864-1949)	Compositor
Stravinsky, Igor (2.3)	7-4-1-6-7	(1882-1971)	Compositor
Strindberg, Johan August (1.7)	4-1-7-4-3	(1849-1912)	Dramaturgo
Stuyvesant, Peter (1.7)	6-7-7-2-7	(1592-1672)	Administrador
Sukarno, Achmad (1.7)	6-1-3-4-3	(1902-1970)	Presidente da Indonésia
Sullivan, Anne M (1.75)	2-2-7-6-3	(1866-1936)	Professor
Suzuki, Daisetsu (1.7)	2-6-1-6-3	(1870-1966)	Pesquisador Zen
Svoboda (1.7)	5-6-1-6-3	(1895-1979)	Estadista

Swedenborg, Emanuel (2.3)	2-4-4-6-3	(1688-1772)	Místico
Swift, Jonathan (1.7)	6-4-1-4-3	(1667-1745)	Escritor
Tagore, Rabindranath (2.2)	2-4-1-4-7	(1861-1941)	Poeta/filósofo
Takahashi, Shinji (2.0)	6-6-7-4-7	(1927-1976)	Líder religioso/ Fundador da GLA
Talleyrand, Charles de (1.7)	3-1-3-2-3	(1754-1838)	Estadista
Tallis, Thomas (1.7)	4-6-6-6-3	(ca. 1505-1585)	Compositor
Taniguchi, Masaharu (2.3)	6-7-4-6-3	(m. 1985)	Instrutor espiritual
Taungpulu Sayadaw (1.7)	2-6-6-4-3	(1898-1986)	Instrutor budista
Tchekov, Anton (1.8)	2-4-2-4-3	(1860-1904)	Escritor
Tchaikovsky, Piotr Ilyich (1.8)	4-4-3-6-7	(1840-1893)	Compositor
Teilhard de Chardin P (2.35)	2-6-3-2-3	(1881-1955)	Cientista/filósofo
Telemann, Georg (1.9)	3-4-6-4-7	(1687-1767)	Compositor
Tendai (2.0)	6-6-7-4-3	(538-597)	Budista/Seita Tendai
Tennyson, Alfred (2.0)	6-1-4-4-7	(1809-1892)	Poeta
Teresa de Ávila (3.1)	6-6-3-4-3	(1515-1582)	Santa/Mística
Tesla, Nikola (2.0)	2-3-1-6-5	(1856-1943)	Inventor
Tezuka, Osamu (1.6)	6-4-4-6-7	(1926-1989)	Cartunista
Thant, U (1.7)	2-2-1-6-2	(1909-1974)	Diplomata
Thibaud, Jacques (1.6)	2-2-4-4-3	(1880-1953)	Músico
Thomas, Dylan (1.5)	2-4-1-4-3	(1914-1953)	Poeta
Thoreau, Henry (1.6)	2-3-3-6-3	(1817-1862)	Escritor
Tucídides (1.6)	5-3-1-2-7	(ca.460-400 AC)	Historiador
Tintoretto (2.5)	4-7-1-6-7	(1518-1594)	Pintor
Ticiano (3.0)	4-4-7-6-7	(ca. 1490-1576)	Pintor
Tito (2.5)	1-1-1-4-1	(1892-1980)	Presidente Iugoslavo
Tokugawa, Ieyasu (155)	2-1-3-6-7	(1542-1616)	Xogum
Tolkien, J R (1.7)	4-6-4-4-3	(1892-1973)	Escritor
Tolstoy, Leo (2.2)	2-4-6-6-3	(1828-1910)	Escritor
Tomonaga, Shin-ichiro (1.7)	4-6-4-6-7	(1906-1979)	Físico
Toscanini, Arturo (2.0)	3-1-4-4-3	(1867-1957)	Maestro
Trotsky, Leon (2.2)	7-1-7-6-3	(1879-1940)	Revolucionário
Tudor Pole, Wellesley (2.0)	2-7-7-6-3	(1884-1968)	Místico
Turner, J M W (2.5)	4-4-1-2-3	(1775-1851)	Pintor
Twain, Mark (1.7)	6-2-4-6-7	(1835-1910)	Escritor
Tyndale, William (1.7)	6-6-7-6-3	(ca. 1492-1536)	Pesquisador da bíblia
Uccello, Paolo (2.6)	2-4-4-6-7	(1396-1475)	Pintor
Ursula (2.5)	6-6-6-6-7	(4° século DC)	Santa/mártir
Uyl, Joop den (1.6)	3-6-6-6-7	(1919-1987)	Primeiro Ministro Holandês
Vaughan-Williams, Ralph (1.8)	4-4-4-6-7	(1872-1958)	Compositor
Velasquez, Diego (2.4)	4-7-1-4-7	(1599-1660)	Pintor
Verdi, Giuseppe (1.9)	4-4-4-6-7	(1813-1901)	Compositor
Vermeer, Jan (2.4)	3-7-4-2-7	(1632-1675)	Pintor
Veronese, Paolo (3.0)	7-4-7-6-7	(1528-1588)	Pintor

Villa, Pacho (1.7)	1-1-3-6-7	(1877-1923)	Revolucionário
Vivaldi, Antonio (2.2)	3-4-3-6-7	(1678-1741)	Compositor
Vivekananda	2-1-1-6-1	(1862-1902)	Avatar
Voltaire, Francois de (2.0)	2-4-1-6-3	(1694-1778)	Escritor/filósofo
Vondel, Joost van den (2.0)	3-1-7-6-5	(1587-1679)	Poeta
Wagner, Cosima (1.6)	4-6-1-2-7	(1837-1930)	Esposa de Richard Wagner
Wagner, Richard (2.1)	1-1-4-4-7	(1813-1883)	Compositor
Ward, Barbara (2.0)	3-3-5-6-3	(1914-1981)	Economista/ecritor
Washington, George (2.3)	2-3-1-6-3	(1732-1799)	Soldado/presidente
Watt, James (1.7)	2-5-5-4-3	(1736-1819)	Inventor
Webern, Anton von (2.0)	4-7-7-6-3	(1883-1945)	Compositor
Wei, Wang (1.7)	2-7-2-2-3	(699-759)	Poeta budista/pintor
Weill, Kurt (1.7)	6-4-7-6-7	(1900-1950)	Compositor
Weiss, Peter (1.6)	2-3-5-6-7	(1916-1982)	Dramaturgo
Wellington, Duke de (1.7)	3-1-1-2-7	(1769-1852)	Soldado/estadista
Wells, H G (1.7)	2-2-1-4-3	(1866-1946)	Escritor
Wesley, John (1.6)	6-6-2-6-3	(1703-1791)	Fundador do Metodismo
White, Patrick (1.55)	1-4-7-6-7	(1912-1990)	Escritor
Whitman, Walt (1.7)	3-6-1-6-3	(1759-1833)	Poeta
Wilberforce, William (1.7)	3-1-1-6-3	(1759-1833)	Reformador político
Williams, Tennessee (1.6)	2-4-6-4-3	(1912-1982)	Dramaturgo
Wishart, George (2.0)	1-6-6-6-7	(ca. 1513-1546)	Reformador/mártir
Witt, Jan de (1.7)	3-1-7-6-1	(1625-1672)	Político
Wittgenstein, Ludwig (1.8)	2-7-6-6-7	(1889-1951)	Filósofo
Wood, Natalie (1.4)	2-6-4-4-7	(1938-1981)	Atriz de filme
Woolf, Virginia (1.6)	4-4-7-6-7	(1882-1941)	Escritora
Wordsworth, William (1.7)	6-4-4-6-7	(1770-1850)	Poeta
Wren, Christopher (1.7)	1-1-4-6-7	(1632-1723)	Arquiteto
Wresinski, Joseph (1.6)	2-5-3-6-7	(1917-1988)	Humanista
Wycliffe, John (1.7)	2-6-6-2-3	(ca. 1329-1384)	Reformador religioso
Xerxes (1.7)	1-1-3-6-1	(ca. 519-465AC)	Rei
Yeats, W B (1.8)	2-4-4-6-3	(1865-1939)	Poeta/dramaturgo
Yogananda	2-4-6-6-3	(1893-1952)	Avatar
Yoshida, Shigeru (1.55)	2-7-1-6-7	(1878-1967)	Estadista
Young, Leste (0.6)	2-4-4-2-3	(1909-1959)	Músico de Jazz
Yukawa, Hideki (1.6)	7-4-6-6-3	(1907-1981)	Físico
Zadkine, Ossip (1.6)	2-4-3-4-3	(1890-1967)	Escultor
Zapata, Emiliano (1.6)	1-1-1-6-3	(ca. 1877-1902)	Escritor
Zoroastro (Zaratustra) (4.5)	4-1-4-6-7	(628-511 AC)	Instrutor
Zurbarán, Francisco (2.0)	6-7-7-4-7	(1598-1622)	Pintor
Zwingli, Huldreich (1.7)	6-6-1-2-3	(1484-1531)	Reformador religioso

A GRANDE INVOCAÇÃO

Do ponto de Luz na Mente de Deus
Flua luz às mentes dos homens.
Que a Luz desça à Terra

Do ponto de Amor no Coração de Deus
Flua amor aos corações dos homens
Que o Cristo retorne à Terra

Do centro onde a Vontade de Deus é conhecida
Guie o propósito as pequenas vontades dos homens –
O Propósito que os Mestres conhecem e servem

Do centro que chamamos raça dos homens
Cumpra-se o Plano de Amor e Luz
E mure-se a porta onde mora o mal.

Que a Luz, o Amor e o Poder
Restabeleçam o Plano na Terra

A Grande Invocação, usada pelo Cristo pela primeira vez em Junho de 1945, foi liberada por Ele para a humanidade, afim de nos permitir invocar as energias que mudariam o nosso mundo e tornar possível o retorno do Cristo e da Hierarquia. Esta não é a forma utilizada pelo Cristo. Ele usa uma fórmula antiga, com sete frases místicas de tamanho, em uma antiga língua sacerdotal. Ela foi traduzida (pela Hierarquia) em termos que nós podemos usar e entender, e, traduzida para muitas línguas, ela é usada diariamente em cada país do mundo.

A Oração para a Nova Era

Eu sou o Criador do Universo.

Eu sou o Pai e a Mãe do Universo

Tudo vem de Mim.

Tudo retornará à Mim.

Mente, Espírito e Corpo são Meus templos.

Para a Alma perceber neles

Meu Ser Supremo e Transformação.

A Oração para a Nova Era, dada por Maitreya, o Instrutor do Mundo, é um grande mantra ou afirmação com um efeito invocativo. Ela será uma ferramenta poderosa para reconhecermos que o homem e Deus são Um, que não há separação. O "Eu" é o Princípio Divino por trás de toda a criação. A Alma emana do, e é idêntica ao, Princípio Divino.

A maneira mais eficiente de usar este mantra é a de dizer ou pensar nas palavras com a vontade focada, mantendo a atenção no centro ajna entre as sobrancelhas. Quando a mente entende o significado dos conceitos, e simultaneamente a vontade é trazida à frente, estes conceitos serão ativados e o mantra funcionará. Se ela for dita de forma séria todos os dias, crescerá dentro de você uma percepção do seu verdadeiro Ser.

(Primeiro publicado na *Share International*, Setembro 1988.)

414

REFERÊNCIAS CITADAS PELO AUTOR

Alice A. Bailey, *O Destino das Nações* (Londres: Lucis Press, 1949- Fundação Cultural Avatar)

_____, *Discipleship in the New Age,, Vols I e II* (Londres: Lucis Press, 1944)

_____, *Educação na Nova Era* (Londres: Lucis Press, 1954 – Fundação Cultural Avatar)

_____, *Cura Esotérica* (Londres: Lucis Press, 1953 – Fundação Cultural Avatar)

_____, *Psicologia Esotérica* (Londres: Lucis Press, 1936 – Fundação Cultural Avatar)

_____, *Exteriorização da Hierarquia* (Londres: Lucis Press, 1955 – Fundação Cultural Avatar)

_____, *Iniciação, Humana e Solar* (Londres, Lucis Press, 1922 – Fundação Cultural Avatar)

_____, *Cartas sobre Meditação Ocultista* (Londres: Lucis Press, 1922 – Fundação Cultural Avatar)

_____, *O Reaparecimento do Cristo* (Londres: Lucis Press, 1948 – Fundação Cultural Avatar)

H.P. Blavatsky, *A Doutrina Secreta* (Londres: Theosophical Publishing House, 1888 – Editora Pensamento)

Brandt Commission, *North-South: A Programme for Survival* (Cambridge, MA: MIT Press, 1980)

Helena Roerich, *Folhas do Jardim de Morya, Vol I: O Chamado* (Nova York: Agni Yoga Society, 1924- Fundação Cultural Avatar)

_____, *Folhas do Jardim de Morya, Vol II: Iluminação* (Nova York: Agni Yoga Society, 1925 – Fundação Cultural Avatar)

LIVROS POR BENJAMIN CREME

A Missão de Maitreya, Volume Um
O primeiro de uma trilogia de livros que descrevem a emergência e ensinamentos de Maitreya, o Instrutor do Mundo. Conforme a consciência humana constantemente amadurece, muitos dos antigos "mistérios" estão sendo agora revelados. Este volume pode ser visto como um guia para a humanidade, conforme ela viaja pela jornada evolucionária. Os assuntos do livro são vastos: dos novos ensinamentos do Cristo à meditação e karma; da vida após a morte, e reencarnação, a cura e transformação social; da iniciação e o papel do serviço aos Sete Raios; de Leonardo da Vinci e Mozart à Sathya Sai Baba. Ele prepara a cena e o caminho para o trabalho de Maitreya, como Instrutor do Mundo, e a criação de uma nova e melhor vida para todos. Ele é uma poderosa mensagem de esperança.

English: "Maitreya's Mission, Volume I", 1ª edição, 1986. 3ª edição 1993, reimpresso em 2003. ISBN 90-71484-08-4, 373 pp.

Portuguese: "A Missão de Maitreya, Volume Um", 1ª edição, 2017. ISBN 978-94-91732-05-8, 418 pp.

Unidade na Diversidade: O Caminho Adiante Para A Humanidade
Nós precisamos de uma nova, esperançosa visão do futuro. Este livro apresenta tal visão: um futuro que engloba um mundo em paz, harmonia e unidade, enquanto que cada qualidade e abordagem individual é bem-vinda e necessária. Ele é visionário, mas expresso com uma lógica convincente.
Unidade na Diversidade: O Caminho Adiante para a Humanidade diz respeito ao futuro de cada homem, mulher e criança. Ele é sobre o futuro da própria Terra. A humanidade, diz Creme, está em uma encruzilhada e tem uma grande decisão a tomar: seguir em frente e criar uma

brilhante nova civilização na qual todos são livres e a justiça social reina, ou continuar como nós estamos, divididos e competindo, e vermos o fim da vida no planeta Terra.

Creme escreve em nome da Hierarquia Espiritual na Terra, cujo Plano para o aperfeiçoamento da humanidade, ele apresenta. Ele nossa essencial unidade, sem o sacrifício de nossa igualmente essencial diversidade.

Benjamin Creme, artista e autor, esteve dando palestras ao redor do mundo por quase 40 anos sobre a emergência ao mundo cotidiano de Maitreya, o Instrutor do Mundo, e Seu grupo, os Mestres da Sabedoria. Os livros de Creme, dezesseis presentemente, foram traduzidos para várias línguas, transformando as vidas de milhões.mostra que o caminho adiante para todos nós é a percepção de

English: "Unity in Diversity: The Way Ahead for Humanity", 1ª edição 2006. "ISBN 978-90-71484-98-8, 167 pp.

Portuguese: "Unidade na Diversidade: O Caminho Adiante Para A Humanidade", 1ª edição 2017. ISBN 978-94-91732-10-2, 188 pp.

Os ensinamentos da sabedoria eternal

"Sempre foi a política da Hierarquia Espiritual a de manter a humanidade informada sobre, e em contato com, todos os aspectos do conhecimento esotérico que podem ser seguramente divulgados e tornados exotéricos.

Por longos séculos isto tem sido possível, mas em um grau limitado. No último século, no entanto, mais informação foi dada, e mais conhecimento foi liberado, do que em qualquer outro momento da histórica da raça. Que isto é assim reflete a crescente compreensão do homem das leis internas mais sutis governando a aparência externa das coisas e eventos, e, ao mesmo tempo, sua sentida necessidade de exercer um papel totalmente consciente em sua própria evolução e desenvolvimento.

Estando, como estamos, no limiar de uma nova era, nós podemos esperar com confiança para uma liberação sem precedentes de ensinamentos anteriormente guardados que, quando absorvidos e compreendidos, lançarão uma luz maior nos mistérios do universo e da natureza do Ser do homem..." (pelo Mestre —, através de Benjamin Creme)

Este livro apresenta uma introdução a este grande corpo de sabedoria que está por detrás dos ensinamentos espirituais de todos os grupos, através das eras. Apenas descobrindo a fonte comum da qual todas as fés emergiram, os homens e mulheres verdadeiramente compreenderão sua fraternidade espiritual, como crianças do Único Pai – seja lá por qual nome eles O chamem.

English: "The Ageless Wisdom Teaching", 1ª edição 1996. "ISBN 90-71484-13-0, 167 pp.

Portuguese: "Os ensinamentos da sabedoria eternal", 1ª edição 2017. ISBN 978-94-91732-07-2, 86 pp.

O despertar da humanidade

O Despertar da Humanidade é um volume associado ao O Instrutor do Mundo para Toda a Humanidade, de Benjamin Creme, publicado em 2007, que enfatiza a natureza de Maitreya como o Instrutor do Mundo, a Encarnação do Amor e da Sabedoria.

O Despertar da Humanidade foca no dia quando Maitreya Se declarará abertamente como o Instrutor do Mundo para a era de Aquário. Ele descreve o processo de emergência de Maitreya, os passos levando ao Dia da Declaração, e a resposta da humanidade a esta grandiosa experiência.

Quanto ao Dia da Declaração, o Mestre de Benjamin Creme diz: "Nunca antes os homens terão ouvido o chamado de sua divindade, o desafio de suas presenças aqui na Terra. Cada um, individualmente, e solenemente sozinho, saberá por este período de tempo, o proposito e significado de suas vidas, experienciarão novamente a graça da infância, a pureza da aspiração purificada do ser. Por estes preciosos minutos, os homens saberão novamente a alegria da total participação nas realidades da Vida, se sentirão conectados um ao outro, como a memória de um passado distante."

Este livro profético dá ao leitor esperança e expectativa para os alegres e transformadores eventos que estão a caminho.

English: "The Awakening of Humanity", 1ª edição 2008. "ISBN 13: 978-90-71484-41-4, 167 pp.

Portuguese: "O despertar da humanidade", 1ª edição 2017. ISBN 978-94-91732-09-6, 158 pp.

O instrutor do mundo para toda a humanidade
Maitreya, o Instrutor do Mundo, está pronto para emergir publicamente. Este livro apresenta uma visão geral deste grandioso evento: o retorno ao mundo cotidiano de Maitreya em Julho de 1977, e a gradual emergência do Seu grupo, os Mestres da Sabedoria; as enormes mudanças que a presença de Maitreya trouxe; e Seus planos, prioridades e recomendações para o futuro imediato. Maitreya é mostrado tanto como um Grande Avatar Espiritual e, ao mesmo tempo, um amigo e irmão da humanidade.

O conselho de Maitreya levará a humanidade a uma simples escolha. Ou continuar em nosso presente destrutivo modo de vida e perecer, ou aceitar de bom grado Seu conselho para inaugurar um sistema de partilha, garantindo a justiça, paz e a criação de uma civilização baseada na divindade interna de todos.

English: "The World Teacher For All Humanity", 1ª edição 2008. "ISBN 978-90-71484-39-1, 167 pp.

Portuguese: "O instrutor do mundo para toda a humanidade", 1ª edição 2017. ISBN 978-94-91732-08-9, 146 pp.

Transmissco: uma meditago para a nova era
A Meditação de Transmissão é uma forma de meditação grupal para o propósito de "levar abaixo" (transformar) energias espirituais que assim se tornam acessíveis e úteis ao público geral. É a criação, em cooperação com a Hierarquia dos Mestres, de um vórtice ou reservatório de elevada energia para o benefício da humanidade.

Introduzida em 1974 por Benjamin Creme sobre a direção de seu Mestre, esta forma de serviço, que é simples de se fazer, é ao mesmo tempo uma maneira poderosa de crescimento pessoal. A meditação é a combinação de duas yogas: Karma Yoga (yoga do serviço) e Laya Yoga (yoga da energia ou centros). Ela é um serviço no qual nós podemos estar envolvidos pelo resto de nossas vidas sabendo que estamos ajudando na evolução da humanidade para, e além, da Nova Era. Existem centenas de grupos de Meditação de Transmissão ativos em muitos países ao redor do mundo.

Neste prático e inspirador livro, Benjamin Creme descreve os objetivos, técnica e resultados da Meditação de Transmissão, assim como propósito por trás da meditação para o desenvolvimento do discípulo.

English: "Transmission: A Meditation for the New", 1ª edição 1983. 4ª edição 1998. ISBN 90-71484-17-3, 204 pp.

Portuguese: "Transmissco: uma meditago para a nova era", 1ª edição 2017. ISBN 978-94-91732-06-5, 262m pp.

The Reappearance of the Christ and the Masters of Wisdom

Em seu primeiro livro, Benjamin Creme dá o plano de fundo e informação pertinente ao que diz respeito a emergência de Maitreya (o Cristo), como o Instrutor do Mundo, para a Nova Era agora nascendo. Esperado sobre diferentes nomes por todos os grupos religiosos, Maitreya vem para nos ajudar a criar cooperação entre as muitas facções ideológicas, galvanizar a boa vontade e partilha do mundo, e inspirar profundas reformas políticas, sociais, econômicas e ambientais. Benjamin Creme coloca o mais profundo evento dos últimos 2.000 anos em seu correto contexto esotérico, e descreve que efeito a presença do Instrutor do Mundo terá tanto nas instituições do mundo e na pessoa comum. Através de seu contato telepático com um Mestre da Sabedoria, Creme oferece revelações sobre tais assuntos como a alma e reencarnação; medo da morte; telepatia; meditação; energia nuclear; antigas civilizações; ÓVNIs; problemas do mundo em desenvolvimento; uma nova ordem econômica; o Anticristo; e o "julgamento final".

English: 1ª edição 1979, ISBN 0-936604-00-X, 254 pp.

Messages from Maitreya the Christ

Durante anos de preparação para Sua emergência, Maitreya deu 140 Mensagens através de Benjamin Creme durante palestras públicas em Londres de 1977 a 1982. O método usado foi ofuscamento mental e um contato telepático conseqüentemente desenvolvido.

As mensagens de Maitreya sobre partilha, cooperação e unidade inspiram leitores a espalharem as notícias do Seu reaparecimento e em trabalhar urgentemente para o resgate de milhões sofrendo de pobreza e fome em um mundo de plenitude. Na Mensagem Nº 11, Maitreya diz: "Meu Plano é o de mostrar à vocês que o caminho para fora de seus problemas é escutar novamente a verdadeira voz de

Deus dentro de seus corações, partilhar os produtos deste mundo dos mais caridosos entre seus irmãos e irmãs em todos os lugares..." (5 de Janeiro de 1978)

As palavras de Maitreya são uma fonte única de sabedoria, esperança e socorro neste tempo crítico de mudança mundial, e quando lidas em voz alta, estas profundas, e mesmo assim simples Mensagens, invocam Sua energia e benção.

English: 1ª edição Vol I 1981, Vol II 1986, 2ª edição combinada 1992, reimpresso em 2001. ISBN 90-71484-22-X, 286 pp

A Master Speaks

A humanidade é guiada por trás das cenas por um altamente evoluído e iluminado grupo de homens Que nos precederam sobre o caminho da evolução. Estes Mestres da Sabedoria, como Eles são chamados, dificilmente aparecem abertamente, mas normalmente trabalham através de Seus discípulos – homens e mulheres que influenciam a sociedade através de seus trabalhos na ciência, educação, arte, religião, política, e em cada departamento da vida.

O artista Britânico Benjamin Creme, é um discípulo de um Mestre com o Qual ele está em contato telepático próximo. Desde o lançamento da *Share International*, a revista da qual Benjamin Creme é editor, seu Mestre contribuiu com cada edição com um artigo inspirador sobre uma ampla gama de assuntos: razão e intuição; a nova civilização; saúde e cura; a arte de viver; a necessidade por síntese; justiça é divina; o Filho do Homem; direitos humanos; a lei do renascimento; o fim da fome; partilha para a paz; a ascensão do poder das pessoas; o futuro mais brilhante; cooperação – e muito mais.

O principal propósito destes artigos é o de atrair a atenção às necessidades do presente e imediato tempo futuro, e dar informação sobre os ensinamentos de Maitreya, o Mestre de todos os Mestres. A terceira edição contem todos os 223 artigos dos primeiros 22 volumes da *Share International*.

English: 1ª edição 1985. 3ª edição expandida 2004. ISBN 90-71484-29-7, 452 pp.

Maitreya's Mission, Volume Two
Este inspirador e acolhedor livro oferece nova esperança e orientação à um mundo em sofrimento no limiar de uma Era Dourada. Ele apresenta os ensinamentos de Maitreya, o Instrutor do Mundo, tanto no nível exterior, prático, e nos níveis internos, espirituais; Suas unicamente precisas previsões de eventos mundiais, que surpreenderam a mídia internacional; e Suas milagrosas aparições que trouxeram esperança e inspiração para muitos milhares. Ele também contém uma série de entrevistas únicas com o Mestre de Benjamin Creme, que lança nova e reveladora luz sobre alguns dos maiores problemas que a humanidade encara.

Este livro cobre uma enorme gama de assuntos: os ensinamentos de Maitreya; o crescimento da consciência; novas formas de governo; comercialização e forças de mercado; o princípio da partilha; vida na Nova Era; escolas sem muros; a Tecnologia da Luz; círculos nas plantações; o Ser; telepatia; doença e morte; energia e pensamento; Meditação de Transmissão; o propósito da alma. Também inclui transcrições de inspiradoras palestras de Benjamin Creme sobre "A Superação do Medo" e "O Chamado do Serviço."

English: 1ª edição 1993, reimpresso em 2004. ISBN 90-71484-11-4, 753 pp.

Os Ensinamentos da Sabedoria Eterna
Uma visão geral do legado espiritual da humanidade, esta brochura serve como uma introdução concisa e fácil de se entender aos Ensinamentos da Sabedoria Eterna. Ela explica os preceitos básicos do esoterismo, incluindo: fonte de Ensinamento; a emergência do Instrutor do Mundo;

renascimento e reencarnação; a Lei de Causa e Efeito; o Plano de evolução; origem do homem; meditação e serviço; mudanças futuras. Também inclui um glossário esotérico e uma lista de leitura recomendada.

English: 1ª edição 1996, reimpresso em 2006. ISBN 978-90-71484-13-1, 76 pp.

Maitreya's Mission, Volume Three
Benjamin Creme apresenta uma incentivadora visão do futuro. Com Maitreya, o Instrutor do Mundo, e Seus discípulos, os Mestres da Sabedoria abertamente oferecendo Suas orientações, a humanidade criará uma civilização digna de seu potencial divino. Paz será estabelecida; partilha dos recursos do mundo a norma; manter o nosso meio ambiente uma prioridade. A nova educação irá ensinar o fato da alma e a evolução da consciência. As cidades do mundo serão transformadas em centros de grande beleza.
   Este livro oferece sabedoria inestimável sobre uma ampla gama de tópicos. Ele inclui as prioridades de Maitreya para o futuro, e entrevistas com um Mestre da Sabedoria sobre "O Desafio do Século 21". Ele explora o karma e a reencarnação, a origem da humanidade, meditação e serviço, o Plano de evolução, e outros conceitos fundamentais dos Ensinamentos da Sabedoria Eterna. Ele inclui um olhar fascinante de um ponto de vista esotérico, da perspectiva espiritual, de dez artistas famosos – entre eles, da Vinci, Michelangelo e Rembrandt – por Benjamin Creme, ele mesmo um artista.
   Como os dois primeiros volumes de *Maitreya's Mission*, este trabalho combina profundas verdades espirituais com soluções práticas aos problemas mais incômodos de hoje. Ele é na verdade uma mensagem de esperança para a humanidade, pronta para "começar a criação de uma civilização como o mundo nunca viu antes."

English: 1ª edição 1997. ISBN 90-71484-15-7, 704 pp.

425

The Great Approach: New Light and Life for Humanity
Este livro profético se encaminha aos problemas de nosso mundo caótico e a sua gradual mudança sobre a influência de um grupo de homens perfeitos, os Mestres da Sabedoria, Que, com Seu líder Maitreya, o Instrutor do Mundo, estão retornando abertamente ao mundo pela primeira vez em 98.000 anos.

O livro cobre tópicos como: partilha, os EUA em um dilema; conflitos étnicos; crime e violência; meio ambiente e poluição; engenharia genética; ciência e religião; a natureza da luz; saúde e cura; educação; milagres; a alma e encarnação. Uma síntese extraordinária de conhecimento, ele lança um farol sobre o futuro; com visão clara ele prevê nossas mais elevadas realizações do pensamento, afim de revelar as incríveis descobertas científicas que estão adiante. Ele nos mostra um mundo no qual a guerra é uma coisa do passado, e as necessidades de todos são satisfeitas.

English: 1ª edição 2001. ISBN 90-71484-23-8, 320 pp.

The Art of Co-operation
The Art of Co-operation lida com os problemas mais urgentes de nosso tempo, e suas soluções, do ponto de vista dos Ensinamentos da Sabedoria Eterna que, por milênios, revelaram as forças subjacentes ao mundo exterior. Benjamin Creme traz estes ensinamentos à atualidade, preparando o caminho para a eminente emergência de Maitreya, o Instrutor do Mundo, e Seu grupo de Mestres da Sabedoria.

Este volume olha para um mundo preso em antiga competição, tentando resolver seus problemas por métodos antigos e ultrapassados, enquanto que a resposta – cooperação – está em nossas mãos. Ele mostra o caminho para um mundo de justiça, liberdade e paz através de uma crescente apreciação da unidade subjacente à toda vida. Maitreya irá nos inspirar à esta crescente percepção.

Tópicos incluem: a necessidade por cooperação; os EUA e a competição; organismo contra organização; oportunidade para serviço; medo da perda; karma; amor; coragem e desapego; superação do glamour; como os Mestres ensinam; unidade na diversidade; consenso; confiança.

English: 1ª edição 2002. ISBN 90-71484-26-2, 235 pp.

Maitreya's Teachings: The Laws of Life

Nós não temos nem fragmentos dos ensinamentos dos anteriores Instrutores do Mundo dados anteriormente a um certo conhecimento de Suas existências. Nós não temos os ensinamentos de um Cristo, ou um Buda, ou um Krisnha, com exceção daqueles vistos através dos olhos de seguidores posteriores. Pela primeira vez é nos dado o sabor dos ensinamentos e revelações de um Ser de incomensurável estatura, afim de nos permitir compreender o caminho da evolução se desenrolando a nossa frente que Ele veio delinear para nós. A impressão deixada em mente pelo Instrutor é a de que a amplitude, a profundidade de Seu conhecimento e consciência não têm limites; que Ele é tolerante e sábio além da imaginação, e de uma humildade impressionante.

Poucos poderiam ler estas páginas sem se transformarem. Para alguns, as revelações extraordinárias sobre os eventos mundiais serão de maior interesse, enquanto que para outros, a revelação dos segredos da auto-realização, a simples descrição da verdade experienciada, será uma revelação. Para qualquer um procurando entender as Leis da Vida, estas revelações sutis e férteis irão levá-los rapidamente ao núcleo da própria Vida, e oferecer à eles um caminho simples levando ao alto da montanha. A unidade essencial de toda a vida é descoberta de uma maneira clara e cheia de sentido. Nunca, pareceria, as Leis pelas quais nós vivemos pareceram tão naturais e tão sem limites.

English: 1ª edição, 2005. ISBN 900-17484-31-9, 253 pp.

The Art of Living: Living Within de Laws of Life
Inspirado nos escritos de dois Mestres da Sabedoria, o Mestre Djwhal Khul e particularmente o próprio Mestre de Benjamin Creme, a Parte Um deste livro considera a experiência de viver como uma forma de arte, como pintura ou música. Para se alcançar um alto nível de expressão, são necessários tanto conhecimento e uma adesão à certos princípios fundamentais. Na arte da vida, é através da compreensão da grande Lei de Causa e Efeito, e da relacionada Lei do Renascimento, que nós alcançamos a calma, a inofensividade que leva à felicidade pessoal, corretas relações humanas e o correto caminho para toda a humanidade em sua jornada evolucionária.

Partes Dois e Três, "Os Pares de Opostos" e "Ilusão", propõem que é a posição única do homem no esquema evolucionário – o ponto de encontro do espírito e da matéria – que produz sua aparente luta sem fim, tanto dentro de si mesmo, como na vida exterior. Os meios pelos quais ele emerge da névoa da ilusão, e une esses dois aspectos de si mesmo em um Todo perfeito, é viver a própria vida com crescente desapego e auto-consciência objetiva.

English: 1ª edição 2006. ISBN 978-90-71484-37-7, 251 pp.

~~~~~

Os livros acima foram publicados pela Fundação Share International (Amsterdã, Londres). A maioria deles foram traduzidos e publicados em Holandês, Francês, Alemão, Japonês e Espanhol por grupos respondendo à esta mensagem. Alguns também foram publicados em Chinês, Croata, Finlandês, Grego, Hebraico, Italiano, Português, Romeno, Russo, Esloveno e Sueco. Mais traduções estão planejadas. Livros, assim como fitas de áudio e vídeo, estão disponíveis em livrarias locais.

SHARE INTERNATIONAL
ISNN 0169-1341

Uma revista única, contendo todo mês: informação atualizada sobre a emergência de Maitreya, o Instrutor do Mundo; um artigo de um Mestre da Sabedoria; expansões dos ensinamentos esotéricos; respostas de Benjamin Creme quanto a uma ampla variedade de tópicos e perguntas esotéricas; artigos por e entrevistas com pessoas na frente de mudanças mundiais progressivas; notícias de agências da ONU e relatórios de desenvolvimentos positivos na transformação de nosso mundo.

A *Share International* une as duas maiores direções do pensamento da Nova Era – a política e a espiritual. Ela mostra a síntese subjacente as mudanças políticas, sociais, econômicas e espirituais agora ocorrendo em uma escala global, e procura estimular ação prática para reconstruir nosso mundo sobre linhas mais justas e compassivas.

A *Share International* cobre notícias, eventos e comentários relacionados às prioridades de Maitreya: um adequado suprimento de alimento correto, casa e abrigo para todos, saúde e educação como direitos universais, e a manutenção do equilíbrio ecológico no mundo. *ISSN 0169-1341*

Versões da *Share International* estão disponíveis em Holandês, Francês, Alemão, Japonês, Romeno, Esloveno e Espanhol. Para informação sobre assinatura, contate o escritório apropriado abaixo.

***Para as Américas do Norte, Central e do Sul,
Austrália,Nova Zelândia e as Filipinas***
Share International USA
Caixa Postal 971, North Hollywood, CA 91603, EUA

Para o Reino Unido
Share International
Caixa Postal, 3677, Londres, NW5 1RU, Reino Unido

Para o resto do mundo
Share International
Caixa Postal, 41877, 1009 DB Amsterdã, Holanda

Extensiva informação e extratos da revista são publicados online em: **www.share-international.org** e **www.share-internationa.org/portuguese**

Sobre o Autor

O pintor e esoterista escocês Benjamin Creme esteve por mais de 40 anos preparando o mundo para o mais extraordinário evento na história da humanidade – o retorno de nossos mentores espirituais ao mundo cotidiano. Benjamin Creme apareceu na televisão, rádio e filmes de documentários ao redor do mundo, e deu palestras na Europa Ocidental e Oriental, os EUA, Japão, Austrália, Nova Zelândia, Canadá, e México.

Treinado e supervisionado por muitos anos pelo seu próprio Mestre, ele começou seu trabalho público em 1974. Em 1982, ele anunciou que o Senhor Maitreya, o há muito aguardado Instrutor do Mundo, estava vivendo em Londres, pronto para Se apresentar abertamente quando convidado pela mídia mundial a fazê-lo. Este evento é agora eminente.

Benjamin Creme continuou a levar adiante sua tarefa como mensageiro desta notícia inspiradora. Seus livros, dezesseis no presente, foram traduzidos para muitas línguas. Ele também foi o editor da revista Share International, que circula em mais de 70 países. Ele nunca aceitou dinheiro por este tipo de trabalho.

Benjamin Creme viveu em Londres, foi casado, e teve três filhos, tendo falecido em 24 de Outubro de 2016.